국어교육사 3

국어과 교재 이해와 교과서의 역사

Understanding of Korean Teaching Materials and The History of Textbooks in Korean Language Education

지은이 **허재영**

- 현재 단국대학교 교육대학원 교육학과 국어교육 조교수.
- 국어문법사를 전공하였으며, 국어 교육사와 제2언어로서의 한국어 교육 분야에 관심을 갖고 연구를 진행하고 있음. 건국대학교, 춘천교육대학교, 성신여자대학교, 경원대학교 등 여러 학교에서 강의를 하였으며, 서울대학교 국어교육연구소 선임연구원, 호서대학교 겸임 교수, 건국대학교 강의 교수를 지냈음.
- 논저로는 『부정문의 통시적 연구』(2002, 역락), 『국어과 교육의 이해와 탐색』(2006, 박이정), 『제2언어로서의 한국어교육의 이해와 탐색』(2007, 보고사), 『국어의 변화와 국어사 탐색』(2008, 소통), 『우리말 연구와 문법 교육의 역사』(2008, 보고사), 『일제강점기 교과서 정책과 조선어과 교과서』(2009, 도서출판 경진), 『통감시대 어문교육과 교과서 침탈의 역사』(2010, 도서출판 경진), 일제강점기 어문 정책과 어문 생활 시리즈로 『일제강점기 어문 정책과 어문 생활』(2011, 도서출판 경진), 『조선 교육령과 교육 정책 변화 자료』(2011, 도서출판 경진), 『일본어 보급 및 조선어 정책 자료』(2011, 도서출판 경진), 그 밖의 국어사 및 국어과 교육 관련 논문이 다수 있음.

국어과 교재 이해와 교과서의 역사

1판 1쇄 인쇄__2013년 09월 01일
1판 1쇄 발행__2013년 09월 10일

지은이__허재영
펴낸이__양정섭

펴낸곳__도서출판 경진
등 록__제2010-000004호
주 소__경기도 광명시 하안로 180-14 우림필유 101-212
블로그__http://kyungjinmunhwa.tistory.com
이메일__mykorea01@naver.com

공급처__(주)글로벌콘텐츠출판그룹
대 표__홍정표
편 집__최민지 배소정 노경민
디자인__김미미
기획·마케팅__이용기
경영지원__안선영
주 소__서울특별시 강동구 천중로 196 정일빌딩 401호
전 화__02-488-3280
팩 스__02-488-3281
홈페이지__www.gcbook.co.kr

값 22,000원
ISBN 978-89-5996-216-7 93710

국어교육사 3

국어과國語科 교재 이해와 교과서의 역사

허재영 지음

머리말

이 책은 국어과 교재의 역사를 중심으로, 국어과 교육 방법과 관련한 공시적·통시적 접근을 목적으로 한 책이다. 교과로서의 국어과 교육은 의사소통뿐만 아니라 문화, 사고, 도구적인 차원에서 폭넓은 접근을 필요로 한다. 이는 다른 교과도 마찬가지이겠지만, 국어 교육학 연구의 대상이 매우 다양함을 의미한다.

필자는 국어 교육학에 관심을 기울이면서, 일차적으로 자료의 수집과 정리에 많은 관심을 기울였다. 특히 교과서의 수집과 복원 작업은 생각보다 쉬운 일이 아니었는데, 필자가 처음 이 일에 관심을 기울였을 때에는 강윤호, 박붕배, 이종국 선생님과 같은 분들의 선행 연구가 있었음에도 기초 자료를 확보하고 역사적으로 정리하는 일이 쉽지 않았다. 그나마 박붕배 선생님의 『국어교육전사』는 국어 교재 및 교수·학습과 관련된 방대한 자료집의 성격을 띠고 있어서, 사적인 접근을 용이하게 만들어 주었다. 그럼에도 선생님의 저서에도 누락된 것들이 있고 실물 교재를 확인하는 데 한계가 있어, 연구의 어려움을 겪기도 했다.

그러한 고민 속에 필자는 한편으로 자료를 찾고, 다른 한편으로는 이론적인 공부를 보충해 가면서 국어 교육학 공부를 진행해 왔다. 그 노력 덕분에 보잘것없는 자료집도 여러 차례 내었다. 예를 들어 교수요목기의 중등 국어 교과서를 전수 조사하여 〈건국 과도기의 국정 국어 교과서〉(2011, 역락, 8책)를 내기도 했고, 〈계몽 운동·문자 보급 자료 총서〉(2012, 역락, 9책)를 내기도 했다. 교과서 복원 작업의 하나로 〈통감시대 교과서 자료〉(2011, 도서출판 경진, 8책)를 복원하기도 했으며, 근대 계몽기의 교육학 관련 논저를 모아 『근대 계몽기 교육학 연구와 교과서』(2012, 지식과교양)로 엮기도 하였다.

개인적인 차원에서 『일제 강점기 교과서 정책과 조선어과 교과서』(2009, 도서출판 경진), 『통감시대 어문 교육과 교과서 침탈의 역사』(2010, 도서출판 경진)를 내기도 하였으며, 한국연구재단의 인문 저술 프로젝트를 수행하고 『일제 강점기 어문 정책과 어문 생활』(2011, 도서출판 경진)을 내기도 하였다. 이러한 일을 진행하면서 필자는 '국어 교육사'를 체계적으로 복원하는 작업을 하고자 하였다. 그렇기 때문에 도서출판 경진에서 출판한 두 권의 책에는 '국어 교육사 1', '국어 교육사 2'라는 번호가 붙어 있다. 그 후 3년이 지났다. 그런데 이 시리즈의 3번을 체계적으로 쓰지는 못했다. 스스로 생각하기를 필자의 열정이 식은 것이라기보다 학문적인 능력이 그만큼 둔하기 때문일 것이다.

이 책은 국어과 교재사를 중심으로 교수·학습과 관련한 내용을 포함하여 서술한 책이다. 책 내용은 연구자로서 '국어 교육사', 교사로서 '국어 교육을 좀 더 효율적으로 할 수 있는 방안' 등을 주제로 삼았다. 책의 제목을 '국어과 교재와 교과서의 역사'로 한 것은 이 책의 내용이 주로 사적 접근을 취하고 있기 때문이다. 특히 교재론적 관점에서 필자가 2006년 한국문화사에서 발행했던 『국어과 교과서와 교재 지도 연구』를 포함하고, 『국어사연구』 제13집, 『한국어학』 제32집, 『돈암어문학』 제18집에 발표했던 논문을 제5장으로 편집하였다. 부록에 수록한 교재 변천사는 국어 교과서의 이데올로기성에 관심을 기울인 성신여대 강진호 교수가 중심이 되어 서술한 『국어 교과서와 국가 이데올로기』에 수록했던 내용이다.

책의 내용 가운데는 사실 확인을 충분히 하지 못한 것들이나 이론적으로 충분히 정리되지 못한 것들도 있다. 앞으로 더 연구해 가면서 수정할 예정이다. 책을 내주신 도서출판 경진의 양정섭 이사와 편집부 식구들께도 감사의 말씀을 드린다.

2013년 7월 21일

허재영

차 례

제1장 교과와 교재

1. 교과의 이해

1.1. 교과의 개념

교육 활동은 근본적으로 교육 목표 설정, 교육 내용 선정, 교수·학습 활동, 평가로 이루어진다. 교과(教科, subject matter)란 학교 교육에서 교육 목적에 맞게 교육할 내용을 계통적으로 짜 놓은 분야를 의미한다. 달리 말해 '교과'는 '가르쳐야 할 과목(科目)'을 전제로 한 것으로, 일반적인 교육 내용을 의미하는 '교과(教課)'와는 다른 관점에서 사용하는 용어이다. 가르칠 내용을 의미하는 '교과(教課)'의 '과(課)'는 과업을 의미한다. 이 점에서 '교과(教課)'는 '교육과정(教育課程)'과 관련된 용어로 사용될 경우가 많으며, 특정 과목을 의미하는 '교과(教科)'와는 구분된다.

교육 활동에서 교과(教科)의 분류는 시대와 사회·문화적인 특성을 반영한다. 가영희 외(2011: 21)에서는 교과 구분이 교육과정관에 따라 달라짐을 언급하면서, '교과 중심 교육과정'의 입장과, '경험 중심 교육과정'의 차이를 제시한 바 있다. 이에 따르면 전자의 관점에서 교과란 "인류가 역사를 통해 축적해 온 문화유산을 체계적으로 정리해 놓은 것"이라는 입장을 취하며, 후자의 입장에서는 "아동의 흥미나 필요에 기초하여 생활에서 부딪히는 문제들을 해결해 나갈 수 있도록 아동들의 경험을 담은 것"이라는 관점을 취하고 있다.

이와 같은 차원에서 교과의 본질과 기능을 이해하는 일은 효과적인 교육 활동을 위해 필수불가결하다.

본질적으로 교과 현상은 교육 제도와 밀접한 관련을 맺는다. 달리 말해 교육 내용 선정 및 배열은 어떤 교육 목표를 갖고 있는가에 따라 달라지며, 교육 주체(국가, 교육자, 그 밖의 교육 활동 주체)는 이들 목표를 실현하기에 적합한 제도를 운영하고자 할 것이기 때문이다. 황정규 외(1998)에서는 이에 대해 "교육은 점차 형식적, 제도적, 집단적 성격을 띠며 발전하였고, 이에 전달하고 가르쳐야 할 생활과 영역의 폭이 넓이지고 양적으로 많아지며, 질적으로 복잡다양하게 되었다. 따라서 이것들을 가르치기 위해 서로 유사하거나 동질적인 것, 같은 종에 속한다고 판단되는 것끼리 묶어 가르칠 필요가 발생했고, 이것이 곧 교과의 발생이 되었다."라고 기술한 바 있다.

이를 고려할 때, 교과 현상은 '가르쳐야 할 것'을 '횡적·종적'으로 체계화하는 일과 밀접한 관련을 맺는다. 가영희 외(2011)에서는 이러한 과정에서 교과는 다음과 같은 네 가지 특성을 갖는다고 진술한 바 있다.

[교과의 특성: 가영희 외(2011: 22~23)]

ㄱ. 교과란 문화에서 선정된 문화 요소이다.

ㄴ. 교과란 막연히 성립되는 것이 아니라 논리적으로 구분이 가능한 독특한 준거나 근거를 갖고 성립한다.

ㄷ. 교과는 그 가치를 인정해 온 사회적 지지와 그 교과의 지위 향상을 위해 노력하는 학문 공동체 또는 권위 집단에 의해 유지·존속된다.

ㄹ. 교과는 다양한 문화 요소 중에서 선택된다는 점과 이 선택의 과정에는 그 권한을 행사할 수 있는 사회적 권위가 존재한다는 점에서 하나의 중요한 의사결정의 산물로 성립한다.

위의 진술은 현대의 교과 현상을 적절히 요약한 것이라고 할 수 있다. 현대의 교과 현상은 가르쳐야 할 내용을 체계화하고, 학문적으로 또는 법적으로 교과 구분의 뒷받침을 받아야 한다. 예를 들어 우리나라의 경우 〈초·중등 교육법〉 제23조에서 교육과정 및 교과 운영의 근거를 제시하고 있다.

[초·중등 교육법 제23조]

제23조(교육과정 등)

① 학교는 교육과정을 운영하여야 한다.

② 교육부장관은 제1항에 따른 교육과정의 기준과 내용에 관한 기본적인 사항을 정하며, 교육감은 교육부장관이 정한 교육과정의 범위에서 지역의 실정에 맞는 기준과 내용을 정할 수 있다. [개정 2013.3.23 제11690호(정부조직법)]

③ 학교의 교과(교과)는 대통령령으로 정한다. [전문개정 2012.3.21]

1.2. 교과 구분의 이론적 근거

교과 운영이 법적인 뒷받침을 받는다고 할지라도, 교과의 구분에는 다양한 문화적·시대적인 요소가 내재될 수밖에 없다. 특히 교과의 설정은 교육 목적과 불가분의 관계에 있으며, 교육의 목적도 시대·사회와 불가분의 관련을 맺는다. 특히 학교 제도가 확립되고, 지식의 구조와 체계에 대한 논의가 활발해지면서, '학과(disciplines)' 혹은 '교과(subject matters)' 구분에 관한 논의가 본격화되었다.

교육이 인류가 축적해 온 지식과 문화를 전수하고 창조하는 기능을 갖고 있다는 관점에서 교과의 분류는 문화 요소나 학문 분류와 밀접한 관련을 맺어 왔다. 그렇기 때문에 학교 제도가 존재하는 곳에서는 가르쳐야 할 대상을 선정하고, 그것을 체계화하려는 노력을 기울여 왔다. 예를 들어 근대식 학제가 도입되기 이전에도 각 시대별 학교 제도와 교과가 존재했으며, 그것이 왜 필요한가에 대한 논의가 이루어지기도 하였다. 우리나라 고대부터 조선시대까지 국어 교육의 역사를 연구해 온 이응백(1975)에서는 『증보문헌비고(增補文獻備考)』 '학교고(學校考)'를 토대로, 역대 교육과정을 재구한 바 있다. 이에 따르면 신라(新羅)부터 조선시대까지의 주요 교육과정은 '사서오경'을 공통 중심 과목으로 하였으며, 시대별로 '한문 작문'이나 '시무책(時務策)' 또는 '산학(算學)' 등과 관련된 교과가 있었음을 확인할 수 있다.[1)]

이처럼 전근대의 교육과정에서 사서오경이나 한문 작문, 시무, 산학 등을 중심으로 했던 까닭은 시대마다 동일하지는 않지만 근본적으로 교육의 목적을 '풍속 교화(風俗教化)', '인재 양성(人才養成)', '치국안민(治國安民)'에 두고 있었기 때문이다. 달리 말해 각 시대별 차이가 있을지라도 해당 시대의 국가와 사회 발전을 위해 그 시대에 필요한

1) 이응백(1975: 45~47)에서는 신라의 경우 『삼국사기(三國史記)』 '잡지 직관 상(雜志 職官 上)', 고려의 경우 『고려사(高麗史)』 '선거 2, 학교(選擧 二, 學校)'의 '식목도감 학식(式目都監 學式)', 조선의 경우 『외방학교절목(外方學校節目)』의 '학교 절목', 대제학 이이(大提學 李珥)의 '학교 모범(學校模範)', 대사성 조익(大司成 趙翼) 진(進), '학교 절목(學校節目)'을 참고하여, 시대별 교육과정 비교표를 만들었다.

지식과 문화가 교육을 통해 유지·전승되어야 함을 의미한다.

이러한 과정에서 교육의 목표가 설정되고, 교사와 학생을 매개할 수 있도록 선정된 것이 '교육 내용'이다. 교과 설정은 지식과 문화를 어떻게 구분하고, 어떻게 조직할 것인가와 밀접한 관련을 맺고 있다. 여기서 '문화'는 일종의 생활양식을 의미한다. 달리 말해 한 인간이 살아가는 방식이나 한 사회가 향유하는 삶의 방식이 문화인 셈이다. 이 점에서 교사가 가르쳐야 할 것은 '지식'뿐만 아니라 '생활양식' 전반이 되는 셈이다.

교과의 분류는 이러한 지식과 생활양식을 어떻게 구분할 것인가의 문제라고 할 수 있다. 이 점에서 교과 구분의 일차적인 준거로 작용한 것이 '지식' 또는 '학문'의 체계이다. 분류와 체계에 관한 어떠한 논의에서도 일치하는 결과를 얻을 수는 없지만, 학문의 분류와 체계에 관한 논의도 매우 오랜 역사를 갖고 있다. 예를 들어 이성규(1994)에 따르면 동양의 학문 분류는 『한서(漢書)』 '예문지(藝文志)'에 등장한 도서 분류의 역사까지 거슬러 올라갈 수 있다. 이 분류는 당시 556가(家)가 저술한 13269권의 도서를 '육예(六藝: 易, 書, 詩, 禮, 樂, 春秋, 論語, 孝經, 小學)', '제자(諸子)', '시부(詩賦)', '병(兵)', '술수(術數)', '방기(方技)'로 나눈 것을 의미한다. 이 분류는 『수서(隋書)』에서 '경사자집(經史子集)'의 4부 체제로 변화되었다. 그러나 이러한 분류가 동양의 교과를 의미하는 것은 아니다. 왜냐하면 교과 구분에서는 가르쳐야 할 내용을 선정하는 문제뿐만 아니라 조직하는 문제도 중요하기 때문이다. 그렇기 때문에 주자(朱子) 이후에는 교육의 과정(過程)이나 학습자의 수준을 고려하여 '소학(小學)'과 '대학(大學)'을 구분하였다.[2]

---

2) 이성규(1994)에서는 '전통적인 학(學)의 범위와 분류 체계'를 '도서 분류 사례', '유서(類書) 분류 체계', '교육과정의 분류 체계'로 나누어 서술하고, '전통 학(學)의 이념과 목표', '서학 수용 과정'과 '근대 학문'의 특성을 설명하는 데 목표를 두었다.

서양의 경우도 고대 그리스와 로마의 '교양 과목(liberal arts)'의 전통 아래에서 지속적인 학문 분류가 시도되어 왔다. 그러한 예로 김영식(1994)에서는 바로(T. Varro, B.C. 116~B.C. 27)의 '문법, 논리학, 수사학, 기하학, 산수, 천문학, 음악, 의술, 건축' 등의 9가지 교양 과목 분류, 플라톤의 3원 분류(sense experience, Visible form, Idea), 보에티우스(Boethius, 475~524), 과학혁명기와 18세기 이후의 학문 체계를 소개하고 있다. 이들 분류 체계는 대체로 대학의 학문 발달 과정이나 학과 구분과 밀접한 관련을 맺는다.

그러나 교과 분류는 단순히 학문의 체계를 기계적으로 적용하는 데서 그칠 수 없다. 왜냐하면 교육의 본질은 학문 연구나 지식 전달에 그치지 않기 때문이다. 이 점에서 교과 분류는 '삶의 양식'으로서의 '문화적 요소'나 '생활 태도', '신념', '의식' 등과 같은 제반 요소가 작용할 수 있다. 이는 정범모(1968)에서 언급한 다음 내용을 통해서도 확인할 수 있다.

[교육과 문화]

(전략) 전통적으로 교육의 내용은 국어, 산수, 지리, 역사, 물리 등 학문의 형식을 많이 취해 왔다. 그 학문은 각급 학교나 기타 경우에 따라 일반적인 것 또는 전문적인 것, 광역적인 것 또는 세분된 것도 있다. 그러나 지식이나 학문의 형식이 아니라, 예술이나 체육도 교육 내용 내지 교과에 포함되고 있으며, 경우에 따라서는 생산이나 직업이나 여가 생활에 필요한 각종 특수 기술도 교과를 형성한다. 이러고 보면 우리는 커다란 문화라는 개념을 동원해서 교육 내용을 생각해 볼 수 있다. 기실 교육의 내용이 될 수 있는 것은 인간과 그의 집단이 이룩하는 폭 넓은 경험의 긴 역사의 전부라고 할 수 있다. (…하략…)

— 정범모(1968), 『교육과 교육학』, 배영사

이 인용문에 나타나듯이, 교육의 대상이 되는 교육 내용, 곧 '교과'에는 '학문 형식의 것', '예술적인 것', '체육', '기술적인 것' 등 "인간이 이룩해 놓은 경험의 총체"라고 할 수 있다. 문제는 이러한 경험 또는 문화를 어떻게 구분 짓고, 그 가운데 어떤 내용을 선별하여 조직할 것인가에 있다.

교과의 분류는 교육 목표에 따라 교육 내용을 구분 짓고, 그에 합당한 내용을 선별하고, 조직하는 것을 의미한다. 이러한 차원에서 가영희 외(2011)에서는 피닉스(Phenix), 피터스와 허스트(Peters & Hirst), 브라우디(Broudy)의 교과 분류 사례를 제시한 바 있는데, 이를 정리하여 소개하면 다음과 같다.

[교과 분류의 사례: 가영희 외(2011)에서]

ㄱ. 피닉스(Phenix): 인간이 축적해 온 의미를 6가지 영역으로 분류

- 상징적 의미: 사람이 의미를 표현하고 이해하는 도구로 사용하는 기호 체계: 언어, 수학적 기호, 표정과 같은 비언어적 상징 등
- 경험적 의미: 자연 현상이나 사회 현상에 관한 사실과 이에 기초한 일반적 법칙: 물리학, 화학, 정치학, 경제학
- 심미적 의미: 주관적인 느낌을 창의적으로 표현하는 것: 음악, 문학, 미술 등
- 실존적 의미: 인간관계에 대한 통찰이 필요하고 인간의 실존적 의미를 깨닫게 하는 것: 심리학, 철학, 종교 등
- 윤리적 의미: 도덕적 행위와 그에 따른 행위의 규칙: 윤리, 사회, 도덕 등
- 총괄적 의미: 포괄적이고 전체적으로 통합된 원리를 찾는 것: 역사, 철학, 종교 등

ㄴ. 피터스와 허스트(Peters & Hirst): 지식의 형식을 고려한 교과 분류

- 형식 논리학과 수학
- 자연과학
- 자신과 다른 사람의 마음에 관한 이해
- 도덕적 판단
- 미학적 경험
- 종교적 주장
- 철학적 이해

ㄷ. 브라우디(Broudy): 누구나 배워야 할 일반 공통 교육과정(내용)을 고려한 분류

- 정보의 상징 영역: 국어, 외국어, 과학의 도구로서의 수학
- 기초 과학: 일반과학, 생물, 물리, 화학
- 발달 과목: 우주의 진화, 사회 제도의 진화, 인간과 문화의 진화
- 심미적 학과: 음악, 문학, 예술
- 실제 문제 관련 과목: 사회 문제

이와 같은 교과 분류 사례는 근대 계몽기의 각종 교육 이론에서도 찾아볼 수 있다. 예를 들어 장응진(1907)에서는 "교수의 목적은 현세 인류의 개화를 적당히 이해할 만한 필요한 내용을 전수하여 아동의 지능을 계발하는 작용"이라고 규정하고, "교과는 각국이 당시의 상황을 고찰하여 취사선택하는 것이요, 또 교과는 개화의 전반을 포괄치 아니하지 못할 것인즉 과학도 또한 심적 과학과 물적 과학이 적의(適宜)히 조화하여 통일한 세계관을 얻게 하는 것이 필요하다. 그러나 각국의 상황이 각이(各異)하여 교과 선택의 방법이 역불일(亦不一)하되" 라고 주장하고, '수신과(修身科), 언어과(言語科: 國語 及 外國語), 수학과(數學科), 역사과(歷史科), 지리과(地理科), 이과(理科)'를 주요 과목으로 설정하였다.[3] 이러한 주장은 근대 계몽기 교과론에서 빈번히 등장하

는데, 『서북학회월보』 제1권 제9호(1909)에 실린 '학과(學課)의 요설(要說)'에서는 '수신, 국한문·작문·습자, 역사, 지리, 수학'을 주요 학과로 설정하였으며, 유옥겸(1908)에서는 교과 설정의 기준으로 '국가의 요구', '인지(人智)의 분량(分量)', '향토적 관계' 등이 작용함을 전제로 '기본적 교과', '부이적 교과(副貳的 教科)', '기능적 교과(技能的 教科)'로 구분하였다.

이처럼 교과 구분에서 '주요 교과' 또는 '기본적 교과'라는 용어를 사용하는 까닭은 그 교과가 다른 교과의 기초가 되거나 국가의 요구, 시대 상황 등의 요인에 의해 중시되는 까닭이다. 특히 '기초 교과' 또는 '도구 교과'라는 용어는 교육의 과정(科程)에서 다른 교육에 선행되어야 할 교과를 의미하는 셈인데, 교과 분류나 해당 교과의 교육 내용 선정·배열 등은 교육 활동이 이루어지는 전반적인 과정을 고려하여 설정될 수밖에 없다. 이러한 차원에서 교과 분류 및 교육 내용 선정·배열의 일반 원리를 규정하기 위해서는 일정한 교육과정(教育課程)이 필요하며, 이는 법적·제도적인 뒷받침을 받을 경우가 많다.

1.3. 교과 구분의 법적인 근거

우리나라에서 교과에 관한 논의는 개항 직후 서구 및 일본의 학제가 소개되기 시작하면서부터 나타난다. 예를 들어 1881년 '조사시찰단(朝士視察團, 흔히 신사유람단으로 불림)'의 '조사(朝士)'로 시찰에 참여했던 조준영(趙準永)은 문부성을 시찰하고, 「문부성 소할 목록(文部省所割目錄)」[4]을 작성하였는데, 이 목록에는 문부성의 연혁 및 직제, 대학 법·리·문(法·理·文) 3학부, 대학 예비문(大學 預備門), 대학 의학부(大學

3) 장응진(1907), '教授와 教科에 對ᄒᆞ야', 『태극학보』 제13~14호.
4) 이 자료는 규장각 문서 2871번으로, 허동현(2003)에 포함되어 있다.

醫學部), 사범학교(師範學校), 여자사범학교(女子師範學校), 외국어학교(外國語學校)의 연혁, 학제 등이 정리되어 있다. 그 가운데 '학과 과정(學科課程)', '교과 세목(教科 細目)' 등은 국내에 소개된 최초의 교과 관련 자료로 보인다. 그러나 이 보고서가 근대 계몽기 우리나라의 교육 개혁에 직접적인 영향을 주었는지는 알 수 없다. 이광린의 『한국개화사연구』(1969, 일조각), 김경미의 『한국 근대 교육의 형성』(2009, 혜안) 등의 선행 연구를 종합해 보면, 우리나라 최초의 근대식 학교는 1882년 '통리교섭통상사무아문(統理交涉通商事務衙門)'의 부속 기관으로 설립된 '동문학(同文學)'이었다. 이 학교의 설립 목적은 외국어 능력과 정치·경제에 대한 식견을 갖춘 관리 양성에 있었다.[5] 이 학교에서는 영어, 독일어, 일본어 등의 외국어와 서양 필산(筆算) 등을 가르친 것으로 나타나는데, 학교 교칙에 해당하는 〈교학규례(教學規例)〉를 확인할 수 없으므로 구체적인 교과 과정 및 교과 구분 실태를 알기는 어렵다. 그러나 ≪한성순보≫[6]에 실린 짧은 기사에서 영국인 교사 핼리팩스,

5) 이에 대해서는 『통리교섭통상사무아문장정(統理交涉通商事務衙門章程)』(규장각 도서 번호 15323, 15324)을 참고할 수 있다. 국사편찬위원회(2011), 『한국 근대사 기초자료집 2: 개화기의 교육』(탐구당문화사)에도 실려 있다.

6) 동문학의 〈교학규례(教學規例)〉는 ≪한성순보(漢城旬報)≫ 1884년 3월 18일(제15호)에 실린 '영어학도 근황(英語學徒 近況)'이라는 기사에 언급된 바 있다. 그 내용은 다음과 같다.

通商衙門設有同文學英語學塾 募集生徒昨年七月 請來英人奚來百士爲教師 兼通日語 且有學術教授 得宜生徒漸有進益現額二十九人 而都講時 或有稱爲優等者 自本衙門備給飯茶薪水 及 燈燭仍使之寄宿塾中無一遊學者 紙筆墨生徒自辨 而書本及西國紙筆自衙門備給 故晝夜攻苦一無懈意 其教學規例諸生徒分半焉 半則午前教之 半則午後教之 一日教長語短語 及 文字解用變通之義 一E 不教長語 只教短語繼以西國筆筭 日漸長進將次派遣諸處以廣其耳目也.

〈역문〉 통상 아문에서 동문학 영어학숙을 개설하고 생도를 모집하였는데, 작년 7월 영국인 해래백사(奚來百士: 핼리팩스 T.E.Hallifax)를 초빙하여 교사로 삼고, 아울러 일어에도 능통하고, 또한 학술·교수법도 좋아서 학생들이 날로 발전하고 있다. 현재 인원이 점차 증가하여 29명이며 도강(都講: 하계와 섣달에 치르는 재예 시험) 때에는 우등(優等)으로 일컫는 자도 있었다. 본 아문에서 반차(飯茶), 신수(薪水), 등촉(燈燭)을 대주고, 기숙사에서 기숙하게 하였으므로 한 사람도 놀며 배우는 자가 없다. 지필묵은 생도 스스로 변통하고, 서본(書本)과 서양의 지필은 본 아문에서 지

〈교학규례〉에서의 반 편성, 교육 내용 등을 살펴볼 수 있는데, 이 학교의 교육 내용은 '영어, 일어, 독일어, 서양 산술' 등이었음을 확인할 수 있다.

근대식 학제가 도입되기 전인 1883년 원산학사(元山學舍)의 경우도 학과 구분을 명확히 알기는 어렵다. 다만 이 학교의 '학사절목(學事節目)'에 등장하는 서명(書名)[7]을 통해, '유교 경전, 산수 격치, 서양 기계 및 농업·광업 기술' 등의 시무학과 일본 외국어학 등과 관련된 교과목이 있었을 것으로 추정된다.

1886년 설립된 육영공원(育英公院)의 교과목은 『육영공원 등록(育英公院謄錄)』[8]의 '매일 학습 차례(每日 學習 次第)'와 '초학 졸업 후 소학

급하는데 밤낮 열심히 공부하여 조금도 게으른 빛이 없다. 〈교학규례〉에는 생도를 반으로 나누어, 반은 오전에 반은 오후에 수업하게 하고, 하루는 장어(長語)·단어(短語) 및 문장 해독·변통하는 법을 가르치며, 하루는 장어(長語)는 가르치지 않고 다만 단어(短語)와 서양 필산(筆筭)을 가르치는데, 날로 장진(長進)하여 앞으로 각처에 파견하여 견문을 넓히게 할 예정이다.

7) 後 [瀛志 六卷, 聯邦志 二卷, 奇器圖說 二卷, 日本外國語學 一卷, 法理文 一卷, 大學豫備門 一卷, 瀛環志畧 十卷, 萬國公法 六卷, 心史 一卷, 農政新編 二卷] 鄕中拔秀聰敏子弟 幷許入學, 雖非契員 幷許之. 他邑人裏粮來者, 勿拒, 武士來學者, 敎以兵書. 儒生, 逐朔課試, 拔其尤者一人, 每年秋, 報于巡營, 付於公都會解額, 武士則鍊達兵書後, 習射, 赴朔試, 計畫優等二人, 報于兵曹, 出身, 加折衝階, 閑良, 直赴, 殿試, 齋中書策, 非契員中之人, 雖一卷, 無得出. [書冊, 掌議專管傳掌, 若或闖失, 卽爲徵納](이상 국사편찬위원회(2011)에서 재인용).

〈역문〉 후 [영지(瀛志) 6권, 연방지(聯邦志) 2권, 기기도설(奇器圖說) 2권, 일본 외국어학(日本外國語學) 1권, 법리문(法理文) 1권, 대학예비문(大學豫備門) 1권, 영환지략(瀛環志畧) 10권, 만국공법(萬國公法) 6권, 심사(心史) 1권, 농정신편(農政新編) 2권]향중 우수하고 총민한 자제를 선발하여 함께 입학하도록 하고, 비록 계원이 아니라도 입학을 허락한다. 식량을 가지고 온 타읍 사람들도 물론 거절하지 않는다. 무사로 공부하고자 하는 자는 병서로 가르친다. 유생은 매월 시험을 치르게 하여 그 중 우수한 1인을 선발하여 매년 가을 감영에 보고하고, 도회 해액을 부여한다. 무사는 곧 병서를 연습하여 숙달한 뒤, 활쏘기를 배우고, 매월 시험을 부가하여 우등 2인을 선발하여 병조에 보고하고, 출신(出身)을 충계(衝階)에 절충하고, 한량(閑良)을 직부(直赴)로 하여, 전시를 치르게 한다. 재중(齋中)의 서적과 방책은 계원이 아닌 사람에게 모름지기 한 권을 얻어내지 않는다. [서책은 의전관전장(議專管傳掌)이 관장하고, 만약 잃어버린 것이 있으면 즉시 추징하여 납부한다]

8) 『육영공원등록(育英公院謄錄)』, 서울대학교 규장각 도서 번호 3374. 국사편찬위원회(2011)의 자료집 참고.

제조(初學 卒業 後 所學 諸條)'에서 다음과 같이 규정하고 있다.

[육영공원의 교과]

ㄱ. 매일 학습 차례(每日學習次第): 1. 독서(讀書), 2. 습자(習字), 3. 학해자법(學解字法), 4. 산학(算學), 5. 사소습산법(寫所習算法), 6. 토리(土理), 7. 학문법(學文法)

ㄴ. 초학 졸업 후 소학 제조(初學卒業後所學諸條): 1. 대산법(大算法), 2. 각국 언어(各國言語), 3. 제반학법첩경이각자(諸般學法捷徑易覺者), 4. 격치 만물(格致萬物)[의학(醫學), 농리(農理), 지리(地理), 천문(天文), 기기(機器), 금수 초목(禽獸草木)], 5. 각국 역사(各國歷史), 6. 정치·각국 조약법 및 부국용병술·(政治與各國條約法 及 富國用兵之術)

육영공원의 학습 내용은 이 학교가 외국과의 교제에 필요한 어학 능력을 갖춘 관리 양성뿐만 아니라 농공상업에 관한 서구의 지식·기술을 도입하여 이용후생하는 데 목표를 두었음을 의미한다.

이처럼 국민 전체에 대한 보통 교육이 실시되기 전의 교과 분류는 학교 설립의 목적이나 취지에 따라 달라졌다. 이 점은 근대식 학제 도입 이후의 교과 분류도 마찬가지이다. 갑오개혁 이후 현대에 이르기까지 각 학교의 교과목 설정은 '학교령' 또는 '학교 규칙', '교육법' 등을 통하여 규정되어 왔다. 그 주요 사안은 다음과 같이 정리할 수 있다.

[근대 계몽기부터 건국까지의 주요 교육 법령 변화표]

연대	해당사항	발포일	형식	제목(내용)	출처
갑오 개혁 이후	관제	1895.3.25.	勅令 46號	學部 官制	官報 開國 504.4.21.
		1895.4.25.		學部 分課規定	

1895~1905	사범교육	1895.4.16.	勅令 79號	漢城師範學校官制	官報 開國 504.4.19.
		1895.7.23.	學部令	漢城師範學校 規則	官報 開國 504.7.24.
	소학교	1895.7.19.	勅令 144號	小學校令	官報 開國 504.7.22.
		1895.8.12.	學部令 3號	小學校校則 大綱	官報 開國 504.8.15.
	중학교	1899.4.4.	勅令 11號	中學校官制	官報 第1228號
		1900.9.3.	學部令 12號	中學校 規則	官報 第1673號
통감 시대 1906~1910	관제	1905.3.1.	勅令 22號	學部官制	官報 號外
	사범학교	1906.8.21.	勅令 41號	師範學校令	官報 第3546號
		1906.9.1.	學部令 20號	師範學校 施行規則	官報 第3547號
	보통학교	1906.8.21.	勅令 44號	普通學校令	官報 第3546號
		1906.9.4.	學部令 23號	普通學校 施行規則	官報 第3549號
	고등학교	1906.8.21.	勅令 42號	高等學校令	官報 第3546號
		1906.9.3.	學部令 21號	高等學校 施行規則	官報 第3548號
	고등여학교	1908.4.2.	勅令 22號	高等女學校令	官報 第4037號
		1908.4.10.	學部令 9號	高等女學校令施行規則	官報 第4044號
	사립학교	1908.9.1.	勅令 62號	私立學校令	官報 第4065號
		1908.9.1.	學部令 44號	私立學校補助規定	官報 4065號 附錄
	기타	1908.9.1.	勅令 63號	學會令	官報 第4065號
		1908.9.1.	學部令 16號	教科用圖書檢定規定	官報 4065號 附錄
일제 강점기 1910~1945	조선교육령	1911.9.2.	勅令 229號	朝鮮教育令	朝鮮總督府官報 第305號
	신교육령	1922.2.26.	勅令 19號	朝鮮教育令	朝鮮總督府官報 第2843號
	개정교육령	1938.3.4.	勅令 103號	朝鮮教育令	朝鮮總督府官報 號外
	통합, 전시교육령	1941.3.31.	勅令 148號	國民學校令	朝鮮總督府官報 昭和-4254號
		1943.3.18.	勅令 113號	朝鮮教育令中 改定	朝鮮總督府官報 昭和-4836號
		1945.7.1.	勅令 320號	戰時教育令	朝鮮總督府官報 號外
건국기 1945~1955	미군정기	1947.1.10.		教授要目	교육부(2000) 참고
		1946.11.00.		國民學校 規定	정태수(1992) 참고
		1945.5.00.		中學校 規定	정태수(1992) 참고
	정부수립기	1949.12.31.	法律 86號	教育法	官報 號外
	전시기	1950.4.1.	문교부	고등학교 개편안	韓國教育十年史(1955)

이러한 흐름에서 현행 각 학교의 교과 분류의 법적 근거는 '초·중등교육법' 제23조에 규정된 '교육과정'을 기반으로 한다. 예를 들어 '교육과학기술부 고시 제2012-31호'에 근거한 '초·중등학교 교육과정 총론'에서는 중학교와 고등학교의 교과 운영을 '군'별로 다음과 같이 제시하고 있다.9)

[교육과학기술부 고시 제2012-31호의 중·고등학교 교과]

ㄱ. 중학교

구 분		1~3학년
교과(군)	국어	442
	사회(역사 포함)/도덕	510
	수학	374
	과학/기술·가정	646
	체육	272
	예술(음악/미술)	272
	영어	340
	선택	204
창의적 체험활동		306
총 수업시간 수		3,366

ㄴ. 고등학교

교과(군)	교과 영역	교과(군)	필수 이수 단위		학교 자율 과정
			교과(군)	교과 영역	
교과(군)	기초	국어	15 (10)	45 (30)	학생의 적성과 진로를 고려하여 편성
		수학	15 (10)		
		영어	15 (10)		

9) 교육과학기술부(2012), 『초·중등학교 교육과정 총론[별책 1]』, 우신기획.

	탐구	사회(역사/도덕 포함)	15 (10)	35 (20)	
		과학	15 (10)		
	체육·예술	체육	10 (5)	20 (10)	
		예술(음악/미술)	10 (5)		
	생활·교양	기술·가정/제2외국어 /한문/교양	16 (12)	16 (12)	
	소 계		116(72)		64
창의적 체험활동			24(408시간)		
총 이수 단위			204		

이 표에 나타나듯이 2013년부터 시행되는 교육과정의 교과 분류는 '국가 차원의 교육과정'을 전제로 한 것이다. 이에 대해 교육과학기술부(2012)에서는 다음과 같이 규정하고 있다.

[교육과정의 성격]

가. 국가 수준의 공통성과 지역, 학교, 개인 수준의 다양성을 동시에 추구하는 교육과정이다.

나. 학습자의 자율성과 창의성을 신장하기 위한 학생 중심의 교육과정이다.

다. 교육청과 학교, 교원·학생·학부모가 함께 실현해 가는 교육과정이다.

라. 학교 교육 체제를 교육과정 중심으로 개선하기 위한 교육과정이다.

마. 교육의 과정과 결과의 질적 수준을 유지, 관리하기 위한 교육과정이다.

이 규정에 따르면 현행 교육과정은 5가지 성격을 갖는다. 이를 고려할 때 현행 교과 분류는 '교육과정의 성격'에서 규정한 5가지 성격을 구현하기에 적합한 방식을 추구한 결과인 셈이다. 물론 여기서 이들 성격이 우리 교육의 목표와 부합하는지, 교과 분류 및 내용 체계가 이들 성격을 구현하는 데 적합한지 등의 문제를 따지는 것은 교육과정의 법적·제도적인 이해와는 다른 문제이다. 왜냐하면 이론적으로 볼 때, 문서 차원의 교육과정을 제정하거나 개정할 때에는 '학문적, 국가적, 사회적, 교육적'으로 다양한 요인이 작용하며, 이들 요인 가운데 '교사의 요구'나 '학습자의 요구' 또는 '지역 사회의 요구' 등과 같은 다양한 요구가 복합적으로 작용되어야 하기 때문이다.

1.4. 국어 교과의 특성

국어과 교과는 국어 교육의 목적을 이루기 위해 문화유산으로부터 선택·조직한 지식의 체계라고 정의할 수 있다. 이와 같은 정의는 국어 교육의 궁극적 목적이나 목표가 무엇인가, 국어 교육이 전제하고 있는 '언어'를 어떤 관점에서 볼 것인가 등에 따라 다양성을 띠게 된다. 달리 말해, 국어과의 성격을 어떻게 볼 것인가에 따라 국어과 교과에 대한 이해의 태도가 달라질 수밖에 없다는 뜻이다. 예를 들어 노명완 외(1989)에서는 국어과의 요인으로 '인간 요인, 언어 요인, 사용 요인, 교육 요인'을 들고 있다. 또한 방인태 외(2000)에서는 국어과 교과의 성격을 '언어 교과', '도구 교과', '내용 교과', '문화 교과'의 차원에서 정리한 바 있다. 이러한 성격은 어느 한 차원만 강조되는 것은 아니겠지만, 결과적으로 어떤 관점에서 국어과 교육을 접근하는가를 결정하게 된다. 이를 정리하면 다음과 같다.

[국어과 교육의 성격(방인태 외, 2000)]

ㄱ. 언어 교과: 국어과는 언어, 국어를 교육의 일차적 내용 요소로 삼는 교과이다. 학교 교육의 가장 핵심적 과제가 교육적 경험을 제공하는데 있고, 여러 가지 교육적 경험 중에 국어과는 언어적 경험을 제공하는데

주된 목적이 있다. '국어'는 자아에 대한 세계와 세계에 대한 자아를 표상하는데 손쉽게 활용할 수 있는 가장 효과적인 도구이다. 이러한 의미의 '국어'는 인간의 의사소통 수단이자 사고 양식이며, 문화적 특성을 소유하는 기본적이고 복잡한 도구이다. 이 점에서 학교 교육은 학습자의 창의적인 국어능력[10]을 향상시켜 주어야 한다.

ㄴ. 도구 교과: 국어과가 도구 교과라고 하는 것은 국어의 언어 사용의 기능적 성격을 나타내는 말로서 말하기, 듣기, 읽기, 쓰기를 가리킨다. 국어과의 성격을 도구 교과로 해석하는 입장은 1) 국어과에서 다루는 내용이 다른 교과 학습에 도움이 된다는 입장과 2) 국어 교육의 실용적인 목표인 국어 사용능력은 고등 수준의 정신 능력을 신장시켜 주는 도구가 된다는 입장에서 비롯된다. 이 점에서 국어과 교육은 국어의 여러 기능을 신장시키거나 국어 지식과 문학 자료를 그 내용으로 하는데 반하여, 다른 교과는 국어로 이루어진 그 교과 자체(수학, 과학, 사회)의 내용을 중심으로 한다.

ㄷ. 내용 교과: 국어교과가 도구 교과라고 했을 때 '내용'이 없다는 오해를 받을 수 있다. 그러나 언어 사용 능력은 언어 자체에 대한 이해, 언어적 표현에서의 내용 선정·조직 과정, 전통적인 '국어 지식'이나 '문학'에 대한 이해, 학습자의 국어 사용 능력 향상에 작용되는 비교과적인 내용 등이 포함된 국어 교육 고유의 내용이 존재하는 교과이다.

ㄹ. 문화 교과: 국어과는 실용적 차원에서의 언어 기능뿐만 아니라 문화 이해 및 수용적 차원에서의 문화 교과로서의 성격을 지닌다. 이는 인류의 문화가 언어를 토대로 하고 있다는 점에서 당연할 뿐만 아니라,

---

10) Hymes(1974), 이성영(1996)에서는 언어기호와 규칙에 대한 능력인 '언어 능력(linguistic compentence)'과 '의사소통 능력(communicative compentence)'을 구분한 바 있다. 이와 마찬가지로 방인태 외(2000)에서도 '국어 능력'은 국어 생활을 가능하게 하는 총합적인 능력으로 국어 교육을 통해 성취하고자 하는 최종 목표 대상이고, '국어 사용 능력'은 국어 능력의 하위 분야인 '말하기, 듣기, 읽기, 쓰기'와 같은 의사소통 능력으로 설정한다.

언어는 사고와 문화를 반영하기 때문이다.

이러한 성격 이해는 국어과 교육과정의 편성이나 내용 선정에도 차이를 나타낼 수밖에 없다. 이성영(1996)에서는 국어 교육을 바라보는 사람들의 언어관에도 차이가 있을 수 있으며, 의사소통과 담화를 바라보는 입장도 차이가 있음을 밝히고 있다. 예를 들어 국어 교육이 '언어'(언어학의 연구 대상)와 '사용' 가운데 어느 것에 중점을 두어야 하는가라는 문제는 국어 교육의 내용 구성에 영향을 미친다. 또한 전통적으로 의사소통 능력이라 불리어 왔던 표현과 이해 능력 역시 언어와 필연적 관계를 맺는가라는 문제도 여러 가지 견해가 있을 수 있으며, 담화 상황이나 담화 유형도 단편적으로 이해될 수만은 없다. 이러한 관점에서 이성영(1996)에서는 국어과 교육을 이루는 내용요소를 언어 지식 영역, 언어 기능 영역, 문학 영역이 상호 배타와 간섭을 보여 왔는데, 체계로서의 언어가 아니라 '사용으로서의 언어 혹은 사용되는 언어'의 뜻을 갖는 '언어 사용 체계'를 가르치는 교육이 되어야 한다고 주장한 바 있다. 또한 기존의 국어 교육이 언어 사용의 외형적인 면에 치중해 왔는데, 학습자의 발달 단계에 따라 내용 중심으로 재배열되어야 할 필요성이 있다고 강조한다.

이러한 국어과의 성격 이해와 내용 선정의 긴밀성은 교육현장에서 자연스럽게 만들어지는 것은 아니다. 따라서 국어교과학은 국어과의 성격, 내용 이해를 토대로, 국어과 교육의 목적을 달성하기 위한 학문적 연구 분야로서의 의미를 갖는다.

2. 교재의 개념과 기능

2.1. 교재의 개념

교직에 종사하는 사람들은 흔히 '교재 연구'라는 말을 듣게 된다. 그런데 많은 사람들은 교재 연구라는 말을 '교과서를 대상으로 가르칠 내용을 연구하는 것' 정도로 여기는 경향도 있는 듯하다. 그러나 교재와 교과서는 동일한 개념이 아니며, 교재 연구는 교과서만을 대상으로 하는 것도 아니다. 그렇기 때문에 우리는 교재의 개념이나 교재 연구가 갖는 의미를 이해할 필요가 있다.

교재란 '교육의 재료'를 말한다. 달리 말해 교재란 교육적인 내용을 담고 있는 도구이다. 이때 교육 도구라 함은 노트북, 표본, 실험 기구, 슬라이드, 비디오, 테이프, 교과서 등을 포괄하는 교육용 도구를 의미한다. 그 가운데 교육할 내용을 담고 있는 도구를 교재라고 부를 수 있다. 그런데 이러한 교육용 도구는 갈(Gall, 1981: 5)이 지적한 대로[11] "교수·학습 과정을 수월하게 하기 위해 사용되는 물리적 실체"로서의 성격을 지닌다. 따라서 교재에는 ① 여러 가지 사실, ② 사실에 대한 해석(학문적 성과) ③ 사실을 해석하기 위한 방법이 포함되어 있으며(고승덕, 1997: 71) 그것은 교육적 가치를 내포해야 한다.

이러한 교재의 개념에 대한 종합적인 검토는 박인기(1992), 이성영(1992)에서 이루어진 바 있다. 그 가운데 이성영(1992)에서는 교재가 갖는 세 가지 차원을 다음과 같이 정리한 바 있다.

---

11) 이성영(1992)에서 옮김.

[교재가 지니는 세 가지 측면]

ㄱ. 물리적 실체: 어떤 구체적인 물체의 형태를 띠지 않는 것은 교재가 될 수 없다. 교실에서 일어나는 교수·학습 활동은 궁극적으로 교육 이념 혹은 교육의 목표를 달성하기 위한 행위들이며, 그러한 행위들은 구체적인 교수·학습의 내용을 중심으로 진행된다. 즉 교육 행위란 학생들에게 구체적인 내용을 교수하여 학습하게 함으로써, 교육의 목표나 이념을 달성하려는 것이라 할 수 있다. 따라서 교육의 이념, 목표, 내용은 교육에서 핵심적인 개념들이 된다. 그러나 그들이 그 자체로서 교재가 될 수는 없다. 그러한 개념들이 물리적인 실체로 형상화되지 않으면 교재라 부르지 않는다.12)

ㄴ. 교수·학습과의 관계: 교재는 교수·학습 과정을 수월하게 하기 위해 사용되는 것이다. 이러한 차원에서 교과서는 교재 가운데 가장 중심이 되는 교재이다.

ㄷ. 학습 내용이 담겨 있는 표상적(表象的) 실체: 교재는 물리적인 실체이지만, 그것만으로는 충분한 정의가 되지 못한다. 왜냐하면, 삼각자와 같은 것들도 물리적인 실체이지만, 그것은 교육 내용을 담고 있는 것이 아니다. 따라서 학습 내용을 담은 표상적인 실체가 교재이다.

교재와 비슷한 개념으로 '학습 자료'라는 말을 사용할 때가 있다. 이 말은 엄밀히 말하면, '학습에 활용될 수 있는 자료'를 의미한다. 따라서 학습 자료는 학습자의 입장에서 사용할 수 있는 자료를 의미한다. 그러나 교육적인 차원에서는 '학습'도 '지도' 대상이므로 학습 자료와 교재는 유사한 의미로 사용될 수 있다. 이러한 입장에서 학습 자료는

12) 교재의 개념을 더 넓게 해석하고자 하는 이돈희(1986)가 있다. 이 글에서는 "교재란 교육의 목적에 따라 학습시키려는 필요가 인정된 교육의 내용"을 뜻한다고 한다. 이러한 입장은 소수의 입장이다.

'학습 지도에 동원되는 교재, 즉 학습 지도 자료'라고 정의할 수 있다.

학습 지도 자료는 구체적인 교육 활동 현장에 도입될 수 있는 각종 자료를 의미하므로, 교육 환경과 시대에 따라 다양한 모습을 띤다. 교대국어교재연구위원회(1968)에서는 이러한 자료의 종류와 성격을 다음과 같이 분류한 바 있다.

[국어과 학습 자료의 종류와 성격]

ㄱ. 필연적 정규적인 자료와 보충적인 자료: 교과서의 단원재(單元材)를 중심으로 하는 정규 학과재와 학습 훈련과 학습 영역을 넓혀 주는 것을 목적으로 하는 부교재, 독서총서와 기타 언어 또는 문장재

ㄴ. 주체적인 교재와 객체적인 교재: 국어과에서 취급하는 모든 교재와 국어과를 위하여 학습에 인용되고 국어 정책에 포함되거나 또는 다른 학과의 원활한 수업을 위하여 국어과가 취급해 주는 모든 학과의 자료

ㄷ. 직접적인 교재와 간접적인 교재[13]: 교육과정에 명시되어 있는 학습 단계나 기본 학력을 기르기 위한 학습 현장에서 취급되는 학습 내용과 이것을 뒷받침하거나 또는 이것을 습득한 후에 다른 교과의 학습을 통해서 몸에 가지도록 하는 학습 자료

ㄹ. 협의의 자료와 광의의 자료: 국어과 내의 각 영역에서 취급되는 교과서 내의 각종 단원과 이것을 학습하기 위하여 학습 현장에 도입하는 각종 참고도서 그 밖의 자료

ㅁ. 내용적 자료와 방법적 자료: 학습 내용으로 취급되는 학습 사항과 학습 효과를 향상시키기 위해 학습 활동에 동원되는 교육 기술 또는 학습 요령의 전부

13) 교대국어교재편찬위원회(1968)에서는 '교재'와 '학습 자료'를 같은 개념으로 사용하였음을 알 수 있다.

ㅂ. 학술적 생활적 자료: 순수하게 국어 학습에서 또는 학습만을 증진시키기 위한 자료와 학습을 통해서 사회생활 능력을 증진시키거나 이해와 표현의 기술을 원활히 할 수 있는 자료

ㅅ. 언어적, 문장적, 도구적 자료: 말하기와 듣기 능력을 기르기 위한 자료, 읽기, 짓기, 또는 쓰기 능력을 기르기 위한 자료, 이를 보조하는 자료

이상과 같이 학습 자료라는 용어와 교재라는 용어는 비슷한 개념으로 사용되거나 어떤 때에는 같은 개념으로 사용된다. 이처럼 두 용어를 혼용하게 되는 이유는 '교육 재료'와 '학습 지도 자료'는 동질의 성격을 띠기 때문이다.

교과서란 특정 교과에서 사용하는 도서를 의미한다. 특히 교과서의 법적인 개념은 '교과용 도서'이다. 교과용 도서라 함은 "학교에서 교육을 위하여 사용되는 학생용의 주된 교재"(교과용 도서에 관한 규정, 1977. 8. 대통령령 제8660호, 2002년 6월 25일 개정)를 의미한다. 이처럼 교과용 도서를 법령으로 정한 이유는 교육 목적과 목표에 따른 교육 내용의 선정과 조직을 원활하게 하여 교육 능률을 높이고자 하는 데 있다. 이 점에서 교과서는 국가 차원의 교육과정과 밀접한 관련을 맺게 되며, 학습 자료 가운데 가장 중요한 위치를 차지하게 된다. 그렇기 때문에 많은 사람들은 교재와 교과서를 같은 개념으로 착각하는 경우도 있으며, 교과서의 이데올로기적인 면을 비판하는 사람들도 생겨난다.

우리나라에서 교과서 제도가 처음 등장하는 시점은 1896년 학부 관제가 개편되면서부터로 볼 수 있다. 이때의 관제 개편에서 학부 편집국의 관장 사무로 "교과용 도서의 번역·편찬·검정 사무"가 존재하였다. 그렇지만 당시의 교과서 사무는 교재 개발의 차원에서 이루어졌기 때문에 교과서의 위상이 절대적인 것은 아니었다. 그러나 1908년 '교과용 도서 검정 규정'에 이르러서는 교과서가 모든 교육을 통제하는 수단

으로 작용하였다. 그 이후 일제강점기나 건국기, 교육과정기를 거치면서 교과서는 교과 교육의 유일한 자료처럼 인식되기에 이르렀다. 그렇기 때문에 교과서의 개발이나 검정을 포함한 교과서 정책은 국어과 교육의 변화를 이해하는 데 매우 중요한 의미를 갖게 되었다.

교재의 범주에는 학습에 참고가 되는 자료를 모아 놓은 참고서가 있다. 엄밀히 말하면 참고서의 기능은 주교재를 보완하는 데 있다. 그러나 참고서의 개발과 보급은 교육 시장과 밀접한 관련을 맺는다. 예를 들어 초등학교의 경우 모든 과목을 하나의 책에 묶는 '전과' 형태의 참고서를 제작하는 경우가 있는가 하면, 개별 과목의 참고서를 제작하는 경우도 있다. 이러한 전과류가 처음 나타나는 시점을 일제강점기로 보이며, 최근에 이르러서는 학교급별로 더욱 다양한 참고서가 개발되는 실정이다.

이러한 교재 이외에도 '학습 안내서'라는 개념이 사용되기도 한다. 학습 안내서란 아동·학생의 자주적 학습을 돕기 위해서 학습의 목적이나 방법, 내용 등을 안내해 주고, 학습 문제를 제시하는 것으로서, 학습 문제(과제)의 구성과 그 제시 방법 및 조직의 여하에 다라서 아동·학생으로 하여금 다양한 학습 경험[14]을 가능하게 하는 기능을 한다.

2.2. 교재의 기능과 유형

교재는 교수·학습의 내용을 표상하며, 학습할 가치가 있는 내용으로 구성되어야 한다. 이러한 차원에서 교재는 교사와 학생을 연계하여 의사소통을 가능하게 하는 매체로서 기능을 담당한다. 뿐만 아니라 교재는 국어과 교육과정의 관점을 반영하고, 학습자의 동기를 유

14) 이정용·고정희(1971: 130~131쪽) 참조.

발할 수 있어야 한다.

교재는 교사와 학습자를 연결하는 매체의 일종이다. 그렇기 때문에 교재의 기능은 교육 매체의 기능과 동일한 것으로 판단할 수 있다. 이 점에서 고승덕(1997)에서는 교육 매체의 기능을 다음과 같이 설명한 바 있다.

[교육 매체의 기능]

ㄱ. 매개적 보조 기능: 교사가 학습자를 가르칠 때 보조 수단으로 매체를 사용하는 것이 그렇지 않을 때보다 학습의 효과를 높일 수 있다. 교육 매체의 매개적 보조 기능은 매체를 사용하는 사람의 기술이나 상황에 따라 크게 좌우될 수 있기 때문에 매체의 활용 방법에 따라 학습 효과가 다르게 나타날 수 있다. 그리고 교육 매체는 주의력을 끄는 특성이 있기 때문에 학습자가 즐겁게 학습할 수 있도록 도와준다.

ㄴ. 정보 전달 기능: 교육의 가장 기본적인 형태는 교사와 학습자가 일대 일의 직접적인 관계로서 주로 언어 및 표정을 통하여 의사를 표현하거나 정보를 전달하고 전달 받는다. 이러한 기본적인 관계에서 한 사람의 교사가 동시에 많은 학생들에게 정보를 전달할 수 있는 수단이 매체의 사용이다.15)

ㄷ. 학습 경험 구성 기능: 교육 매체는 단순히 매개적 보조 수단이나 정보를 전달해 주는 기능만이 아니라 매체 그 자체가 학습 경험을 구성하는 기능을 한다.

ㄹ. 교수 기능: 매체를 효과적으로 활용하여 학습자의 지적 기능을 개발시키는 것이다.

15) 고승덕(1997)에서는 매체의 유형을 인쇄 매체와 시각 매체로 나누었다. 오늘날에는 이러한 여러 형태의 매체가 종합적으로 작용되는 다매체 교육 자료가 중시되는 시대라고 할 수 있다.

교육 활동에서 교사와 학습자를 매개하는 수단으로서 교재 또는 매체의 사용은 학습 효과를 높이는 면에서 매우 중요한 의미를 갖는다. 특히 다매체 시대의 자료가 갖는 기능은 단순 매체에 비하여 훨씬 다양하다. 이를 고려하여 이주섭·임천택(2001)에서는 '멀티미디어 자료의 기능'을 다음과 같이 설명한 바 있다.

[멀티미디어 자료의 기능]

ㄱ. 관점 반영의 기능: 교육과정이 지향하는 관점을 반영한다.

ㄴ. 동기 유발의 기능: 학습자를 지속적으로 학습에 유인하기 위해 동기 유발이 일어나도록 해야 한다.

ㄷ. 교수·학습 방법 및 절차 제공의 기능: 멀티미디어 자료는 단순한 참고 도서가 아니라 수업으로 통합될 때 그 자체가 매우 중요한 교수·학습의 과정일 수 있다는 점을 간과해서는 안 된다.

ㄹ. 언어 기능의 확장 및 정착: 멀티미디어 자료는 표면적으로 드러나는 현실의 단순한 반영이 아니라, 일정한 목적을 가지고 독특한 표현 방식으로 현실을 그리는 하나의 구조물이다. 학습자는 의미를 일방적으로 받아들이거나 비판만 하는 것이 아니라, 의미와 교섭하고, 의미에 대해 반응하는 주체이기도 하다.

ㅁ. 언어 자료 제시 및 저장: 멀티미디어는 방대한 자료를 저장하고 있다. 이는 곧 교육 기회의 확대와 지식이나 기능의 정착으로 이어진다.

ㅂ. 평가 기능: 국어과 평가에서 멀티미디어 자료가 갖는 가치는 학습 결과에 대한 반응 기능과 평가 과제나 상황의 제시 기능을 수행한다는 점이다. (이상 요약 정리)

이상과 같이 교재는 그 시대와 상황에 따라 달리 제작될 수 있으나 본질적으로 수행하는 기능은 동일하다. 학습자의 동기 유발, 학습 경험의 제공 등을 통한 매개 기능뿐만 아니라 교수·학습 방법의 구현이나 평가 기능을 수행할 수 있다는 점에서, 교재의 유형과 교재 연구 방법, 그리고 교재 개발의 원리 등을 이해하는 일은 중요한 의미를 갖는다.

교재의 유형은 여러 가지 기준에 의해 분류할 수 있다. 먼저, 교재는 수업에서 차지하는 비중에 따라 주교재, 부교재로 나눌 수 있다. 주교재란 교수·학습에 주로 이용하는 교재를 말하며, 부교재란 주교재를 도와 참고할 수 있는 교재를 말한다. 또한 교재의 형태에 따라 교과서, 사전, 참고서, 단행본, 신문, 잡지, 괘도 등으로 나눌 수도 있다. 그 가운데 가장 중요한 형태는 교과서이다.

다음으로, 교재의 용도에 따라 교과 학습 교재, 생활 학습 교재, 효과 학습 교재 등으로 분류할 수 있다. 교대교재편찬위원회(1968)에서는 이들 교재를 다음과 같이 세분하고 있다.

[교과 학습 교재]

ㄱ. 핵심 교재: 교육과정을 구체적으로 구현한 교재로 교과서가 대표적이다.

ㄴ. 보충 교재: 핵심 교재를 보충할 수 있는 교재를 말한다. 부교재라고 부를 수 있으며, 핵심 교재에서 취급한 것을 보충한다.

ㄷ. 기초 교재: 국어의 기본 학급은 문자와 어휘, 숙어와 용어의 의미 개념 등을 확대시키는 일과 그 용법 및 기능을 올바르게 인식하게 하는 데 있다. 이러한 데 사용되는 교재가 기초 교재이다.

ㄹ. 참고 교재: 일반 참고 서적과 각종 간행물을 의미한다.

ㅁ. 활용 교재: 도서관의 장서, 박물관의 시청각 자료, 과학관의 기재와 설명서 등과 같이 국어과 교육에서 활용할 수 있는 자료들을 의미한다.

ㅂ. 훈련 교재: 각종 수련장, 예습 및 복습을 위한 문제집 등과 같이 교육 내용을 익히도록 연습하는 교재를 말한다.

[생활 학습 교재]

ㄱ. 기능 교재: 국어과의 기능을 향상할 수 있도록 고안된 교재이다. 듣기-말하기, 읽기, 쓰기 등의 영역별 기능 교재가 존재할 수 있다.

ㄴ. 경험 교재: 행사 계획서, 행사 운영, 행사 지도 등의 각종 생활 경험을 목표로 한 교재이다.

ㄷ. 응용 교재: 기초 학습을 바탕으로 응용 능력을 기를 수 있도록 고안된 교재를 말한다.

ㄹ. 문화 교재: 국어 문화를 반영하고 문화 창조 능력을 기를 수 있도록 고안된 교재를 말한다.

[효과 학습 교재]

ㄱ. 시설 교재: 학교 도서관, 방송, 환등, 영사기, 녹음 등의 여러 가지 교육 시설을 시설 교재라고 부를 수 있다.

ㄴ. 교구 교재: 단원 순서에 따르는 그림이나 도표를 수록한 궤도, 각종 교육용 도구 등을 지칭한다.

ㄷ. 학습물 교재: 학습에 활용되는 여러 가지 사물 교재 및 무형의 학습물을 총칭하여 붙인 개념이다.

ㄹ. 문명 교재: 각종 시청각 교재 등과 같이 과학 기술의 발달에 따라 제작된 교재를 말한다.

이와 같이 교재를 분류할 때에는 여러 가지 기준을 적용할 수 있다. 특히 교재의 개념과 유형은 교재의 기능이나 형태를 고려하여 설정할 수 있으므로, 교과 교육 이론의 발달이나 교육 환경의 개선, 매체에 적용되는 기술의 성격 등에 따라 매우 다양한 논의가 가능할 것으로 보인다.

제2장 국어과 교재와 교과서

1. 교과서의 기능과 국어과 교과서

1.1. 교과서의 기능

모든 교재는 종류에 관계없이 교육의 매개 기능, 정보 전달 기능, 경험 구성 기능, 교수·학습 기능을 갖는다. 이러한 기능을 집약적으로 드러내는 교재가 교과서이다. 교과서는 영어로 텍스트북(textbook)이라고 부른다. 이 말의 어원은 '고전' 또는 '조직' 또는 '구조'라는 뜻을 갖고 있었다. 우리말에서도 '교과서'라는 용어는 '전형적인 것'을 뜻하는 경우가 많다. 물론 전형적인 것은 지나치게 경직된 사고를 유발할 수 있으므로, 경우에 따라서는 '교과서적'이라는 말이 '경직된 것'을 의미할 때도 있다.

교과서의 기능은 가르치는 자(교사)와 배우는 자(학생)의 상호 교감을 위한 수단이 된다. 즉, 교육 매체로서의 교재가 갖는 일반적인 기능이 집약된 매체가 교과서인 셈이다. 그런데 교과서의 가치는 단순한 교육 매체로서의 기능뿐만 아니라 교육 가치가 있는 내용을 집약적으로 선정 조직한 매체라는 특성을 갖는다. 이때 교육 가치는 국가나 교육 기관의 교육 목적과 목표를 반영하며, 그로 인해 교과서의 위상은 국가나 교육 기관을 배경으로 한다.

이러한 점은 각국 및 각 시대별 교과서의 위상을 달리하는 요인이 된다. 왜냐하면 민주 국가에서는 교육 목적 및 목표 설정이나 교육 내용의 선정 조직 과정에서 민주적 절차가 지켜질 수 있으므로, 교과서 제도도 민주적이다. 이에 비해 전체주의 국가에서는 국가 차원의 교육 목적과 목표가 절대적 가치를 지니므로, 교과서의 위상도 절대적일 수밖에 없다. 이 점에서 정치 체제와 교과서는 매우 밀접한 관계가 있으며, 민주 국가일지라도 교과서가 교육 권력으로 작용한다는 비판이 존재할 수 있다.

이와 같은 차원에서 민주 국가에서의 교과서관은 열린 교과서관을 지향한다. 열린 교과서는 민주적 절차에 의해 교과서가 개발·보급되며, 교과서에 대한 비판도 자유롭다. 이러한 차원에서 교과서가 지녀야 할 본질적 기능은 1) 교육 매체로서의 기능, 2) 교육 목적 및 목표에 부합하는 가치 있는 교육 내용을 제공하는 기능, 3) 교수·학습 방법 및 평가의 원리를 제공하는 기능, 4) 교육 경험을 제공하는 기능 등을 본질로 한다.

갈(M. D. Gall, 1981)에서 제시한 바와 같이, 모든 교재는 교수·학습 과정을 수월하게 하기 위하여 사용되는 표상적이고 물리적인 실체라고 한다. 교과서는 교재 가운데 가장 영향력이 있으므로, 교과서의 실체적인 면과 표상적인 면[1]을 이해할 필요가 있다.

1) 이에 대해서는 이성영(1996), 김중신(2001) 등을 참고하였다.

'물리적 실체'로서의 교과서는 교과서 제도에 따라 만들어지는 교과서를 의미한다. 우리나라의 경우는 '교육법'과 '교과용 도서에 관한 규정'에 따라 교과서가 제작 배포된다. 이에 비해 교과서의 표상적인 면은 '교육과정을 구체화한 매체'라는 입장을 말한다. 이 말은 교육과정에 구현된 학습 경험을 구체적으로 표현하고 제시할 수 있도록 고안된 학습 자료가 교과서라는 뜻이다.

이처럼 교과서를 실체적인 면과 표상적인 면으로 나누어 보고자 하는 의도는 학교 교육에서 교과서의 중요성이 다른 어느 교재보다도 크기 때문이다. 곧 법적인 면에서의 교과서는 교육의 핵심을 규율하는 기능을 하지만, 교육과정 개편에 따라 정해진 시간 안에 정해진 조건에서 교과서를 개발해야 하는 어려움 때문에, 충분한 검증을 거친 좋은 교과서를 만들기가 쉽지 않다. 표상으로서의 교과서라는 개념을 도입하고자 하는 의도는 이와 같은 실체로서의 교과서가 갖는 한계를 보완함으로써, 교과서의 본질적 가치를 높이고자 하는 의도가 담겨 있으리라 본다.

1.2. 국어과 교과서의 기능

국어과 교과서는 '국어'라는 교과에 사용되는 도서를 의미한다. 교과의 개념이 도입되고, 교과가 정립되면서부터 그에 해당하는 교과서를 개발하고 보급하는 문제는 교육 정책의 중요한 과제가 되었다. 그렇지만 다른 과목의 교과서에 비해 국어 교과서가 갖는 의미는 매우 중요하다. 왜냐하면 국어 교과는 도구적인 면과 내용적인 면을 아울러 갖고 있기 때문이다. 달리 말해 국어 교과서는 다른 교과의 학습을 위한 도구로서의 가치뿐만 아니라 국어 문화의 창조와 전수라는 독특한 기능을 함께 수행해야 한다는 뜻이다.

이러한 입장에서 근대 계몽기 이후 국어과 교과서는 다른 교과서에 비해 국가 차원의 교육 이념과 매우 긴밀한 관계를 유지하여 왔다. 특히 국가 체제가 변화하거나 정부가 바뀔 때마다 교육 이념과 정책이 바뀔 수 있으며, 이러한 변화 양상이 교과서에 반영된다. 예를 들어 일제강점기 초기의 교과서 정책은 통감시대에 개발된 교과서를 사용하더라도, '조선의 자주 독립'과 관련된 표현을 삭제한 뒤 사용하도록 한다든가, 건국기의 교과서에서 『중등국어교본』에 실린 좌익계 작가들의 작품이 『중등국어』 ①~⑥(정부 수립 직후에 개발된 교과서)에서는 수록되지 않는 것 등은 국어과 교과서와 교육 이념의 관계를 잘 드러내 주는 경우라고 할 수 있다.

이와 같은 차원에서 국어과 교과서는 교육 이념을 가장 잘 반영하는 교과서[2] 중의 하나라고 할 수 있다. 국어과 교과서의 이념 지향성을 고려할 때, 현행 국어과 교과서의 기능은 교육과정이 지향하는 이념을 구체화한 교재로서의 기능을 갖는 셈이다.

1.3. 교과서 제도와 정책

교과서 제도는 교과서와 관련된 여러 가지 법적 장치를 의미한다. 한국의 교과서는 교육과정을 구현하기 위하여 학교 교육에서 교과 교육의 실제를 안내하는 교과서, 지도서, 보조 자료를 의미한다. 우리나라에서는 근대식 학제가 도입된 이래로 교과서의 개발과 보급을 정부 차원에서 주도해 왔다. 특히 통감시대의 학정 잠식 과정에서 '교과용 도서 검정 규정'을 발포한 이래로, 일제강점기, 건국기, 교육과정

2) 이에 대해서는 이종국(2005: 13~14)을 참고할 수 있다. 이 글에서는 국어과 교과서의 이념 지향성을 '국가 권력을 표상하는 교과서에 대한 갈등적 징후'를 중심으로 분석하고자 하였다. 이러한 갈등적 징후는 1980년대 중반 이후(특히 '민중교육지 사건' 이후) 표면화된 것으로 볼 수 있다.

기를 거치면서 우리의 교과서 제도는 학교 교육을 규율하는 강력한 법적 효력을 가져 왔다. 그러나 교과서 제도는 교육 이념과 정책에 따라 변화를 보인다. 이 점에서 교육 이념과 정책을 주관하는 주체는 국가이므로, 한국의 교과서 제도는 교과서 편찬 과정에 대한 국가의 관여 정도에 따라 다음과 같이 나눌 수 있다.

[교과서 제도의 구분]3)

국가의 관여 형태에 따른 교과서 제도 구분	
교과서 저작에 관여	- 국정제를 통한 직접적 관여 - 검정제를 통한 간접적 관여
교과서 사용에 관여	- 인정제
국가 관여 없음	- 자유 발행제

국정제는 국가가 교과서 제작에 직접 관여하거나 위탁하여 저작하는 제도를 말한다. 이러한 제도에서는 교과서 편찬 계획, 연구 개발, 심의, 발행과 공급을 모두 국가에서 관장한다. 이와 같은 제도는 국가 이념을 중시하는 핵심 교과목을 중심으로 운영되며, 각급 학교에서의 교과서 선택권은 없다. 검정제는 교과서 저작에 국가가 간접적으로 관여하는 제도이다. 교과서 저작의 주체는 민간이지만, 교과용 도서로서의 적합성 여부는 국가가 판단한다. 따라서 국가는 검정 기준을 미리 제시하고, 일정 기간 공모를 거쳐 교과용 도서로서의 적합성 여부를 판단한다. 국정제와는 달리 여러 출판사가 참여할 수 있으며, 각급 학교는 검정 합격한 교과서에 한하여 선택권을 가진다.

인정제는 교과서가 없거나 사용이 어려운 교과에 한하여 국가가 특정 교재를 교과서로 사용할 수 있음을 인정하는 제도이다. 따라서 국정이나 검정과는 달리, 국가는 저작에는 관여하지 않으며, 사용 여

3) 한국교과서 연구재단(2001: 15)에서 재인용.

부에만 관여를 한다. 이와는 전혀 별도로 자유 발행제가 있다. 이 제도는 교과용 도서의 저작 및 사용에 국가가 전혀 관여하지 않는 제도이다. 그러나 교과서로 사용할 목적에서 발행되는 교재는 모두 국가나 지방 정부 차원의 교육과정을 근거로 개발된다는 점에서 엄밀한 의미의 자유 발행제는 없다고 할 수 있다.

이상과 같은 교과서 제도는 발행자, 저작 근거, 발행 절차, 교과서 인정자, 채택자, 채택 근거, 구입 및 사용 등에서 다음과 같은 차이를 보인다.

[교과서 발행 제도 비교(한국교과서 연구재단, 2001: 16~17 재인용)]

		국정제	검정제	인정제	자유 발행제
발행자	국가/지방정부	○			
	출판사		○	○	○
	저작자		○	○	○
저작 근거	국가(정부) 교육과정	○	○	○	○
	별도의 교과서 기준		○	○	
	학문적, 교육적 필요				○
발행 절차	저작→심의→발행	○			
	저작→검정→발행		○		
	저작→발행→인정			○	
	저작→발행→사용				○
교과서 인정자	국가/정부	○	○	○	
	별도의 기관		○		
	교육구			○	
	학교			○	
	교사				○
교과서 채택자	국가/정부	○			
	교육구				
	학교		○	○	○
	교사			○	○
채택 근거	없음(의무)	○			

	교과서 목록		○	○	○
	채택자의 자유				○
교과서 구입 사용, 소유	국가/정부/학교 구입 (무료 사용 후 반납)				
	국가/정부/학교 구입 (무료 사용 후 소유)	○			
	국가/정부/학교 구입 유료 사용 후 반납				
	학생 유료 구입 사용, 소유	○	○	○	

우리나라에서는 국정, 검정, 인정제를 모두 채택하고 있으며, 이에 따라 교과서를 나누면 1종 도서(국정), 2종 도서(검인정), 인정 도서의 세 가지 형태로 구분한다. 제7차 교육과정의 국어과는 국민공통기본 교육과정에 해당하는 초등학교(『국어』), 중학교(『국어』, 『생활국어』), 고등학교(『국어』)는 1종 도서에 해당하며, 심화 선택 과정의 국어과와 일반 선택 과정의 『국어생활』은 2종 도서에 해당한다. 그 가운데 중학교(고려대학교와 한국교원대학교)와 고등학교(서울대학교 국어교육연구소)가 개발 주체이며, 교육인적자원부가 저작 및 발행권을 갖고 있다. 이처럼 개발을 민간이나 단체에 의뢰하는 것은 교육에 대한 자율성을 보장하기 위한 장치라고 할 수 있다. 이 점에서 우리나라의 교과서 제도는 국가의 관여 정도가 강한 국정제에서 점차로 관여 정도가 약한 검인정제로 이행하는 폭이 넓어져 왔음을 확인할 수 있는데, 이를 고려한다면 개정 교육과정 아래에서의 교과서 개발은 국정제보다는 검인정제를 채택하는 경우가 훨씬 늘어날 것으로 보인다.

교과서 제도는 개발 양상을 기준으로 나눌 수도 있다. 이성영(1992)에서는 교재 개발 양상을 '개발형 교재'와 '선택형 교재'로 나누고 있다. 개발형 교재는 말 그대로 개발자의 의도가 포함된 교재를 말하며, 그 과정에서 교재를 구성하는 원리가 적용될 수 있는 교재이다. 이에 비해 선택형 교재는 기존의 자료 가운데 교재로서 선택하는 형태의 교재를 말한다. 개발형 교재의 대표적인 경우는 1종 도서라 할 수 있는데, 2종 도서류(검정도서)도 이 범주에 속한다. 이에 비해 선택형 교재는 기존의 도서 가운데 교과서로 인정하는 도서류를 의미한다.

개발형 교재는 교육과정이나 교수·학습의 내용을 체계적으로 반영하여 개발할 수 있다는 장점이 있다. 그러나 선택형 교재는 교수·학습의 내용이 체계적이지 못하며 불완전하기 십상이다. 따라서 개발형 교재는 주교재로 작용할 경우가 많고, 선택형 교재는 부교재(보조 교재)로 작용할 경우가 많다. 그렇지만 경우에 따라서는 이와 같은 구분의 경계가 뚜렷하지 못한 경우도 있다.

더욱이 교재의 기능을 고려할 때, 교과서 편찬 제도는 국정에서 검인정으로, 검인정에서 다시 자유 발행 제도로 이행하는 것이 교사의 자율성 보장이라는 차원에서는 바람직한 것으로 보인다.

1.4. 국어과 교과서의 위상

교과서에 대한 국가의 관여는 여러 가지 차원에서 그 논리를 찾을 수 있다. 특히 국가의 교육 이념을 가장 잘 반영하는 교과서 가운데 하나가 국어 교과서라는 점에서, 국어 교과서의 이념 지향성은 매우 강한 것으로 알려져 있다. 더욱이 우리나라처럼 국가 통제형 교과서 제도를 운영하는 입장에서는 국정제이든 검인정제이든 교과서에 대한 비판은 다차원적으로 존재할 수밖에 없다.

먼저 교과서의 국가 통제 필요성에 대한 논리적 근거는 한국교과서연구재단(2001: 23~24)에서 제시한 '교과용 도서 검정 필요성'에서 찾아볼 수 있다.

[교과용 도서 검정의 필요성]

ㄱ. 교과서는 미성숙한 학생들이 배우는 주요 자료이기 때문에 검정이 필요하다.

ㄴ. 초, 중등 학생이 배우는 교재의 질을 일정 수준 이상 유지하기 위해 검정은 필요하다.

ㄷ. 민간의 자율과 창의를 발현한 도서를 안정적으로 확보, 공급할 필요가 있다.

이러한 근거는 검인정 제도를 처음 도입한 시점에서도 나타난다. 예를 들어 전진성(1949)에서는 다음과 같이 진술하고 있다.

[교과서 검인정에 대하여]

교과서는 언제나 국가가 의도하는 바 교육의 목적에 도달할 수 있는 교재로서 저작된 것이어야 한다. 따라서 국가가 의도하는 교육목표에서 호말이라도 벗어난 것이라면, 그것이 아무리 충실한 내용을 갖춘 것이라 하더라도 교과서로서는 존재할 수 없게 되는 것이다. 이러한 의미에서 새로 나올 교과서는 문교부의 새로운 교육 목표-민주주의 민족교육-구현을 위한 명랑하고 애국적인 교과서여야 한다. … 다음에 해방 후 금일까지 교과서의 검, 인정상황을 간단히 말하고, 금명 연도의 검, 인정 방침을 말하겠다.

지나간 삼년간의 교과서 검, 인정상황을 간단한 통계로 표시하면 다음과 같다.

검,인정 신청 교과서 총수(334건)

검,인정된 교과서 수(174건)

불 검, 인정된 교과서 수(161건)

이 통계는 지나간 삼년간 출판계가 좋이 자재, 전력, 기타의 악조건과

싸우며, 오로지 우리나라 교육의 충실을 기하려고 하던 결과가 숫자적으로 표현된 것이다. 그러나 한편 너무 급속히 다량의 간행이 요구되었던 결과 자연 교과서 내용에 조잡한 점이 생기어 상기의 불검인정 교과서수를 내인 것은 국가경제상 자재(資材)의 불필요한 소모를 초래한 것으로 대단히 애석한 노릇이라 아니할 수 없다. (…이하 생략…, 한자는 한글로 바꿈)

— 전진성(1949), 「교과서 검인정에 대하여」, 『새교육』 1949년 12월호(통권 제3호)

이처럼 교과서 검인정은 국가의 교육 이념(의도)을 반영할 뿐 아니라, 자유 방임 상태의 무질서한 교과서 개발을 막고, 일정한 수준을 유지하기 위하여 실시하는 제도이다. 그렇지만 우리나라의 교과서 발달 과정을 살펴보면, 초등학교나 중학교의 경우 국정과 인정을 동시에 인정하다가, 1950년 이후 국정만 허용함으로써 교과서에 대한 통제가 더욱 강화되었으며, 중등 〈문법〉, 〈작문〉의 경우도 인정제에서 검정제를 거쳐 제4차 교육과정기부터는 선택형 교과서를 폐지하였다는 점에서 국가 통제가 강화되어 왔음을 알 수 있다.

국정이나 검정제의 도입을 통한 국가 통제의 강화는 국어과 교육의 이념이 국가 교육 의도를 반영하는 과정으로 이해할 수 있으나, 실제 교과서 개발 및 보급 과정에서는 교육의 본질적 가치와 관련된 더 많은 문제가 파생된다. 그러한 문제 가운데 하나가 국어과 교육의 효율성과 적절성을 보장할 수 있는 교과서 개발이다. 이러한 문제는 이응백(1963)에서 다음과 같이 논의된 바 있다.

[교과서의 적절한 편찬]

첫째, 국어과 교과서는 국어과 교육의 목표를 충분히 달성할 수 있게 자료를 집성해야 한다. 국어과 교육의 목표를 구체화시킨 것이 국어과 계획, 즉 국어과 교육과정이므로 국어교과서는 국어과 교육과정을 구현시킬 수 있게, 학교별, 학년별로 너무 어렵지도 않고 너무 쉽지도 않게, 정도에 맞춰 엮어야 한다.

둘째, 국어과 교과서는 언어 문화재(言語文化財)와 언어 활동의 양면을 아울러 담되, 통합적으로 엮어도 좋고, 문학편, 언어편으로 갈라도 좋겠다. 모든 요소를 통합하는 것, 예컨대, 문법같은 것도 몇 가지 요소로 나누어, 그것을 각 문장을 통하여 순차적으로 다루면서 계획표에 체크만 해 나가면 그것을 배운다는 인식 없이도 자연스럽게 문법의 전체계를 학수(學修)하게도 되는 것처럼-을 지향하면서, 특별히 체계적인 학습을 꾀할 필요가 있을 경우에 한하여, 문법하면 문법교과서를 별도로 엮을 수도 있을 것이다.

셋째, 국어과 교과서는 단원별로 짜야 한다. 그러나 단원에 포함되는 내용은 지역별 특수 사정을 반영시키기 위하여 테마는 같되 문장 속에 담긴 환경이나 정경이 각 지역사회에 알맞은 것을 복합적으로 짜넣어, 각 지역사회 학교로 하여금, 자유로이 선택할 수 있게 해야 하며, 특수한 경우에는 남녀별도 염두에 둘 필요가 있으리라 생각한다.

넷째, 교과서가 거의 유일한 자료인 우리 실정에서는 기본 단원에서는 가장 중요한 것을 다루고, 그 외에 보수(補修) 단원을 부록으로, 또는 독립시켜 학습 효과의 발전에 이바지하도록 하는 것이 좋겠다.

다섯째, 주(註)는 보통사전에는 나오지 않는 특수한 것에 한할 것이요, 연구의 방향을 제시하는 몇 가지 문제를 붙일 필요가 있겠다.

여섯째, 경우에 따라서는 뒤에 특수 어휘의 색인을 붙여 놓음도 좋겠다.

일곱째, 이상의 요건을 고려하여 엮은 국어교과서는 체재(體裁), 장식, 내용 일체에 걸쳐 학생의 흥미, 욕구, 필요를 충족해 주도록 해야 함은 물론이다.

여덟째, 타교과서와의 관련도 문제이지만 국어과 자체 내의 종적, 횡적 체계가 정연해야 함도 잊어서는 안 된다.

위의 여러 항목 가운데에는 오늘날의 실정에 맞지 않는 것들도 있다. 그렇지만 국어과 교과서의 본질적 기능을 고려할 때, 시대와 사회를 초월하여 적용되어야 할 원칙이 있다. 그러한 원칙은 '교육 목적과 목표에 부합하는 교재로서의 역할', '학습자의 수준에 적합한 교재로서의 역할', '학습자의 흥미, 욕구, 필요를 충족해 주는 역할', '국어과 자체 내의 종적, 횡적 체계를 통하여 국어과 교육의 효율을 높여주는 역할' 등이라고 할 수 있다.

2. 국어과 교과서 변천사

2.1. 머리말

교과서 연구는 여러 가지 차원에서 이루어질 수 있다. 예를 들어 교육 목표나 교육과정과의 관련성을 분석하는 방법, 교재 구성의 원리나 교과서 개발의 원리를 찾는 방법, 교과서 제도나 정책을 분석하는 방법 등은 교과서 연구의 대표적인 분야라고 할 수 있을 것이다. 특히 교과서 정책 연구에서는 각종 교과서 관련 법령을 검토하고 교육과정을 분석하며, 이에 따라 교과서가 어떻게 개발되어 왔는지를 이해하는 일이 중요하다.

이와 같은 관점에서 이 글은 근대 계몽기 이후의 각종 교과서 관련 정책을 제도적인 차원에서 검토하고, 이에 따라 개발된 교과서 목록을 작성하는 일을 중점적인 연구 대상으로 삼는다. 이러한 차원에서 본 연구는 다음의 두 가지 작업을 포함하게 될 것이다.

첫째는 교과서 개발과 관련된 정책이다. 교과서 개발은 교육 목표(이를 반영한 교육령이나 교육과정)에 따라 일정한 틀 안에서 이루어진다. 따라서 각 시대별 교과서 개발과 관련된 제도를 살핌으로써 교과서 개발에 작용된 정책적인 면을 검토할 수 있다.

둘째는 각 시대의 제도에 따라 개발된 국어과 교과서의 목록을 작성하는 일이다. 이 문제는 앞선 연구에서도 비교적 여러 차례 시도된 바 있으나, 국어과 교과서의 목록을 일목요연하게 작성한 적은 없는 것으로 보인다.

이와 같은 작업과 함께, 각 시대별 교과서 연구와 관련된 성과를 정리하는 일도 시급하다. 그러나 이와 관련된 연구는 본 연구의 시간 제약을 고려하여, 차후의 연구 과제로 남긴다.

2.2. 근대 계몽기의 교과서 정책

2.2.1 근대 계몽기 교과서 정책

근대 계몽기 교과서 정책은 1895년 근대식 학제가 도입된 이후부터 실시되었다. 그 이전에는 자율적인 교재 편성 시기로, 정부가 내놓은 규제, 관리, 장려 정책이 존재하지 않았다. 다만 1880년대 이후로 교재 개발의 필요성을 느낀 선교사나 선각자들에 의해 몇몇의 교재가 만들어지기도 하였다. 예를 들어 『ᄉᆞ민필지』와 같은 지지서(地誌書)가 있다.

1895년 학부 관제가 제정된 이후로 교과서 문제는 학부의 담당 업무였다. 1895년 3월 25일 공포된 학부 관제에 따르면, 교과서 업무는 편집국의 관장 사무였다. 이에 따라 이 시기에는 처음으로 국가가 관여하는 교과서의 개발이 이루어졌다. 당시의 소학교의 학과목은 〈독서〉, 〈작문〉, 〈습자〉였는데, 실제 개발된 교과서는 『국민소학독본』

(1895), 『소학독본』(1895), 『신정심상소학』(1897)과 같은 독본류였다.[4)]

그런데 이 시기의 교과서 정책을 구체화한 법적 근거는 발견되지 않는다. 참고로 1895년(개국 504년)의 회계안에서 학부 본청의 소요 금액이 35,477원 가운데, 교과서 인쇄비가 5,000원이었음을 확인할 수 있다. 그 밖의 교과서 관련 국가 정책 기록은 발견되지 않는다.

근대 계몽기의 교과서 정책에 큰 변화를 보인 시점은 1906년 전후이다. 이 시기는 통감부의 지배를 받는 시기로, 국가의 교육 정책 전반에 걸쳐 철저한 통제가 이루어졌다. 이에 따라 교과서 개발 및 검인정 등이 통감부의 지배하에 놓이게 되었다.

먼저 1906년 8월 27일에 공포된 〈보통학교 시행령〉 제31조에 따르면, "보통학교 교과용 도서는 학부에서 편찬한 것을 사용하되, 특별한 경우에는 학교장이 학부대신의 인가를 받아 학부 편찬 이외의 도서를 사용"할 수 있도록 규정하였다. 이와 같은 규정에서 교과서의 개발 주최는 학부이며, 학부 편찬 이외의 교과서는 학부대신의 인가를 받도록 하였다.[5)] 이러한 통제는 1908년 '검인정제'를 도입함[6)]으로써, 더욱 강화되었다. 그 과정에서 교과서의 내용에 관한 조사가 이루어졌는데, 이를 기준으로 검정 기준을 삼았다. 그 내용은 다음과 같다.

4) 이들 독본류에 대한 서지 및 특성에 대해서는 강윤호(1977), 박붕배(1987), 이종국(1991, 2001) 등에서 비교적 자세히 언급되어 있다.

5) 이 규정은 소학교령에 따른 '소학교 교칙 대강'(1895)에는 보이지 않는 규정이다. 이 점을 고려할 때, 1906년 이전의 교과서 정책은 정부가 모든 것을 통제하는 제도는 아니었다. 그러나 통감시대에 이르러서는 각급 학교의 교과서를 통감부의 통제 아래 두었음을 확인할 수 있다.

6) 교과용 도서 검인정 규정은 1908년 8월 28일 공포되었다. 이에 대해서는 허재영(2003ㄴ)을 참고할 수 있음.

[교과서의 내용에 관한 조사]

學部에서 各學校의 敎科用圖書를 檢定홈에 當ᄒᆞ야 左의 三方面으로 審査ᄒᆞᄂᆞᆫ 方針을 取홈

甲 政治的 方面 此方面은 左開諸點에 著眼홈

(1) 我國과 日本의 關係 幷 兩國 親交ᄅᆞᆯ 沮礙ᄒᆞ고 又ᄂᆞᆫ 非議홈이 無ᄒᆞᆫ지

(2) 我國 國是에 違戾ᄒᆞ야 秩序와 安寧을 害ᄒᆞ고 國利民福을 無視홈과 如ᄒᆞᆫ 言說이 無ᄒᆞᆫ지

(3) 本邦에 固有ᄒᆞᆫ 國情에 違홈과 如ᄒᆞᆫ 記事가 無ᄒᆞᆫ지

(4) 奇矯ᄒᆞ고 誤謬ᄒᆞᆫ 愛國心을 鼓吹ᄒᆞᄂᆞᆫ 事가 無ᄒᆞᆫ지

(5) 排日思想을 鼓吹ᄒᆞ고 又ᄂᆞᆫ 특히 邦人으로 ᄒᆞ야곰 日人 及 他外國人에 對ᄒᆞ야 惡感情을 抱케 홈과 如ᄒᆞᆫ 記事 及 語調가 無ᄒᆞᆫ지

(6) 其他 言論이 時事論評에 涉ᄒᆞᆫ 事가 無ᄒᆞᆫ지

乙 社會的 方面 此方面은 左開諸點에 著眼홈

(1) 淫雜, 其他 風俗을 壞浮케 홈과 如ᄒᆞᆫ 言辭 及 記事가 無ᄒᆞᆫ지

(2) 社會主義와 其他 社會의 平和ᄅᆞᆯ 害케 홈과 如ᄒᆞᆫ 記事가 無ᄒᆞᆫ지

(3) 妄誕無稽ᄒᆞᆫ 迷信에 屬홈과 如ᄒᆞᆫ 記事가 無ᄒᆞᆫ지

丙 敎育的 方面 此方面은 左開諸點에 著眼홈

(1) 記載事項에 誤謬가 無ᄒᆞᆫ지

(2) 程度 分量 及 材料의 選擇이 敎科書의 目的ᄒᆞᆫ 바에 適應ᄒᆞᆫ지

(3) 編述의 方法이 適當홈을 得ᄒᆞᆫ지

이상과 같은 기준에 따라 교과용 도서를 조사한 결과를 교육적인 면에서 5가지 사항으로, 정치적인 면에서 9가지 사항으로 발표하였다. 이를 바탕으로 할 때, 당시의 검정 기준은 애국애족하는 사상을 배제하고, 친일적인 색채를 띠도록 하였으므로, 당시의 민간에서 제작한 교과용 도서는 수난[7]을 맞게 되었다.

2.2.2. 근대 계몽기의 국어 관련 교과서

교과서 정책면을 고려할 때, 근대 계몽기의 교과서 개발은 갑오개혁 시대와 통감시대 사이에 큰 차이를 보인다.

먼저 갑오개혁 당시의 교과서 개발은 일정한 정책이 없는 상태에서, 고전이나 외국의 서적을 번역하는 형식의 교재 개발이 이루어졌다. 이러한 점은 급속도로 이루어진 학제에 맞추어 적절한 교재를 개발할 여력이 없었고, 또 교재 개발 과정에서 일본인 교육 행정가들의 의견이 반영된 점도 있었을 것이다. 이에 대해서는 『신정 심상소학』(1896) 서문에 들어 있는 다음 내용을 통하여 짐작할 수 있다.

[신정 심상소학 서(新訂 尋常小學 序)]

學ᄒᆞᄂᆞᆫ 者ㅣ 젼혀 漢文만 崇尙ᄒᆞ야 古ᄅᆞᆯ 學ᄒᆞᆯ ᄲᅮᆫ 아니라 時勢ᄅᆞᆯ 헤아려 國文을 參互ᄒᆞ야 ᄯᅩᄒᆞᆫ 今도 學ᄒᆞ야 智識을 널닐 것시니 我國의 世宗大王게으셔 ᄒᆞ샤대 世界各國은 다 國文이 有ᄒᆞ야 人民을 開曉ᄒᆞ되 我國은 홀노 업다 ᄒᆞᄉᆞ 特別히 訓民正音을 지으ᄉᆞ 民間에 廣布ᄒᆞ심은 婦孺와 輿儓라도 알고 ᄭᆡ닷기 쉬운 然故ㅣ라 卽今 萬國이 交好ᄒᆞ야 文明의 進步ᄒᆞ기ᄅᆞᆯ 힘쓴즉 敎育의 一事가 目下의 急務ㅣ라 玆에 日本人 輔佐員 高見龜와 麻川宋次朗으로 더부러 小學의 敎科書ᄅᆞᆯ 編輯ᄒᆞᆯ식 天下萬國의 文法과 時務의 適用ᄒᆞᆯ 者ᄅᆞᆯ 依據ᄒᆞ야 或 物象으로 譬喩ᄒᆞ며 或 圖畵로 形容ᄒᆞ야 國文을 尙用ᄒᆞᆷ은 여러 兒孩들을 위션 ᄭᆡ닷기 쉽고ᄌᆞ ᄒᆞᆷ이오 漸次 ᄯᅩ 漢文으로 進階ᄒᆞ야 敎育ᄒᆞᆯ 거시니 므릇 우리 羣蒙은 國家의 實心으로 敎育ᄒᆞ심을 몸바다 恪勤ᄒᆞ고 勉勵ᄒᆞ야 材器ᄅᆞᆯ 速成ᄒᆞ고 各國의 形勢ᄅᆞᆯ 諳鍊ᄒᆞ야 竝驅自主ᄒᆞ야 我國의 基礎ᄅᆞᆯ 泰山과 磐石갓치 措置ᄒᆞ기ᄅᆞᆯ 日望ᄒᆞ노이다 建陽元年 二月 上澣

---

7) 당시의 검정 신청 및 인가에 대해서는 한국교과서연구재단(2001: 43)을 참고할 수 있으며, 금서에 대해서는 이종국(1991)을 참고할 수 있음.

이 글에 나타난 바와 같이, 초기의 교과서 개발에는 일본인 교육 행정가의 견해가 많이 반영되었을 것으로 보이며, 교육 내용도 만국과의 교유를 위한 재료가 중심이 되었음을 확인할 수 있다. 이러한 경향은 『국민소학독본』, 『소학독본』, 『신정 심상소학』의 내용을 통해서도 짐작할 수 있다.

1906년 이후의 교과서 개발은 학부와 민간 저작물로 나누어 살필 수 있다. 먼저 학부 교과서로는 『보통학교 학도용 국어독본』(1907)이 있는데, 이 교과서는 일본인 참여관의 소산으로 대일본도서주식회사에서 인쇄를 하였을 정도로 일본의 영향 아래 놓여 있었다. 민간 차원의 교과서로는 대한민국교육회 편저(김상만, 고유상, 주한영) 『초등소학』(1906)을 비롯하여 20여 종의 국어과 교과서가 발행되었다. 다음은 박붕배(1987)의 표를 참고한 당시의 국어과 교과서 목록이다.

[근대 계몽기 국어과 교과서]

호	책명	편저자	발행 권자	권책수	사용 문자	학교급	정가	인쇄 출판사	발행 연월일	판형	비고	자료
	국민 소학독본	학부 편집국	학부	단권	국한문 혼용	초등	25전		1895.7. (오추)	한지 국판	갑오개혁 소학교령에 따른 최초의 신교육용 국어교과서, 41단원	개화기 교과서 총서
	소학독본	학부 편집국	학부	단권	국한문 혼용	초등	15전		1895.8. (중동)	국판	개화기 신식 국어 교과서, 명현의 用心, 行德 중심	개화기 교과서 총서
	국문정리	리봉운	학부	단권	순국문	초중등	2냥 5돈	국문국	1897.1.	한지 국판	문법교과서	대제각 ,역대 문법
	신정 심상소학	학부 편집국	학부	3권 3책	국한문 혼용	초등	34/36/16 전		1897.2.	국판	양장본, 3년 연속 체제, 언문일치에 가까움, 생활중심, 가정중심, 사회중심의 교과서	개화기 교과서 총서
	초등소학	대한 민국 교육회	김상만 고유상 주한영	8권 4책	국한문 혼용	초등	잭당 1원 30전	경성 일보사	1906.12.30.	국판	국문교육의 본보기 교재로 우리말과 순한글교재, 중학년부터는 국한문혼용	아세아 , 박붕 배본
	유년필독	현채	현채	4권	국한문	초등	80전	휘문관	1907.5.5.	국판	한자에 국문토를	아세아

				1책	혼용						달음	
7	초등 여학독본	이원경	변형중	1권	국한문 혼용	초등	30전	보문사	1908.3.10.	국판	수신교재와 겸용, 한문현토	아사
8	몽학필독	최재학		1권	순한문	초등				국판	사학용 교재	아사
9	노동 야학독본	유길준	유길준	미상 (권1)	국한문 혼용	초등 초보	30전	경성 일보사	1908.7.13.	국판	노동 야학 교재	아사
10	초목필지	정곤수	안형중	2권 1책	국문	초보	40전	보문사	1908.6.20.	국판	보습학습교재성이 강함	아사
11	최신 초등소학	정인호	정인호	4권 2책	국한문 혼용	초등	각50전	보성사 우문관	1908.7.20.	국판	난이도를 조정하고 교수 지침을 포함시킴	아사
12	초등소학	보성관	보성관	미상 (권1)	국문	초등		보성관		국판	순한글로 아주 후대 교재인듯	아사
13	보통학교 학도용 국어독본	학부	학부	8권 8책	국한문 혼용	초등	각12전	한국 정부 인쇄국	1907.2.1 (1-5권), 3.1(6권)	국판	일본인 참여관의 소산으로, 인쇄도 대일본도서주식회사에서 인쇄	아사
14	신찬 초등소학	현채	현채	6권 6책	국한문 혼용	초등	1-3: 15전 4-6: 20전	보성사 일한 인쇄	1909.9.23. 1909.10.20.	국판	유년필독이 금서가 되자 대용교재로 만듦	아사
15	녀ᄌᆞ독본	장지연	김상만	2권 2책	순국문		1질60전	휘문관	1908.4.5.	국판	여성 교양을 높이고자 함	아사
16	유부독습	강화석	이준구	2권 1책	순국문		45전	황성 신문사	1908.7.	국판	문맹퇴치 정신 반영	아사
17	국문초학	주시경	박문 서관	단권	순국문	초등	10전	우문관	1908.2.15.	국판	49단원 구두점으로 띄어쓰기 대신함	주시 전
18	국어철자 첩경	한승곤	평양 광명 서관	단권	순국문		25전	경성 우문관	1908.2.15.	국판	국어철자교습용	역 문
19	대한문전	최광옥 (유길 준)	안악 면학회		순국문	초중등	25전	보문사	1908.1.	국판	유길준의 저서를 최광옥 이름으로 변개한 것임	역 문
20	고등 소학독본	휘문 의숙 편집부	휘문 의숙	2권 2책	국한문 혼용	중등	각 25전	휘문 의숙	1906.11.30. 1907.1.20.	국판	애국애족 국가의식 고취	아사
21	유년필독 석의	현채	현채	상하	국한문 혼용	교사용	합80전	중앙 서관	1907.6.30. 1907.7.31.	국판	교사용 지도서	아사
22	초등 작문법	원영의	이종정 이원상		국한문 혼용		20전		1908.10.	국판	명칭은 작문서나 실상은 한문 문법서임	역 문
23	대한문전	유길준	유길준	단권	국한문 혼용	초중등			1909.3.18.	국판	문법서	역 문
24	초등 국어어전	김희상	김희상	3권	국한문 혼용	초등			1909.3.20.	국판	국어문법서	역 문
25	국어문법	주시경	주시경	단권	국한문 혼용	초중등	40전	박문 서관	1910.4.15.	국판	표기 난맥 통일	역 문

이상의 교과서는 한국학문헌연구소 편(1977, 아세아문화사의 개화기교과서총서), 고영근 외(1977, 탑출판사의 역대문법대계), 박붕배 외(2001, 한국교과서재단) 등에서 확인한 교과서류이다. 그밖에도 『아학편』(정약용·석영, 1908.3, 역대문법), 『말』(주시경, 1908년경 추정, 역대문법), 『대한문법』(김규식, 1909년경 추정, 역대문법) 등이 교재로 사용되었을 것으로 추정된다.

2.3. 일제강점기의 교과서 정책

2.3.1. 조선총독부의 교과서 정책

일제강점기는 조선어과를 제외한 모든 교육이 일본어로 이루어졌다. 그 과정에서 일본어 교과서가 국어 교과서의 자리를 대신하였으며, 조선어과 교과서는 '조선어급한문(朝鮮語及漢文)'으로 명칭이 바뀌면서, 언문 단원을 줄이는 방식으로 개발되었다.

일제는 식민 초기부터 조선에서의 교육을 위해 각종 조사 연구를 진행하였다. 1910년 9월 11일 동경제국교육회 조선교육부주사위원회에서 공포한 조선 교육 조사 방침은 다음과 같다.

[조선 교육 방침, ≪매일신보≫, 1910.9.11]

第一 敎育勅語의 趣旨를 普悉케 ᄒᆞ고 日本과 朝鮮間에ᄂᆞᆫ 從來로 特別ᄒᆞᆫ 關係가 有ᄒᆞᆫ즉 兩國의 合併은 當然ᄒᆞᆫ 運命됨을 了解케 ᄒᆞ고 且 日本의 臣民이 되야 文明ᄒᆞᆫ 舞臺에 活躍케 홈에ᄂᆞᆫ 朝鮮人民의 發展上 莫大ᄒᆞᆫ 利益되ᄂᆞᆫ 希望을 與홀 事

第二 日本語의 普及으로써 急務ᄅᆞᆯ 作ᄒᆞ야 此에 全力을 注홀지니 此를 實行홀 方法은 左와 如홈

一 初等敎育에ᄂᆞᆫ 諺文漢文을 全廢ᄒᆞ고 本語ᄅᆞᆯ 用홀 事

二 日本語 教習學校에는 適當혼 補助를 與홀 事

三 師範學校를 增設ᄒᆞ야 日本語에 熟達혼 教員을 多數 養成홀 事

四 各種 專門學校에셔도 日本語로써 正則을 삼을 事

五 日本語로써 官用語를 삼을 事

六 日本文으로 작홀 家庭書類의 普及홀 方針을 講究홀 事

第三 教科書의 編纂은 特히 重大혼 者인즉 總督이 直轄홀 機關을 設ᄒᆞ야 從事케 홀 事

위에 나타난 바와 같이, 이 시기의 교과서 정책은 식민 교육의 취지를 실현하는 수단일 뿐만 아니라, 그 자체가 매우 중요한 일로 인식되었다. 이러한 교과서 정책은 일본어 보급, 교과서 개발, 교과서 관리라는 세 가치 차원으로 진행된 것으로 볼 수 있다. 그 가운데 일본어 보급은 위의 제2조에 나타난 바와 같이, 각종 학교의 교육 용어를 일본어로 하고, 일본어로 된 교과서를 개발하며, 일본어로 된 일반 가정서류를 보급하는 일로 요약된다. 이와 같은 방침에 따라 1911년 〈조선교육령〉이 공포된 이래의 각종학교 규칙에 포함된 교과용 도서 규정에서는 '조선총독부에서 편찬한 교과서를 사용하는 것을 원칙으로 하되, 그러한 도서가 없을 때에는 조선총독의 검정을 받은 교과용 도서나 조선총독의 인가를 받은 도서를 사용'하도록 하였다. 당시의 보통학교 규칙을 살펴보면 다음과 같다.

['보통학교 규칙'에서의 교과용 도서 규정][8]

第二十二條 普通學校의 教科用圖書는 朝鮮總督府의 編纂혼 것을 用홈이 可홈 但 朝鮮總督府의 編纂혼 教科用圖書가 無혼 때는 朝鮮總督의 檢定을

8) 고등보통학교 규칙이나 여자고등보통학교 규칙의 교과용 도서 규정도 이와 같음.

經훈 敎科用圖書나 又는 朝鮮總督의 認可를 受호야 他圖書를 用홈을 得홈

第二十三條 普通學校에셔 朝鮮總督의 檢定을 經훈 敎科用圖書를 用훈 때는 其圖書의 名稱, 冊數, 使用호는 學年, 著譯者 及 發行者의 氏名, 發行年月日을 具호야 申請홈이 可홈

이러한 차원에서 일제강점기 교과서 정책은 1) 교과서 개발, 2) 교과서 검인정, 3) 가정 일반에 보급할 서식류(호적 서식, 편지글 서식, 각종 기술서) 개발 등에 초점이 맞추어져 있었다.

2.3.2. 교과서 개발

일제강점기의 교과서 개발 주최는 조선총독부였다. 조선총독부는 식민 초기부터 교과서 개발에 주력하여, 1912년에는 각급학교의 일본어과와 조선어과에 해당하는 교과서 개발을 완료하였다. 이와 같은 실정은 1911년 12월 28일자의 '교과용 도서 일람표'를 통해서도 확인된다. 이 일람표는 각종 사립학교에서 조선총독부 출판의 교과용 도서를 사용할 경우 인가를 받지 않고도 신고만으로 사용할 수 있도록 하는 취지에서 공포되었는데, 이에 따르면 『국어독본』(8책), 『국어보충교재』(1책), 『조선어독본』(8책), 『한문독본』(4책), 『습자첩』(4책)이 발행된 것으로 확인된다. 이와 같은 교재 개발은 보통학교를 중심으로 이루어졌으며, 고등보통학교나 여자고등보통학교의 경우는 이보다 약간 늦은 시기에 개발된 것으로 보인다.

조선총독부의 교재 개발은 1911년부터 본격적으로 시작된 것으로 보이며, 교육령 변화에 따른 학제 변화를 반영하여, 그에 해당하는 교과서 개발을 진행한 것으로 보인다. 이를 고려하여 현재까지 확인된 일제강점기의 교과서 변천 과정을 간략하게 표로 나타내면 다음과 같다.

[조선총독부의 일본어, 조선어, 한문과의 교과서 발행 역사][9]

ㄱ. 일본어과(국어과) 교과서

연대별 (교육령)	학교급별	교과서명	발행연도	권수	비고
1910 (조선 교육령)	보통학교	普通學校國語讀本	1911년 완료	8권	(2,7)
		普通學校習字帖	1913년 완료	4권	(1,3)
	고등 보통학교	高等國語讀本	1913년 완료	8권	
		高等習字帖	1913년 완료	4권	
	여자고등 보통학교	확인 안 됨			
	교수법, 기타	國語教授法	1912.8.3.	1권	총독부내무부학무국
		速修國語讀本	1913.1.20.	1권	국어강습회용
1922 (신교육령)	보통학교	普通學校國語讀本	1923.1.15.	12권	
		普通學校書キ方手本	1925년 완료	7권	1학년 통합
	고등 보통학교	新編高等國語讀本	1923~1925	10권	(5)
	여자고등 보통학교	新編女子高等國語讀本	1923~1925	8권	
	기타	日本語法及文法教科書	1925	1권	고보 수준
1930 (일부 수정)	보통학교	普通學校國語讀本 또는 國語讀本	1931~1937	12권	(1,3,5,8,9-12)
		四年制 普通學校國語讀本	1931~1937	8권	(8)
		實業補習學校 國語讀本	1931~1937	?	(권1)
		普通學校書方手本	1931~1937	?	학년당 상하
		書方手本	1931~1937	?	4년제 학년당 상하
		小學書方手本(文部省作)	1931~1937	?	조선총독부 발행임
	고등 보통학교	中等教育國文讀本	1931~1937	12권	(6,9)
		中等教育漢文讀本	1931~1937	?	(1,2)
	여자고등 보통학교	中等教育女子國文讀本	1931~1937	?	(5)

9) 이 표는 한국교과서재단(2001), 박붕배본(2003), 그 밖의 수집 자료 등을 토대로 작성한 것이다. 현재 일제강점기 교과서 연구 실태는 기초 자료의 수집과 정리 단계에서부터 여러 가지 문제를 보이고 있다. 그 가운데 일본어과 교과서의 수집은 거의 이루어지지 않은 상태이며, 조선어과의 경우는 박붕배본(2003)과 같은 체계적인 수집 노력이 있었으나, 이 자료에도 누락된 것이 많이 보인다.

1940 (개정 교육령: 국민학교령 이후)	초등교육	小學國語讀本 (문부성저작)	1940.9.25.	12권	조선총독부발행 (9-12)
		初等國語讀本 (간이학교용)	1940.9.25.	?	(1,4)
		初等國語(총독부 저작)	1943.9.15. (번각)	12권	(3,4,6학년)
	중등교육	단선 학제로 변화하면서, 문부성 저작물 또는 검인정 교과서로 대체			

ㄴ. 조선어과 교과서

연대	학교급별	교과서명	발행연도	권수	비고
1910 조선 교육령	보통학교	朝鮮語讀本	1911	8권	1911.12.28 교과용 도서 일람표근거 (실물 확인 안 됨)
		普通學校學徒用 漢文讀本	1912.3.13.	?	(권4)
		普通學校朝鮮語及漢文讀本	1913~1919	5권	박붕배본
	고등 보통학교	高等朝鮮語及漢文讀本	1914	4권	박붕배본
	여자고보	개발 안 됨			
1920 신교육령	보통학교	普通學校朝鮮語讀本	1925	6권	박붕배본
		普通學校 高等科 朝鮮語讀本	1925	?	도서일람표 참고
		普通學校 漢文讀本	1925	2권	(5,6학년용)
	고등 보통학교	新編高等朝鮮語及漢文讀本	1925~1926	5권	박붕배본
	여자고보	女子高等朝鮮語讀本	1925	4권	박붕배본 (3권 누락)
	기타	朝鮮語法及會話 外	1925		경성조선어 연구회
1930 일부 수정	보통학교	普通學校 朝鮮語讀本	1933~1937	6권	박붕배본
	고등 보통학교	中等教育 朝鮮語及漢文讀本	1933	6권	여자고보
	여자고보				
1940년 이후	초등교육	初等朝鮮語讀本(簡易學校用)編纂 趣旨書	1939.6.22.	1권	편찬취지서
		初等朝鮮語讀本	1939년 이후	?	(권2)

* ?는 권수를 정확히 파악하지 못한 것을 뜻하며, 괄호는 필자 소장본을 뜻함.

위의 표에 나타난 바와 같이, 일제강점기의 교과서 개발은 조선총독부의 주관 아래 체계적으로 이루어졌기 때문에, 식민 노예 교육이 가속화되었다. 흥미로운 점은 일제강점기의 경우 각급학교마다 교과목이 설정되면, 그에 따른 교과서 운영 방침을 명시하고, 이에 따른 교과서 개발을 진행하거나, 그러한 진행이 어려울 경우 문부성 교과서를 사용하는 방법과 검인정 교과서를 사용하도록 하는 방법을 취함으로써 모든 교과 운영을 통제할 수 있었다.

2.3.3. 교과서 검인정

일제강점기 교과 운영에서 검인정제도는 식민 통치의 주요 수단이 되었다. 교과용 도서의 검정 규정은 1912년 6월에 공포되나, 그 이전부터 교과용 도서의 조사가 이루어졌으며, 이에 따라 이른바 '불량도서'를 조사하여 각 사립학교에서 사용하지 못하도록 하였다. 예를 들어 1911년 2월의 내무부장관 우사미(宇佐美勝夫)의 훈령을 참고할 수 있다.

[교수상의 주의 병(幷) 자구 정정표, ≪매일신보≫ 1911.2.22]

京鄕各地方 私立學校에셔 不良훈 敎科書를 改版訂正ᄒᆞ야 施行케 홀 意로 內務部長官 宇佐美勝夫 氏가 各道 長官에게 發訓注意케 홈은 已報ᄒᆞ얏거니와 學務局에셔 舊學部 編纂 普通學校用 敎科書와 舊學部 檢定 及 認可의 敎科用圖書에 關ᄒᆞᄂᆞᆫ 敎授上 注意 幷 字句訂正表를 左와 如히 製定頒布ᄒᆞ얏더라

一 舊學部編纂 及 檢定의 圖書ᄂᆞᆫ 勿論이어니와 舊學部로셔 使用 認可를 與훈 圖書로 十分 其 內容을 審査훈 者라도, 今回 朝鮮은 大日本帝國의 一部分이 된 故로, 今後 朝鮮에 在훈 靑年 及 兒童을 學修홀 敎科書ᄂᆞᆫ 其

內容이 頗(파)히 不適혼 者이 有홈에 至혼지라 然이나 今에 遽히 此等 多數혼 圖書를 修整改版홈은 容易혼 事이 안임으로써, 先此 右圖書 中 教材의 不適當혼 者와 又는 語句의 適切치 못혼 者에 就호야 注意書 及 訂正表를 製호야 教授者의 參考에 資호노니 官公私立을 不問호고 何學校에셔던지 宜當히 此에 依據호야 教授홀지니라

二 教授者는 注意書 中의 各 注意事項을 熟讀혼 後, 其 趣旨를 不誤토록 愼重히 教授홀지며 又 正誤表에 依호야 學徒 各自의 教科書를 適宜홀 方法으로써 訂正 教授홀지니라

三 舊學部 編纂 普通學校用教科書에 對혼 注意書에는 修身書, 日語讀本, 國語讀本 及 習字帖 中 不適當혼 教材에 就호야 一一히 教授上의 注意를 與호고 舊學部 檢定 及 認可의 圖書에 對혼 注意書에는 此等圖書 中에 現혼 不適當혼 事項을 概括 列擧호야 一般的 注意를 與홀 事로 호노라

四 注意書 中에 與혼 事項內 韓國合併의 事實, 祝祭日에 關한 件, 新制度의 大要 等 爲先 教授홈을 要홈으로 因호는 者는 반다시 注意를 與혼 當該科에 不限호고 適宜혼 時期에 繰上 又는 繰下에 教授홈도 無妨호니라 (…중략…)

六 曩에 舊學部로셔 發한 通牒에 依호야 從來의 日語는 國語로 호고, 國語는 朝鮮語로 호야 措處홀 事로 定호게 되얏슴으로, 日語讀本, 國語讀本과 여혼 名稱은 此를 改홀 必要가 有호고 又 學部 檢定 及 認可의 圖書 中 其 名稱에 '大韓' '本國' 等의 文字를 用홈은 不可호나 如斯혼 名稱上의 訂正은 今에 暫時 此를 寬假호노라 (…이하 생략…)

이와 같은 교과서 통제의 본질은 '합병(강제침탈)의 사정', '풍속 교화' 등을 내세워 식민 노예교육10)을 실시하는 데 있었다. 이러한 입장

10) 이 용어는 박붕배(1987)에서 사용한 용어를 차용함

에서 일제는 각종 저술가를 협박[11]하는 한편, 교과서 검인정 제도를 공포하게 되는데, 검인정 규정의 주된 내용은 다음과 같다.

[교과서 검인정 규정, 조선총독부령 제112호, 1912.6.1]

教科用圖書 檢定 規程

第一條 教科用圖書의 檢定은 普通學校, 高等普通學校, 女子高等普通學校, 實業學校 又ᄂᆞᆫ 私立學校의 生徒用 又ᄂᆞᆫ 教師用圖書에 適ᄒᆞᆷ을 認定ᄒᆞᄂᆞᆫ 것으로 ᄒᆞᆷ

前項 教師用圖書라 ᄒᆞᆷ은 教授ᄒᆞᆯ 事項, 教授上 注意及應用에 關ᄒᆞᄂᆞᆫ 事項 等을 記載ᄒᆞᆫ 圖書 又ᄂᆞᆫ 生徒에게 示ᄒᆞᆷ을 目的으로 ᄒᆞᄂᆞᆫ 掛圖類ᄅᆞᆯ 謂ᄒᆞᆷ

第二條 教科用圖書의 發行者ᄂᆞᆫ 其圖書의 檢定을 朝鮮總督에게 申請ᄒᆞᆷ을 得ᄒᆞᆷ

前項의 請願者가 朝鮮內에 住所ᄅᆞᆯ 有치 아니ᄒᆞᆫ ᄯᅢᄂᆞᆫ 檢定에 關ᄒᆞᄂᆞᆫ 一切 事項을 代理케 ᄒᆞ기 爲ᄒᆞ야 朝鮮內에 住所ᄅᆞᆯ 有ᄒᆞᆫ 者에게 就ᄒᆞ야 代理人을 定ᄒᆞᆷ이 可ᄒᆞᆷ 但 此 境遇에ᄂᆞᆫ 檢定 願書에 委任狀 謄本을 添ᄒᆞ야 提出ᄒᆞᆷ이 可ᄒᆞᆷ (…중략…)

第五條 第二條에 依ᄒᆞ야 檢定을 請願ᄒᆞᆫ 圖書 中 瑣少ᄒᆞᆫ 修正을 加ᄒᆞ면 檢定을 與ᄒᆞᆷ을 得ᄒᆞᆷ으로 認ᄒᆞᄂᆞᆫ 것이 잇ᄂᆞᆫ ᄯᅢᄂᆞᆫ 其 修正을 要ᄒᆞᆯ 箇所ᄅᆞᆯ 檢定請願者에게 指示ᄒᆞᆷ이 可ᄒᆞᆷ

(…중략…)

第八條 檢定을 得ᄒᆞᆫ 圖書ᄂᆞᆫ 每冊表紙 又ᄂᆞᆫ 扉等(비등)의 見易處에 左의 事項을 記載ᄒᆞᆷ이 可ᄒᆞᆷ

一 檢定年月日

11) 예를 들어 ≪매일신보≫ 1910. 11. 25일의 사설은 '저술가 급 서포영업자에게 경고함'이라는 제목이 달려 있다. 이 사설은 교과서 저작자나 서점 영업자들이 총독부의 방침을 따르지 않고, 소아의 지각을 흐리고 있음을 경고하는 내용이나 실제로는 식민 통치를 거부하는 사람들을 지칭한 것으로 해석할 수 있다.

二 朝鮮總督府檢定濟

三 目的으로 ᄒᆞᄂᆞᆫ 學校

四 生徒用 教師用의 區別(掛圖에 限ᄒᆞ야 此를 省홈) …

第十三條 朝鮮總督이 必要타 認ᄒᆞᄂᆞᆫ ᄣᅢᄂᆞᆫ 檢定ᄒᆞᆫ 圖書의 修正을 命홈이 有홈

第十四條 左의 各號의 一에 該當ᄒᆞᄂᆞᆫ ᄣᅢᄂᆞᆫ 朝鮮總督은 圖書의 檢定을 繳消홈이 有홈

一 第八條, 第九條 又ᄂᆞᆫ 第十二條 第一項의 規定에 違反ᄒᆞᆫ ᄣᅢ

二 第十三條의 命令에 從치 아니ᄒᆞᆫ ᄣᅢ

三 檢定圖書로 朝鮮總督府에 納付ᄒᆞᆫ 圖書에 比ᄒᆞ야 紙質, 印刷 又ᄂᆞᆫ 製本이 粗惡ᄒᆞᆫ 것을 發賣ᄒᆞᆯ ᄣᅢ

四 其 內容이 教科用에 不適當ᄒᆞᆫ ᄣᅢ (…이하 생략…)

위의 규정을 고려하면, 조선총독은 교과서의 개발, 제작 과정, 배포 과정에서 어느 때라도 통제를 할 수 있다. 달리 말해, 제14조에 따르면 검정 과정뿐만 아니라 발매 과정에서의 관여가 가능한 셈이다.

이와 함께 조선총독부는 기존의 도서를 대상으로 인가 여부를 판정했는데, 이러한 제도는 검인정 제도가 처음 실시된 통감시대부터 존재했다. 이러한 규제는 검인정 신청을 한 것 가운데, 불인가된 것과 기존의 검인정을 무효화한 것, 내부대신의 요청으로 발매를 금지하게 한 도서 등으로 나누어 규정되어 있다(이에 대해서는 한국교과서재단 2001의 자료 참고).

2.3.4. 일반 가정용 서류 개발 보급

일반 가정용 서류는 다양한 척독류의 보급과 독학용 일본어 독본을

개발하는 방향으로 진행되었다. 조선총독부는 1913년 각종 강습회용 『속수국어독본(速修國語讀本)』을 발행한 바 있는데, 그 서문은 다음과 같다.

[속수국어독본 서문(速修 國語讀本 序文)]

一, 本書ハ國語ヲ速修セシメムガ爲 ニ編纂シタルモノナリ.

一, 本書ハ獨習ノ便ヲ計リテ全部振假名ヲ施シ,又,第一編ヨリ第四編マデハ朝鮮語ノ對譯ヲ附セリ.

一, 本書ノ假名遣ハ普通學校國語讀本ト全然同一トス.
但シ, 第五編ニハ文語體文章ヲ揭グ若干候文體ヲモ加ヘテ歷史的假名遣ヲ用ヒ,之ニ習熟セシムルノ便ヲ計レリ. サレドモ字音ノ振假名ノミハ表音的假名遣トセリ.

一, 本書第一編第二編第三編ハ片假名及ビ單語ヨリ始メテ, 秩序的ニ教材ヲ提出シタルヲ以テ, 順次ニ學習スルヲ要スルモ,第四編會話又ハ第五編文章ハ何レモ日常生活ニ須要ナル事項ヲ蒐メタルモノナレバ, 必ズシモ順ヲ追フヲ要セズ, 國語夜學會等教授時間ノ少キ所ニテハ, 適當ニ取捨選擇シテ教フベシ.

一, 本書ニハ, 一般的知識ヲ修得セシメムガ爲附錄トシテ參考トナルベキ諸種ノ事項ヲ記載シタリ.

이 책의 내용은 모두 5편으로 편제되었으며, 서언에서 밝힌 바와 같이 제1편부터 제4편까지는 조선어 대역을 실었고, 제5편은 일어로 되어 있다. 제1편은 편가명급단어[片假名及單語: 가다가나], 제2편은 단구급단문(短句及短文), 제3편은 평가명[平假名: 히라가나], 제4편은 회화(會話), 제5편은 문장(文章)으로 구성되었으며, 각 편은 과별 구성을 취하고 있다. 이와 같은 교재의 개발은 조선총독부에서 식민 초기부터 계획적으로 일본어 보급에 힘썼으며, 각급 학교뿐만 아니라 각종 일본어(국어)야학회를 두어 조선인들로 하여금 자발적으로 일본어를 익히도록 유도하였음을 알 수 있게 해 준다.

흥미로운 사실은 이러한 가정용 교재의 개발에서는 일본문과 조선문의 대역을 중시하고 있다는 점인데, 이러한 대역은 일본문과 조선문을 두 단으로 나누어 배치하는 방법도 있으나, 단을 나누지 않고 여러 문자를 함께 사용하는 '여러 유형의 부속 문체' 문장을 사용하는 경우도 있다. 특히 조선총독부 산하 각 도의 행정 지침과 관련된 서류(書類)에 이와 같은 문자체가 많이 사용되었는데, 예를 들어 『민적지침(民籍指針)』(경상북도 제일부장 요시마츠 지음, 대구인쇄합자회사, 1918.3.15.) 등이 대표적이다. 뿐만 아니라 『잠업지남』(경상북도 내무부 편찬, 대구인쇄합자회사)와 같은 실용서도 한자, 한글, 일본문이 섞여 있는 문체를 사용하였다. 이와 같은 문체상의 변화는 일본어 보급 정책[12]과 밀접한 관련이 있을 것으로 보인다.

2.4. 건국기의 교과서 정책

2.4.1. 건국기의 교과서 정책 변천

건국기의 교육 문제는 학무 행정의 성립, 새로운 학제에 맞는 적절한 교과서의 부재 등이 시급한 문제로 대두되었다. 당시의 미군정 교육 방침은 1945년 9월 18일 아놀드 군정 장관의 포고에 따라 군정청 학무국에서 각도에 지시한 '조선인의 조선인을 위한 교육 방침'에 잘 드러나 있다. 그 주요 내용은 전국의 초등학교를 다시 여는 일, 사립

12) 이에 대해서는 허재영(2009)의 『일제 강점기 교과서 정책과 조선어과 교과서』(도서출판 경진)를 참고할 수 있다.

학교의 인가에 관한 일, 학교 교육에서 민족과 종교에 따르는 차별을 철폐하는 일, 교수 용어를 제정하는 일, 교과목 및 교직원에 관한 일이었다.

그 가운데 교수 용어의 제정과 교과목의 편제는 매우 중요한 일이었는데, 교수 용어는 "조선 국어로 할 것"을 원칙으로 하되, "조선 국어로 된 적당한 교재가 준비될 때가지는 외국어(일본어)의 교재를 사용할 수 있도록" 하였다. 또한 각급학교의 개교에 맞추어 교과목 편제와 시간 배당[13]이 이루어졌는데, 그 과정에서 교원과 교과서 부족은 시급한 문제 가운데 하나였다. 이러한 사정은 정태수(1992)의 자료에 비교적 자세히 나타난다. 그 가운데 일부 자료를 옮겨보면 다음과 같다.

[미군정기 교과서와 관련된 여러 가지 문제]

ㄱ. 교육 자료 요청(1945.11.1)

주한 미 육군 군정장관실, 학무국, 한국, 서울, 1945.11.1.

주제: 교육자료 요청

수신: 사령부(AFPAC)

1. 한국 미군정 학무국은 학교경영계획과 교과서의 준비에 필요한 다음과 같은 유형의 책들을 발송해 줄 것을 요청한다. 이 요청은 매우 긴급한 것이다.

   a. 다음과 같은 각 분야에서 이용 가능한 대표적인 미국 교과서는:

      (1) 수학 - 초·중등학교 (…중략…)

      (7) 사회생활과학, 역사, 지리, 공민학 - 초·중등학교

      (8) 영어 - 초·중등학교 (…중략…)

   b. 다음과 같은 교육분야에서 미국의 표준 교재:

---

13) 이에 대해서는 박상만(1959), 한국교육문제연구소(1974), 박붕배(1987), 이종국(2001)을 참고할 수 있다.

(1) 교육철학

(2) 다음과 같은 것을 포함하는 교육 행정

(a) 학교일반 행정 (b) 공립학교 감독 (c) 국립학교 행정

(d) 공립학교 재무 (e) 자치학교 행정 (…이하 생략…)

ㄴ. 미국 교재 요청(1946.2.10)

주한 미 군정 학무국, 한국, 서울, 1946.2.10.

주제: 미국 교재 요청

수신: 학무국 국장

1. 편수과에서는 과학, 보건, 직업, 지리, 민주주의, 교사에 관한 미국 교재들을 필요로 한다.
2. 11월에 미 육군성에 대표적인 교재들을 요청했으나 아무것도 도착하지 않았다.
3. 개인 출판업자들과 연락해서 책들을 요청했다. 제1종 우편으로 책들이 보내졌다는 11월의 편지는 접수됐으나, 요청된 교재는 아무것도 도착하지 않았다.
4. 도착까지에 장시간이 지연되는 사실 외에도, 우편으로 적절한 자료를 요청하는 것은 거의 불가능하다. 중앙교육협회에서 보낸 소책자의 반이상이 한국에 대한 유용한 가치가 없었고 남은 반수도 단지 흥미유발가치가 있었을 뿐이었다.
5. 현재 '시간'은 특별히 중요한 요소이다. 그 책들이 도착한 이후라도 그것들이 편집자들에게 전달되어 유용하게 쓰이기 전에 번역되어야 한다. 이것은 약 석달이 소요된다. 우리는 앞으로 상당한 기간 동안 한국교육에 영향을 미치게 될 책들을 저술하고 있기 때문에, 우리의 저자들이 최고의 자료들을 사용해야 한다는 사실은 특별한 중요성을 내포하고 있다. (…이하 생략…)

위의 자료에서 우리는 미군정기 교과서 정책의 주요 문제가 무엇이었는지를 확인할 수 있다. 그 가운데 대표적인 것은 학제 개편에 맞는 적절한 교과서가 없다는 점이며, 이를 개발할 시간이 부족하다는 점이다. 특히 미국식 교육을 고려한 적절한 교재(내용이나 방법상)의 부족과 조선어로 이루어진 교재의 부재는 당시 교과서 문제에서 가장 시급한 문제였음을 의미한다.

이와 같은 입장에서 당시의 교과서 개발은 민간의 학회 주도로 이루어졌다. 광복 직후인 1945년 8월 25일 조선어학회 임시 총회에서는 국어로 된 교과서 편찬을 결의하였으며, 미군정청으로부터 교과서 편찬을 위촉받아 국어교과서편찬위원회[14]를 발족시켰다. 그 결과 1945년 11월 6일에 처음으로 조선어로 된 교과서인『한글첫걸음』을 개발하였다. 이와 같은 상황 속에서 군정청 문교부 학무국에서는 '교수요목' 제정 위원회를 조직하고, 교과서를 편찬하는 일에 착수하였다. 그 결과 초기의 조선어학회와 진단학회에서 개발한 교과서를 개편한 정부 교과서가 개발되기에 이르렀다.

정부 수립 이후의 교과서 정책은 교육법 제정(1949.12.31)에 따라 중요한 변화를 맞게 된다. 왜냐하면 미군정 당시의 교육제도에서 교과서 정책을 뒷받침할 만한 충분한 법적 근거가 없었던 데 비해, 정부 수립 이후에는 교과서 정책에 대한 법적 근거가 마련되었기 때문이다. 당시의 교육법 및 교육법 시행령에서 규정한 교과용 도서는 다음과 같다.

[교육법상 교과용 도서 규정]

ㄱ. 교육법 제8장 제125조

師範大學, 大學을 除外한 各學校의 敎科用圖書는 文敎部가 著作

14) 이에 대해서는 한글학회(1970) 참조.

權을 갖었거나 檢定 또는 認定한 것에 限한다.

敎科用圖書의 著作, 檢定 또는 認定에 關한 事項은 大統領令으로써 定한다.

前項의 大統領令에는 그 違反者에 對하여 版印本의 沒收 또는 十萬圓 以下의 罰金을 科하는 罰則을 規定한다.

ㄴ. 교육법 시행령 제5장 교과용 도서와 수업용보조물

第百八十八條 大學, 師範大學을 除外한 各學校(以下 本章에서는 各學校라 稱함)의 敎科用圖書의 選定은 學校長이 하되 文敎部가 著作權을 가진 敎科用圖書(이하 國定敎科書라 稱한다)가 있을 때에는 이를 使用하여야 하며, 國定敎科書가 없을 때에는 文敎部에서 檢定한 敎科用圖書(以下 檢定敎科書라 稱한다)를 使用하여야 한다.

前項에 依하여 學校長이 檢定敎科書를 選定하였을 때는 文敎部長官에게 報告하여야 한다.

第百八十九條 各敎科의 效果的인 學習指導를 爲하여 學校長은 文敎部가 認定한 圖書(以下 認定敎科書)를 補充敎材로 選定하여 併用할 수 있다.

第百九十條 國定敎科書 또는 檢定敎科書가 없을 때에는 認定敎科書를 敎科用圖書로 代用할 수 있다.

第百九十一條 學校長은 左의 境遇에는 文敎部長官의 認可를 받아야 한다.

一 特殊한 事情에 依하여 國定敎科書, 檢定敎科書 또는 認定敎科書 以外의 圖書를 敎材로 使用하고저 할 때

二 敎科用圖書를 使하지 아니하고 筆記 또는 謄寫로 敎科用圖書를 代用하고저 할 때

三 國定敎科書, 檢定敎科書 또는 認定敎科書 中에 揭載된 것 以外의 歌詞樂譜을 敎授하고저 할 때 (…중략…)

第百九十三條 教科用圖書를 解釋한 圖書, 上級學校 入學試驗 準備書 또는 이와 類似한 圖書는 修業 中 使用할 수 없다. (…중략…)

第百九十五條 第百八十八條 乃至 第百九十四條에 規定한 事項 중 教科用圖書의 著作, 檢定 및 其他 教材의 認定에 關하여는 따로 정한다.

第百九十六條 國定教科書의 飜刻, 發行과 販賣에 관하여는 文教部長官이 정한다.

이 규정에서는 교과서를 국정, 검정, 인정의 세 가지 형태로 분류했는데, 그 기준은 저작권 소유자와 학습에서 차지하는 비중을 고려한 것이다. 특히 이 시기의 인정 교과서는 국정이나 검정 교과서를 보충하여 병용하기 위해 설정한 개념으로 보이는데, 그 이유는 광복으로부터 정부 수립에 이르기까지 각종 민간 교재가 개발[15]되었기 때문으로 보인다. 그런데 이 법령에 언급된 국정 교과서의 저작에 관한 사항은 따로 마련되었던 것 같지는 않다. 왜냐하면 이 법령이 구체적으로 시행된 시점이 1950년 이후인데, 이 시기에는 교육과정 및 학제 개편에 관한 논의가 본격화되었고, 이에 따라 1951년부터 현행 '6-3-3'제가 실시되기 때문이다. 더욱이 교육과정 개편 논의가 일어나는 시점에서 전쟁이 발발함으로써 교과서 개발 자체가 쉽지 않은 문제가 되었기 때문으로 보인다. 그러나 당시의 혼란스러웠던 교과서 문제를 해결하기 위해 '교과용 도서 검정 규정'을 대통령령으로 발포한다. 그 주요 내용은 다음과 같다.

15) 예를 들어 국어과의 경우 이병기본(금룡도서), 정인승본(정음사), 김병제본(고려서적), 이극로·정인승본(정음사), 김사엽본(경상북도 학구국) 등의 교재가 사용되었으며, 이러한 교과서는 후에 인정 교과서로 분류된다.

[교과용 도서 검정 규정, 대통령령 제336호, 1950.4.29]

第一條 教科用圖書의 檢定 및 認定은 教育法 其他法令으로써 정하는 大學과 師範大學을 除外한 各學校(以下 各學校라 칭함)의 教育目的에 符合하여 教科用圖書로써 適合하다고 査定함을 目的으로 한다.

본 規定에서 教科用圖書라 함은 各學校 및 이에 준하는 各種學校의 學生用圖書와 高等學校, 師範學校, 高等技術學校를 除外한 各學校 및 이에 준하는 各種學校의 教授用의 掛圖, 地球儀類를 말한다.

第二條 檢定은 國民學校, 公民學校 및 이에 준하는 各鐘學校의 定規 教科用圖書 중 따로 國定으로 制定하지 아니하는 教科用圖書에 대하여 행한다. 단 實業科 其他 臨時로 制定하는 國定教科用圖書는 例外로 한다.

第三條 認定은 各學校의 正規 教科目의 教授를 補充深化하기 위한 學生용 圖書, 國民學校와 이에 준하는 各鐘學校의 正規教科目의 學習을 더욱 效果的으로 指導하기 위한 學生用 圖書 및 第一條 第二項에 規定한 掛圖, 地球儀類에 대하여 행한다.

第四條 教科用圖書의 發行者는 그 圖書의 檢定을 文教部長官에게 出願하여야 한다. (…이하 중략…)

第十二條 檢定 또는 認定을 받은 圖書를 出版할 때에는 그 때마다 發行後 三日 以內에 該圖書 二部를 文教部에 納付하여야 한다.

第十三條 檢定, 또는 認定을 받은 圖書의 名稱, 冊수, 定價 및 그 內容에 變更이 있을 때에는 檢定 또는 認定의 效力을 喪失한다. (…이하 생략…)

이와 같은 교과용 도서 검정 규정은 당시의 혼란스러웠던 교과용 도서 문제를 해결하기 위한 방책에서 나온 것이라고 볼 수 있으나, 경우에 따라서는 이 규정에 의해 교과용 도서가 정부에 의해 전면적으로 통제되는 결과를 가져왔다고 볼 수도 있다.

2.4.2. 건국기의 국어과 교과서

건국기의 국어과 교과서는 임시방편으로 만든 것에서부터 시작하여, 국정, 검정, 인정의 세 가지 형태로 발전되어 왔다. 이와 같은 발전 과정은 미군정기, 정부수립기, 전시기, 전후로 나누어 고찰할 수 있다. 먼저 국정 국어과 교과서의 발행 상황을 정리해 보면 다음과 같다.

[건국기의 국정 국어과 교과서 변천]

ㄱ. 초등(국민학교) 교과서

시기	연도	책명	발행자	저작자	비고
미군정기	1945 ~1946	한글첫걸음	군정청학무국	조선어학회	
		초등국어교본 (상,중,하)	군정청학무국	조선어학회	
	1946 ~1948	초등국어 (학년당 2권)	군정청문교부	군정청문교부	박붕배본에서는 이 두 종류를 같은 것으로 보고 있으나 실제는 다름
정부수립	1948 ~1950	초등국어 (학년당 2권) 〈바둑이와 철수〉 〈학교와 들〉	문교부	문교부	
전시기	1951 ~1954	국어 (학년당 2권, 5~6학년은 3권으로 발행)	문교부	문교부	1) 51, 52, 53, 54 1월과 9월에 발행함. 2) 발행시마다 내용 불규칙 3) 운크라 지원에 의함 4) 펴낸 곳이 일정하지 않음 5) 5-3, 6-3의 성격이 모호함 6) 판형은 변형 사륙판

전후	1954 ~1955	국어 (학년당 2권)	문교부	문교부	1) 55년 3월본은 운크라 지원 2) 55년 9월본은 운크라 지원 없음 3) 판형은 국판 (교과서판)

ㄴ. 중등학교(중학교, 고등학교)의 국어과 교과서16)

시기		연도	책명	발행자	저작자	비고
미군정기		1946 ~1947	중등국어교본 (상,중,하)	군정청문교부	조선어학회	처음에는 학무국
		1948	중등국어 (1,2,3)	군정청문교부	군정청문교부	권3은 정부 수립 이후 발행
정부수립기		1949 ~1950	중등국어 ①~⑥	문교부	문교부	건국기의 국어과 내용의 토대가 된 교과서임
전시기	중학교	1951 ~1953	중등국어 (학년당 2권)	문교부	문교부	1) 운크라 지원으로 이루어진 임시 교과서의 성격이 강함 2) 변형 사륙판 3) 학년-학기의 교재 내용 중복되는 경우가 있으며, 보충 교재 부분을 두어 내용 보완하는 경우가 있음
	고등	1951 ~1953	고등국어 (학년당 2권)	문교부	문교부	
전후	중학교	1953 ~1955	중학국어 (학년당 2권)	문교부	문교부	판형 국판으로 변화 (55년은 운크라 지원이 부분적으로 이루어짐)
	고등	1953 ~1955	고등국어 I, II, III	문교부	문교부	판형 국판으로 변화 (학년당 1권으로)

이와 같은 국정 교과서는 초기의 조선어학회 저작을 거쳐, 후에는 전적으로 문교부가 저작 및 발행을 담당하였다. 그러나 출판 상황을 각 시대마다 차이가 있는데, 특히 전시기의 교과서 출판은 운크라(국제한국재건위원회)로부터 종이 지원을 받아 이루어졌으며, 그 과정에서

16) 이에 대해서는 허재영(2005)을 참고할 수 있다.

출판사가 동일하지 않은 점도 특징이다.

검인정 교과서의 경우는 그 실태 파악이 쉽지 않다. 그러나 현재 확인 가능한 초등 국어과 교재는 거의 존재하지 않는 것으로 보이며[17] 중등학교용 교재는 비교적 다수가 개발되었다. 그 가운데 두드러진 것을 정리하면 다음과 같다.

[건국기의 중등 국어과 개인 저작물(검인정은 50년 이후)]

시기	과목(영역)	연도	책명	저작자	발행자(출판)	비고
미군정기	국어	1946	신생국어독본	김사엽	경상북도교육협회	상,하2권
		1946	중등국어 신생교본	김사엽	경상북도학무국	초급, 고급
		1946	중등국어	이숭녕, 방종현	민중서관	1,2,3
		1947	고급국어	사범대 국문학회	범인사	1-6
		1948	국어	이극노, 정인승	정음사	1,2
		1948	신편 중등국어	김병제	고려서적	1,2,3
	작문	1947	국어작문	고희준, 조종하	창인사	
		1947	중등작문	오상순	백영사	
		1947	신중등작문	이성두	대양출판사	초급
		1947	중등글씨본	이철경	조선교학도서(주)	습자 과목
		1948	새 중등작문교본	윤태영	삼중당	
		1948	현대 중등글짓기	최영조	금룡도서	1,2
	문법	1945	중등조선말본	최현배	정음사	세로쓰기
		1946	중등조선말본	최현배	정음사	가로쓰기
		1946	국어문법	이상춘	조선국어학회	
		1946	한글독본	정인승	정음사	국어관련
		1947	중등 새말본	장하일	교재연구사	
		1947	중학 국문법책	김근수	문교당	

17) 당시 국민학교 국어과 교육을 위한 프린트물이나 한글첫걸음류의 책은 여러 종이 발간된 것으로 보인다. 그러나 이러한 저작류는 검인정을 받은 것이 아니다. 국민학교 교재류의 검인정은 제1차 교육과정의 작문 교재류에서 일부 이루어진 것으로 보인다.

		1947	신편 고등국어문법	정렬모	한글문화사	
		1948	중등 말본	김윤경	동명사	
		1948	중등 조선말본	최현배	정음사	
		1948	조선말본	최현배	정음사	
		1948	고등 국어문법	정렬모	고려서적주식회사	
	기타	1946	중등 한문독본	임창순	경상북도 학무국	1,2,3
		1946	중등 한문독본	김경탁	동방문화사	1,2,3
		1946	한글 문예독본	정렬모	신흥국어연구회	
		1948	고등국어 현대문감	조윤제	대학출판사	
		1948	고등국어 고대문감	조윤제	대학출판사	
		1948	국문학 고전독본	양주동	박문출판사	
건국기	국어	1949	중등국어	이병기	금룡도서주식회사	1,2,3,4,5,6
		1949	신생중등국어	조윤제	대학출판사	1,2,3
	작문	1949	국어작문	고희준, 조종하	창인사	
		1950	모범 중등글짓기	이희승	신흥문화사	
		1950	중등작문	양주동, 모윤숙, 김동리, 조연현	홍지사	1,2,3 (각각의 발행 연도는 동일하지 않은 듯)
	문법	1949	고등말본	최현배	정음사	
		1950	중등국어문법	박태윤	서울문화사	하급용
		1950	중등말본(초급소용)	최현배	정음사	
	기타	1950	중등한문교본	김능근	문교도서	1,2,3,4
		1950	신수중등한문	김득초	탐구당	1,2,3,4
		1950	중등한문독본	김경탁	동방문화사	1,2,3,4,5,6
전시 이후	작문	1952	중등작문	양주동 외	홍지사	
		1952	작문독본	이은상	정음사	
		1956	신편중등글짓기	김현명, 김성배	교학도서	
		1956	고등문장교본	김용호	창인사	
	문법	1951	표준 우리말본	장하일	대동문화사	
		1953	표준 우리말본	정인승	을유문화사	
		1955	초급 국어문법	이희승	박문출판사	
		1954	고전문법	이숭녕	을유문화사	
		1956	고등국어문법	이숭녕	을유문화사	

		1956	표준 고등말본	정인승	신구문화사	
		1956	고등 문법	이희승	박문출판사	
	옛글 (문학)	1953	국어국문학사	이능우	홍지사	
		1953	국문학독본	김사엽	대동문화사	
		1954	가려뽑은 옛글	장지영	정음사	
		1955	증보 국문학사	김사엽	정음사	
		1956	고문 독본	김형규	백영사	
		1956	고등 고문선	이숭녕, 조흔파	창인사	
		1956	고등 국문선	손락범, 최창국	형설출판사	
		1956	옛글	구자균, 김사엽	사조사	
		1956	고전 독본	양주동	탐구당	
		1956	새판 국문학사	김사엽	정음사	
	한문	1956	고등한문	이창기, 정금화	창인사	

이와 같이 개인저작물은 검인정제 실시 이후, 〈국어〉과에서는 사라져 간다. 그러나 〈작문〉, 〈문법〉, 〈옛글〉과 같은 형태의 교과서류는 검인정제 아래에서 다양하게 개발되어 왔다.

2.5. 교육과정 이후의 교과서

2.5.1. 교과서 제도 변천

교육과정 개정은 교과서 제도의 변천과도 밀접한 관련을 맺는다. 우리나라의 교과서 제도는 국정(1종) 도서와 검정(2종) 도서를 근간으로 하고 있으며, 부분적으로 인정 도서의 길을 열어 놓았다. 이와 같은 제도가 변화해 온 과정을 표로 나타내면 다음과 같다(한국교과서연구재단, 2002: 18).

[교육과정 변천에 따른 교과서 제도의 변천]

구분	주요 내용
1~2차 교육과정기(54~73)	• 교과용 도서의 종류: 국정, 검정, 인정 • 국정 도서: 초등학교 교과서, 중학교 및 고등학교 국어, 국민윤리, 국가 이념 반영 과목, 실업에 관한 과목 중 문교부 장관이 지정한 것 • 검정 신청 자격: 저작권자 또는 출판사 • 검정 합격 종수: 제한 없음(2차 7종) • 교과용 도서 저작 검인정령(77.8.21. 폐지)
제3차 교육과정기(73~81)	• 교과용 도서의 종류: 1종, 2종, 인정 도서 • 1종 도서: 초등학교, 중학교 교과서 및 지도서, 실업계 고등학교의 교과서 및 지도서, 인문계 고등학교 교과목 중 국어, 국민윤리, 국사 및 사회과 교과서 • 검정 신청 자격: 저작자로 제한 • 2종 합격 종수: 5종으로 제한 • 교과용 도서에 관한 규정 제정(77.8.22)
제4차 교육과정기(81~87)	• 2종 도서 확대: 중학교의 국어, 도덕, 국사, 사회과 외의 도서 및 고등학교 일부 도서의 2종화 • 2종 도서 출판업자 자격 요건 강화 • 2종 도서 유효 기간 연장: 5년에서 2년 범위 내 연장 가능
제5차 교육과정기(87~92)	• 2종 합격 종수 확대: 5종에서 8종으로 *중학교 5종, 고등학교 8종
제6차 교육과정기(92~97)	• 2종 합격 종수 확대: 중학교 5종에서 8종으로 고등학교 절대 평가에 의해 18종까지 • 초등학교 영어가 검정 대상에 포함됨
제7차 교육과정기(98~)	• 2종 도서의 학년별/연차별 검정(일관 검정보다 집필 기간 많이 확보) • 유효 기간이 다음 교육과정 개정 시까지로 확장됨에 따라 주기적 검정 실시 필요 • 교과서 출판의 전문화 지향 • 2종 도서의 검정 업무: 교육부와 한국교육과정평가원 공동 주관

제1차 교육과정으로부터 제7차 교육과정기까지 국어과 교과서는 『국어』를 국정으로 개발되었고, 중학교 『작문』, 『문법』, 고등학교 선택 과목은 검정 도서로 개발되었다. 교과서 제도가 획기적으로 변화한 것은 2007 개정 교육과정부터이다. 이 교육과정에서는 중학교부터 검정제를 도입하였다. 그런데 이 교육과정은 주5일제 수업이라는 교육 환경의 변화에 따라 2009년 일부가 변경되었다. 이에 따라 2007 개정 교육과정에 따른 교과서 개발은 『중학교 국어』와 『고등학교 국

어』만 이루어졌으며, 고등학교 과정의 선택 교과목으로 설정되었던 〈독서〉, 〈작문〉, 〈화법〉, 〈문법〉, 〈문학〉, 〈매체와 언어생활〉의 교과서는 개발되지 않았다. 그 대신 2009년에는 〈독서와 문법〉, 〈화법과 작문〉, 〈문학〉으로 통합된 교육과정을 고시하고(2009-41호), 이에 따른 교과서 검정이 이루어졌다. 이 개정은 임시적인 것이어서 이른바 '미래형 교육과정'으로 불리는 '2009 개정 교육과정'이 다시 공포되었다. 국어과의 경우 이 교육과정은 2011년 9월 17일에 '교육과학기술부 고시 2011-361호'로 확정·고시되었는데, 이에 따라 중학교군 교과서 및 고등학교 선택 과정 교과서가 검정되었다.[18]

교과서 제도는 교과서 개발 및 발행, 교과서 공급, 교과서 채택 등과 밀접한 관련을 맺는다. 예를 들어 제4차 교육과정기까지의 국정 교과서는 개발권자와 저작권자, 발행권자가 문교부로 통일되었으나, 제5차 교육과정기부터는 일부 개발권을 연구소로 이관하기도 하였다. 현행 국정(1종) 도서의 경우 교육인적자원부가 저작권을 갖고 있으나 개발 주체는 동일하지 않다. 중학교의 경우는 고려대학교와 한국교원대학교가 개발 주체이며, 고등학교는 서울대학교 국어교육연구소가 개발 주체이다. 발행권도 몇 차례 변화를 거쳤는데, 현재는 국정 교과서도 일부 출판사에 발행권을 넘겨준 상태이다. 또한 2종 도서의 저작 및 발행은, 저작자가 2년간 20종 이상의 도서를 출판한 실적이 있는 출판사와 약정을 체결하고 검정을 출원하도록 하였다.

교과서 공급 제도도 국영 공급 대행자(국정교과서주식회사)를 두었다

18) 2007년 이후 세 번의 교육과정 개정으로 인해 명칭상의 혼란이 발생한 바 있다. 교과서 검정 작업에서는 '2011-361호' 교육과정을 '2009 개정 교육과정'으로 명명한 바 있는데, 이는 2009-41호의 개정이 임시적이었기 때문에 별도의 연도를 붙이지 않은 까닭이다. 따라서 국어과의 경우 2009 개정 교육과정이라고 할 때에는 '2011-361호'를 지칭하는 용어로 이해하는 것이 타당하다. 이 교육과정에서는 '국어, 도덕, 사회, 지리, 사회과 부도'의 5가지 교과만을 검정으로 하고, 다른 교과는 인정 도서로 하였다.

[국어과 교과서 개발 변천 과정]

교육과정	초등학교	중학교		고등학교	
		국정	검정	국정	검정
제1차	국정 학년당 2책	국어 6책	작문, 문법	국어3책	작문, 문법, 고전(옛글)
제2차	동일	국어 6책	작문, 문법	국어3책(인문, 실업계 나눔)	작문, 문법, 고전(옛글)
제3차	동일	국어 6책	작문, 문법	국어3책(인문, 실업계 나눔)	작문, 문법, 고전문학, 현대문학
제4차	동일	국어 6책	없음	국어3책 문법	작문, 고전문학, 현대문학
제5차	읽기, 말-듣-쓰 분책	국어 6책	없음	국어2책, 문법	작문, 문학
제6차	읽기, 말-듣-쓰 분책	국어 6책	없음	국어2책, 문법	독서, 화법, 작문, 문학
제7차	저학년 3책 고학년 2책으로 분책	국어, 생활국어 각 6책	없음	국어2책, 문법	독서, 화법, 작문, 문학
2007 개정	저학년 3책 고학년 2책으로 분책		국어, 생활국어 각 6책		국어(상,하)
선택과정 개정 (2009-41호)	저학년 3책 고학년 2책으로 분책		위와 같음		〈독서와 문법〉 I, II, 〈화법과 작문〉 I, II, 〈문학〉 I, II
2009 개정 (2011-361호)			국어 ①~⑥		〈국어〉 I, II, 〈독서와 문법〉, 〈화법과 작문〉 〈문학〉, 〈고전〉

가, 1998년 이후 공기업의 민영화 방침에 따라 '대한교과서주식회사'가 공급 업무를 대행하였으며, 2001년부터는 자율 공급 원칙을 표방하였다. 이에 따라 2002년 10월부터는 국정 교과서는 '대한교과서주식회사'에서 담당하고, 검정 교과서는 '한국검정교과서협회'에서 담당하고 있다.

이와 함께 교과서 채택(선정)은 학교장의 권한으로 되어 있으나, 실제로는 교과 모임 및 학교 운영위원회 등의 협의에 의해 이루어지는 경향이 높다.

2.5.2. 교육과정 이후의 국어과 교과서

교육과정 이후의 국어과 교과서 변천은 학교급별, 과목별(작문, 문법, 화법, 독서)에 따라 구성 방식에 차이가 있다. 그 가운데 중학교의 단원 구성 방식[19]에 대해서는 손영애(2004: 158~221)에서 비교적 자세히 다룬 바 있다. 이를 바탕으로 중학교 국어 단원 구성 변천을 정리하면 다음과 같다.

[중학교 국어 단원 구성 변천]

ㄱ. 제1차 교육과정기

① 단원 구성 방식: 단원의 목차는 교육과정에서 제시한 내용 영역을 충실히 따르고 있다. 전후 교과서에서 단원 학습 방향을 도입한 바 있는데, 제1차 교육과정기부터는 이 부분이 강화되는 경향을 보인다. 또한 단원 내에 설정된 글(제재, 소단원) 사이의 관계가 긴밀해지고 있음도 특징이다.

② 단원 구성 체제: 이 시기 단원 구성은 "단원명(제재명-학습 목표와 학습 방향 기술)-제재1-익힘문제-제재2-익힘문제"의 순으로 되어 있다. 대부분의 단원은 읽을거리 형태로 제시되었으며, 단원의 시작 부분에 학습 목표와 학습 방향을 기술한 점은 발전적인 모습이다. 그러나 〈익힘문제〉는 내용 학습을 바탕으로 한 것이어서 활동적이

19) 각 교육과정기별 중학교 『국어』의 단원 구성에 대한 데어터베이스는 서울대학교 국어교육연구소 홈페이지(http://korinst.snu.ac.kr)와 한말연구학회 홈페이지(http://www.hanmal.or.kr)를 참고할 수 있다.

지 못하다. 일부 제재에는 〈익힘문제〉가 없다.

ㄴ. 제2차 교육과정기

① 단원 구성 방식: 제1차 교육과정기와 뚜렷한 차이점이 없다. 그러나 단원 구성은 교육과정을 간접적으로 반영하는 형식을 취하고 있다. 특히 단원 구성에서 글의 주제를 중시함으로써 국어 사용 기능 면에서 긴밀성이 떨어지는 결과를 가져오기도 하였다.

② 단원 구성 체제: 교육과정에서 제시한 '지도 방법의 유의점'이 실제 교과서에는 반영되지 못한 면이 많다. 구성 체제는 제1차 교육과정과 동일하나 〈익힘문제〉가 없는 제재는 없다.

ㄷ. 제3차 교육과정기

① 단원 구성 방식: 교육과정의 '제재 선정 기준'을 충실히 따르고자 하여, 정치 이념이나 국가 이념을 반영한 제재가 많다. 읽을거리를 선정한 다음 적적한 기준(추상적인 수준의 주제)으로 읽을거리를 각 단원에 배분하는 방식을 취했다는 비판을 받는다.

② 단원 구성 체제: 〈익힘문제〉 대신에 〈공부할 문제〉를 두었다. 이 부분은 교육과정에서 제시한 국어과의 내용 요소 지도를 의도하고 있다. '말하기', '듣기', '독해', '조사 발표 및 쓰기' 등의 활동을 중시한 점이 특징이다.

ㄹ. 제4차 교육과정기

① 단원 구성 방식: 교육과정에서 제시한 개정의 기본 방향을 반영하여 글의 형식(문종)을 중심으로 단원을 구성하였다. 그 결과 문학 장르의 비중이 커졌다.

② 단원 구성 체계: '단원명(제재명)-단원 목표와 학습 안내-제재1-공부할 문제- 제재2-공부할 문제-〈문법〉-〈작문〉'의 순서로 구성하였다. 문법과 작문이 국어 교과서에 편입된 것은 이 시기부터 중학교의 '문법', '작문' 영역이 '국어'로 통합되었기 때문이다. 단원 전개

방식을 '학습 과제-학습 안내-본문-확인 보충 과제'의 순서로 배치함으로써 그 이전에 비해 발전적인 구성 체계를 취하였다.

ㅁ. 제5차 교육과정기

① 단원 구성 방식: 국어 사용 기능을 강화하고자 하는 의도에서 각 영역의 목표를 달성하고자 하는 단원을 설정한 점이 특징이다. 예를 들어 '읽기 목표를 달성하고자 하는 단원'이나 '말하기 영역의 목표를 달성하고자 하는 단원' 등을 별도로 두었다. 영역별 구성 원칙을 지킨 점도 그 이전 시기에는 볼 수 없었던 점이다.

② 단원 구성 체제: 영역별로 설정된 목표를 학습 활동을 중심으로 전개하는 체제를 취하였다.

ㅂ. 제6차 교육과정기

① 단원 구성 방식: 영역별 편제 원칙을 지킨 점은 제5차 교육과정과 동일하며, 단원의 길잡이를 영역 학습의 목표에 맞게 충실히 기술하고자 하였다.

② 단원 구성 체제: 제재별 〈학습 활동〉을 영역별 목표 달성 여부와 관련지어 제시하였으며, 단원의 마무리를 통해 이를 확인하고자 하였다.

ㅅ. 제7차 교육과정기

① 단원 구성 방식: 영역에 따라 읽기, 문학은 『국어』로, 듣기-말하기, 쓰기, 문법은 『생활국어』로 나누었다. 과정별, 수준별 교육과정의 원칙에 따라 학습 과정별로 편제하였으며, '보충-심화학습'을 두었다. 교육과정에서는 '보충'을 따로 설정하지 않고, '심화'만 설정하도록 되어 있으나, 중학교 교과서에서는 '보충·심화'를 함께 다루고 있다.

② 단원 구성 체제: '단원의 길잡이 - 제재1(읽기 전-학습 활동)-제재2(읽기 전-학습 활동)-생각 넓히기-브충·심화'의 순으로 구성하였다.

ㅇ. 2007 개정-2009 개정

- 검정 제도의 도입에 따라 다양한 편제가 이루어지고 있다.
- 교사용 지도서를 인정 도서에 포함하였으며, '2011-361호'부터는 고등학교 교사용 지도서를 필수로 요구하지 않도록 하였다. (인정 도서에도 포함하지 않음)

이와 같은 중학교 단원 구성 변천은 고등학교의 경우도 유사하다. 다만 제6차 교육과정기에 이르러서는 중학교와 고등학교 교과서 개발 주체[20]가 달라짐으로써, 구성 체제에 차이가 생겨났다.

이와 같은 흐름 속에서 각 교육과정기별 국어 교과서의 단원 구성 방식 및 체제가 어떻게 발전되어 왔는가를 가늠할 수 있다. 특히 구조주의 언어 교육 이론이 지배하던 시기와 구성주의 언어 교육 이론에 따른 국어교육학의 성과를 반영하는 시기의 교과서는 그 차이가 심한데, 예를 들어 제4차 교육과정기의 영역 명료화 및 제5차 교육과정기의 영역별 목표 달성을 가능하게 하는 단원 설정, 제6차 교육과정기의 활동 중심의 교과서 편제, 제7차 교육과정기의 과정별, 수준별 구성 체제 등은 국어교육학의 성과를 점진적으로 반영해 온 결과라고 볼 수 있다. 다만 제7차 교육과정기의 교과서에도 수준 적용의 문제점이나 활동의 적합성 문제 등은 이론보다는 경험적인 차원에서 개선되어야 할 과제라고 볼 수 있다.

교육과정 이후의 검정 교과서는 다소 혼란스러운 면을 보인다. 왜

20) 국어 교과서 개발권자는 제1차 교육과정기로부터 제3차 교육과정기까지는 문교부 소관이었으며, 제4차 교육과정기와 제5차 교육과정기 중학교 및 고등학교 국어 개발권은 한국교육개발원에 있었다. 이에 비해 제6차 교육과정기의 중학교 국어는 한국교육개발원에, 고등학교 국어는 서울대학교 국어교육연구소에 있었다. 제7차 교육과정기는 중학교 국어(생활국어 포함)는 고려대학교와 한국교원대학교가 갖고 있으며, 고등학교 국어는 서울대학교 국어교육연구소가 갖고 있다.

냐하면 중학교의 경우는 '국어' 이외에 별도의 국어 관련 과목을 두지 않았음에도 제1차 교육과정으로부터 제3차 교육과정기까지는 검인정 〈작문〉, 〈문법〉을 개발하였고, 제4차 교육과정기로부터는 검인정 교과서를 개발하지 않았기 때문이다. 이에 비해 고등학교는 제1차 교육과정기로부터 제7차 교육과정기까지 국어 관련 선택(또는 심화) 과목을 두고, 이에 합당한 검인정 교과서를 개발하였다. 그렇기 때문에 각 교육과정별로 개발된 교과서의 전모를 파악하는 일도 쉽지 않은 것으로 보인다.

3. 개정 교육과정(2011-361호)과 교과서

3.1. 제7차 교육과정 이후의 교육과정 개정

교육과정의 제정이나 개정에는 여러 가지 요인이 작용한다. 그 요인 가운데 대표적인 것으로 '학문적 요구', '교육적 요구', '사회적 요구'가 있다. 국어과 교육과정에서 제7차 교육과정은 '단계별·수준별 교육과정'을 천명했다는 점에서, 국어 교육학의 학문적 성과를 적절히 반영한 교육과정이라고 할 수 있다. 특히 국어과의 내용 체계를 '본질-원리-태도'를 '실제'에 구현하는 방식으로 입체화하여 국어과 교육의 발전을 가져왔다. 또한 이 교육과정은 '수시 개정'을 천명함으로써, 개정 요인이 발생할 경우 자연스러운 개정 작업이 이루어질 수 있도록 하였다.

제7차 교육과정 공시 이후 10년이 지난 시점에서 새로운 교육과정 개정이 이루어졌다. '교육인적자원부 고시 제2007-79호'로 공시된 교육과정이 그것인데, 학계 및 교육계에서는 이 교육과정을 '2007 개정 교육과정'으로 부르는 경향이 있다. 2007 개정 교육과정은 7차 교육과정 실행 이후 국어과의 학문 공동체나 교사의 요구, 사회·문화적인 환경의 변화 등으로 인한 국어과 교육과정 개정 요구를 반영한 것으로, 개정에 작용된 중점 내용은 다음과 같다.

[2007 교육과정 개정의 중점][21)]

1. 담화와 글의 수용, 생산 중심의 국어 교육 지향
2. 실제와 내용 요소 간의 관련성, 내용 요소 간의 통합성 강조
3. 학교 수준에서의 수준별 교육 지향
4. 담화와 글의 생산, 수용 활동에 작용하는 맥락의 강조
5. 교육 내용의 타당성, 적정성, 연계성 강화
6. 다양한 정보 제공을 통한 소통성의 강화
7. 언어 환경의 변화에 따른 '매체' 관련 내용의 확대

이에 따라 제7차 교육과정에 적용된 구조화의 관점이 2007 교육과정에서는 '실제'를 우선한 '지식', '기능', '맥락'의 범주를 체계화, 구조화하는 방식으로 나타났다. 각 영역별 내용 체계를 살펴보면 다음과 같다.

21) 교육인적자원부 제2007-79호 참조.

[2007 교육과정의 국어과 내용 체계(국민 공통 기본 교육과정)]

<table>
<tr><th>영역</th><th colspan="2">내 용</th></tr>
<tr><td rowspan="3">듣기</td><td colspan="2">듣기의 실제
- 정보를 전달하는 말 듣기　　- 설득하는 말 듣기
- 사회적 상호 작용의 말 듣기　　- 정서 표현의 말 듣기</td></tr>
<tr><td>지식
- 소통의 본질
- 담화 특성
- 매체 특성</td><td>기능
- 내용 확인
- 추론
- 평가와 감상</td></tr>
<tr><td colspan="2">맥락
- 상황 맥락　　- 사회·문화적 맥락</td></tr>
<tr><td rowspan="3">말하기</td><td colspan="2">말하기의 실제
- 정보를 전달하는 말하기　　- 설득하는 말하기
- 사회적 상호 작용의 말하기　　- 정서 표현의 말하기</td></tr>
<tr><td>지식
- 소통의 본질
- 담화 특성
- 매체 특성</td><td>기능
- 내용 생성
- 내용 조직
- 표현과 전달</td></tr>
<tr><td colspan="2">맥락
- 상황 맥락　　- 사회·문화적 맥락</td></tr>
<tr><td rowspan="3">읽기</td><td colspan="2">읽기의 실제
- 정보를 전달하는 말 듣기　　- 설득하는 말 듣기
- 사회적 상호 작용의 말 듣기　　- 정서 표현의 말 듣기</td></tr>
<tr><td>지식
- 소통의 본질
- 글의 특성
- 매체 특성</td><td>기능
- 내용 확인
- 추론
- 평가와 감상</td></tr>
<tr><td colspan="2">맥락
- 상황 맥락　　- 사회·문화적 맥락</td></tr>
<tr><td rowspan="3">쓰기</td><td colspan="2">쓰기의 실제
- 정보를 전달하는 말 듣기　　- 설득하는 말 듣기
- 사회적 상호 작용의 말 듣기　　- 정서 표현의 말 듣기</td></tr>
<tr><td>지식
- 소통의 본질
- 글의 특성
- 매체 특성</td><td>기능
- 내용 생성
- 내용 조직
- 표현과 고쳐 쓰기</td></tr>
<tr><td colspan="2">맥락
-상황 맥락　　- 사회·문화적 맥락</td></tr>
<tr><td rowspan="2">문법[22]</td><td colspan="2">국어 사용의 실제
- 음운　- 단어　- 문장　-담화/글</td></tr>
<tr><td>지식</td><td>탐구</td></tr>
</table>

	- 언어의 본질 - 국어의 특질 - 국어의 역사 - 국어의 규범	- 관찰과 분석 - 설명과 일반화 - 판단과 적용
	맥락 - 국어 의식　　　- 국어 생활 문화	
문학	작품의 수용과 생산의 실제 - 시(시가) - 소설(이야기) - 극(연극, 영화, 드라마) -수필·비평	
	지식 - 문학의 본질과 속성 - 문학의 양식과 갈래 - 한국 문학의 역사	수용과 생산 - 내용 이해 - 감상과 비평 - 작품의 창조적 재구성 - 작품 창작
	맥락 - 수용·생산의 주체　- 사회·문화적 맥락　- 문학사적 맥락	

2007 교육과정은 제7차 교육과정과는 달리 '실제'를 우선한 상황 중심, 자료(텍스트) 중심의 구조화를 꾀한 점이 특징이다. 이러한 구조화는 국어 사용 능력이라는 국어과 교육의 최종 목표 달성을 위해서는 '지식'보다 '실제'가 중시되어야 함을 고려한 셈이다. 실제 범주의 중요성을 강조하는 입장에서 2007 개정 교육과정은 영역별 성취 기준을 제시하고, 해당 성취 기준에 도달하기 위한 내용 요소를 예시하였으며, 그러한 요소가 지켜야 할 '담화(글)의 수준과 범위'를 지정하였다. 이처럼 '성취 기준-내용 요소-담화(글)의 수준과 범위'를 입체화한 것은 교육과정의 진보된 측면이라고 할 수 있다.

2007 개정 교육과정은 2009년에 다시 개정되었는데(교육과학기술부 고시 제2009-11호), 그 이유는 교육환경의 급속한 변화를 반영해야 한다는 취지 때문이었다. 2009 교육과정은 주5일제 수업 및 학습자의 학습 부담 경감을 취지로 갑작스럽게 개정되었으며, 개정의 주요 내용은

22) 2007 교육과정에서는 제7차 교육과정과는 달리 '국어 지식'이라는 용어 대신 '문법'이라는 용어를 사용하였다. 그 이유는 '국어 지식'이라는 용어를 사용한 결과 '문법 교육'을 소홀히 하는 결과를 가져왔다는 비판 때문이다.

'국민 공통 기본 교육과정'을 9학년으로 축소하고 '심화 선택 과정'을 '선택 과정'으로 변경한 것이라고 할 수 있다. 그렇기 때문에 국어과의 경우 선택 교육과정만을 개정하였는데, 2007 교육과정에서 제시한 '화법, 독서, 작문, 문법, 문학, 매체와 언어생활'이라는 교과목을 통합하여 〈독서와 문법〉, 〈화법과 작문〉, 〈문학〉으로 통합한 점이 특징이다.[23] 교과목을 통합하여 운영해야 한다는 관점에서 이 교육과정은 '통합성'을 중시하는 교육과정이라고 할 수 있다.

그러나 교육과학기술부 고시 제2009-11호 교육과정은 고등학교 선택 과목만을 대상으로 한 것으로, 국민 공통 기본 교육과정의 경우 2007 개정 교육과정을 사용한다는 점에서 임시방편적인 것이었다. 특히 두 교육과정에서 10학년에 해당하는 '고등학교 1학년' 교육과정의 경우 합리적인 운용 방법이 없었다. 구체적으로 말하면 2007 개정 교육과정에 따라 검정된 〈고등학교 국어〉 교과서의 경우 선택 과목인지 공통 과목인지 규정하기가 어렵다.[24] 이러한 상황에서 2011년 9월 17일 '교육과학기술부 고시 제2011-361호'의 교육과정[25]이 고시됨으로써, 2013년부터 국어과 교육에서 새로운 교육과정을 적용하게 되었다.

---

23) 이에 대해서는 '국어 교육의 내용'의 각 영역에서 서술함.

24) 임시방편으로 〈고등학교 국어〉를 〈화법과 작문〉, 〈독서와 문법〉, 〈문학〉과 동등하게 선택 과목으로 운영하도록 하였음.

25) 교육과정은 1955년 제1차 교육과정 제정 이후 개정 차수에 따라 명칭을 붙여 왔다. 그러나 2007 개정 교육과정부터는 이 차수를 사용하지 않는 경향이 있다. 특히 '교육과학기술부 고시 제2009-11호'와 '교육과학기술부 고시 제2011-361호' 교육과정의 일반적인 명칭은 혼란스럽게 사용되는 경향이 있는데, 그 이유는 후자의 교육과정을 '2009 개정 교육과정'으로 명명하기 때문이다. 그러나 후자의 교육과정이 개정되는 과정에서 민현식 교수를 연구 책임자로 진행된 정책 연구의 명칭이 『2011 국어과 교육과정 개정을 위한 시안 개발 연구』(2011, 교육과학기술부)였고, 개정 연도가 2011년이어서 이 교육과정을 2011 교육과정으로 부르는 사람도 있다. 이 글에서는 이러한 혼란을 피하기 위해 두 교육과정을 지칭할 때 고시 번호를 사용하였다.

3.2. 교육과학기술부 고시 제2011-361호 교육과정

이 교육과정의 문서 체계는 〈공통 교육과정〉과 〈선택 교육과정〉으로 구성되었으며, 〈공통 교육과정〉의 '국어'는 '1. 추구하는 인간상, 2. 학교급별 교육목표(가. 초등학교 교육 목표, 나. 중학교 교육 목표), 3. 목표, 4. 내용의 영역과 기준(가. 내용 체계, 나. 학년군별 세부 내용), 5. 교수·학습 방법(가. 교수·학습 계획, 나. 교수·학습 운용), 6. 평가(가. 평가 계획, 나. 평가 운용, 다. 평가 결과 활용)'으로 구성되었다.

국어과 교육에서 '국어 사용', '국어 이해와 발전', '국어 문화 창달'은 제1차 국어과 교육과정부터 2007 개정 국어과 교육과정까지의 목표 설정에서 본질적인 목표에 해당한다고 볼 수 있다. 이러한 목표는 교육과학기술부 고시 제2011-361호 교육과정도 마찬가지이다. 이 교육과정에서 제시한 국어과 교육의 목표는 다음과 같다.

[교육과학기술부 고시 제2011-361호 국어과 교육과정의 목표]

'국어' 교과의 목표는 다음과 같다. 국어 활동과 국어와 문학을 총체적으로 이해하고, 국어 활동의 맥락을 고려하여 국어를 정확하고 효과적으로 사용하며, 국어를 사랑하고 국어 문화를 누리면서 국어의 창의적 발전과 국어 문화 창조에 이바지할 수 있는 능력과 태도를 기른다.

가. 국어 활동과 국어와 문학에 대한 기본적인 지식을 익힌다.

나. 다양한 유형의 담화와 글을 비판적이고 창의적으로 수용하고 생산한다.

다. 국어의 가치와 중요성을 인식하고 국어 생활을 능동적으로 하는 태도를 기른다.

목표에서는 국어과 교육의 주요 영역으로 '국어 활동(국어 사용 분야)'과 '국어', '문학'을 제시하였으며, 국어과 교육의 주된 활동으로 '지식', '수용과 생산', '태도'를 제시하였다. 이에 따라 내용 영역에서도 '국어 활동'에 해당하는 '듣기·말하기, 읽기, 쓰기'와 '문법', '문학'의 3대 영역을 설정하였다. 각 영역의 내용 체계는 다음과 같다.

[내용 체계]

ㄱ. 듣기·말하기

<table>
<tr><th colspan="3">실제</th></tr>
<tr><td colspan="3">• 다양한 목적의 듣기·말하기
-정보를 전달하는 말
-설득하는 말
-친교 및 정서 표현의 말
• 듣기·말하기와 매체</td></tr>
<tr><th>지식</th><th>기능</th><th>태도</th></tr>
<tr><td>• 듣기·말하기의 본질과 특성
• 듣기·말하기의 유형
• 듣기·말하기와 맥락</td><td>• 상황 이해와 내용 구성
• 표현과 전달
• 추론과 평가
• 상호 작용과 관계 형성
• 듣기·말하기 과정의 점검과 조정</td><td>• 가치와 중요성
• 동기와 흥미
• 공감과 배려
• 듣기·말하기의 윤리</td></tr>
</table>

ㄴ. 읽기

<table>
<tr><th colspan="3">실제</th></tr>
<tr><td colspan="3">• 다양한 목적의 글 읽기
- 정보를 전달하는 글
- 설득하는 글
- 친교 및 정서 표현의 글
• 읽기와 매체</td></tr>
<tr><th>지식</th><th>기능</th><th>태도</th></tr>
<tr><td>• 읽기의 본질과 특성
• 글의 유형
• 읽기와 맥락</td><td>• 낱말 및 문장의 이해
• 내용 확인
• 추론
• 평가와 감상
• 읽기 과정의 점검과 조정</td><td>• 가치와 중요성
• 동기와 흥미
• 읽기의 생활화</td></tr>
</table>

ㄷ. 쓰기

<table>
<tr><th colspan="3">실제</th></tr>
<tr><td colspan="3">• 다양한 목적의 글쓰기
- 정보를 전달하는 글
- 설득하는 글
- 친교 및 정서 표현의 글
• 쓰기와 매체</td></tr>
<tr><th>지식</th><th>기능</th><th>태도</th></tr>
<tr><td>• 쓰기의 본질과 특성
• 글의 유형
• 쓰기와 맥락</td><td>• 글씨 쓰기
• 쓰기의 계획
• 내용 생성과 조직
• 표현하기와 고쳐쓰기
• 쓰기 과정의 점검과 조정</td><td>• 가치와 중요성
• 동기와 흥미
• 쓰기의 윤리
• 쓰기의 생활화</td></tr>
</table>

ㄹ. 문법

<table>
<tr><th colspan="3">실제</th></tr>
<tr><td colspan="3">• 국어 문화와 자료
- 구어 자료, 문어 자료
• 다양한 매체와 국어 자료</td></tr>
<tr><th>지식</th><th>탐구와 적용</th><th>태도</th></tr>
<tr><td>• 언어의 특성
• 국어의 구조
• 국어의 규범</td><td>• 국어의 분석과 탐구
• 국어 지식의 적용
• 국어 생활의 점검과 문제 해결</td><td>• 국어의 가치와 중요성
• 국어 탐구에 대한 흥미
• 국어 의식과 국어 사랑</td></tr>
</table>

ㅁ. 문학

<table>
<tr><th colspan="3">실제</th></tr>
<tr><td colspan="3">• 다양한 갈래의 문학
- 시(시가), 소설(이야기), 극, 수필, 비평
• 다양한 매체와 문학</td></tr>
<tr><th>지식</th><th>수용과 생산</th><th>태도</th></tr>
<tr><td>• 문학의 본질과 속성
• 문학의 갈래
• 문학 작품의 맥락</td><td>• 작품 이해와 해석
• 작품 감상
• 작품 비평과 소통
• 작품 창작</td><td>• 문학의 가치와 중요성
• 문학에 대한 흥미
• 문학의 생활화</td></tr>
</table>

이 교육과정의 영역 구성이 2007 교육과정과 달라진 점은 '국어 활동', '국어(문법)', '문학'을 3대 영역으로 구성한 점과 '국어 활동'에서 '듣기·말하기'를 한 영역으로 통합한 점이다. 전자의 경우는 큰 변화라고 할 수 없으나, 후자의 경우는 두 영역을 하나로 합쳤다는 점에서 변화된 모습을 볼 수 있다. 또한 기존의 '맥락' 범주를 '태도' 범주로 바꾼 점도 달라진 점이라고 할 수 있다.26) '태도' 범주에 설정된 요소는 '가치, 흥미, 생활화, 윤리' 등이어서, 기능적인 국어과 교육보다 가치 중심의 국어과 교육이 필요함을 고려한 것으로 볼 수 있다.

2011-361호 교육과정에서 영역 통합과 가치 중심의 국어과 교육을 고려한 결과, 각 영역의 성취 기준의 숫자도 2007 개정 교육과정보다 줄어들었다. 중학교의 경우 각 영역별로 제시된 성취 기준의 수는 다음과 같다.

[영역별 성취 기준 수]

영역	듣기·말하기	읽기	쓰기	문법	문학
수	12	11	10	11	10

또한 2007 개정 교육과정에서 성취 기준별 내용 요소 및 '담화(글)의 수준과 범위'를 제시하던 방식을 탈피하여, '학년군별 국어 자료'를 제시하였는데, 중학교군의 국어 자료는 다음과 같다.

26) '맥락' 범주 대신 '태도' 범주를 설정한 것의 적절성에 대해서는 찬반 의견이 대립될 수 있다. 특히 '태도' 범주의 모호성에 대한 논란은 제7차 교육과정에서도 빈번히 제기된 바 있으며, 이에 대한 합일된 의견이 도출되었다고 보기는 어렵다.

[중학교 군 국어 자료]

중1~3학년군
(담화) - 시사적 내용이나 청소년에게 도움이 될 만한 내용을 다룬 강연이나 강의 - 소개할 내용이나 대상의 특성이 잘 드러난 담화 자료 - 설득 전략이 잘 나타난 텔레비전이나 라디오, 인터넷에 나오는 광고 - 일상생활이나 학교생활에서 나타나는 다양한 문제를 다룬 토의, 토론 - 사과, 감사, 거절, 위로하는 상황의 대화 자료 - 말하기 방식의 차이를 보여 주는 다양한 매체 속의 대화 자료 - 설득을 목적으로 사진, 그림, 도표, 동영상 등을 활용한 발표 자료 - 문화, 역사, 전통의 차이로 인해 발생한 지역 방언, 사회 방언 관련 자료 - 서로 다른 주장으로 인해 생긴 문제나 그 해결 과정을 다룬 협상 자료 - 전통적 말하기 방식이 잘 드러난 담화 자료 (글) - 학습자의 지식과 경험, 수준에 맞는 설명문 - 비교·대조, 분류, 분석, 정의 등의 설명 방식이 잘 나타난 설명문 - 관찰, 조사, 실험한 내용을 바탕으로 절차와 결과가 드러나게 쓴 보고하는 글 - 의견의 차이가 드러나는 문제에 대해 타당한 근거를 들어 주장하는 글 - 학교나 지역 사회에서 일어난 일을 소재로 하여 건의하는 글 - 주장과 근거가 분명한 논설문이나 시평 - 글감이나 대상이 같은 둘 이상의 사설, 기사문 - 시대적, 사회적 배경이 잘 드러나는 글, 전기문이나 평전 - 생활 체험을 바탕으로 자신의 생각이나 느낌을 담은 수필 - 자신의 삶을 성찰하는 자서전이나 삶에 대해 계획하는 글 - 읽기의 과정과 원리를 설명한 글 - 매체 특성이 잘 나타난 문자 메시지, 전자 우편, 인터넷 게시판, 블로그 등 (문학 작품) - 인물의 내면세계, 사고방식, 느낌과 정서 등이 잘 드러난 작품 - 보편적인 정서와 다양한 경험이 잘 드러난 한국·외국 작품 - 사회·문화·역사적 상황이 잘 드러난 작품 - 한국의 대표적인 문학 작품 - 비평적 안목이 뛰어난 비평문 - 삶에 대한 고민이나 성찰을 담고 있는 다양한 매체 자료

이 표에 나타난 것처럼, '학년군별 국어 자료'를 제시한 방식은, 2007 개정 교육과정에서 성취 기준별 '담화(글)의 수준과 범위'를 제시한 것보다 추상적이라고 볼 수 있다. 이는 교과서 개발이나 교재 연구에서 자율성을 더 부여한 것처럼 보이기도 하지만, 각 성취 기준에 적합한 국어 자료를 어떻게 선별하여 사용할 것인지에 대한 혼란을 야기할 염려도 있을 것으로 보인다.[27]

교수·학습 방법이나 평가의 경우도 2007 개정 교육과정과 크게 달라진 점은 보이지 않는다. 다만 교수·학습 방법에서 '영역 간 내용의 횡적 연계성'이나 '학년군별 종적 연계성'을 강조하고, '국어 교과가 타 교과의 기초가 되는 점'을 중시하는 입장 등은 교육과정의 간소화나 자율성 부여의 차원에서 진술된 것으로 보인다. '평가'에서도 '성취 기준'을 고려한 평가가 좀 더 강조되고, '평가 자료'에서 '국어 자료의 예'를 고려할 것을 진술한 점 등은 교육과정 개정 방향을 고려할 때 자연스러운 현상으로 보인다.

3.3. 검정 교과서

2011-361호 교육과정에 따른 교과서 검정 작업은 2012년에 진행되었다. 그 결과 현재 각급 학교에서 사용할 수 있는 중학교군 국어과 교과서는 다음과 같다.

[중학교군 국어 교과서]

교과서명	대표 저자	출판사
중학교 국어 ①~⑥	윤여탁	미래엔
중학교 국어 ①~⑥	남미영	교학사
중학교 국어 ①~⑥	방민호	지학사
중학교 국어 ①~⑥	박경신	금성출판사
중학교 국어 ①~⑥	박영목	천재교육
중학교 국어 ①~⑥	노미숙	천재교육
중학교 국어 ①~⑥	장수익	대교

27) 물론 실제 개발된 교과서의 경우 '국어 자료'로 인한 혼란이 발생했던 것으로 보이지는 않는다. 그 이유는 2011-361호 교육과정에 따라 개발된 중학교 교과서도 대부분 2007 개정 교육과정에 따라 개발된 교과서의 체제를 근간으로 했기 때문으로 보인다.

중학교 국어 ①~⑥	이도영	창비
중학교 국어 ①~⑥	우한용	좋은책신사고
중학교 국어 ①~⑥	민현식	좋은책신사고
중학교 국어 ①~⑥	한철우	비상교육
중학교 국어 ①~⑥	김태철	비상교육
중학교 국어 ①~⑥	김종철	천재교과서
중학교 국어 ①~⑥	이관규	비상교과서
중학교 국어 ①~⑥	이삼형	두산동아
중학교 국어 ①~⑥	전경원	두산동아

* 이상 한국교육과정평가원 교과서 검정 홈페이지: http://www.kice.re.kr)

2007 개정 교육과정의 교과서 검정이 학년별로 이루어진 데 비해, 2011-361호 교육과정의 교과서 검정은 학년군별 검정이 이루어졌다. 이 교육과정의 중학교 국어는 기존의 〈생활국어〉를 개발하지 않고, 〈중학교 국어〉①~⑥을 함께 검정하였는데 모두 16종의 합격본이 나왔다. 이 결과를 2007 개정 교육과정의 검정 결과[28]와 비교해 볼 때, 새롭게 등장한 출판사는 '두산동아'뿐이다.

고등학교 선택 과목은 2013년 검정이 진행되어 판정 결과가 공고되었다. 과목별 합격본은 다음과 같다.

[고등학교 국어과 교과서 검정 결과]

과목	교과서명	대표저자	출판사
국어 I/ II (연계과목임)	국어 I, II	김중신	교학사
	국어 I, II	이삼형	지학사
	국어 I, II	박영목	천재교육
	국어 I, II	김종철	천재교육

28) 2007 개정 교육과정기 중학교 국어 검정 합격본은 1학년 23종, 2학년 15종, 3학년 12종이었다. 학년별 순차 검정이 이루어졌기 때문에 1학년 합격본일지라도 2학년 불합격본이 나오기도 하였으며, 그 결과 각 학교에서 교과서 선택에 혼란을 겪기도 하였다.

	국어 I, II	윤여탁	미래엔
	국어 I, II	문영진	창비
	국어 I, II	이승원	좋은책신사고
	국어 I, II	한철우	비상교육
	국어 I, II	우한용	비상교육
	국어 I, II	조현설	해냄에듀
	국어 I, II	신동흔	두산동아
독서와 문법	독서와 문법	한철우	교학사
	독서와 문법	이삼형	지학사
	독서와 문법	박영목	천재교육
	독서와 문법	윤여탁	미래엔
	독서와 문법	이도영	창비
	독서와 문법	이관규	비상교육
화법과 작문	화법과 작문	이삼형	지학사
	화법과 작문	박영목	천재교육
	화법과 작문	김동환	미래엔
	화법과 작문	박영민	비상교육
문학	문학	권영민	지학사
	문학	김윤식	천재교육
	문학	윤여탁	미래엔
	문학	박종호	창비
	문학	이승원	좋은책신사고
	문학	정재찬	천재교육
	문학	한철우	비상교육
	문학	우한용	비상교과서
	문학	조정래	해냄에듀
	문학	김창원	두산동아
	문학	김대용	상문연구사
고전	고전	한철우	교학사
	고전	김종철	천재교육
	고전	정민	해냄에듀

* 이상 한국교육과정평가원 교과서 검정 홈페이지: http://www.kice.re.kr

이상과 같이 2011-361호 교육과정에 따른 고등학교 선택 교과서는 〈국어〉 I, II 11종, 〈독서와 문법〉 6종, 〈화법과 작문〉 4종, 〈문학〉 11종, 〈고전〉 3종이 개발되었다. 국어과 교육의 발전을 위해서는 이들 교과서의 내적 비교, 교재 선택 원리, 교재 연구 방법 등이 현장을 중심으로 활성화되어야 할 것으로 보인다.

제3장 국어과 교수·학습 이론

1. 교수·학습 이론

1.1. 국어과 교수·학습의 목표와 원리

1.1.1. 국어과 교수·학습의 목표

일반적으로 '교수'란 가르치고 전수하는 것을 의미하며, '학습'이란 학습자가 스스로 익혀 가는 것을 의미한다. 이러한 개념적 정의를 고려할 때, '교수·학습 지도'는 가르치고 익히는 기술적·기능적인 용어로 이해될 경우가 많다. 그렇기 때문에 교수·학습 지도 연구는 효율성을 목표로 임상적인 연구 방법을 사용해야 하는 것으로 이해되기 쉽다. 그러나 교수·학습 지도를 위해서는 목적과 목표를 뚜렷이 자각하고, 그에 맞는 효과적인 학습 지도 원리를 도입해야 한다.

교수·학습의 목표를 규정하고 있는 문서는 '교육과정'이다. 교육과정에서의 목표 설정은 국어과 교육을 바라보는 관점을 반영하게 마련이다. 이러한 차원에서 국어과 교육관은 '무엇을'을 강조하는 입장과 '어떻게'를 강조하는 입장으로 나누어 볼 수 있다. 이에 대해서는 손영애(2004), 김일병(2005) 등의 앞선 논의가 있다.

손영애(2004)에서는 국어 교육관을 내용 중심의 교육관과 방법 중심의 교육관으로 나눈 바 있다. 또한 김일병(2005)에서는 국어 교육의 내용을 지식 중심의 내용관, 과정 중심의 내용관, 경험 중심의 내용관, 기능 중심의 내용관, 가치 중심의 내용관, 전략 중심의 내용관으로 구분한 바 있다. 이러한 구분은 정도의 차이는 있지만, 국어과의 각 영역을 망라하여 적용될 수 있다. 특히 국어과 교육사를 고려한다면, 국어과 교육관은 '기술·경험 중심 → 기능·능력 중심 → 전략 중심'의 변화 과정을 보인 것으로 판단할 수 있다. 이처럼 기술·경험 중심에서 기능과 능력 또는 전략을 중시하게 된 것은, 방법적인 면에서의 발전 과정[1]을 반영한 것으로 보인다.

그러나 엄밀히 말하면 국어과 교육에서 내용을 중시할 것인가 아니면 방법(기술·경험, 기능, 전략)을 중시할 것인가는 배타적인 관계에 있다고 보기는 어렵다. 더욱이 국어과의 성격이 '언어 교과'이자 '사고 교과'이며, '도구 교과'이자 '내용 교과'라는 점을 고려한다면, 국어과

1) 이러한 입장에서 손영애(2004: 79)의 표는 내용 중심의 교육관과 방법 중심의 교육관을 반영한 것이라기보다 국어과 교육의 발전 과정을 반영한 것으로 보인다. 왜냐하면 중심의 교육관에 들어 있는 교과서관(교과서는 학습의 한 자료), 지도 방법(학생의 탐구), 평가 방법(지필 검사, 수행 평가) 등이 내용 중심의 교육관에는 적용되지 않는 것인가라는 반문을 제기할 수 있기 때문이다. 엄밀히 말한다면 문법 학습에도 탐구 중심의 문법 학습이 적용될 수 있고, 문학 학습에도 협동적 문학 학습이 적용될 수 있기 때문이다. 이 점에서 교수·학습 방법에 대한 체계적인 연구가 이루어지지 못한 시대에는 '교과서 모방식'의 작문 교육, 지필 고사 형식의 화법 평가 등이 존재하였으며, 다양한 교수·학습 방법이 개발된 이후에는 문법과 문학에서도 탐구 학습이 적용되고 있음을 주목할 필요가 있다. 달리 말해 내용 중심과 방법 중심은 교육 목표와 강조 영역에 대한 관점의 차이를 반영하는 것이지 교과서관, 지도 방법, 학습관, 평가관, 정답관 등의 차이를 의미하는 것은 아닐 것이다.

교육관의 분화는 국어과의 어떤 성격을 강조하느냐에 따라 임의적으로 구분한 것에 지나지 않을 수도 있다. 왜냐하면 국어과 교육은 근본적으로 국어 능력 신장을 목표로 해야 하며, 국어 능력[2]은 국어를 사용하는 문제뿐만 아니라 국어로 생각하고 국어로 문화를 창조하는 전반적인 능력을 의미하기 때문이다.

이러한 차원에서 국어과 교육의 목표는 국어 능력과 국어 사용 능력을 모두 지향해야 한다. 이는 교육과정의 국어과 교육 목표에도 반영되어 있다. 참고로 국어과의 성격과 목표를 나누어 진술했던 제7차 교육과정을 살펴보면 다음과 같다.

[국어과 교육의 성격과 목표]

ㄱ. 국어과 교육의 성격

국어과는 한국인의 삶이 배어 있는 국어를 창조적으로 사용하는 능력과 태도를 길러, 정보화 사회에서 정확하고 효과적으로 국어 생활을 영위하고, 미래 지향적인 민족의식과 건전한 국민 정서를 함양하며, 국어 발전과 국어 문화 창달에 이바지하려는 뜻을 세우게 하기 위한 교과이다.

국어과에서는 국어가 사용되는 맥락과 목적과 대상을 고려하면서 열린 마음으로 국어 사용 양상과 내용을 정확하고도 비판적으로 이해할 수 있는 능력과, 사상과 정서를 효과적이고도 창의적으로 표현할 수 있는 능력을 기르고, 언어와 국어에 대한 기본적인 지식을 바탕으로 언어 현상을 탐구하고 국어 생활에 활용하는 능력을 기른다. 그리고 문학에 대한 기본적인 지식을 바탕으로 문학 작품

---

2) 언어 능력과 언어 사용 능력은 동일하지 않다. 언어 사용은 듣기-말하기, 읽기, 쓰기와 같이 언어를 구체적으로 활용하는 것을 의미하며, 언어 능력은 언어 사용 능력뿐만 아니라 언어로 개념을 형성하고, 사고를 발전시키는 능력을 모두 포괄한다. 이에 대해서는 전정례(2006)를 참고할 수 있다.

을 수용하면서 인간의 다양한 삶을 총체적으로 이해하는 능력과 심미적 정서를 기른다. 이를 통해 국어 문화를 바르게 이해하고 존중하며 사랑하는 태도를 길러 성숙한 문화 시민으로서의 역할을 다하도록 한다.

국민 기본 공통 교과인 국어과의 교육 내용은 듣기, 말하기, 읽기, 쓰기, 국어 지식, 문학의 여섯 영역으로 구성한다.

국어과 학습은 국어 생활을 정확하고 효과적으로 하며, 국어의 발전과 국어 문화의 계승, 발전에 필요한 능력과 자질을 기르는 데 필요한 지식과 기능과 태도가 유기적으로 통합되게 운용한다. 특히 국어과의 학습은 학습자가 국어 사용 상황에 능동적으로 참여하고 자신의 언어를 창조적으로 사용하는 언어 활동을 강조하여 국어의 가치를 체험할 수 있게 한다. '듣기', '말하기', '읽기', '쓰기' 영역의 학습은 실제적인 목적으로 표현하고 이해하는 언어 활동을 강조하여 창조적인 국어 사용 능력이 향상되게 한다.

'국어 지식' 영역의 학습은 언어 현상에서 규칙을 찾아내는 탐구 활동을 중심으로 하되, 학습한 지식을 국어 사용 상황에 적용하는 활동을 강조한다. '문학' 영역의 학습은 문학 작품을 읽고 토론하는 학습 활동을 중시하여 작품에 나타난 인간의 삶을 총체적으로 이해하고 문학적 상상력이 향상되도록 한다.

국어과 학습은 학습 능력과 성취 수준을 고려하여, 정확하고, 해석적이며, 비판적이고, 창의적인 수준으로 국어를 사용하는 경험이 확대되도록 하는 학습 활동에 중점을 둔다.

ㄴ. 목표

언어 활동과 언어와 문학의 본질을 총체적으로 이해하고, 언어 활동의 맥락과 목적과 대상과 내용을 종합적으로 고려하면서 국어를 정확하고 효과적으로 사용하며, 국어 문화를 바르게 이해하고, 국어의 발전과 민족의 언어 문화 창달에 이바지할 수 있는 능력과 태도를 기른다.

가. 언어 활동과 언어와 문학에 대한 기본적인 지식을 익혀, 이를 다양한 국어 사용 상황에서 활용하는 능력을 기른다.

나. 정확하고 효과적인 국어 사용의 원리와 작용 양상을 익혀, 다양한 유형의 국어 자료를 비판적으로 이해하고 사상과 정서를 창의적으로 표현하는 능력을 기른다.

다. 국어 세계에 흥미를 가지고 언어 현상을 계속적으로 탐구하여, 국어의 발전과 국어 문화 창달에 이바지하려는 태도를 기른다.

국어과 교수·학습의 적절성을 확보하기 위해서는 교육과정에서 설정한 성격 및 목표에 대한 이해를 해야 한다. 위의 진술을 고려한다면, 국어과의 성격은 내용적인 차원에서 '국어 지식'과 '문학'을 중심으로 하며, 기능적인 차원에서는 언어 사용 능력을 중심으로 한다. 이와 같은 성격은 국어과 교육이 본질적으로 언어 교육에 해당하며, 언어는 본질적으로 체계(system), 행동(behaviour), 문화(culture)로서의 속성을 지니며, 기능적으로는 사고(thinking), 소통(communication), 예술(art)로서의 속성[3]을 지니기 때문이다. 국어과의 성격 규정은 국어과의 목표 설정의 근거가 된다. 제7차 교육과정의 성격 규정[4]은 국어 능력과 국어 사용 능력을 바탕으로 한 문화 창조를 강조하고 있다. 이러한 근거를 바탕으로 국어과의 목표는 '기본적인 지식의 활용 능력'. '이해와 창의적인 표현 능력', '탐구 및 문화 창달에 이바지하려

3) 김대행(2005: 20)에서 재인용함.

4) 위의 진술에서 확인할 수 있듯이, 제7차 교육과정의 국어과 성격 진술은 목표와 내용을 중복 진술한 점이 있어, 성격과 목표의 관계, 내용 설정의 원리가 뚜렷하지 않는 한계도 있다. 이 점에서 '성격 → 목표 설정 → 내용 설정'의 위계 구조를 갖도록 진술하는 것이 바람직할 것으로 보인다. 이에 대해서는 한국교육과정평가원(2005: 44)을 참고할 수 있다.

는 태도'로 설정되었다.

국어과의 성격 및 목표는 2007 개정 교육과정이나 2009 개정 교육과정에서도 크게 달라지지는 않았다. 이를 살펴보면 다음과 같다.

2007 개정	국어 활동과 국어와 문학의 본질을 총체적으로 이해하고, 국어 활동의 맥락을 고려하면서 국어를 정확하고 효과적으로 사용하며, 국어 문화를 바르게 이해하고, 국어의 발전과 민족의 국어 문화 창조에 이바지할 수 있는 능력과 태도를 기른다. 가. 국어 활동과 국어와 문학에 대한 기본적인 지식을 익혀, 이를 다양한 국어사용 상황에 활용하면서 자신의 언어를 창조적으로 사용한다. 나. 담화와 글을 수용하고 생산하는 데 필요한 지식과 기능을 익혀, 다양한 유형의 담화와 글을 비판적이고 창의적으로 수용하고 생산한다. 다. 국어 세계에 흥미를 가지고 언어 현상을 계속적으로 탐구하여, 국어의 발전과 미래 지향의 국어 문화를 창조한다.
2009 개정	국어 활동과 국어와 문학을 총체적으로 이해하고, 국어 활동의 맥락을 고려하여 국어를 정확하고 효과적으로 사용하며, 국어를 사랑하고 국어 문화를 누리면서 국어의 창의적 발전과 국어 문화 창조에 이바지할 수 있는 능력과 태도를 기른다. 가. 국어 활동과 국어와 문학에 대한 기본적인 지식을 익힌다. 나. 다양한 유형의 담화와 글을 비판적이고 창의적으로 수용하고 생산한다. 다. 국어의 가치와 중요성을 인식하고 국어 생활을 능동적으로 하는 태도를 기른다.

第7차 교육과정과 마찬가지로 2007, 2009 개정 교육과정의 주요 내용은 '국어 활동', '국어(국어 지식, 문법)', '문학'을 대상으로 한다. 다만 2009 교육과정에서는 '성격과 목표'를 통합하여 진술하고, 영역 구성에서 국어 활동의 '듣기·말하기'를 한 영역으로 다룬 점이 다르다.

국어과의 교수·학습 원리는 국어과의 성격, 목표, 내용 설정의 체계를 바탕으로 도출되어야 한다. 예를 들어 2009 교육과정을 근거로 할 경우 다음과 같이 목표를 도출할 수 있다.

[국어과의 교수·학습의 목표 도출 과정]

국어과의 성격	• 한국인의 삶이 배어 있는 국어를 정확하고 효과적으로 사용하는 능력과 태도를 기름 • 국어를 창의적으로 사용하여 국어 발전과 국어 문화 창달에 이바지하려는 뜻을 세움 • 올바른 국어 생활을 통해 건실한 인격을 형성하여 건전한 국민 정서와 미래 지향적 공동체 의식을 함양함

⇩

<table>
<tr><td rowspan="6">목표 설정</td><td rowspan="3">총론</td><td>이해</td><td>• 국어 활동과 국어의 총체적 이해</td></tr>
<tr><td>사용</td><td>• 국어를 정확하고 효과적으로 사용함</td></tr>
<tr><td>태도</td><td>• 국어를 사랑하고 국어 문화를 누리면서 국어의 창의적 발전과 국어 문화 창조에 이바지할 수 있는 능력과 태도를 기름</td></tr>
<tr><td rowspan="3">각론</td><td>지식</td><td>• 국어 활동, 국어, 문학에 대한 기본적인 지식</td></tr>
<tr><td>수용·생산</td><td>• 담화와 글을 비판적이고 창의적으로 수용하고 생산함</td></tr>
<tr><td>태도</td><td>• 국어의 가치와 중요성 인식
• 국어 생활을 능동적으로 함</td></tr>
</table>

⇩

내용(영역)	국어 활동(듣기·말하기, 읽기, 쓰기), 국어(문법), 문학

⇩

<table>
<tr><td rowspan="4">교수·학습 목표</td><td>일반 목표</td><td colspan="2">• 정확하고 효과적인 국어 생활
• 지식과 기능과 태도의 유기적 통합
• 국어의 중요성 인식 및 국어 문화 발전</td></tr>
<tr><td rowspan="3">영역별 목표</td><td>기능</td><td>• 창조적·비판적인 국어사용 능력</td></tr>
<tr><td>국어</td><td>• 규칙을 찾아내는 탐구 활동
• 지식을 적용하는 활동</td></tr>
<tr><td>문학</td><td>• 인간의 삶을 총체적으로 이해
• 문학적 상상력 향상</td></tr>
</table>

국어과 교수·학습 원리는 국어과의 성격, 목표, 내용 설정의 체계를 바탕으로 도출되어야 한다. 제7차 교육과정에 나타난 국어과의 성격, 목표, 내용을 바탕으로 한 국어과 교수·학습의 목표 설정 원리를 구조로 나타내면 다음과 같다.

[국어과의 교수·학습의 목표 도출 과정]

국어과의 성격	언어 교과 • 국어를 창조적으로 사용하는 능력과 태도 • 국어 생활 영위 • 국어 발전과 민족 문화 창달

⇩

목표 설정	총론	이해	• 언어 활동과 언어와 문학의 본질 • 국어 문화
		사용	• 언어 활동의 맥락 • 언어 활동의 목적 → 종합적 • 언어 활동의 대상 정확하게 • 언어 활동의 내용 효과적으로
		태도	• 국어의 발전 • 민족의 언어 문화 창달에 이바지
	각론	지식	• 언어 활동 • 언어 → 기본적 지식 → 활용 • 문학
		원리	• 국어 사용 비판적 이해 • 작용 양상 → 창의적 표현
		탐구	• 언어 현상 → 계속적 탐구 • 국어와 민족 문화 발전, 창달

⇩

내용(영역)	듣기-말하기, 읽기, 쓰기, 국어 지식, 문학

⇩

교수·학습 목표	일반 목표	• 정확하고 효과적인 국어 생활 • 지식과 기능과 태도의 유기적 통합 • 국어의 가치 체험	
	영역별 목표	기능	• 창조적인 국어 사용 능력
		국어 지식	• 규칙을 찾아내는 탐구 활동 • 지식을 적용하는 활동
		문학	• 인간의 삶을 총체적으로 이해 • 문학적 상상력 향상

1.1.2. 국어과 교수·학습 원리

교수·학습의 목표를 달성하기 위해서는 효과적인 교수·학습의 원리를 이해해야 한다. 일반적으로 교수·학습은 경험적·기술적인 것으로 판단하기 쉽지만, 교수·학습 이론은 단순한 처방을 목표로 하는 것이 아니라 학문적 체계로서 현상을 설명하고 예측할 수 있어야 한다.

교수·학습 이론은 수업 현상을 기술하고 설명하며, 예측하고 응용할 수 있는 이론을 말한다. 이와 같은 이론은 교육을 바라보는 여러 가지 관점에 따라 점진적으로 변화하여 왔다. 김일병(2005: 26~27)에서는 이러한 흐름을 간략하게 정리하고 있다. 이를 바탕으로 교수·학습 이론의 변천 과정을 표로 정리하면 다음과 같다.

[교수·학습 이론의 변천]

이론	목표	특징
전통적인 이론	국어에 관한 기초·기본 지식 습득	• 교육 목표 분류학에 따라 인간의 행동 특성 및 국어 교육의 내용 영역 구분 • 국어와 인지·정의적 능력 신장·함양을 위한 원리 구안 • 국어에 관한 가치관 형성, 국어와 관련된 지식 습득, 다양한 명문 독해·감상
경험주의 이론	국어(사용) 능력 신장	• 반복 심화 학습 강조 • 국어 활동에 관련된 다양한 경험의 축적 및 원리 추출, 적용 • 언어 수행의 실제성과 학습자 변인 강조
기능주의 이론	언어 수행 기능	• 국어 사용 능력 강조 • 언어와 사고의 효율적인 변환 • 언어 수행에서의 유창성 강조
인지주의 이론	사고, 경험, 기능의 유기적 체계	• 사고, 경험, 기능을 유기적으로 보고 총체적 조작 능력을 기르도록 함 • 언어 수행에 관한 메타적 능력 강조 • 원리 학습을 강조하면서 전략을 강조하는 것이 특징임
문화주의 이론	역사·사회적 맥락에서의 국어 교육	• 언어 수행은 개인의 문제 해결뿐만 아니라, 역사·사회적 맥락에서 이루어짐 • 국어의 전통과 국어 문화 창달을 강조

이 표에 나타난 바와 같이, 국어과 교수·학습 이론은 교육관에 따라 변화하여 왔다. 이러한 변화는 언어 교육의 본질과 국어과 교육의 목표를 바라보는 관점의 차이를 반영할 뿐 아니라, 효과적인 교수·학습의 방법을 고려한 데서 비롯된 것이다. 이 점에서 교수·학습 이론은 다양하게 전개될 수 있으며, 각 이론마다 사용하는 용어에서도 차이를 보일 수 있다. 특히 각 이론마다 '수업'이나 '학습'을 바라보는 입장도 매우 다른데, 경험주의 이론에서는 '반복 심화 학습'을 강조하는가 하면, 기능주의에서는 '활동 중심의 학습'을 강조한다. 또한 인지주의 이론에서는 총체적 언어 학습을 강조하며, 문화주의 이론에서는 사회·문화적 맥락을 파악하기 위한 현장 학습을 강조하는 경향도 있다.

어떠한 이론이든, 교수·학습 이론이 구체적인 학습 지도의 원리가 되기 위해서는 학습 지도의 일반적인 원리에 대한 이해가 필요하다. 이러한 차원에서 학습의 원리와 학습 지도의 원리를 살펴볼 필요가 있다. 전통적으로 학습의 원리로는 효과의 법칙, 준비성의 법칙, 접근의 법칙, 빈도의 법칙, 개별성의 법칙 등이 제시된 바 있다. 이러한 원리를 김재윤 외(1986: 84~85)를 중심으로 소개하면 다음과 같다.

[학습의 원리]

ㄱ. 효과의 법칙(law of effect): 학습 효과에 대한 인지가 학습 활동에 영향을 미친다는 이론이다. 스키너의 강화의 법칙과 확인(feedback)의 원리가 대표적이다.

ㄴ. 준비성의 법칙(law of readiness): 학습자의 심신이 학습에 대한 태세가 갖추어져 있을 때 학습 효과가 나타나며, 그렇지 못할 때에는 효과를 거두지 못한다. 준비성의 법칙에 포함되는 요소로는 성숙, 동기, 흥미, 정서 등이 있다.

ㄷ. 접근의 법칙(law of contiguity): 전후 학습 사이에 시간, 공간, 표상적

으로 접근 또는 유사성을 보일 때 쉽게 학습이 이루어진다.

ㄹ. 빈도의 법칙(law of frequency): 연습의 법칙, 사용의 법칙 또는 과잉 학습이라고 불리는 법칙으로 학습 빈도가 많을수록 학습 효과가 크다.

ㅁ. 개별성의 법칙(law of individual): 준비성의 법칙과 밀접한 관련을 지니는 것으로, 학습자의 개별적인 능력이나 성향이 학습 효과를 달리한다.

이와 같은 학습의 원리는 학습 지도에서 어떤 방식을 사용할 수 있는가를 알려주는 근거가 된다. 학습 지도의 원리를 제시한 이정용(1971), 김재윤 외(1986) 등의 여러 문헌을 종합할 때, 다음과 같은 원리 설정이 가능하다.

[학습 지도의 원리]

ㄱ. 자발성의 원리(창조의 원리): 학습의 주체는 교사가 아니고 어디까지나 아동·학생이다. 그러므로 그들이 스스로 학습 활동에 참여하여 새로운 것을 발견하고, 또한 현실에 직면한 문제를 해결하고 검토할 수 있도록 해야 한다.

① 학습자에게 자유로운 표현의 기회를 주어야 한다.

② 어릴 때부터 학습자의 자유로운 상상력(공상)을 억제해서는 안 된다.

③ 호기심을 갖게 한다.

④ 실패를 두려워하고 부끄럽게 생각하는 버릇을 갖지 않도록 해야 한다.

⑤ 자기 결정 행동을 인정하고 따뜻하고 부드러운 분위기를 길러 주어야 한다.

⑥ 다양한 경험의 기회를 주어야 한다.

⑦ 알맞은 암시를 제공하고, 적당한 평가를 실시하여 창조적인 행동이 유지되도록 한다.

⑧ 학습자 스스로 탐구와 발견을 해 나가도록 한다.

ㄴ. 흥미의 원리: 학습 효과는 흥미를 바탕으로 할 때 긍정적이다.

① 개인차를 고려해야 한다.

② 지나친 부담을 주거나 피로감을 주어서는 안 된다.

③ 학습 혼란을 유발해서는 안 된다.

④ 학습 환경을 동적으로 구성하고, 생활 중심으로 구성한다.

⑤ 문제에 대한 의식을 갖도록 한다.

⑥ 학습 자료를 풍부하게 한다.

ㄷ. 직접 경험의 원리: 학습자가 직접 경험함으로써 학습 효과를 높이도록 한다. 특히 실험, 관찰, 조사 등의 실천 방법을 고려한다.

① 학습 전개에서 효과적이고 필수적인 경험을 제공한다.

② 관념의 정확한 전달이 이루어져야 한다.

③ 지식을 구체적이고 실제적으로 이해할 수 있도록 해야 한다.

④ 경제적이고 효과적인 자료를 제시할 수 있어야 한다.

ㄹ. 목적의 원리: 교육은 목적 의식을 뚜렷이 해야 효과적이다. 목적에 맞는 목표를 설정하고, 구체적인 계획을 세워 실천할 수 있어야 한다.

① 목표는 학습 활동의 방향을 명확히 지시해 준다.

② 가치 있고 실천 가능한 목표를 설정해야 한다.

③ 학습 목표는 학습자가 도달할 수 있는 것이어야 한다.

ㅁ. 개별화의 원리: 학습자의 개성에 맞는 개별적인 교육을 해야 한다.

① 아동이나 학습자의 실태를 정확히 파악해야 한다.

② 개개인의 능력에 따른 과제의 질과 양을 조정해야 한다.

③ 지도 과정과 지도 형태에 유의해야 하며, 발문과 조언도 적절해야 한다.

ㅂ. 사회화의 원리: 학습 지도는 사회적 자아 형성 및 사회화 과정을 고려해야 한다.

① 협동의 원리를 중시한다.

② 사회성 발달을 목표로 한다.

ㅅ. 직관의 원리: 지나친 지식 중심의 학습을 지양하고, 직관을 바탕으로 한 지도를 한다.

① 다양한 감각을 살리도록 한다.

② 직관을 중심으로 한 실물 교육을 중시한다.

ㅇ. 통합의 원리: 학습 경험, 학습 내용(영역), 학습 방법 등을 통합하도록 한다.

① 경험 및 내용의 통합

② 방법의 통합

③ 지도 영역의 통합

④ 목표 및 내적 조건의 통합

이와 같은 학습 지도의 원리는 학습자의 심리 상태, 사고 및 지식의 구조, 학습 방법 등을 고려하여 학습 효과를 높이는 방안을 제시한 것이라고 할 수 있다. 이밖에도 학습 효과를 높이기 위해서는 더 구체적인 방법이 제시될 수 있으며, 국어과 교육의 경우는 언어 학습의 일반 원리와 함께 도구적인 면이나 방법적인 면에서 국어과의 특성을 고려하여 교수·학습의 능률을 향상할 수 있는 여러 가지 원리를 끊임없이 찾아야 할 것이다.

1.2. 교수·학습 과정과 방법

1.2.1. 교수·학습 과정

국어과 교수·학습의 효율성을 높이기 위해서는 교수·학습 계획 수립으로부터 실행 및 평가에 이르기까지 일정한 절차를 알아둘 필요가 있다. 변영계 외(2001)에서는 교수·학습이 이루어지는 과정을 '교수 설계 → 교수 개발 → 교수 실행 → 교수 관리 → 교수 평가'로 나누어 제시한 바 있다. 이를 고려할 때 국어과 교수·학습이 이루어지는 과정은 다음 표와 같이 구체화될 수 있을 것이다.

[국어과 교수·학습이 이루어지는 과정]

교육과정 설계	• 국어과 교육의 목표 • 국어과 교육의 내용 • 국어과 교육의 방법 • 국어과 교육의 평가

⇩

교수 설계	• 교수·학습 내용 선정 및 조직 • 장기 계획 및 단기 계획 수립

⇩

교수 개발	• 교수 설계를 실행할 기법 및 매체 개발 • 구체적인 수업 설계 및 전략 선택

⇩

실행 단계(학습 과정)

⇩

평가 단계	• 교수·학습 목표 달성 정도 • 교수·학습의 적절성 정도

⇩

조정 단계	• 단기 계획의 적절성 판단 및 조정 • 장기 계획의 적절성 판단 및 조정

이 표에 제시하였듯이, 국어과 교수·학습 설계는 교육과정에서 제시한 목표, 내용, 방법, 평가의 원리를 고려하여 이루어져야 한다. 앞에서 우리는 국어과 교수·학습의 목표에 대하여 살펴본 바 있다. 국어과의 성격이 '언어 교과, 사고 교과, 내용 교과, 도구 교과, 문화 교과'라는 점을 고려하여, 교육과정에 제시된 국어과 교육의 목표를 달성할 수 있도록 교수·학습 설계를 해 나가야 한다.

교수·학습 개발은 계획한 바를 실행할 수 있는 기법이나 자료를 개발하는 것을 말한다. 교수 설계가 계획 단계라면, 개발은 그것을 구체화할 수 있는 방안을 모색하는 단계이다. 특히 장기 계획을 바탕으로 수립된 단기 계획은 구체적인 수업 계획으로 세분되는데, 각각의 수업 설계를 실행할 수 있는 매체의 선택과 전략 수립은 학습 효과를 높이는 데 중요한 요소로 작용한다. 이를 위해 교수 매체의 유형과 특성을 이해하고, 학습자를 분석하여 다양한 학습 자료를 만들어야 한다.

학습 단계는 구체적인 교수·학습이 이루어지는 단계를 말한다. 구체적인 교수·학습은 여러 가지 방법(교수·학습 방법)을 사용할 수 있으며, 각각의 방법마다 적용해야 할 원리가 다르다. 교수·학습 방법의 선택은 교육 목표와 내용, 학습자의 흥미와 태도 및 수준, 교수·학습 상황 등을 종합적으로 고려하여 이루어져야 한다.

평가는 학습 효과, 교수 방법의 적절성 등을 대상으로 한다. 이 과정은 궁극적으로 교수·학습 방법의 타당성을 검증하고 단기 계획을 수정하도록 한다. 이러한 과정의 반복은 장기 계획의 수정에도 영향을 미치며, 궁극적으로는 처음 설계한 교수·학습의 목표, 내용, 방법 등을 수정하는 데 영향을 준다. 이 점에서 교수·학습 과정은 회귀적(feedback)인 성격을 지닌다고 볼 수 있다. 왜냐하면 '설계 → 개발 → 실행 → 평가 및 조정'은 국어과 교육의 목표 설정의 근거가 되었던 교육과정 설계에도 영향을 주기 때문이다.

1.2.2. 학습 활동과 학습 지도

학습 지도는 구체적인 수업이나 학습 상황에서 이루어지는 활동으로 구성된다. 학습 지도 단계는 교육 내용과 교재의 성격에 따라 달라질 수 있다. 우리나라에서의 학습 지도 단계는 학부(1910) 편찬의 『보통교육학』에서부터 이론이 제시되기 시작하는데, 이에 따르면 '예비→교시→응용'의 3단계를 고려하고 있다. 그 이후 교육학 발전에 따라 여러 가지 학습 지도 단계설이 소개된 바 있는데, 그 가운데 대표적인 것을 소개하면 다음과 같다.[5]

[학습 지도 단계설]

ㄱ. 5단계설

① 질러(T.Ziller): 분석 → 종합 → 연합 → 계통 → 방법

② 라인(W.Rein): 예비 → 제시 → 비교 → 총괄 → 응용

③ 한국교육과정 개발원: 계획 → 진단 → 지도 → 발전 → 평가

ㄴ. 4단계설

① 헤르바르트(J.F.Herbart): 명료 → 연합 → 계통 → 방법

② 브루너(J.S.Brunner): 문제 파악 → 가설의 설정 → 가설 검증 → 실제의 적용

ㄷ. 3단계설

① 푀르펠트(F.W.Pörpheld): 직관 → 사고 → 응용

② 앨버티(H.B.Alberty): 도입 및 계획 → 발전 → 종합 및 평가

이와 같은 학습 지도 단계는 국어과의 영역 및 교재의 특성을 고려

---

5) 김재윤 외(1986)를 바탕으로 정리함.

하여 적용해야 한다. 예를 들어 독서 교육과 문법 교육을 동일한 방법으로 지도하기는 어렵다. 왜냐하면 독서 교육의 본질은 '의미 구성 과정'과 '사회적 의사소통'에 있는데 비해, 문법 교육은 국어의 이해와 태도를 중시하기 때문이다. 김재윤 외(1986: 91)에서는 이러한 점을 고려하여 교재의 성격별 교수·학습 단계가 달라질 가능성을 다음의 표로 나타낸 바 있다.

[교재 성격별 교수·학습 단계 과정]

단계	성격별 교수·학습 과정	교수·학습 형태
3단계	음성 언어 기능 교수·학습	문답, 토의
4단계	문자 언어 기능 교수·학습	독서, 구안, 발견, 작문
5단계	정의와 인지 교수·학습	문제, 극화
단계고려 없음	공통된 기능 교수·학습	연습

이와 같은 단계는 구체적인 교수·학습 상황에서 누구를 중심으로 볼 것인가에 따라 달리 적용될 수 있다. 특히 교수 중심 이론과 학습자 중심 이론은 교수·학습을 바라보는 관점에서도 상당한 차이를 보이는데, 그 이유는 교수 중심의 이론이 목표하는 바가 '결과 중심'인 데 비해 학습자 중심 이론의 목표는 '기대되는 효과'에 있기 때문이다. 변영계 외(2001: 54)[6]를 바탕으로 두 이론을 비교해 보면 다음과 같다.

6) 변영계 외(2001: 54)에서는 학습과 수업의 관계를 고찰한 뒤, 학습이 이루어지는 과정을 '수업'이라고 규정한 바 있다. 달리 말해 학습은 학습자의 지적, 정의적 변화 과정을 의미하며, 그것을 의도적으로 수행해 나가는 과정이 수업인 셈이다. 이에 비해 '교수'는 가르치는 사람의 입장을 고려한 용어라고 할 수 있다. 이러한 개념을 고려한다면, 교사 중심의 교수 이론과 학습자 중심의 학습 이론, 이를 포괄하는 것이 수업 이론이 되는 셈이다.

[교수 이론과 학습 이론의 비교]

	교수 이론	학습 이론
목적	〈특정 교수 방법의 개발과 제시〉 • 주어진 상황(학습자, 내용, 환경)이 가진 조건을 고려하여 목표 설정 • 목표 달성을 위한 방법 개발 및 제시	〈학습 과정의 이해〉 • 특정 조건과 특정 방법에서 기대하는 효과 중시 • 기대 효과를 달성하기 위한 과정을 중시
관심	교사의 준비와 수행	학습자의 반응과 변화 과정
방법	• 설명 • 주의 집중	• 동기화 • 탐구 및 처방

이 표에 나타나듯이 교수 이론은 교사의 준비 및 수행을 강조하는 이론이며, 학습 이론은 학습자의 활동과 학습 과정을 중시하는 이론이다. 이러한 이론은 구체적인 수업 상황에 적용될 수 있으며, 수업은 여러 가지 요인을 고려한 계획과 그것을 실행하는 과정, 평가로 구성된다.

1.2.3. 교수·학습 방법

교수 이론과 학습 이론을 구체적인 수업 장면에 적용하기 위해서는 여러 가지 수업 방법에 대한 이해가 필요하다. 수업 이론은 여러 가지 수업 상황을 분석하고, 수업에 작용하는 요인을 분석하여 교수·학습 방법을 선택하는 원리를 의미한다. 이 점에서 수업 이론은 '수업에 작용하는 요인', '수업 계획', '교수·학습 방법' 등으로 구성된다.

첫째, 수업 요인 분석은 수업을 구성하는 요소, 수업이 이루어지는 과정 등을 고려하여 실행할 수 있다. 예를 들어 수업은 교사 요인, 학습자 요인, 교재 요인, 환경 요인이 복합적으로 작용하게 된다. 수업은 이러한 요인들이 복합적으로 작용하며, 일정한 과정을 거쳐 진행된다. 수업 과정을 고려한다면, '수업 전 → 수업 과정 → 수업 후'로 나누어 고려해야 할 사항을 살펴볼 수 있다.

[수업 과정별 고려할 요인]

ㄱ. 수업 전

① 가르칠 내용의 선택과 조직이 적절한가?

② 수업 내용과 사용할 수 있는 수업 시간은 적절한가?

③ 수업 진도는 적절한가?

④ 학습 집단의 규모와 특성을 고려하였는가?

ㄴ. 수업 과정

① 수업 시간을 효율적으로 활용하고 있는가?

② 학습 성공률을 높이기 위한 고려를 하고 있는가?

③ 학습자가 실제 학습할 수 있는 시간을 충분히 주었는가?

④ 수업 과정에서 교사와 학생의 상호 작용이 충분히 이루어지고 있는가?

⑤ 수업 목표와 방향에 따라 수업 내용을 구조화하고 있는가?

⑥ 수업 과정에서 적절한 질문을 던지고 있는가?

⑦ 수업 분위기(학업 중심, 협동적인 분위기 등) 조성을 적절히 하고 있는가?

ㄷ. 수업 후

① 수업 목표에 도달 정도를 적절하게 평가하였는가?

② 평가 결과를 적절하게 활용하기 위한 방안은 마련하였는가?

③ 수업 중의 피드백이 적절하게 이루어졌는가?

둘째, 수업 계획은 수업 목표를 제시하고, 이에 따라 학습 동기를 유발하여 수업 활동을 원활하게 할 수 있도록 하는 방안을 말한다. 수업 계획에서 고려해야 할 사항으로는 다음과 같은 것들이 있다.

[수업 계획에서 고려할 사항]

ㄱ. 수업 목표 제시

① 학습 목표를 명확히 제시해야 한다.

② 수업 상황에 적합하게 학습 목표를 제시할 수 있어야 한다(구두 설명, 판서, 모범 작품 제시, 시범 행동 등).

③ 학습자가 학습 목표를 이해할 수 있도록 일련의 순서를 정해 준다.

④ 학습이 완료되었을 때의 기대 효과를 제시하여 준다.

ㄴ. 동기 유발

① 학습에 관심을 가질 수 있도록 한다.

② 기대되는 효과에 관심을 갖게 하고, 학습자의 노력을 감소할 수 있는 방안을 모색한다.

③ 호기심과 흥미를 갖도록 한다.

ㄷ. 학습 내용의 구조화

① 수업 목표에 따라 학습할 내용을 구조화한다.

② 학습자의 다양한 학습 양식을 고려하여 내용을 선정하고 조직하며, 매체를 선택한다.

③ 수업 목표의 하위 구성 요소들을 계열적으로 순서화한다.

④ 선행 학습과 연계할 수 있도록 하며, 다음 수업에 이어질 수 있도록 한다.

ㄹ. 학습 활동 및 응용

① 학습자의 능력과 수준에 맞게 학습 활동을 개별화한다.

② 학습자가 학습 활동에 능동적으로 참여할 수 있도록 한다.

③ 새로운 개념이나 원리의 학습을 중시한다.

⑤ 학습한 것을 새롭고 다양한 상황에 적용하는 연습을 한다.

⑥ 학습자의 개인차를 고려한다.

ㅁ. 학습 과정 확인과 피드백

① 학습자에게 학습 결과에 대한 정보를 제공함으로써 강화를 할 수 있다.

② 학습 오류에 대하여 즉각적이고 구체적인 교정을 할 수 있어야 한다.

③ 학습자 스스로 자신의 학습에 대한 평가를 할 수 있도록 한다.

셋째, 교수·학습 방법의 방법에 대하여 알아보자. 교수·학습 방법은 학습자의 지위, 학습 조직, 학습 목적, 학습 활동 등에 따라 다음과 같이 나눌 수 있다.7)

[교수·학습 방법의 여러 형태]

ㄱ. 학습자의 지위에 따라: 타율학습, 자율학습, 지도학습

ㄴ. 학습 조직에 따라: 개별학습, 모두학습(일제학습), 개인학습, 분단학습, 공동(협동)학습, 감독학습

ㄷ. 학습 목적에 따라: 문제학습, 구안학습, 연습학습, 감상학습 등

ㄹ. 학습 활동에 따라: 강의법, 문답법, 토의법, 연습법, 감상법, 극화법, 시청각법, 독서법, 창작법, 문제법, 구안법, 조사법, 보고법, 실험법, 실습법, 관찰법, 청취법

최근의 교수·학습 이론에서는 위의 여러 가지 교수·학습 방법을 '지향하는 바'에 따라 나누고자 하는 경향이 있다. 예를 들어 신헌재 외(2005: 11)에서는 국어과 교수·학습의 지향점에 따라 목표 중심, 학

7) '교수·학습 방법'이라는 용어 대신 '학습 지도 방법'이라는 용어를 사용하는 경우도 있다. 예를 들어 최성호(1984), 김원경(1991)에서는 '학습 지도 방법'이라는 용어를 사용한다. 또한 '교수·학습 모형'이라는 용어와 '학습 지도 방법'이라는 용어를 구분하지 않고 사용하는 경우도 있으나, 방법과 모형은 용어상의 차이가 있으므로 구분해야 할 것으로 보인다.

습자 중심, 과정 중심, 사회적 상호 작용 중심의 교수·학습법으로 나눈 바 있다. 이처럼 지향점을 강조하는 이유는 교수·학습에 대한 다양한 이론적인 접근보다 지향하는 바를 뚜렷이 하는 교수·학습법이 효율적이기 때문으로 보인다.

1.2.4. 교수·학습 모형

교수·학습 방법의 지향점이나 유형을 구체적인 수업 상황에 적용할 수 있도록 원리를 찾고, 그것을 바탕으로 일정한 틀과 절차를 만든 것이 모형[8]이다. 따라서 교수·학습 모형은 일반적인 수업 절차(학습 지도 절차)를 고려하여 개발할 수 있다. 이러한 모형은 교수·학습 과정에서 어떤 요소를 중시할 것인가[9]에 따라 다양한 형태로 개발될 수 있다.

전통적인 교수·학습 모형으로는 부르너(Bruner)의 '발견 학습 모형', 캐롤(Caroll)과 불름(Bloom)의 완전 학습 모형, 가그네(Gagné)의 위계 학습 모형, 글레이저(Glaser)의 학습 체제 모형 등이 있다. 이러한 모형은 국어과 교수·학습뿐만 아니라 일반적인 교과 교수·학습 모형으로 널리 활용된다. 이들 모형의 특성을 정리[10]하면 다음과 같다.

---

8) 국어교육학에서 '모형'이라는 용어는 다의적으로 사용된다. 예를 들어 '직접 교수법'은 교수·학습의 방법으로 사용되기도 하고, 직접 교수법 모형이라는 용어로 사용되기도 한다. 방법의 개발이 모형을 만드는 데 기준이 되기 때문에 용어의 혼란이 발생하는 경우도 있으나, 엄밀히 말한다면 '방법'과 '모형'은 구분해야 할 용어라고 할 수 있다.

9) 박영목 외(2001)에서는 독서 교수·학습 모형을 8가지 기준에 따라 분류한 바 있다. 이때 분류 기준은 교사 중심, 총체적 언어 학습, 독서 부진아 지도 등과 같이 학습에 관여하는 요소를 중심으로 하였다.

10) 이에 대해서는 노은호·민경일(2001)을 참고하였음.

[교수·학습 모형]

ㄱ. 발견 학습 모형

① 개념: 교사가 학습자의 운명을 결정할 수 없듯이, 학습자 스스로 발견하도록 하는 모형.

② 특징: 학습자의 학습 의욕을 높이고, 지식을 가르칠 때 구조화하며, 학습 효과를 위한 강화 전략을 세워야 한다. 이를 위해 학습 의욕, 지식의 구조, 학습 계열, 강화라는 네 가지 요소를 중시한다.

- 학습 의욕: 과제 탐구를 위한 호기심 자극 및 학습 동기 유발
- 지식의 구조: 하나의 지식을 쉽게 학습할 수 있도록 표현 방식, 경제성, 생성력 등을 고려하여 구조화한다.
- 학습 계열: 계열이란 학습 내용을 이해, 변형, 전이하는 데 도움이 될 수 있도록 학습 과제를 조직하는 것을 말한다.
- 강화: 학습에 대한 즐거움, 성취에 따른 만족을 줄 수 있도록 보상 및 교정을 실시한다.

ㄴ. 완전 학습 모형

① 개념: 학습 자료를 완전히 학습하는 데 작용하는 요인을 모형화하여, 누구나 학습 목표에 도달할 수 있다고 보는 학습 모형이다. 블룸은 95%의 학생들이 주어진 학습 과제를 90% 이상 수행하는 것을 완전학습이라고 본다.

② 특징: 학습의 전제 조건인 능력과 적성은 학습 자료를 완전히 학습하는 데 걸리는 시간 변인을 좌우한다. 결국 능력과 적성은 학습 시간을 결정하는 요인일 뿐으로, 수업 변인과 학습자 변인의 관계를 고려한다.

- 수업 변인: 수업의 질, 학습 기회 등이 있다.
- 개인차 변인: 학습자의 적성, 이해력, 지속력 등.

- 학습 방정식(캐롤의 공식)

$$\text{학습의 정도} = \frac{\text{학습에 사용한 시간(학습의 기회, 지속력)}}{\text{학습에 필요한 시간(적성, 이해력, 수업의 질)}}$$

③ 완전 학습 모형과 단계별 활동(불름)

1. 기초학습 결함 진단

2. 기초학력 보충 과정

3. 수업 목표의 명시

⇩

4. 수업

학습 밀도의 향상

⇩

5. 수업 보조 활동

연습, 실험, 실습, 관찰

⇩

6. 형성적 평가

⇩

7. 보충과정	8. 심화과정

⇩

9. 제2차 학습 기회

수업 조정, 소집단 수업

⇩

10. 총합적 평가

총합 검사

* 완전학습을 위한 수업의 흐름(노은호·민경일, 2000: 82)

- 수업 전 단계: 기초 학습 결함 진단과 기초 학력 보충 과정
- 수업 활동: 목표 명시, 수업 활동, 수업 보조 활동, 형평 평가, 보충

학습, 심화 학습, 제2차 학습

- 수업 후 단계: 학습 진전의 정도 평가 및 종합 평가

ㄷ. 위계 학습 모형

① 개념: 효율적인 학습을 위해서는 최종 학습 과제를 정하고, 위계(hierarchy)를 설정하여 이 과제를 수행할 수 있도록 하는 모형이다.

② 위계 학습 유형: 하위 학습에서 상위 학습에 이어지는 8개의 유형을 말한다.

- 신호 학습: 조건 반사에 의해 이루어지는 학습
- 자극 반응 학습: 특정 자극에 의해 구체적으로 반응하는 학습
- 연쇄 학습: 상호 연결되어 있는 일련의 반응으로 구성된 학습
- 언어 연합 학습: 개별적 언어가 순서에 맞게 연결되도록 하는 학습
- 개념 학습: 개별 사건, 현상이 갖고 있는 공통점을 바탕으로 한 학습
- 원리 학습: 두 가지 이상의 개념의 관계를 연결하는 학습
- 문제 해결 학습: 어떤 문제에 대하여 몇 가지 규칙을 선택하여 적용하도록 하는 학습

③ 학습 과정과 수업 사태

주의 → 기대(목표 안내) → 자동 기억에 재생(선수 학습 재생) → 선택적 지각(학습 과제에 내재한 자극 제시) → 기화화(단기 기억: 학습 안내) → 반응(성취 행동 유도) → 강화(피드백 제공, 성취 행동 평가) → 재생 단서(파지 및 전이 높이기)

ㄹ. 학습 체제 모형

① 개념: 수업이 진행되는 과정을, 수업 목표, 출발점 행동, 수업 절차, 성취도 평가로 이루어진 체계(system)로 구성하여 개발한 학습 모형이다.

② 특징

- 수업 목표 → 출발점 행동 → 수업 절차 → 성취도 평가

- 피드백: 출발점 행동이나 수업 절차, 성취도 평가 등은 수업 목표를 비롯한 다른 요인을 조정하는 데 작용한다.

이와 같이 교수·학습 모형은 구체적인 교수·학습 활동을 일정한 틀 속에서 효율적으로 수행하기 위해 고안한 장치이다. 따라서 교수·학습 모형의 개발은 실제 활동에서 매우 다양하게 이루어질 수 있다.

1.3. 국어과 교수·학습의 실제

1.3.1. 국어과 교수·학습 계획

국어과 교수·학습이 이루어지기 위해서는 국어과의 목표에 적합한 교수·학습 계획을 세울 수 있어야 한다. 2009 개정 교육과정에서는 이러한 계획 설정 원리를 다음과 같이 제시한다.

[교수·학습 계획(중학교)]

(1) 교사가 교수·학습 계획을 수립할 때에는 의미 있는 국어 학습 경험을 통해 학습자의 창의적인 국어 능력이 향상되도록 다음 사항에 유의한다.

(가) 학습 목표는 교육과정의 '4. 내용의 영역과 기준'에 제시되어 있는 학년군별, 영역별 '성취 기준'과 '국어 자료의 예'를 고려하여 설정하되, '듣기·말하기', '읽기', '쓰기', '문법', '문학' 영역이 유기적으로 연관되도록 한다.

(나) 학습 내용은 '듣기·말하기', '읽기', '쓰기', '문법', '문학'의 각 영역별 특성을 살려 학습 목표 달성에 적합하게 선정하되, 영역 간 내용의 횡적 연계성, 학년군별 내용의 종적 연계성을 통합적으로

고려한다.

(다) 학습자의 국어 능력을 향상시키는 데 유용한 학습 경험을 제공하여 자기 주도적으로 국어 능력을 향상시킬 수 있도록 계획한다.

① 학습자가 정확하고 효과적인 국어 생활을 하기 위해 반드시 알아야 할 지식과 실제적인 국어 활동을 유기적으로 연관시킨다.

② 학습 과제의 성격, 과제 해결을 위한 기본 절차와 방법, 배경지식의 활용, 학습 자료, 집단 구성, 피드백 등을 세부적으로 계획한다.

③ 교육과정의 '4. 내용의 영역과 기준'에 제시된 학년군별, 영역별 '성취 기준'과 '국어 자료의 예'를 참고하여 다양한 교수·학습 자료를 개발한다.

④ 학습자에게 제공할 학습 경험은 학습의 계열성과 통합성을 고려하여 체계적으로 구성한다.

(라) 학습자가 교수·학습 상황에 능동적으로 참여하여 담화와 글을 체계적으로 이해하는 활동과 자신의 사상과 정서를 창의적으로 표현하는 활동을 할 수 있는 학습 환경을 조성한다.

(마) 국어 능력이 일상생활이나 다른 교과의 학습에 기초가 됨을 강조하여 학습자가 국어 교수·학습에 대한 능동적인 태도를 가질 수 있도록 한다.

① 교수·학습 과정에서 성취한 국어 능력을 학습자 스스로 일상생활이나 다른 교과의 학습에 적극적으로 활용하도록 한다.

② 창의적인 국어 능력이 삶의 질을 높이는 데에 기여할 수 있음을 강조한다.

(2) 학습자의 학습 준비도나 성취 기준 도달 정도를 파악하고, 개인차를 해소하기 위한 교수·학습 방안을 계획한다.

(가) 개인차를 해소하기 위한 방안은 학교의 실정, 학습자의 요구 등을 고려하여 계획하되, 수업 시간이나 방과 후 교육 활동 등을 활용하

도록 한다.

(나) 학습 과제는 개인차를 고려하여 다양한 방법으로 제공하되, 학습자의 학습 결손이 누적되지 않도록 유의한다.

① 학습 목표와 학습 과제를 선정할 때에는 학습자의 개별 특성을 고려한다.

② 개인차에 따른 학습 과제를 제공하는 시기는 학습자와 교수·학습 상황에 따라 적절하게 조정한다.

(다) 학습자의 개인차를 고려하여 다양한 교수·학습 자료와 평가 자료를 개발한다.

① 학습자의 관심, 흥미, 선수 학습 경험, 학습 준비도, 학업 성취 수준 등을 고려하여 자료를 개발한다.

② 학습자가 스스로 자신의 능력이나 학습 단계를 점검할 수 있도록 자료를 개발한다.

③ 다양한 매체를 활용하여 자료를 개발하여 학습의 효율을 높이고 학습자의 특성에 따라 자료를 개별화한다.

(3) 국어 활동의 총체성을 고려하여 영역 간, 영역 내의 학습 요소를 통합하여 지도하기 위한 교수·학습 방안을 계획한다.

(가) 각 영역에서 해당 영역의 고유성이 반영되어 있는 학습 요소와 통합이 가능한 학습 요소를 구분하여 지도하되, 학습의 효율성을 높일 수 있도록 한다.

(나) 영역 간, 영역 내 내용 요소 중, 학습의 효율성을 높이는 데 적합한 요소를 통합하여 지도한다.

(다) 매체 관련 내용 요소를 지도할 때에는 '듣기·말하기', '읽기', '쓰기', '문법', '문학' 영역과의 통합을 고려하여 지도한다.

(라) 여러 영역을 통합하여 지도하기 위해 자료를 개발할 때에는 교육 내용과 학습 상황에 맞게 다양한 방법을 모색하도록 한다.

① 학습 주제를 중심으로 내용 요소를 유기적으로 통합하여 조직한다.
② 다양한 상황을 중심으로 관련되는 내용 요소를 통합하여 조직한다.
③ 종합적인 사고가 요구되는 문제 상황을 제시하고 이를 해결하는 과정에서 필요한 내용 요소를 통합하여 조직한다.
④ 다양한 담화와 글을 중심으로 내용 요소를 통합하여 조직한다.

이상과 같이 국어과 교수·학습 계획을 세울 때에는 의미 있는 학습 경험을 바탕으로 국어과 교육의 목표를 달성할 수 있도록 해야 한다. 그러나 국어과 교수·학습 계획을 수립하는 일은 결코 수월하지 않다. 그 이유는 교수·학습 계획에 대한 교사의 인식이나 수립 방법을 익히는 일이 쉽지 않기 때문이다. 이 점에서 『함께여는 국어교육』(2003년 봄호)에 소개된 이경옥(2003)에는 의미 있는 진술이 담겨 있다. 이 글에서는 "선생님은 지금 어떻게 가르치고 계신가요?"라는 질문을 던지면서, 다섯 가지 유형의 교육 활동[11]을 제시하고, 그 속에서 바람직한 수업 방향을 찾기 위한 '연간 수업 계획 세우기'의 실례를 제시한 바 있다. 이 글에 소개된 연간 계획 수립 원리를 요약하면 다음과 같다.

[연간 계획 이렇게 세워 보세요(중학교 대상)]

ㄱ. 서로의 국어교육관을 터놓고 얘기하면서 바람직한 방향으로 공감대를 이루어 내는 것이 중요하다.

---

11) 이 글에 소개된 국어 교사의 유형은 "① 교과서에 나온 내용만 가르친다. ② 약간의 수업 자료를 따로 준비하지만 주로 교과서를 중심으로 가르친다. ③ 국정 교과서 『국어』와 『생활국어』의 내용을 통합, 조절해 가르친다. ④ 교과서도 수업 교재의 하나로 인식하고 여러 다른 자료를 준비하여 통합 조절해 가르친다. ⑤ 학생 수준과 학교 상황, 사회 변화를 고려한 새로운 교육과정을 만들고 그에 맞는 교재를 선택하여 가르친다."로 되어 있다. 이 가운데 ④, ⑤의 유형은 교재 연구의 본질적인 태도를 반영하는 유형으로 바람직한 유형에 해당한다.

ㄴ. 중학교 국어교육의 목표를 다시 한 번 공유해야 한다.

ㄷ. 학습 목표에 도달할 수 있는 적절한 수업 내용을 선정해야 한다.

ㄹ. 수업 목표에 도달하기 위해서는 적절한 수업 방법의 선택도 중요하다.

ㅁ. 학생 활동 중심의 수업에 알맞은 평가 계획을 세운다.

(이상은 이 글의 주제를 중심으로 정리한 것임)

이와 같은 원리를 바탕으로 이경옥(2003)에서는 북서울 중학교 1~3학년 연간 수업 계획서를 소개한 바 있다.

1.3.2. 국어과 교수·학습 방법

교수·학습 방법은 교육 활동에서 '어떻게'에 해당한다. 그렇지만 '어떻게'가 반드시 방법만으로 이루어지는 것은 아니다. 왜냐하면 '어떻게'도 '무엇을(내용)'과 깊은 관련을 맺기 때문이다. 이 점에서 2009 개정 교육과정에서는 중학교 교수·학습의 운용에 관하여 다음과 같이 제시하고 있다.

[교수·학습 운용]

(1) 교육과정의 '4. 내용의 영역과 기준'의 학년군별, 영역별 '성취 기준'과 '국어 자료의 예'를 고려하여 교수·학습을 전개한다.

(가) '학년군 성취 기준', '영역 성취 기준', '내용 성취 기준', '국어 자료의 예'를 고려하여 다양한 방법으로 교수·학습을 전개하되, 특히 다음 사항에 유의한다.

① 학습자가 능동적으로 교수·학습에 참여할 수 있도록 학습 목표와 학습 내용을 안내하고, 학습자의 수준에 적합한 과제를 제시하여 이를 창의적으로 해결하도록 한다.

② 학습 과제 해결의 책임을 교사에서 학습자로 점진적으로 이양하도록 계획한다.

③ 내용 요소에 대한 체계적인 설명, 예시, 질문, 학습자의 연습, 자기 점검과 평가 과정을 유기적으로 관련지어 지도한다.

④ 담화나 글에 대한 분석에만 치우치지 않도록 하여 학습자가 국어 활동의 양상을 총체적으로 이해하게 한다.

⑤ 국어 활동에 대한 자기 점검 기회를 제공하여 바람직한 태도를 형성하게 한다.

(나) 영역별 '영역 성취 기준'과 '내용 성취 기준'을 고려하여 교수·학습을 전개하되, 특히 다음 사항에 유의한다.

① '듣기·말하기' 지도에서는 음성 언어의 상호 작용 특성을 살려, 듣기·말하기의 다양한 목적과 맥락을 반영한 활동을 하도록 한다. 특히 다양한 듣기·말하기 상황에 적극적으로 참여하고 점검·조정하는 활동과 긍정적이고 협력적인 태도로 문제를 해결하는 활동을 강조한다.

② '읽기' 지도에서는 글쓴이의 목적, 글의 형식과 특성, 독자의 관점 등에 유의하여 능동적으로 의미를 구성하며 글을 읽는 학습 활동을 강조한다. 특히 읽은 글을 바탕으로 발표하거나, 의견을 교환하거나, 글로 표현하는 통합 활동을 강조한다.

③ '쓰기' 지도에서는 글쓰기의 목적, 독자, 주제 등을 고려하여 실제로 글을 쓰는 활동을 강조한다. 특히 쓰기의 목적에 따라 적절한 매체를 선택하여 글을 쓸 수 있도록 쓰기의 상황과 조건을 분명하게 제시하여 글을 쓰게 한다. 글을 쓰는 과정에서 협의 활동을 강조하고, 다 쓴 글에 대해 상호 평가와 자기 평가 활동을 강조한다.

④ '문법' 지도에서는 문법 교육 내용이 위계적으로 반복·심화될 수 있도록 지도하되, 다양한 국어 현상을 원리 중심으로 탐구하여 언어

지식을 생성하는 경험을 강조하고, 학습한 내용이 바람직한 국어 생활에 활용될 수 있도록 한다. 문법은 특정 문법 단원에서만 지도할 것이 아니라 매 단원에서 새로 등장하는 단어의 뜻과 문장의 어법을 익힐 때나 연습 문제 활동을 통하여 이전에 배운 문법과 규범에 관련된 사항을 환기시켜 지속적으로 지도한다.

⑤ '문학' 지도에서는 개별 작품을 학습자의 삶과 관련지어 봄으로써 심미적 상상력과 건전한 심성을 계발하고 바람직한 인생관과 세계관 형성을 돕는 학습 활동을 강조한다. 학습자의 능동적인 작품 수용을 강조할 뿐만 아니라 일상생활에서의 정서 표현, 작품 창작 등 다양한 생산 활동을 돕는 학습 활동을 강조한다.

(다) '국어 자료'를 다룰 때는 기본적으로 어휘와 어법에 유의하여 지도한다. 어휘와 어법은 '듣기·말하기', '읽기', '쓰기', '문법', '문학' 영역의 매 단원에서 새로 등장하는 단어의 발음, 뜻, 표기를 정확히 알고 어법에 맞게 사용하는 것을 생활화하도록 지도한다.

(라) 학습 목표와 내용을 고려하여 직접 교수법, 문제 해결 학습법, 창의성 계발 학습법, 반응 중심 학습법, 탐구 학습법, 토의·토론 학습법, 협동 학습법 등 다양한 교수·학습 방법을 활용하되, 특히 다음 사항에 유의한다.

① 교사와 학습자, 학습자와 학습자 간의 적극적인 상호 작용을 강조하여 학습의 효율성을 도모한다.

② 학습자의 창의적인 국어 활동을 권장하고, 학습자의 다양한 반응을 적극적으로 수용한다.

③ 다른 사람의 의견을 성실하게 듣고 자신의 의견을 명확하게 표현하는 학습 활동을 강조한다.

④ 학습 과정에 능동적으로 참여하여 비판적이고 창의적으로 사고할 수 있는 학습 경험을 제공한다.

⑤ 학습자가 학습 과정과 결과에 대해 스스로 점검하여 부족한 점을 개선할 수 있도록 한다.

(2) 개인차를 고려한 교수·학습을 효율적으로 운용하기 위해서는 다음 사항에 유의한다.

(가) 수업 시간 중에 학습자의 반응에 따른 적절한 피드백을 제공하여 학습 목표에 도달할 수 있도록 한다.

(나) 학습자가 자율적으로 자신의 능력을 파악하고 보충 또는 심화할 수 있는 학습 과제를 적절히 제시함으로써 학습 효과를 증대시키도록 한다.

(다) 차시 수업의 학습 목표와 관련된 학습 과제를 적절히 제시함으로써 선수 학습 정도에 따른 개인차를 줄여 수업의 효율성을 높이도록 한다.

(라) 학습 목표를 효과적으로 달성하기 위해 개인차를 고려한 소집단을 구성하여 교수·학습을 전개하도록 한다.

(3) 영역 간, 영역 내의 학습 요소를 통합하여 지도할 때에는 다음 사항에 유의한다.

(가) 둘 이상의 영역을 통합하여 지도할 때에는 학습자의 학습 활동이 특정 영역에 치우치지 않도록 한다.

(나) 영역 간의 공통점과 차이점을 고려하여 통합적 교수·학습의 효율성을 높인다.

(다) 학습자가 한 영역에서 학습한 내용을 다른 영역에 적용하는 과정을 충분히 이해하고 수행하도록 지도한다.

(라) 학습 요소의 통합 취지에 알맞은 방법으로 교수·학습을 전개한다.

(4) 수업의 개선을 위해 교수·학습을 점검할 때에는 다음 사항에 유의한다.

(가) 학습 목표와 내용에 맞게 수업을 창의적으로 계획하고 실행하였는지 점검한다.

(나) 학습자의 수준과 조건, 학습 상황 등을 고려하여 교수·학습 과정을 전개하였는지 스스로 점검하고, 이를 수업 개선에 활용한다.

(다) 학습자의 평가 결과를 바탕으로 교수·학습 내용, 교수·학습 방법, 교수·학습 자료 등을 개선하고자 하였는지 점검한다.

앞에서 설명한 바와 같이, 교수·학습 방법은 학습자의 지위, 학습 조직, 목적, 학습 활동을 기준으로 분류할 수 있다. 교수·학습 이론에서 중시해야 할 것은 교육 목표와 내용, 상황 등을 고려하여[12] 적절한 방법 및 모형을 선택하는 일이라고 할 수 있다.

먼저 교수·학습 모형의 선택에서 고려할 사항은 교수·학습 상황에서 누구를 중시할 것인가에 있다. 이를 고려할 때 '직접 교수법', '현시적 교수법', '상보적 교수법'의 특징을 이해하면 좋을 듯하다.

[교수·학습의 중심을 어디에 둘 것인가]

ㄱ. 직접 교수법: 직접교수는 실험심리학의 토대 위에 부진아 교육이나 고도의 복잡한 기능을 수행하는 우주항공기 또는 잠수함을 조종하는 사람들을 훈련시킬 때 사용하던 방법이었다. 이 교수법은 기본적으로 전체를 부분으로 나눈 뒤 순서대로 익히면 전체에 도달할 수 있다는 가정에 근거한다. 이러한 학습이 이루어지는 단계는 다음과 같다(방인태 외, 2000: 42).

12) 예를 들어 '문법 번역식 교수법'은 재외 동포나 외국인을 대상으로 한 한국어교육에서 적용할 수 있는 방법이다. 또한 '과제 중심의 교수법'이나 '청각 구두식 교수법' 등은 국어과 교수·학습이나 외국인을 대상으로 한 한국어 교수·학습에 모두 적용할 수 있는 방법이라고 할 수 있다. 이처럼 교수·학습 방법과 모형 설정은 교육 목표, 내용, 상황 등에 따라 적절하게 선택해야 할 문제라고 할 수 있는 셈이다.

과정	주요 활동
설명하기	전략(기능) 제시 전략의 필요성과 중요성 제시 전략의 사용 방법 안내
시범보이기	전략이 사용된 예 제시 교사의 시범
질문하기	세부 단계별 질문 질문에 대한 답변 학생들의 질문 제기 및 교사의 응답
활동하기	실제 상황을 통해 반복적인 연습 다른 상황에 적용

ㄴ. 현시적 교수법: 현시적 교수법은 직접교수법의 발전된 형태이다. 이 교수법의 특징은 첫째, 교사는 어떤 기능이나 전략을 소개하고, 시범을 통해 보여주거나 직접 설명해 주며, 둘째, 학생은 교사의 안내를 통해 전략을 익히고 연습하며 점진적 자기 학습을 해 나가게 되고, 셋째, 교사는 학생들의 성취도뿐만 아니라 이 전략을 다른 상황에 적용하게 하는데 관심을 기울인다는 데 있다. 이 교수법은 흔히 5단계를 거쳐 이루어지는데, 천경록·이재승(1997)은 이를 다음과 같이 정리한 바 있다.

단계(과정)	핵심 요소	주요 교수·학습 활동
1	시범보이기 (modeling)	동기 유발 학습 학습 목표 확인 기능이나 전략 소개 교사의 시범 보이기
2	교사 유도 연습 (guided pratice)	기능이나 전략의 적용 방법 탐색 및 연습 교사의 피드백
3	강화 (consolidation)	기능이나 전략에 대한 자세한 설명 (기능/전략의 특성 및 적용 방법) 학생의 이해 여부 확인
4	학생 독립 연습 (independent pratice)	학습지나 학습 자료를 통한 문제 해결(연습) 교사의 피드백과 이해 여부 확인 이해하지 못한 학생들을 위한 재지도
5	적용 (application)	국어 교과서나 실제 글에 적용 (능력별, 흥미별 학습 활동 강조)

ㄷ. 상보적 교수법: 상보적 교수법(혹은 상호 교수법)은 처음에는 교사가 구체적인 학습 방법을 명시적으로 보여준 다음 점차적으로 학생들이 독립적으로 학습활동을 해 나가도록 상호 대화의 형식으로 이루어지는 교수법이다. 이 이론은 교사 활동을 최소화하고 학생과의 상호 작용, 즉 대화를 사고 발달에 근본적인 중요한 요소로 파악하는 교수법이다.

다음으로 고려할 만한 사항은 학습 과제 해결 방안에서 고려할 만한 사항을 찾는 일이다. 이러한 작업은 '문제(과제) 해결 학습', '가치 탐구 학습', '창의성 계발 학습' 등의 모형과 관련된다.

[교수·학습에서 중시할 만한 과제][13)]

ㄱ. 문제 해결 학습: 문제 해결 학습은 탐구 학습의 하나로, 문제를 확인하고, 그 해결 방법을 찾아 가면서, 문제 해결의 의미를 일반화하는 학습 모형이다. 이 모형은 다음과 같은 과정으로 구성된다.

과정	주요 활동
문제 확인하기	• 문제 진단 및 확인(목표 확인) • 가설 설정
해결 방법 찾기	• 문제 해결 방법 탐색 • 학습 계획 및 학습 절차 확인
문제 해결하기	• 문제 해결 활동 • 원리 터득 • 전략 습득 여부 확인
일반화하기	• 전략의 적용 연습 • 적용상의 문제점 추출, 대안 제시 • 전략의 정착 및 일반화

13) 이 부분의 학습 모형은 신헌재 외(2005) 제1부 제1장을 기준으로 하였음.

ㄴ. 가치 탐구 학습: 주어진 가치를 나름대로 분석, 비판하는 과정을 통해 가치를 재구성해 보게 하는 학습 모형이다.

과정	주요 활동
선택하기	• 문제 상황 확인 • 가치 분석 및 선택
긍지 갖기	• 선택한 가치 분석 • 선택한 가치에 대한 긍지 갖기
행동하기	• 선택한 가치 적용 • 가치에 따라 행동하기
내면화하기	• 선택한 가치의 일반화 • 선택한 가치의 내면화

ㄷ. 창의성 계발 학습: 사고의 유창성, 융통성, 독창성을 계발할 수 있도록 하는 학습 모형이다.

과정	주요 활동
문제 발견하기	• 문제 확인 • 문제 재진술
아이디어 생성하기	• 문제를 다른 각도에서 검토 • 문제 해결을 위한 다양한 아이디어 산출
아이디어 평가하기	• 집단 토의 • 아이디어 평가(최선의 아이디어 선택) • 일반화
적용하기	• 일반적인 상황에 적용 • 문제점 및 적용 가능성 탐색

또한 학습자에게 부여하는 역할이나 학습자 상호 관계를 고려한 모형도 있다. 이러한 모형으로 '전문가 협력 학습', '역할놀이 학습' 등의 모형이 제시된다.

[그 밖의 요소를 고려한 모형]

ㄱ. 전문가 협력 학습: 각 소집단의 학습자가 각각의 학습 주제를 분담하여 맡은 후 같은 주제를 맡은 학습자들끼리 다시 모여 그 주제에 대해 연구한 후, 전문가적 입장에서 다시 전체 집단을 대상으로 학

습 활동을 할 수 있도록 하는 학습 모형이다.

과정	주요 활동
계획하기(모집단)	• 주제 확인 및 세분화(소주제 설정) • 역할 분담
탐구하기(전문가집단)	• 주제 해결 방법 탐색 • 주제 해결 및 가르칠 준비
서로 가르치기(모집단)	• 상호 교수 • 문제점 확인 및 정리
정리하기(전체)	• 전체 발표 • 문제점 확인 및 정리

ㄴ. 역할놀이 학습: 학습 목표를 지향하는 구체적인 상황을 설정하여, 그 상황을 간접적으로 경험하게 함으로써 목표에 도달하게 하는 모형이다.

과정	주요 활동
상황 설정하기	• 문제 상황 확인 • 문제 상황 분석
준비 및 연습하기	• 역할 분석 및 선정 • 연습
실연하기	• 실연 준비 • 실연하기
평가하기	• 정리 • 평가

이와 같은 국어과 교수·학습 방법과 관련된 모형은 구체적인 상황에서 융통성 있게 적용되어야 한다. 특히 국어 사용 기능을 강조하는 영역과 국어 지식이나 문학 영역의 교수·학습 방법 사이에는 차이가 있을 수 있다. 왜냐하면 지식이나 감상을 중시하는 영역과 기능을 중시하는 영역의 교수·학습 방법은 차이가 있을 수 있기 때문이다. 더욱이 어떤 교수·학습 모형이 절대적으로 적용될 수는 없다. 그렇기 때문에 최근 활발하게 연구되는 '탐구 학습 모형'이나 '협동 학습 이론' 등에 대한 관심을 높여 두는 것도 바람직하다. 예를 들어 Doug Buehl, 노명

완·정혜승 역(2002)의 협동 학습 전략[14]이나 김규선(1998)에서 소개한 '열린 교실 수업 개혁 방안'[15] 등은 국어과 교육 현장에서 부딪히는 다양한 교수·학습 문제를 해결하는 데 도움을 줄 수 있을 것이다.

2. 국어과 교수·학습 변천사

2.1. 머리말

교육이 이루어지기 위해서는 교육 목표와 내용, 교수·학습 방법, 교육 매체, 교육 평가의 원리 등이 갖추어져야 한다. 우리나라에서 근대식 학제가 도입된 이래로, 국어과 교육의 이론화 과정을 검토해 본다면, 국어과의 목표와 내용, 교과서, 국어과 평가의 원리 등에 대한 다양한 연구가 이루어졌음을 확인할 수 있다. 이러한 차원에서 국어과의 교수·학습법에 대한 논의도 양적인 면에서 매우 풍부함을 확인할 수 있다. 그러나 이론적 차원에서 국어과의 교수·학습 이론은 국어과의 목표나 내용 체계 등에 비해 상대적으로 연구가 덜 된 분야라고 할 수 있다. 그 이유는 교수·학습법은 이론적인 차원보다는 경험이나 실천적인 차원의 분야로 간주하는 경향이 있었기 때문인 듯하다. 그렇기 때문에 교수·학습과 관련된 용어가 제대로 정리되지 않거나, 개개의 연구자가 사용하는 용어에서 통일성을 찾아보기도 힘들 정도라고 할 수 있다.

---

14) 이 책에서는 독서와 학습의 상호작용적 관점에 따라 45개의 교실 수업 전략을 소개하고 있다. 각각의 수업 전략은 구체적인 활동 방법을 대상으로 설정하였다. 예를 들어 '토론망'을 구성하는 방법이나 '학습 일지'를 쓰는 방법 등이 이에 해당한다.

15) 이 논문에서 소개한 열린 교실 학습 형태로는 '러그 미팅(rug meeting: 둥글게 편안히 앉아 이야기를 나누는 방법)', '자기 선택 학습(개별, 소집단 학습)', '토픽 학습', '토론 학습', '프로젝트 학습', '팀 티칭', '오름길 학습', '통합 학습' 등이다.

국어과 교수 이론은 근대 계몽기 국어과에 해당하는 독서, 작문, 습자 시대부터 존재하기 시작하였다. 이처럼 초기의 이론이 '교수 이론'의 성격을 띠는 것은, 국어과 교육도 교사 중심의 지식 위주 교과로 인식된 까닭이었다. 이러한 흐름은 일제강점기까지 지속되었는데, 일제강점기는 일본어과를 중심으로 한 교수 이론이 집중적으로 연구되었다. 더욱이 공적인 차원에서 조선어과 교수 이론 개발은 눈에 뜨이지 않으며, 조선어 교육에 관심을 가졌던 일부 인사들의 교수 이론이 남아 있는 형편이었다. 광복 이후의 교수 이론은 시대적 환경을 반영하여 '민주주의 교수법'이니, '국어과 지도법'이라는 명칭 아래, 교수 이론과 관련된 논의가 활발하게 전개되었다. 그러나 이 시기의 교수 이론도 '학습 이론'에 이어지지는 못했다. 그 까닭은 이 시기까지도 여전히 국어과 수업이 교사 중심의 활동으로 인식되었기 때문이다.

국어과 교수·학습 이론의 구조가 '교수론'과 '학습론'으로 이원적인 체계를 갖추기 시작한 시점은 교육과정이 제정 공포된 이후라고 할 수 있다. 왜냐하면 제1차 교육과정에서는 국어과 지도 내용으로서, '기술면에서 본 학습 지도'와 '생활 면에서 본 학습 지도'를 명시함으로써, 국어과의 활동이 '교수'와 '학습'의 이원적 구조가 존재함으로 확인하고 있기 때문이다. 그러나 궁극적으로 국어과 교육의 효율성을 지향하기 위해서는 '교수'와 '학습'이 일원적 구조를 갖춘 '교수·학습 이론'의 제시가 필요하다. 이러한 차원에서 '교수·학습 이론'의 발전은 국어교육학의 학문적 성장 과정을 반영한다고 볼 수 있다. 이 글은 근대 계몽기 이후 오늘에 이르기까지 국어과 '교수·학습 이론'의 변천 과정을 실증적 자료를 토대로 기술하고, 그 발전 과정을 모색하고자 하는 데 목적이 있다. 이를 위해 이 글에서는 교수·학습 이론의 발전 과정을 근대 계몽기에서 건국기까지의 '교수법 시대'(1895~1955), 교육과정 실행 이후의 '교수·학습 이론 시대'(1955~1989), 국어교육학의 발전에 따른 '교수·학습 이론'(1990~현재)으로 나누어 접근하고자 한다.

2.2. 근대 계몽기에서 건국기까지의 교수법 시대

2.2.1. 근대 계몽기

근대 계몽기의 국어과 교육은 1895년 소학교령에 명시된 바와 같이, '독서, 작문, 습자'라는 교과목으로부터 시작되었다. 당시는 교과목으로서 '국어'라는 명칭을 사용하지 않았으며, 이에 따른 교과서의 개발도 이루어지지 않았다. 다만, 『국민소학독본』(1896. 학부 편찬)과 같이 '독서, 작문, 습자'에 해당하는 통합적인 교과서만이 임시방편으로 개발되는 정도였다.[16] 따라서 교수법에 대한 깊이 있는 연구가 이루어질 수는 없었다.

이 시기의 교수법과 관련된 규정은 '소학교 교칙 대강'(1895.8.12)의 규정에 처음으로 나타난다. 그 내용을 옮겨 보면 다음과 같다.

[학교 교칙 대강의 교수법 관련 사항]

ㄱ. 第三條 讀書와 作文은 近으로 由ᄒᆞ야 遠에 及ᄒᆞ며 簡으로 由ᄒᆞ야 繁에 就ᄒᆞᄂᆞᆫ 方法에 依ᄒᆞ고 몬져 普通의 言語와 日常須知의 文字 文句 文法을 讀方과 意義ᄅᆞᆯ 知케 ᄒᆞ고 適當ᄒᆞᆫ 言語와 字句를 用ᄒᆞ야 正確히 思想을 表彰ᄒᆞᄂᆞᆫ 能을 養ᄒᆞ고 兼ᄒᆞ야 知德을 啓發ᄒᆞᆷ을 要旨로 ᄒᆞᆷ

尋常科에ᄂᆞᆫ 近易適切ᄒᆞᆫ 事物에 就ᄒᆞ며 平易ᄒᆞ게 談話ᄒᆞ고 其 言語ᄅᆞᆯ 練習ᄒᆞ야 國文의 讀法 讀書 綴字을 知케 ᄒᆞ고 次第로 國文의

---

16) 이에 대해서는 허재영(2005)을 참고할 수 있다.

短文과 近易ᄒᆞᆫ 漢文 交ᄒᆞᄂᆞᆫ 文을 授ᄒᆞ고 漸進ᄒᆞ기를 從ᄒᆞ야 讀書 作文의 教授時間을 分別ᄒᆞᄂᆞᆫᄃᆡ 讀書ᄂᆞᆫ 國文과 近易ᄒᆞᆫ 漢文 交ᄒᆞᄂᆞᆫ 文과 日用書類 等을 授홈이 可홈

讀書와 作文을 授ᄒᆞᄂᆞᆫ 時에ᄂᆞᆫ 單語 短句 短文 等을 書取케 ᄒᆞ고 或 改作ᄒᆞ야 國文使用法과 語句의 用法에 熟ᄒᆞ게 홈이 可홈

讀本의 文法은 平易케 ᄒᆞ야 普通國文의 模範됨을 要ᄒᆞᄂᆞᆫ 故로 兒童이 理會ᄒᆞ기 易ᄒᆞ야 其 心情을 快活 純情케 홈을 採홈이 可ᄒᆞ고 ᄯᅩ 其 事項은 修身 地理 歷史 理科 其他 日用生活에 必要ᄒᆞ고 教授에 趣味를 添ᄒᆞ미 可홈

作文 讀書와 其他 教科目에 授ᄒᆞᆫ 事項과 兒童의 日常 見聞ᄒᆞᆫ 事項과 及 處世에 必要ᄒᆞᆫ 事項을 記述호ᄃᆡ 行文이 平易ᄒᆞ고 旨趣가 明瞭케 홈을 要홈

言語ᄂᆞᆫ 他教科目의 教授에도 항상 注意ᄒᆞ야 練習케 홈을 要홈

ㄴ. 第四條 習字ᄂᆞᆫ 通常文字의 書ᄒᆞᄂᆞᆫ 法을 知케 ᄒᆞ고 運筆에 習熱케 홈을 要旨로 홈

尋常科에ᄂᆞᆫ 國文과 近易ᄒᆞᆫ 漢字를 交ᄒᆞᄂᆞᆫ 短句와 通常의 人名 物名 地名 等의 日用文字와 及 日用書類를 習케 홈이 可홈

高等科에ᄂᆞᆫ 前項의 事項을 確ᄒᆞ며 日常適切ᄒᆞᆫ 文字를 增加ᄒᆞ고 ᄯᅩ 日用書類를 習케 홈이 可홈

漢字의 書體ᄂᆞᆫ 尋常科에ᄂᆞᆫ 楷書 혹 行書로 ᄒᆞ고 高等과에ᄂᆞᆫ 楷書 行書 草書로 홈

習字를 授ᄒᆞᄂᆞᆫ 時에ᄂᆞᆫ 別로히 姿勢를 定ᄒᆞ고 執筆과 運筆을 正케 ᄒᆞ야 字行은 正行히 ᄒᆞ며 運筆은 힘뼈 速케 홈을 要홈

他教科目의 教授에 文字를 書ᄒᆞᄂᆞᆫ 時에도 ᄯᅩᄒᆞᆫ 其 字形과 字行을 正ᄒᆞ게 홈을 要홈

이 자료에 나타나는 바와 같이, '소학교 교칙 대강'의 구성은 "교육 목표+교육 내용+교수에서 주의할 사항"이라고 풀이할 수 있다. 그 가운데 교수법과 관련된 내용은 교수에서 주의할 사항에 간략히 언급된 정도라고 할 수 있다.

근대 계몽기 교수법과 관련된 본격적인 논의는 유근(1906)에서 시작된다. 이 논의는 국어과에 국한된 것이 아니라, 교육학 전반에 걸친 것이지만, 이 시기 교수법이 교육학의 주요 관심사가 될 수 있음을 보여주는 사례라고 할 수 있다. 그 가운데 일부를 소개하면 다음과 같다.

[유근(1906), '교육학 원리', 『대한자강회월보』 1906. 7월호]

<u>教授 原理</u>

思想發達의 通例를 從ᄒᆞ야 教授原理를 抽出ᄒᆞᆷ이 如左ᄒᆞ니

一, 教授를 맛당히 觀念聯合의 法을 從ᄒᆞᆯ지오

二, 教授를 맛당히 竭力ᄒᆞ야 其興味를 啓發ᄒᆞᆯ지오

三, 教授를 맛당히 心意發達의 次序를 從ᄒᆞᆯ지니라

今에 다시 以上 諸原理를 詳說ᄒᆞ노니

一<u>, 教授를 맛당히 觀念聯合의 法을 從ᄒᆞ</u>ᄂᆞᆫ 所以ᄂᆞᆫ <u>觀念의 發達이 此法을 卽依ᄒᆞᄂᆞᆫ 故라 此法의 一致, 對備, 近似, 三律을 分</u>ᄒᆞᆷ은 前節에 已見ᄒᆞ얏거니와 玆에 其 教授原則을 述ᄒᆞᆷ이 如左ᄒᆞ니 (一) 自然 附 麗者ᄂᆞᆫ 教授ᄒᆞᆯ 時에 須히 相連케 ᄒᆞ야 岐分ᄒᆞᆷ이 不可ᄒᆞᆯ지오 (二) 一物觀念의 形이 近似律노 由ᄒᆞ야 轉ᄒᆞ야 直覺教授되ᄂᆞᆫ 者ᄂᆞᆫ 須히 近似律을 利用ᄒᆞᆯ지오 (三) 普通觀念의 形이 一致律노 由ᄒᆞ야 轉ᄒᆞ야 概念教授되ᄂᆞᆫ 者ᄂᆞᆫ 須히 一致律을 利用ᄒᆞᆯ지오 (四) 直覺教授와 概念教授를 不論ᄒᆞ고 凡兒童의 腦筋에 卽ᄒᆞ야 須히 對照 比較ᄒᆞᆯ 者ᄂᆞᆫ 必히 對比律을 利用ᄒᆞᆯ지오 (五) 教授의 法은 教科編制와 時刻酌定을 勿論ᄒᆞ고 다 觀念聯合法을 須從ᄒᆞᆯ지니라

二, 敎授롤 맛당히 竭力ᄒᆞ야 其興味롤 啓發ᄒᆞᄂᆞᆫ 所以ᄂᆞᆫ 盖 觀念의 發達이 必히 興味ᄅᆞᆯ 依ᄒᆞ야 漸次로 深厚ᄒᆞᆫ 故라 興味가 凡六種이니 敎授原則이 此六種의 興味롤 從ᄒᆞ야 定ᄒᆞᆫ 者라 (一) 敎授時에 須히 愉快ᄒᆞ야 困苦ᄅᆞᆯ 不覺케 ᄒᆞᆯ지오 (二) 凡 興味가 無ᄒᆞᆫ 事物은 敎授ᄒᆞᆯ 時에 須히 避ᄒᆞᆯ지오 (三) 興味로 ᄒᆞ야곰 一偏에 局케 ᄒᆞᆷ이 不可ᄒᆞᆯ지오 (四) 敎授時에 須히 退而自省ᄒᆞ야ᄡᅥ 餘興을 勃發케 ᄒᆞᆯ지오 (五) 興味로 더부러 共發ᄒᆞᄂᆞᆫ 觀念은 敎授ᄒᆞᆯ 時에 須히 系統을 組織ᄒᆞ야ᄡᅥ 證明ᄒᆞᆯ지니라

三, 敎授롤 맛당히 心意發達의 次序롤 從ᄒᆞᄂᆞᆫ 所以ᄂᆞᆫ 盖 心意發達의 次序ᄅᆞᆯ 不從ᄒᆞ고 顚倒히 敎授ᄒᆞ면 其 結果ᄂᆞᆫ 兒童의 智識으로 ᄒᆞ야곰 活潑케 ᄒᆞᆷ이 아니오 反히 枯死케 ᄒᆞᄂᆞᆫ 故라 其 次序ᄂᆞᆫ 凡 感覺 知覺 槪念 推論 理想의 五期를 介하니 敎授原則은 次를 準하야 定ᄒᆞᆫ 者라 (一) 先에 名物을 示하고 後에 言語로ᄡᅥ 敎ᄒᆞᆯ지오 (二) 旣知ᄒᆞᆷ을 由ᄒᆞ야ᄡᅥ 未知ᄒᆞᆷ에 及ᄒᆞᆯ지오 (三) 一物이 未明ᄒᆞ면 他物로ᄡᅥ 更ᄒᆞᆷ이 不可ᄒᆞᆯ지오 (四) 宜히 具體者失을 抽象者虛의 前과 簡單者를 複雜者의 前에 寘ᄒᆞᆯ지오 (오) 感覺을 敎授ᄒᆞᆯ 是에 湏(이 글에 나타난 湏는 須의 誤植일 듯함: 옮긴이)히 非常히 敏捷ᄒᆞ야 其知覺을 動케 ᄒᆞᆯ지오 (六) 知覺을 敎授ᄒᆞᆯ 時에 湏히 全體와 其一部로ᄡᅥ 示ᄒᆞ야 一部와 全體의 關係를 專論ᄒᆞᆯ지오 (七) 正確ᄒᆞᆫ 槪念을 得코져 ᄒᆞᆯ진ᄃᆡ 第一은 須히 彼此에 比較特異의 點으로 明示ᄒᆞᆯ지오 (八) 第二ᄂᆞᆫ 湏히 特別노부터 普通에 及ᄒᆞ며 具體로부터 抽象에 及ᄒᆞᆯ지오 (九) 推論ᄒᆞᆷ을 恢히 歸納演繹兩法(按컨ᄃᆡ 二法이 皆 名學의 法이니 一則 歸ᄒᆞ야 納ᄒᆞ고 一則 然ᄒᆞ야 繙ᄒᆞᆷ이라)으로부터 入門케 ᄒᆞᆯ지오 (十) 歸納演繹兩法을 從ᄒᆞ야 因果律에 照ᄒᆞ야 自由로 思考ᄒᆞ야 已의 新理想을 發揮케 ᄒᆞᆯ지니라 …

敎授의 形式

古來로 敎授의 法이 千差萬別ᄒᆞ야 實數를 從키 難ᄒᆞ나 灌ᄒᆞ야 分컨ᄃᆡ

一則曰 注入主義니 곳 各種 事物노뻐 兒童의 腦中에 灌輸ᄒᆞ야 永失ᄒᆞ야 入케 ᄒᆞᄂᆞᆫ 者오 一則曰 開發主義니 곳 各種 事物노뻐 其自然發達의 心意를 開發ᄒᆞ야 觸類旁通케 ᄒᆞᄂᆞᆫ 者라 …

若夫教授法의 階級이 通常에 三段을 分ᄒᆞ니 曰 豫備니 곳 授教育者의 散漫ᄒᆞᆫ 智識으로 ᄒᆞ여곰 教授의 中心點에 集注케 ᄒᆞᄂᆞᆫ 者와 曰 授與니 곳 新材料로뻐 授ᄒᆞ야 其 集注의 觀念界를 恢張ᄒᆞᄂᆞᆫ 者오 曰 應用이니 곳 其 新舊觀念을 聯合ᄒᆞ야 自由應用을 得케 ᄒᆞᄂᆞᆫ 者라 黑排梯波가 猶희 心에 不滿타 ᄒᆞ야 四段에 分ᄒᆞ고 近時에 來因이 又 五段에 分ᄒᆞ니 玆에 其 變遷ᄒᆞᆷ을 將ᄒᆞ야 列表ᄒᆞᆷ이 如左ᄒᆞ노라 …

教授의 主義와 其階級은 前에 旣略述ᄒᆞ얏거니와 然ᄒᆞ나 其主義를 實行ᄒᆞᄂᆞᆫ 所以와 其 階級의 方法은 尙未及ᄒᆞᆫ지라 今에 其要를 枚擧ᄒᆞ야 論ᄒᆞ노니

(第一) 則 問答法이 是니 此中에 비록 疑問을 發ᄒᆞ야뻐 難ᄒᆞᆷ과 互히 問答ᄒᆞᄂᆞᆫ 別이 有ᄒᆞ나 要컨ᄃᆡ 皆 授教育者의 觀念界를 察ᄒᆞ야 其不明ᄒᆞᆫ 者면 則開케 ᄒᆞ고 明코 未達ᄒᆞᆫ 者면 則通케 ᄒᆞ야뻐 新材料를 灌入케ᄒᆞᆯ지라 …

(第二) 則 談話法이 是니 此中에 비록 細目의 可分ᄒᆞᆷ이 有ᄒᆞ나 要컨ᄃᆡ 其事實을 講明ᄒᆞ야 授教育者로 ᄒᆞ여곰 豁然히 開朗케 ᄒᆞᆷ은 一이라 …

유근(1907)서는 교수의 원리가 '사상 발달의 통례'를 따라 이루어져야 하기 때문에, '일치, 대비, 근사'의 원리를 적용하는 것이 타당하며, 학습자의 흥미와 심의 발달 원리를 고려하여 교수가 이루어져야 함을 강조했다는 점에서 이전 시대에는 살펴볼 수 없는 진보적인 논의를 진행하고 있다. 더욱이 교수법으로 '개발주의'라는 용어 아래 '예비 → 수여 → 응용'의 단계를 제시한 것은 '수업 과정과 계획'과 관련된 논의에 해당한다고 볼 수 있다. 또한 '문답법'과 '담화법'을 제시하여 '주입식'과 차별화된 수업 방식을 제시한 점도 특징이라고 할 수 있다.

이러한 흐름을 바탕으로 학부(1910)에서는 '국어급한문과 교수법'을 설명하는 자리에서, 당시의 국어과 영역을 '독법', '서법', '철법'으로 나누고, 교수 요지와 교재 구성 원리, 교수 방법을 상세하게 제시하고 있다. 이를 간추려 소개하면 다음과 같다.

[학부(1910)의 국어과 교수의 방법]

영역	내용	비고
讀法	玆에 所謂 讀法教授ᄂᆞᆫ 國語讀本을 爲ᄒᆞ야 日常必須의 文字文章을 知케 ᄒᆞ고 又 其 文章의 記ᄒᆞᆫ 事項을 理解케 ᄒᆞ야 智德을 啓發키 爲ᄒᆞᆷ이라 漢文讀本을 教授ᄒᆞᄂᆞᆫ 方法에 至ᄒᆞ야ᄂᆞᆫ 後에 說明ᄒᆞ노라 讀本은 徒히 文字 文章을 誦讀케 ᄒᆞᆯ ᄲᅮᆫ 아니라 其 內容의 意義도 十分 理解케 ᄒᆞᆯ지며 其 意義가 分明치 못ᄒᆞ면 文字文章도 ᄯᅩᄒᆞᆫ 決코 理解치 못ᄒᆞᆯ 者이라 我國의 學徒ᄂᆞᆫ 讀本을 誦讀ᄒᆞᆷ에 文字의 形象과 其 發音에만 注意ᄒᆞ고 頭ᄅᆞᆯ 搖ᄒᆞ면셔 一種의 調節을 附ᄒᆞ야 高聲으로 朗讀ᄒᆞ고 其 意義의 如何에ᄂᆞᆫ 注意치 아니ᄒᆞᄂᆞᆫ 弊風이 有 ᄒᆞ니 此ᄂᆞᆫ 從來의 教授法이 適當치 못ᄒᆞᆫ 結果라 特히 諸 學校에 盛行ᄒᆞᄂᆞᆫ 齊讀은 其 弊風을 馴致ᄒᆞᆯ ᄲᅮᆫ만 아니라 他 學級의 教授ᄅᆞᆯ 防害ᄒᆞᄂᆞᆫ 事이 甚ᄒᆞ니 一日이라도 早速히 矯正ᄒᆞ야 學徒로 ᄒᆞ야금 正當ᄒᆞᆫ 讀書法과 理解ᄅᆞᆯ 得케 ᄒᆞᆯ지라 但 齊讀은 一語句의 發音을 短時間에 全學級의 學徒에게 練習케 ᄒᆞᆯ 時나 又ᄂᆞᆫ 學徒가 倦怠ᄒᆞ야 注意가 散亂ᄒᆞᆯ 時에 用ᄒᆞ야 效力이 有ᄒᆞᆫ 者이니 如此ᄒᆞᆫ 境遇에ᄂᆞᆫ 可成的 一學級의 學徒ᄅᆞᆯ 二三部에 分ᄒᆞ야 順次로 齊讀케 ᄒᆞᆯ지니라 如此히 ᄒᆞᆯ 時ᄂᆞᆫ 他 學級의 修業을 妨害ᄒᆞᄂᆞᆫ 事ᄂᆞᆫ 小ᄒᆞ고 其效ᄅᆞᆯ 可得ᄒᆞᆯ지니라 讀本은 又 此ᄅᆞᆯ 理解ᄒᆞ며 誦讀케 ᄒᆞᆯ ᄲᅮᆫ 아니라 其 理解ᄒᆞᆫ 事項을 口語로 明瞭히 說明케 ᄒᆞᆯ지라 其法은 所教ᄒᆞᆫ 事項을 遺漏가 無히 詳細 談話케 ᄒᆞᄂᆞᆫ 事도 有ᄒᆞ고 或은 其 大要ᄅᆞᆯ 一括ᄒᆞ야 簡單히 談話케 ᄒᆞᄂᆞᆫ 事도 有ᄒᆞ고 又ᄂᆞᆫ 間或 讀本을 見ᄒᆞ면셔든지 又ᄂᆞᆫ 讀本을 閉ᄒᆞ고든지 其 便宜ᄅᆞᆯ 從ᄒᆞ야 談話케 ᄒᆞ며 又 問答體로 記述ᄒᆞᆫ 教材와 如ᄒᆞᆫ 것은 學徒ᄅᆞᆯ 其 主客으로 假定ᄒᆞ야 互相問答케 ᄒᆞᄂᆞᆫ 等은 興味가 다ᄒᆞ고 有效ᄒᆞᆫ 一 方法이니라 讀法教授에ᄂᆞᆫ 書取ᄅᆞᆯ 廢치 못ᄒᆞᆯ지니 書取ᄂᆞᆫ 文字와 語句의 記憶을 明確히 ᄒᆞ고 又 此ᄅᆞᆯ 任意로 應用ᄒᆞᄂᆞᆫ 能力을 養ᄒᆞᄂᆞᆫ 者이라 然則 教科書 中에 在ᄒᆞᆫ 文字 語句ᄅᆞᆯ 書取케도 ᄒᆞ려니와 此等의 文字 語句ᄅᆞᆯ 應用ᄒᆞ야 各種語句ᄅᆞᆯ 作케ᄒᆞ며 或은 漢字로 書ᄒᆞᆫ 者ᄅᆞᆯ 諺文으로 書ᄒᆞ며 諺文으로 書ᄒᆞᆫ 者ᄅᆞᆯ 漢字로 書케 ᄒᆞ며 或은 漆板上에 缺字가 有ᄒᆞᆫ 文章을 示ᄒᆞ고 學徒로 ᄒᆞ야금 此ᄅᆞᆯ 補塡케 ᄒᆞᄂᆞᆫ 等의 各種 方法에 依ᄒᆞ야 可成的 多히 ᄒᆞ며 可成的 屢次로 書取케 ᄒᆞᆷ이 可ᄒᆞ니라	1. 국문독본과 한문독본의 구분 2. 송독과 이해를 목적으로 함 3. 제독(함께읽기의 폐단) 4. 송독, 이해, 설명(개요말하기, 문답하기, 내용 쓰기)
	讀法教授의 教順은 如左ᄒᆞ니라	1. 예비학습(목적 제

	(一) 豫備 1. 目的을 指示ᄒᆞᆫ 後에 新敎材ᄅᆞᆯ 理解케 ᄒᆞᆷ에 必要ᄒᆞᆫ 既得의 文字語句及事項을 問答ᄒᆞ야 此ᄅᆞᆯ 練習ᄒᆞᆷ. 2. 萬若 敎材가 前者의 繼續ᄒᆞᆫ 者이거든 前에 敎授ᄒᆞᆫ 바ᄅᆞᆯ 復習ᄒᆞ야 豫備로 ᄒᆞᆷ. (二) 敎示 1. 敎授ᄒᆞᆯ 事項이 學徒가 既知ᄒᆞᄂᆞᆫ 者이거든 直時 讀法을 行ᄒᆞᆯ지며 不然ᄒᆞ거든 實物繪畵 等을 用ᄒᆞ야 難字 難句ᄅᆞᆯ 漆板上에 摘書ᄒᆞ면셔 其 事項의 大要ᄅᆞᆯ 豫說ᄒᆞ고 然後에 文章의 讀法을 敎授ᄒᆞᆯ지니라. 2. 初步의 學徒에게ᄂᆞᆫ 敎師가 몬져 範讀을 敎授ᄒᆞ고 後에 學徒로 ᄒᆞ야금 讀케 ᄒᆞᆯ지나 漸次로 進ᄒᆞ야ᄂᆞᆫ 學徒로 ᄒᆞ야금 默讀豫習케 ᄒᆞ고 其後에 二三 學徒ᄅᆞᆯ 指名ᄒᆞ야 讀케 ᄒᆞᆷ이 可ᄒᆞ니라 此 境遇에ᄂᆞᆫ 敎師의 範讀은 過半의 學徒가 大略 讀ᄒᆞᆷ을 得ᄒᆞᆯ 時에 行ᄒᆞᆷ을 適當타 ᄒᆞᄂᆞ니라. 3. 二三學徒에게 讀케 ᄒᆞᆫ 後에 書中의 難語難句ᄅᆞᆯ 指摘ᄒᆞ야 其意義ᄅᆞᆯ 敎ᄒᆞ고 更히 一二次ᄅᆞᆯ 讀케 ᄒᆞᆫ 後에 全文의 意義ᄅᆞᆯ 詳細히 說話케 ᄒᆞ고 更히 此ᄅᆞᆯ 再讀케 ᄒᆞᄂᆞᆫ 等과 如히 讀法과 意義의 說話ᄅᆞᆯ 互相交錯ᄒᆞ야 行케 ᄒᆞᆯ지니라 4. 此時에 既知ᄒᆞᆫ 事項及 字句, 文則과 新히 敎ᄒᆞᆫ 者로 比較케 ᄒᆞᆷ이 可ᄒᆞ니라. 5. 讀本을 不見ᄒᆞ고 今에 學ᄒᆞᆫ 바 大意ᄅᆞᆯ 略說케 ᄒᆞᆯ지니라 6. 重要ᄒᆞᆫ 文字語句의 書取ᄅᆞᆯ 行케 ᄒᆞᆯ지니라 (三) 應用 1. 新히 敎授ᄒᆞᆫ 字句ᄅᆞᆯ 應用ᄒᆞ야 短句短文을 作케 ᄒᆞ며 又ᄂᆞᆫ 敎師가 作ᄒᆞ야 此ᄅᆞᆯ 讀케 ᄒᆞ거나 或은 書取케 ᄒᆞᆯ지니라 2. 文章의 文脈을 明白히 ᄒᆞ고 其中의 語句ᄅᆞᆯ 變換ᄒᆞ며 又ᄂᆞᆫ 轉置ᄒᆞ야 各種의 章句로 作換케 ᄒᆞᄂᆞᆫ 事이 有ᄒᆞᆯ지니라. 3. 內容의 事項에 關ᄒᆞᆫ 應用은 修身, 地理, 歷史, 理科 等의 敎授에 依準ᄒᆞᆯ지니라.	시, 기득문자어구 사항 문답) 2. 교시(실제수업) 3. 응용
綴法	綴法은 國語科中 思想發表의 方法을 敎ᄒᆞᄂᆞᆫ 一分科이니 讀法 書法 及 其他의 敎科目과 恒常 密接ᄒᆞᆫ 關係가 有ᄒᆞᆫ 者이라 綴케 ᄒᆞᆯ 文字ᄂᆞᆫ 可成的 讀法 其他에셔 學得ᄒᆞᆫ 者로 應用케 ᄒᆞᆷ이 可ᄒᆞ고 綴케 ᄒᆞᆯ 事項(作文題目)은 (一) 國語漢文 又ᄂᆞᆫ 他敎科目에셔 敎授ᄒᆞᆯ 事項 (二) 兒童의 日常見聞ᄒᆞᆫ 事項 (三) 處世上 必要ᄒᆞ고도 學徒가 興味ᄅᆞᆯ 感ᄒᆞᆯ 事項 等에 對ᄒᆞ야 選擇ᄒᆞᆯ지며 從來의 作文敎授ᄅᆞᆯ 見ᄒᆞ건ᄃᆡ 學徒의 既知事項 與否ᄅᆞᆯ 不察ᄒᆞ며 又 學徒의 學力 程度에 適合與否도 不省ᄒᆞ야 敎師가 任意로 文題ᄅᆞᆯ 選擇ᄒᆞ야 漫然히 揭出ᄒᆞ고 學徒의 自働 委棄ᄒᆞ야 不顧ᄒᆞ며 甚ᄒᆞᆫ 者ᄂᆞᆫ 長成ᄒᆞᆫ 者도 困難ᄒᆞᆯ 高尙ᄒᆞᆫ 論說을 幼少ᄒᆞᆫ 學徒에게 試ᄒᆞᆷ은 古來로 漢學者間에 行ᄒᆞ든 弊風이오 綴法敎授의 目的을 誤ᄒᆞᆫ 者이라 普通學校에 行ᄒᆞᆯ 綴法은 他敎科目의 應用이니 他敎科目으로 學ᄒᆞ야 既爲學徒의 知識으로 된 事項을 字句의 形으로 表出ᄒᆞᄂᆞᆫ 方法을 敎ᄒᆞᄂᆞᆫ 者이라 決코 未知ᄒᆞᄂᆞᆫ 事項을 千思萬考ᄒᆞ야 構成ᄒᆞᆯ 者이 아니니 敎育者ᄂᆞᆫ 深히 注意ᄒᆞᆯ지니라[普通學校施行規則 第八條 第二號 第六項 參照] 文體에ᄂᆞᆫ 漢文國文(國漢文)의 二種이 有ᄒᆞ나 普通學校에셔ᄂᆞᆫ 漢文을 作케 ᄒᆞᆯ 필요가 無ᄒᆞ고 又 國文을 課ᄒᆞᆷ에도 決코 世上	1. 철법교과의 특성: 사상발표의 방법을 가르침 2. 철법교과 재료 3. 철법교과의 요지: 행문으로 누구든지 자신의 생각을 명료히 이해하도록 함 4. 수준에 맞게 지도

	文人墨客의 顰(빈)을 模倣ᄒᆞ야 優美莊重威嚴 又ᄂᆞᆫ 冒頭抑揚頓挫와 如히 文章의 結構와 修辭의 巧拙 等은 關重히 ᄒᆞᆯ 바 아니오 其要ᄂᆞᆫ 達意에 全在ᄒᆞᆯ ᄲᅮᆫ이라 然則 俗語ᄅᆞᆯ 混入ᄒᆞ야 書ᄒᆞ야도 可ᄒᆞ고 又ᄂᆞᆫ 諺文만으로 綴ᄒᆞ야도 可ᄒᆞ니 其要ᄂᆞᆫ 行文으로 平易히 其旨趣ᄅᆞᆯ 何人이든지 明瞭히 了解ᄒᆞ도록 自己가 言코자 ᄒᆞᄂᆞᆫ 바ᄅᆞᆯ 遺憾업시 言ᄒᆞ면 足ᄒᆞᆯ지라 …	
	綴法敎授의 方法이 甚多ᄒᆞ나 此ᄅᆞᆯ 大別ᄒᆞ야 甲) 共作法 乙) 助作法 丙) 自作法의 三으로 ᄒᆞᄂᆞ니라 (甲) 共作法 敎師學徒가 互相協力ᄒᆞ야 共히 文ᄋᆞᆯ 作成ᄒᆞᄂᆞᆫ 法이니 其順序方法이 如左ᄒᆞ니라 (一) 豫備 … (二) 記述 … (三) 成績의 處理 … (乙) 助作法 幼少ᄒᆞᆫ 學徒ᄂᆞᆫ 記述事項을 整理ᄒᆞ며 其順序 結構ᄅᆞᆯ 組成ᄒᆞ기 不能ᄒᆞᆫ지라 故로 敎師 此를 扶助ᄒᆞ야 豫先히 考案을 定ᄒᆞ게 ᄒᆞ고 然後에 筆을 執케 ᄒᆞᄂᆞᆫ 法이니 普通學校에셔ᄂᆞᆫ 應用의 範圍가 最廣ᄒᆞ니라 … (丙) 自作法 學徒로 ᄒᆞ야금 他人의 扶助ᄅᆞᆯ 不借ᄒᆞ고 各自 任意로 作文케 ᄒᆞᄂᆞᆫ 法이라…	교수학습법 1. 공작법 2. 부조법 3. 자작법
書法	書케 ᄒᆞᆯ 敎材ᄂᆞᆫ 旣往에 讀本 又ᄂᆞᆫ 其他에셔 學ᄒᆞᆫ 中으로 選擇ᄒᆞᆯ지며 讀法과 意義ᄅᆞᆯ 知치 못ᄒᆞᄂᆞᆫ 新文字ᄅᆞᆯ 書케 ᄒᆞᆷ은 其本旨가 아니라 然而 其書體ᄂᆞᆫ 楷書 行書 一種 又ᄂᆞᆫ 二種으로 ᄒᆞ야 … 文字의 結構 運筆의 方法을 分明히 ᄒᆞ고 手腕을 練習ᄒᆞᆷ에ᄂᆞᆫ 大字로 始ᄒᆞᆷ이 最便宜ᄒᆞ나 實際生活上에ᄂᆞᆫ 大字보다 細字가 緊ᄒᆞᆫ지라 … 書法에 三要點이 有ᄒᆞ니 正確, 明瞭, 迅速이 是라 …	정확, 명료, 신속하게 글씨를 쓸 수 있도록 함
	書法敎授의 敎順은 如左ᄒᆞ니라 (一) 豫備… (二) 敎示… (三) 練習…	

학부(1910)은 '독법', '철법', '서법'의 영역별 특성과 교수 방법을 담고 있다. 먼저 독법은 문장과 글을 읽고 내용을 이해하고, 이를 설명할 수 있는 능력을 요구하는 영역이다. 이는 읽기 교육의 목적을 '이해 능력'과 '이해한 내용을 설명하는 능력'을 기르는 것으로 함을 분명히 한 셈이며, 교수 방법으로는 '송독(암송하며 읽기)'에 초점을 맞추고 있음을 의미한다. 특히 전통적인 읽기 방법인 '다함께 소리 내어 읽기(제독)'의 폐단을 지적하고, 그 대안으로 '송독'을 제시한 점도 독서 교육의 진보를 의미하는 것이라고 할 수 있다. 또한 교수 활동은 ① 이해하며 읽기, ② 독본을 보며 말하기, ③ 독본을 닫고 말하기, ④ 문답체로 읽은 내용 정리하기, ⑤ 옮겨 쓰기 등을 제시하여, 과학적인 독서 교육

방법을 적용해야 함을 보여주고 있다. 더욱이 '교순(教順)'의 제시는 '수업 목표 제시 → 시범 보이기(교사활동) → 학생 활동 → 배운 내용 정리' 등의 수업 모형 형태를 띠고 있다는 점에서 앞선 시기에 비해 국어과 교육이 과학적이고 체계적으로 변모해 갔음을 의미한다. 또한 응용에서 '내용에 관한 응용은 수신, 지리, 역사, 이과 등의 교수에 의준'한다고 하여, 국어과 교육이 다른 교과와 밀접한 관련이 있음을 밝힌 셈이다. 이는 오늘날 국어과의 '도구 교과'로서의 인식 차원에까지 이르지는 못했을지라도, 이와 유사한 의식이 이 시기에도 존재했다는 해석을 가능하게 한다.

또한 철법은 '작문' 에 해당하는 영역으로 '사상 발표의 방법'을 가르쳐, '자신의 생각을 타인이 이해할 수 있도록 행문으로 명료하게 쓰는 능력'을 기르는 영역이다. 철법 교수에서도 ① 공작법(학습자와 교사가 함께 협력하여 쓰기), ② 조작법(교사가 학습자에게 도움을 주는 방법), ③ 자작법(스스로 쓰기)을 제시하여 교수·학습 방법을 다양화했다는 점에서 의의를 찾을 수 있다. 더욱이 학습자의 수준에 맞는 지도 내용과 지도 방법을 고려해야 함을 강조한 점은 전통적인 교수법에서는 찾을 수 없는 내용이라고 할 수 있다.

서법은 정확하고 명료하고 신속하게 글씨를 쓸 수 있는 능력을 기르는 것을 목적으로 하는 영역이다. 이 점에서 앞선 시대의 '습자(習字)'가 주로 '심미(審美)'의 차원을 고려한 데 비해, 서법은 실용적 차원의 국어 교과 영역임을 밝혀주는 셈이다. 서법 교수의 방법에서도 '예비 → 교시 → 응용'을 적용하고 있다.

이와 같이 『보통교육학』에서의 국어 교과는 교과의 성격에 대한 인식, 교과 영역의 명료화, 교수 방법의 과학화를 이루었다는 점에서 교과학 및 국어 교과의 발전 모습을 드러내고 있다. 그러나 이 시기의 국어과 교수법은 통감시대라는 시대적 한계 속에서, 제한된 범위 내에서 선언적으로 논의되었을 뿐, 실제의 교수·학습에 적용되었다는 증거를 찾기는 어렵다.

2.2.2. 일제강점기 조선어과 교수법

일제강점기의 언어 교육은 일본어에 해당하는 '국어과'와 우리말에 해당하는 '조선어과'로 나누어진다. 이 시기 조선에서의 교육 문제를 주관하던 '조선총독부'는 단기적으로는 식민 지배를 원활하게 하고, 장기적으로는 조선을 완전히 동화하여 일본의 일부로 만드는 데[17] 관심이 있었으므로, 조선어과와 관련된 교육 연구는 활발하게 이루어질 수 없었다.

이러한 흐름 속에서 조선어과의 교수법과 관련된 논의는 진전을 이룰 수가 없었다. 그렇기 때문에, 조선어과 교육과 관련된 논의는 문맹퇴치용 계몽서에 등장하는 한글 독법 이외에 공교육상의 교수법 논의는 체계적인 접근이 이루어지지 않았다. 그러나 1930년대 조선어학회의 기관지 『한글』에는 심의린을 비롯한 몇 사람의 교재 연구안이 실려 있다. 그 내용을 표로 정리하면 다음과 같다.

---

17) 일제강점기 조선총독부의 어문교육정책은 크게 세 가지 방향으로 정리할 수 있다. 첫째는 일본 거류민이나 관리들을 대상으로 한 '조선어 정책(이를 위해 조선어 장려 시험을 치르기도 함)', 둘째는 조선인을 대상으로 한 '일본어 보급 정책(이른바 국어 보급 정책)', 셋째는 조선인을 대상으로 한 '조선어 교육 정책'이다. 그 가운데 가장 주된 관심사는 둘째에 해당하는 일본어 보급 정책이었으며, 셋째에 해당하는 조선어 교육 정책은 일본어 보급의 속도만큼 위축되어 갔다. 따라서 식민 지배의 역사가 지속되면서 조선어과는 더욱 위축되어 갔으며, 1938년 이후에는 '수의과(임의 선택)'로 전락하였다가 '국민학교령' 이후에는 전폐되었다. 이에 대해서는 김규창(1985), 허재영(2004) 등을 참고할 수 있다.

[『한글』에 게재된 조선어과 지도안]

글쓴이	연도	제목	호수	내용
심의린	34.4.1~ 36.2.1.	보통학교 조선어독본 권1 지도례(1)~(11) 보통학교 조선어독본 권2 지도례(12)~(14)	2-1~ 4-2	교재관, 교재 내용, 필자의 관점, 지도 시 유의점
심의린	35.12.1.	독본 낭독법에 대하야	3-10	글을 읽는 방법으로서의 낭독법 소개
안면호	35.6.1.	보통학교 조선어학습 지도안	3-5	원주 공립고보 선생님들이 만든 안
이선동	35.8.1.	보통학교 조선어학습 지도안 : 제2학년 조선어학습 지도안	3-6	원주 공립고보 선생님들이 만든 안
윤성객	36.1.1.	조선어독본에 나타난 교재 분류와 그 지도 정신	4-2	분류 기준에 따라 항목을 나누고, 그 지도 정신을 분석적으로 소개한 논문
윤성용	36.4.1.	방법상으로 본 독법	4-4	1. 음성상으로 본 독서법 2. 활동상으로 본 독서법 3. 진도상으로 본 독서법
윤성용	36.6.1.	조선어독본 권6 제6과 공자의 연구	4-6	교재 연구의 한 방편으로 공자의 사상 소개

『한글』에 소개된 교재 연구안에서 심의린의 '보통학교 조선어독본 지도례'는 14차례나 연재된 지도안이라고 할 수 있다. 이 지도안은 교과서 단원(당시의 교과서는 과별 편제임)을 '교재(敎材: 가르칠 재료)'라고 부르고, 교재에 담겨 있는 내용이나 사상을 '교재관'으로 설정하여 그 내용을 풀이하였으며, 이를 지도하는 방안을 '지도 방법 대요'로 설정하여 풀이하는 방식을 취하였다. 이와 같은 차원에서, 이 지도안은 당시 조선총독부에서 발행한 『조선어독본』 권1~권2 가운데 일부만을 선정하여, 내용적인 차원과 지도법에 대한 기능적인 차원을 고려하여 만든 지도안[18]이다. 그런데 이 지도안에서 독본의 전체를 다루

18) 현재 일제강점기 조선어과 교재인 조선총독부의 『조선어독본』에 대한 내용적인 연구 성과는 눈에 뜨이지 않는다. 식민 통치 기간 중 조선어과 교재는 모두 4차례에 걸쳐 개발된 것으로 보이는데, 정확한 발행 상황이나 개발에 참여한 사람들이 밝혀져 있지 않다. 교재의 수집과 정리는 박붕배(2003)에서 일부 이루어진 바 있으나, 이 자료에서도 1938년 이후의 수의과로 개발된 교재는 포함되지 않았다. 예를 들어 1938년 개정교육령 이후에 개발된 『초등조선어독본』은 식민 통치를 위한 강압적인

지 않고, 일부의 과(課)만을 취하여 지도안을 만든 이유를 정확히 추론하기는 어렵다. 당시의 『조선어독본』 권1은 모두 54과로 이루어져 있으며, 과의 이름이 없이 일상 생활 중심의 제재를 수록한 점이 특징이다. 이 점을 고려할 때, 심의린은 교수의 효과를 높이고자 하는 의도에서 임의적으로 과를 선정하여 지도안을 만들었을 것으로 보인다.

그런데 이러한 지도안의 모범이 된 것은 조선교육회의 『보통학교 국어독본 교수일안(普通學校國語讀本 教授日案)』(1926)이었을 것으로 추정된다. 이 교수일안은 일본어를 대상으로 한 것으로, 조선총독부 학무국 내에 설치되었던 조선교육회의 기관지 『文教の朝鮮』 부록으로 발행되었다.[19] 그러나 조선총독부나 식민 정부와 관련을 맺고 있던 단체에서 조선어과에 대한 관심을 보일 이유가 없었다는 점에서 조선어과에 해당하는 교수일안이 개발된 적이 없기 때문에, 이를 보완할 목적에서 (4)에 나타나는 교수법안이 마련되었을 것으로 보인다. 이와 같은 차원에서 일제강점기의 공교육과 관련된 교수법은 내재적인 발전에 의한 것이라기보다는 식민 통치기의 한계 속에서 제한적으로 이루어진 것으로 보아야 할 것이다.

내용이 많이 담겨 있으나, 그 이전의 교재에서는 이러한 내용이 많지 않다. 이 점에서 일제강점기 조선어과 교과서의 개발 상황, 내용 분석, 참여자 조사 등이 체계적으로 이루어져야 할 것으로 보인다. 이러한 상황에서 심의린의 지도안이 왜 일부 내용만을 대상으로 하였는지를 정확하게 추론하는 것은 불가능한 일로 생각된다.

19) 일제강점기 조선총독부 내에 설치된 조선교육회의 성격에 대한 앞선 연구는 존재하지 않는 것으로 보인다. 『文教の朝鮮』은 1923년 11월 첫 호가 발행된 이후로 일제강점기 말기까지 발행된 것으로 보이는데, 글쓴이가 확보한 것은 제167호(1939.7)에서 제223호(1944.6)에 이르는 시기의 23종이다. 『普通學校 國語讀本教授日案』은 이 잡지의 부록으로 발행되었는데, 글쓴이가 확보한 것은 1926(대정15년) 10월호 및 11월호 부록으로 발행된 제3학년용과 제4학년용이다. 자료의 전모를 확인하지 못한 상태이기 때문에, 당시의 교수일안이 어떤 이유에서 어느 정도 개발되었는지를 단언하기는 어렵지만, 일본어과에 대한 교수법은 교과서의 모든 과를 대상으로, '교재, 교재관, 요지(목적), 교재연구(신출문자, 난어구, 난발음, 가나, 숙어, 잘 틀리기 쉬운 문자, 뜻 연구, 교수상의 주의), 시간 배당, 준비과정, 교법(주안점, 교수의 대요, 차시예고)' 등이 비교적 상세하게 설명되었음을 확인할 수 있다.

또한 일제강점기 교수법 연구의 내용은 '학습자'보다는 '교수' 중심의 연구가 주를 이룬다는 점도 특징이라고 할 수 있다. 이러한 판단은 조선교육회(1926)이나 심의린(1934~1936)의 지도안에 포함된 '교수 방안'이 일부 문답법을 제외하면, 대체로 직접 지도를 요하는 내용으로 구성되어 있기 때문이다. 다만, 직접 지도의 대상이 독본의 내용뿐만 아니라, 삽화, 배경 지식 등을 포함하여 광범하게 늘어난 점은 앞선 시기에 비해 좀 더 진보된 측면이 있다고 할 수 있을 것이다.

2.2.3. 건국기[20]

건국기의 교수법은 '민주주의'의 원리를 강조함으로써, 처음으로 '학습'의 개념이 포함되기 시작한 점이 특징이라고 할 수 있다. 이러한 흐름은 일제강점기의 억압적 교육 형태에서, 미군정기의 미국식 민주주의의 이식 과정이라고 볼 수 있다. 이와 같은 모습은 1946년을 전후하여 발행된 다양한 교육 관련 잡지를 통해 확인된다. 예를 들어 1946년 12월 발행된 『조선교육』 제1호의 특집은 '민주교육 연구강습회 속기록'으로 채워져 있다. 이 잡지에서 이호성(1946)은 다음과 같이 진술한 바 있다.

[민주주의 교육의 실천]

…우리는 被動的인 오늘날 教授形態에서 自發的이요 能動的인 指導形

20) 이 글에서 사용하는 '건국기'는 1945년 광복 이후 1955년 제1차 교육과정 제정까지의 시기를 말한다. 이 시기는 정치, 사회·문화적인 차원에서 매우 복잡한 양상을 띠기 때문에 한 시기로 묶는 것이 어색할 수도 있으나, 국어과의 발전에 교육과정이 끼친 영향을 고려할 때, 제1차 교육과정 이전의 시기는 '대한민국'이라는 국가 수립을 포함하여, 전시를 거쳐 국어과의 기틀을 잡아가는 시점이라는 차원에서 '건국 전후의 시기'로 묶는다. 앞선 연구에서는 이 시기를 세분하여 '미군정기(과도기)', '정부수립기', '전시기' 등으로 세분하기도 하나, 각각의 용어가 지니는 한계가 있기 때문에, 서울대학교 국어교육연구소 근현대민족어문교육 기초연구팀에서 용어의 적절성을 토의하여, '건국기'라는 용어를 사용하고 있음을 밝힌다.

態로 變換하지 않으면 안 되겠습니다. …먹기 싫어하는 것을 억지로 먹이는 것은 살로 가지 않습니다. 제가 질겨 먹도록 하여야 합니다. 또 한 가지 말씀할 것은 아까도 沈 先生님이 여러 번 말씀하셨습니다마는 내가 길을 걸을 때 教授의 眞理가 여기 있다고 늘 느끼는 것이 있습니다. 그것은 무엇이냐 하면 새 길을 갈 때 案內者를 앞세우고 가면 다시 찾아가기가 大端히 어렵습니다. 그러나 내가 혼자 찾아간 길은 어렵지 않게 찾아 갑니다. 여기에 教授의 眞理가 있다고 體驗을 통해서 느끼는 바입니다.

이 글에 나타난 바와 같이 민주주의 교수법은 '자발적, 능동적 지도 형태'를 뜻한다. 이호성(1946)에서는 이를 바탕으로, 아동이 자발적으로 학습할 수 있도록 지도하는 방안으로 다음과 같은 것을 제안하고 있다.

[민주교육으로 나아가는 방안]

ㄱ. 선생 중심에서 학생 중심으로

- 공동으로 계획을 세우도록 하고 선생이 보조해 주어야 한다. 독자 학습, 분단 학습, 공동 학습을 방안으로 고려할 수 있다.
- 흥미를 갖고 평이하게 해야 한다. 자발적 학습은 1학년에서부터 실시해야 하며, 2학년 이상은 오히려 습관이 붙어 어려울 수 있다.
- 문제를 낼 때, 아동의 실력, 아동의 개성에 따라 차이를 두어야 한다.
- 교육 전반, 교수 전반에 걸쳐 생도의 개성에 맞는 지도를 하여야 한다.

ㄴ. 생활 접근

- 학교 생활은 자연 생활, 사회 생활 그대로가 아니라 인위적이다. 따라서 자연 생활로 돌아가는 태도를 지녀야 한다.
- 생활체험에 통합되도록 해야 한다. 형식적 교육은 실제 생활을 떠난 교육이라는 점을 깨달아야 한다.

- 기억 중심, 주입식 교육을 벗어나야 한다.

ㄷ. 학교 경영의 민주주의화

- 직원에 관한 것: 직원은 결단코 교장의 노예가 아니다. 자유와 평등의 이념에 맞게 운영되어야 한다.
- 아동에 대한 태도: 지배자가 피지배자를 맹목적으로 지도하는 듯한 지도법은 청산되어야 한다.
- 형식 타파: 조선에 존재하는 순일본식, 군대식 형식이 있다. 이는 우리 조선 사람들을 일본인화하려는 의도하에 침입된 것이며, 군국주의의 철저를 기하느라고 채용된 것으로 이러한 잔재를 타파해야 한다.

이 논문을 바탕으로 할 때, 이 시기의 민주주의 교육이 무엇을 의미하는지 알 수 있다. 특히 일제강점기의 강압적인 교육 방식과 의도를 청산하고, 우리 민족 스스로 갱생할 수 있는 방안이 민주주의 교육에서 강조되는 셈이다. 이러한 흐름은 이 시기 주된 흐름을 이루고 있는데, 그 결과 '과학 민주화', '체육 민주화' 등과 같이, 교육 전반에 걸쳐 민주화라는 개념을 도입하고자 하였다. 그렇지만, 이와 같은 민주화의 개념은 전통적인 '훈육(訓育)'과 혼합되거나 이상론에 치우치는 경우도 있었다. 예를 들어 심태진(1947)은 '학습 지도법의 근본 문제'라는 논문에서 다음과 같이 진술하고 있다.

[학습 지도법의 근본 문제]

…新教育에의 轉換과 民主教育의 建設을 當面問題로 한 今日의 朝鮮教育은 當然히 學習指導法의 革新까지도 要求한다. 教育思潮가 時代와 더부러 흐르고 教育理念이 變遷된 이때에 從來와 같은 學習指導法으로 滿足치 못하는것만은 事實이다. 모든 教育者는 이 새로운 學習指導法의 正體를

把握하랴 헤매고 成形化한 新學習指導法의 出現을 苦待하고 있는 現狀이다. 解放以後 所謂 '新敎授法'이라는 이름 아래 流行하랴 하던 學習指導法의 反響은 오히려 舊學習指導法으로의 復歸를 招來할 氣運까지도 자아내는 逆效果를 나타낸 點도 있다.

이와 같은 논술을 바탕으로, 심태진(1947)은 새로운 학습 지도법이 지향해야 할 바를 '아동 중심과 교사 중심의 문제', '획일과 적성의 문제' 등이 이미 오랜 논쟁거리였다는 점을 밝히고, 아동의 개성과 지능을 정확히 파악하여 이에 적절한 교수법을 사용해야 함을 강조하고 있다.

이와 같은 흐름을 바탕으로, 이 시기에 나온 교수법 관련 논저 목록을 제시하면 다음과 같다.

[건국기의 교수법 관련 논저 목록]

1946.12. 이호성, 「민주주의 교육의 실천」, 『조선교육』 제1회(민주교육연구강습회속기록), 조선교육연구회.

1947.10. 이호성, 『민주주의 국어 교수법 강화』, 문교사.

1947.4. 심태진, 「학습지도의 근본 과제」, 『조선교육』 창간호. 조선교육연구회.

1947.4. 윤정석, 「현금 초등학교에 가장 적절한 교수의 근본 원리」, 『조선교육』 창간호. 조선교육연구회.

1947.4. 이희승, 「국어교육의 당면 문제」, 『조선교육』 창간호. 조선교육연구회.

1948.12. 윤정석, 「대한중앙교육연구소 실험 국민학교에서 실시하고 있는 새 교수법의 일단」, 『새교육』 제3호(1-3), 대한교육연합회.

1948.12. 윤태영, 「국어교육 실천의 근본적 노력점」, 『새교육』 제3호. 대

한교육연합회.

1948.2. 윤재천, 「학습지도는 이렇게 전개된다」, 『교육』 창간호, 서울시 교육회.

1949.2. 이병규, 「민주주의 민족교육에 입각한 학생 훈육론」, 『새교육』 제4호(2권 2호), 대한교육연합회.

1949.2. 홍웅선, 「민주주의 민족교육과 국어교육」, 『새교육』 제4호(2권 2호), 대한교육연합회.

1950.3. 김보현, 「객관적 테스트법의 실제」, 『새교육』 제3권 3-4호, 대한교육연합회.

1950.4. 문교부, 『초등학교 교수 지도』(문교연구총서 제3집), 문교부.

이상과 같은 논저의 공통점은 일제강점기까지의 교수법 중심의 학습 지도에서, 미국식 민주주의의 도입과 함께 이루어진 일명 '민주주의 교수법'을 강조하는 경향이 나타났다는 점이다. 특히 민주주의 교수법에서 강조하는 '학습자 중심', '협동 학습' 등의 개념이 이 시기의 논문에 언급된다는 사실은 매우 흥미로운 것으로 보이나, 이 시기의 교수법 이론은 체계적인 '교수·학습 이론'으로 정립된 것은 아니다.

2.3. 교육과정 이후의 교수·학습법

2.3.1. 학습 지도법 연구의 경향

전통적인 교수법이 교사 중심의 주입식 교육 방법을 고집한 데 비해, 제1차 교육과정 이후로는 '학습 지도법'이라는 용어가 좀 더 넓게 쓰이기 시작하였다. 그 이유는 미군정기 이후 도입된 미국식 민주주의 교수법 이론을 바탕으로, 1955년 이후 다양한 교육 사조가 유입되었기 때문이다. 이러한 흐름에서 '학습 지도'는 '학습자의 생활 경험을 존중하고, 자학 학습(自學 學習)을 중시'하고자 하는[21] 의도를 반영한다. 이러한 입장에서 1955년 전후의 '학습 지도'는 '생활 지도'와 대립되는 개념으로 사용되었으며, 학습과 생활이 교육의 두 축을 구성하는 것으로 인식되었다.

이와 같은 차원에서 학습은 '지식, 기능, 태도'와 같은 행동이 후천적인 노력으로 습득되는 것을 의미하며, 학습 지도는 필요와 의도에 따라 바람직한 방향으로 인간을 변화하도록 도와주거나 가르치는 것을 의미했다. 이러한 입장은 이 시기의 교육학 일반 저서에서 쉽게 확인할 수 있는데, 예를 들어 김용기(1956), 함종규(1964), 이수남(1965) 등이 대표적인 저작물이다. 그 가운데 김용기(1956)은, 학습 지도의 원리와 영역을 중점적으로 소개하고, 학습 지도의 여러 형태를 정리한 바 있다. 이를 요약하면 다음과 같다.

[김용기(1956)에서의 학습 지도 영역과 원리]

ㄱ. 학습 지도의 영역: 학습자의 활동면을 고려하여 학습 지도를 분류하면 다음과 같이 사중의 학습 지도 영역이 생각된다.

- 기술 학습: 기술(skill)이란 기능이라고도 하며, 그림을 잘 그리고 글씨를 잘 쓴다든가, 노래를 잘 부르고 피아노를 잘 친다든가 하는 것은 다 기술인 것이다.
- 습관 및 태도 학습: 행동은 습관과 태도의 표현이다. 개인적 행동이나 사회적 행동은 각자의 습관과 태도에 비중이 크다. 습관이란 행동의 심적 경향이며 개인적으로 일정한 사회 혹은 집단에 있어서 고정된 것이다.

21) 이에 대해서는 김용기(1956: 5~6)를 참고할 수 있다.

- 정조의 학습: 정조(sentiment)는 기술이나 본능적 행동이나 습성이니 습관과 다르며, 가치 의식에 따르는 고등 감정을 말한다.
- 사고의 학습: 사고란 생각이며 이것은 우리 인간만이 가지고 있는 특권이라 할 수 있다. 사고는 현재보다도 더 잘 살기 위하여 행동할 때에, 또는 문제나 곤란에 당면하였을 때에 생기는 것이며, 맹목적 본능적인 습관이나 상규적인 행동에 있어서는 새로운 생각은 나타나지 않는 것이 보통이다.

ㄴ. 학습 지도의 원리: 올바른 민주주의 교육은 학습 지도의 민주화로 개혁하는 데서 이루어지는 것이다. 지금 학습 지도의 원리로 중요한 것을 들면 다음과 같다.

- 목적의 원리: 학습 지도는 일정한 목적을 달성하기 위하여 의도적으로 활동하는 것이 아니면 아니 된다.
- 계속성의 원리: 학습 지도는 일정한 순서 계열에 따라서 계속적으로 지도하지 않으면 아니 된다.
- 개성화의 원리: 학습 지도는 아동의 개인차를 전제로 하고 개성을 신장 발전하도록 하지 않으면 아니 된다.
- 흥미의 원리: 학습 지도는 아동의 흥미를 중심으로 하지 않으면 아니 된다.
- 함자연(含自然)의 원리: 학습 지도는 무리없는 자연의 길로 이끌어 나아가지 않으면 아니 된다.
- 함문화(含文化)의 원리: 학습 지도는 문화에 합치한 길로 이끌어 나가지 않으면 아니 된다.
- 직관(直觀)의 원리: 학습 지도는 직관적 경험을 통하여 구체적으로 지도하지 않으면 아니 된다.
- 노작(勞作)의 원리: 학습 지도는 학습 목적을 자각하고 자발적으로 노작하여 지성을 통하여 창조적인 길로 이끌어 나가지 않으면 아니

된다.

- 종합성의 원리: 학습 지도는 전일체로서의 아동을 전일체로서의 환경에 적응시키고 아동에게 내재한 모든 능력을 조화적으로 발달시키도록 이끌어 나가지 않으면 아니 된다.
- 사회화의 원리: 학습 지도는 학습의 효과를 올리기 위하여 집단적 지위를 이용하지 않으면 아니 된다.
- 평가의 원리: 학습 지도는 아동에게 자기의 학습 활동을 반성하고 평가하는 데 의하여 끊임없이 개선하여 나아가는 습관을 기르도록 유의하지 않으면 아니 된다.

ㄷ. 학습 지도의 형태

- 학습 지위 면에서 본 학습 형태: 타율학습(강의 학습, 시교(示教) 학습, 시범 학습, 설명 학습), 지도 학습(문답 학습, 감독 학습), 자율 학습
- 학습 조직에서 본 학습 형태: 개별 학습, 일제 학습, 개인 학습, 분단 학습, 공동 학습
- 학습 목적에서 본 학습 형태: 문제 학습, 구안 학습(프로젝트 방법), 연습 학습, 감상 학습
- 학습 활동에서 본 학습 형태: 독서 학습, 청취 학습, 토의 학습, 보고 학습, 관찰 학습, 실험 학습, 조사 학습, 현장 학습, 확대 현장 학습, 구성 학습, 창작 학습, 극화 학습, 실습 학습

이와 같은 이론적 정리는 제1차 교육과정기의 교수·학습 연구가 매우 활발하게 이루어졌음을 의미하며, 그러한 경향에서 함종규(1964)의 학습의 원리나 방법, 이수남(1965)의 자활 능력을 필요로 하는 학력의 문제 등이 좀 더 활발하게 논의된 것으로 보인다.[22)]

이러한 교수와 학습 이론은 국어과에서도 자연스럽게 적용되었다.

특히 국어과의 경우는 각 영역의 학습 지도 이론과 함께, 생활 중심 교육과정에서 강조하는 '기술 및 경험적'인 특성을 살린 다양한 학습 프로그램의 개발이나 자료의 개발이 이루어졌다. 그 가운데 단행본 형태로 발간된 것만을 정리하면 다음과 같다.

[교육과정기 국어과 학습 지도 이론과 자료]

ㄱ. 이론적인 차원

김용욱(1957), 『국민학교 각과 지도법』, 수문각.

김성배(1957), 『신국어교육론』, 대한교과서 주식회사.

이희복(1963), 『국어 교육의 앞길』, 어문각.

교대국어과교재연구위원회(1968), 『초등국어과 지도법』, 신구문화사.

이강로(1969), 『국어 교육의 바른 길』, 배영사.

김민수·서병국·이을환·이응백·천시권·황정규(1973), 『국어교육론: 기본 이론과 방법』, 일조각.

려증동(1974), 『국어교육론』, 형설출판사.

김성배(1976), 『국어 교육의 연구』, 선명문화사.

최창렬(1978), 『국어 교수법』, 개문사.

이상태(1978), 『국어 교육의 기본 개념』, 한신문화사.

최성호(1985), 『새로운 국어과 교수법』, 문현각.

김재윤·서병하·신언철·원훈의·이충구·한석수(1986), 『국어과 교수법』, 선일문화사.

노명완·박영목·권경안(1988), 『국어과 교육론』, 갑을출판사.

ㄴ. 자료의 차원[23]

---

22) 학습 지도 이론의 도입은 이 시기의 교육 잡지를 통하여 활발하게 이루어졌다. 이 시기의 대표적인 교육 잡지는 대한교육연합회의 『새교실』, 교육자료사의 『교육자료』, 교단사의 『교단』, 각 지역 교육청의 교육 자료 등이 있다. 현재 이에 대한 DB가 구축되지 않은 상태여서, 자료의 발굴과 전산화가 시급한 실정이다.

대한교육연합회(1962), 『국어과 수업 연구 자료』, 교육기술총서 제6집, 새교육 제8월호 부록.

이희복(1963), 「국민학교 국어과 학습 지도와 자료」, 『국어교육』, 현대교육총서출판사.

조문제(1963), 「중등학교 국어과 학습 지도와 자료」, 『국어교육』, 현대교육총서출판사.

이석우(1964), 『국민학교 국어교육 상담』, 영민사.

김경일(1968), 『학습 능률 향상을 위한 독서 지도의 기술』, 현대교육총서출판사.

대한교육연합회(1976), 『국어과 단원별 예화 전집』, 새교실 4월호 부록.

대한교육연합회(1976), 『새로운 독서지도』, 새교실 6월호 부록.

이상은 교육과정기 이후의 교수·학습과 관련된 이론서 및 학습 자료들이다. 이러한 학습 지도 이론과 자료의 개발은 국어과 학습 지도 방법을 개선하는 데 큰 기여를 하였다. 특히 국어과 교재 연구 및 지도 방법 개선에 대한 관심은, 기존의 '지식 중심', '교사 중심'에서 새로운 교재 연구 개념을 도입하도록 하였는데, 이러한 경향은 조문제(1963)에서 좀 더 명확히 드러난다. 이를 정리하면 다음과 같다.

[조문제(1963)에서의 '교재 연구']

ㄱ. 교재 연구의 개념: 교재 연구란 학습 지도의 효과를 거두기 위하여 학습 지도 전에 지도 교사가 해당 교재를 중심으로 여러 각도에서 조사, 연구하는 것으로, 학습 지도 면에서 매우 중요한 일의 하나다.

---

23) 학습 자료는 대한교육연합회의 『새교실』 부록 형태로 여러 가지가 제작되었다. 뿐만 아니라 독서, 작문, 훈화 자료 등이 다양하게 개발되었기 때문에 이 글에서 소개한 것은 극히 일부에 지나지 않음을 밝힌다.

ㄴ. 교재 연구의 의의: 교재에 의한 학습에서 가장 중요한 것은 그 교재의 교육적 기능을 정확히 파악하고, 그것을 실지 지도 면에서 살려 가는 일이다. 그러므로, 그 교재의 교육적 기능의 파악, 반영의 좋고 나쁨이 국어 교육의 성패를 결정하는 하나의 열쇠가 되는 것이다.

ㄷ. 교재 연구 방법: 교재의 교육적 기능을 정확히 파악하기 위한 방법으로 여러 가지가 있겠으나, 제일 먼저 알아야 할 일은, 이 교재는 국어과 교육과정에 비추어, 또는 해당 학년 국어 교육 전체 계획 면에서 어떠한 위치에 있나를 알아야 하겠고, 다음에 이 교재는 국어과의 입장에서 어느 정도의 범위 안에서 연구 조사를 해야 하는가 등을 알아야 한다. …교재 연구 방법은 문장 유형에 따라 다르며, 지도 방법도 교재 유형에 적합해야 한다.

ㄹ. 교재 연구 내용

- 지도 목표를 세움: 특정 교재가 ① 어떠한 문자, 어휘, 어법을 지도하나? ② 어떠한 지식, 이해를 주어야 하나? ③ 어떠한 기능을 닦고 길러야 하나? ④ 어떠한 태도를 길러야 하나? 등에 대해 조사 연구하고, 이 교재는 지식, 이해, 기능, 태도의 지도 목표 중 어느 것인가를 명확히 잡아야 할 것이다.
- 학습의 종류: 어떠한 학습을 위한 교재인가를 알기 위해 ① 말하기 학습을 위한 교재인가? ② 듣기 학습을 위한 교재인가? ③ 읽기 학습을 위한 교재인가? ④ 쓰기 학습을 위한 교재인가? ⑤ 문법 학습을 위한 교재인가? 등 어느 것인가를 바르게 알아야 한다.
- 단원 전개의 단계: 단원 전개의 단계를 알기 위해서는 ① 도입을 위한 교재인가? ② 문제 제시를 위한 교재인가? ③ 연구를 위한 교재인가? ④ 정리를 위한 교재인가? ⑤ 연습을 위한 교재인가? 등을 바르게 알아야 할 것이다.

  (정리는 논문 작성자가 임의로 함).

이상과 같이, 교육과정 실행 이후의 국어과 지도법 연구는 양적으로나 질적으로 그 이전 시대에 비할 수 없을 정도로 성장하였다. 특히 주목할 만한 것은, 이 시기부터는 교수법이나 학습법과 관련된 모형이 제시되기 시작했다는 점이다. 이러한 모형은 특정 영역에 한정된 것일 수도 있으나, 국어 사용 영역(말하기-듣기, 읽기, 쓰기)[24] 전반에 적용될 수 있는 모형도 제시되었다.

3.2. 국어과 학습 모형 개발

교육과정 실행 이후의 다양한 교수·학습과 관련 이론과 자료의 개발은 여러 가지 학습법 개발에 영향을 주었다. 이러한 학습법은 이론의 도입과 함께 현장의 실천적 모형을 개발하는 방향으로 진행되었다. 예를 들어 헤르바르트의 '교수 단계설'이나, 듀이의 '문제 해결 학습'은 교육과정기 이후 폭넓게 적용된 학습 이론이라고 할 수 있는데, 이러한 이론이 적용되기 시작한 시점은 1960년대 후반으로 보인다. 참고로 『새교실』 1969년 3월호의 특집 '새 학습 지도 형태의 반성과 모색'에 소개된 학습 이론을 정리해 보자.

---

24) 흥미로운 것은 이 시기의 '문학 교육 방법'과 관련된 모형은 눈에 뜨이지 않는다. 이는 제1차 교육과정으로부터 제3차 교육과정까지 문법과 문학을 국어과의 한 영역으로 다루지 않았기 때문으로 보인다. 그러나 영역 설정에서 문법과 문학이 포함되지 않았다는 사실이, 이 시기 문법 교육이나 문학 교육을 소홀히 한 것이라고는 볼 수 없다. 왜냐하면 제1차 교육과정부터 제3차 교육과정까지의 중학교 이상의 교과서 편제를 살펴보면, 국정 〈국어〉 에는 이 두 영역이 들어 있지 않으나, 인정 또는 검정 〈문법〉과 〈고전(옛글)〉이 개발되었으며, 국어과에서도 이러한 교재를 중시하여 교육해 왔기 때문이다. 이 점에서 제3차 교육과정까지의 문법 및 문학 교육은 국어과 교육의 중심적인 위치에 있었으며, 이에 대한 내용 및 방법상의 문제는 문법학자 또는 문학자들의 몫이라고 여겨졌음을 알 수 있다. 이러한 흐름 속에서 국어 교육의 방법론을 연구하는 사람들은 문법 교육이나 문학 교육의 방법론에 대해서는 큰 관심을 기울이지 않았다.

[새 학습 지도 형태의 반성과 모색]

ㄱ. 홍웅선, '교수 과정의 반성': 교수 과정을 계획하는 데 있어 무엇보다 먼저 분명히 하여야 할 것은 전체적인 교수 활동의 흐름을 뚜렷이 하는 일이다. 이를 위해서는 '목표'를 뚜렷이 해야 하고, '교수의 과정을 계획'해야 한다. 일반적인 교수 단계는 '예비→교수→전개→정리(헤르바르트)', '예비→제시→비교→총괄→응용(질러와 라인)', '곤란을 막연히 자각하는 단계→곤란점을 명확하게 하는 단계→문제 해결의 가능한 방법을 찾는 단계→추리에 의한 검증의 단계→관찰과 실험에 의한 검증의 단계(듀이:반성적 사고 단계)' 등이 있다. 이러한 학설을 바탕으로 프로젝트를 구성할 수 있는데, 각 단계의 내용을 적으면 다음과 같다.

① 도입: 학습에 대한 흥미의 환기, 학습 목적의 확인, 문제 의식의 자각, 문제의 초점화.

② 전개: 계획 입안, 관찰-실험-작업, 분석과 종합, 가설의 설정, 추측-실험에 의한 검증, 추론-판단.

③ 정리: 학습 내용의 정리, 보고-발표, 연습, 평가.

ㄴ. 공주 교대 부속 국민학교장, '프로그램 학습의 적용': 우리 학교에서는 프로그램학습과 종전의 지도 방법을 비교 연구한 바 있다. 그 당시의 피드백의 매력, 인간의 능력을 우열의 질차에서 시간의 양차로 바꾼 대담한 능력관, 개별 학습의 가능성, 티칭 머신에 의한 오토메이션화, 스키너의 심리학에 입각한 점진적 단계의 새로운 이론들은 학습 지도의 혁신을 기할 수 있을 것으로 믿어 의심치 않았다. …언젠가는 교육 기술도 오토메이션화해야 될 것이며, 높은 수준의 교육 내용을 되도록 많은 어린이들의 것으로 하기 위해서는 프로그램 학습의 연구는 계속되어야 할 것이다.

ㄷ. 대구 교대 부속국교 김인집, '문제 해결 학습의 적용': 문제 해결법의

특징을 살펴보면 어디까지나 지향적이고, 선택적이며, 통찰적이다. 또한 창조적이며 비판적이다. …어떤 형태 어떤 방법적인 학습 지도에 있어서도 학습자와 수업자 간에 일정한 약속과 훈련이 따르기 마련이다. 문제 해결 학습의 과정(문제의 내용이나 성질에 다라 그 해결의 순서를 달리하고 있다)에 있어서도 문제를 올바르게 해결하는 능력을 육성하기 위한 학습 훈련이 필요하다. …

ㄹ. 김호권, '완전학습의 가능성': 완전학습이라는 용어는 미국 시카고 대학의 불름 교수가 쓰기 시작한 Mastery Learning을 번역한 것이다. 불름에 의하면 "만족스러운 교수·학습 조건에서는 한 학급의 약 95%에 해당하는 학생들이 완전학습의 표시인 A평점을 얻을 수 있을 것이다."라고 말하고 있다. …캐롤 교수는 한 학습을 위한 적성은 학습 속도를 결정해 줄 뿐이고, 학업 성적은 오히려 학습에 사용한 시간과 학습에 필요한 시간 사이의 비에 의해 결정된다고 주장한다.

ㅁ. 충남조치원 교동국교 이무, '버즈 학습의 적용': 교재의 특질에 따른 가장 효과적인 학습을 전개하기 위하여서는 모든 학습 형태를 종합적으로 믹스하여 새로운 학습 과정을 수립해야 되며, 따라서 어느 특정의 학습 과정(또는 형태)에 얽매어서는 안 될 것이다. 그러기에 버즈 학습은 정확히 말하여, '버즈 활동에 의한 학습인 것이다. 즉 버즈 학습으로 독립시켜 생각할 것이 아니라. 우리가 연구해야 할 것은 어느 학습 과정에나 적용시킬 수 있는 버즈 활동인 것이다. …

ㅂ. 전남 광주 서림국교 김경욱, '주체적 학습의 적용': 주체적 학습이란 교사가 일일이 지도하지 않아도 아동 자신이 교재를 수집하여 정리하고, 그 가운데서 잡힌 문제를 자기의 계획에 의하여 추구하고, 어린이들이 주체가 되어 학습을 계속해 나가기 때문에, 교사는 아동들의 의식을 존중하여 아동들과 같이 문제를 생각하고 사고하게 하는 학습 방법으로 학습하기 때문에 흥미가 있는 학습이다. … 주체적

학습 과정과 흐름을 소개하면 다음과 같다.

① 개인 학습: ㉠ 예습 과제 방법 분석(전시)–㉡ 개인 학습(주어진 과제와 학습하는 방법에 의하여 자력으로 능률적인 학습을 하게 한다)

② 계획 학습: ㉢ 발표 학습(자기가 학습한 것을 여러 사람의 앞에서 잘 알도록 발표한다)–㉣ 진단 학습(평가 진단, 즉 어떤 곳에 문제점이 있는가를 알아내도록 한다)–㉤ 계획 학습(공동 과제의 결정: 공통 과제를 교과의 본질에 의하여 잡는 방법의 훈련)

③ 협력 학습: ㉥ 상호 학습(상호 협력에 의하여 자기가 어디까지 해결할 수 있을까 전력을 다하여 해결하여 그 후의 지도를 받으려고 한다)–㉦ 교사의 지도(교사가 어린이들에게 생각하게 할 것, 가르칠 것, 표현할 것들을 구별하여 지도한다)

④ 과제 파악 학습: ㉧ 학습 과제 예습 과제 파악 학습(본시의 학습 결과를 정리하여 얻은 학습 내용과 방법의 관련 통일을 도모한다, 발전적으로 해결할 과제와 예습 과제를 분석한다, 어린이들에게 해결의 방법, 연구의 순서를 생각하는 힘을 주어 과제 의식과 해결의 의욕을 높인다)

이와 같은 다양한 학습 지도법 연구에 드러나는 특징은 1) 교수 중심에서 학습 중심으로의 변화, 2) 프로그램 학습과 같이 학습 능력을 자동으로 기를 수 있는 방안 모색, 3) 학습 과정을 고려한 수업 계획의 중시 등이라고 할 수 있다. 이러한 입장에서 제시된 모형 가운데 하나가 '프로그램 학습법'이다.

프로그램 학습법은 '티칭 머신에 의한 국어 학습'으로 정의된다. 달리 말해 티칭 머신은 하나의 기계이고, 프로그램은 그 기계에 넣을 학습 내용이자 교재를 뜻한다. 이러한 학습법을 고안한 배경은 기능 중심, 실용 중심의 교육관의 도입과 관련된다. 이와 유사한 개념으로 오토메이션 학습이라는 것이 있다. 이 말은 학습 내용과 방법을 적절하게 선택하여 자동적으로 목표에 도달할 수 있는 프로그램을 적용하는 학습을 의미한다. 1960년대 후반부터 1970년대까지 폭넓게 시도되었던 다양한 학습 프로그램은 이와 같이 '자동 처리 프로그램'을 염두에 두고 이루어졌다. 국어과의 경우는 독해 프로그램, 작문 프로그램, 말하기-듣기 프로그램, 문자-어법-문법-발음 프로그램 등이 고안되었다. 이와 같은 프로그램 학습이 갖는 특징은 '일문일답(一問一答)'이 아니라 '연속적인 문답 구조'를 갖는다는 데 있다. 이에 대해 교육자료(1964.1)에서는 다음과 같이 국어 프로그램 구조의 특징을 정리한 바 있다.

[국어 프로그램의 구조(독해 프로그램의 경우)]

ㄱ. 국어 프로그램의 학습자가 읽어야 할 확고한 목표와 이에 대한 자각을 촉구하도록 배려되어 있다.

ㄴ. 지금까지 연구를 쌓아 올린 국어 독해의 방법이나 과정에 입각하여 프로그램이 만들어져 있다.

ㄷ. 그 독해의 방법관에 있어서, 흥미를 캐면서 읽는다는 것을 염두에 두고 프로그램을 만들어야 한다.

ㄹ. 프로그램에 있어서 묻고 대답하는 것은 교재의 내용 논리와 아동의 인식 논리 위에 성립되어 있다.

이와 같은 프로그램 학습이 지향하는 원리는 1) 자동적, 개별적인 학습을 중시하고, 2) 교재의 논리적 구조에 따르면서 작은 단위로 분석하여 단계적인 제공이 가능하게 하고(스몰 스텝), 3) 각 단계의 논리를 구조화하여, 상위 단계-중위 단계-하위 단계가 계통적으로 구조화될 수 있도록 목표치를 설정하는 방향으로 구성되어 있다.

그러나 이와 같은 자동 처리 및 프로그램 학습이 갖는 한계는 국어

교육의 본질을 기능적인 관점으로만 접근한 데서 비롯된다. 달리 말해, 국어 교육의 본질을 '도구'적인 차원이나 '기능'적인 차원만으로 접근할 수 있는가는 국어과 교육의 내용 설정뿐만 아니라 방법적인 차원에서도 많은 차이를 가져오게 한다. 이러한 차원에서 교수·학습 이론의 발전은 국어교육학의 발전과 깊은 상관관계를 갖게 마련이다.

2.4. 국어교육학의 발전과 교수·학습 이론

2.4.1. 국어교육학의 발전

국어교육학의 발전은 국어과 교육의 본질이나 성격에 대한 진지한 탐색으로부터 시작되었다. 국어교육학은 국어 교육 현상을 학문적으로 구명하고자 하는 의도에서 생겨난 용어이다. 최현섭(1995: 12~13)에서 밝히고 있듯이, 국어교육학의 학문적 정체성 문제는 1986년부터 논의되기 시작한 것으로 보인다.[25] 이와 같은 학문적 성격에 대한 논의는 1990년대 중반에 이르러 더욱 활발하게 이루어졌으며, 오늘날에는 국어 교육 연구의 학문적 성격을 부정하는 견해는 거의 찾아볼 수 없다.

그렇지만 국어교육학의 학문적 성격에 대한 논의는 1970년대 중반부터 서서히 나타나기 시작한 것으로 보인다. 왜냐하면 이응백(1975),

25) 1986년 강원대학교 교사교육센터에서 발행한 『교사교육론집』 제2집에는 노명완 교수의 '국어교육학의 성격과 과제'라는 논문이 실려 있다. 또한 1991년 국어교육학회가 창립되면서, 이 문제에 대한 논의가 본격화된 것으로 보인다. 『국어교육학연구』제1집에는 최영환, '국어교육학 정립의 방향', 박수자, '국어과 교육에 대한 체계적 접근의 시론', 이삼형 '국어 교육과 가치의 문제', 이성영, '국어 교육의 내용 설정 및 그 구조화 가능성 탐색', 이종철, '추상의 특성과 감화적 용법', 이충우, '학교 문법의 교육에 대한 몇 문제', 주경희, '국어 교육에 있어서의 대용 표현', 이은희, '교육적 관점에서의 시간 표현 기술 시론'이 실려 있다. 이를 기점으로 국어교육학의 학문적 정체성에 대한 논의가 본격적으로 이루어졌으며, 그 결과 김대행(1995), 최현섭 외(1995) 등의 단행본이 나올 정도로 국어교육학의 학문적 성격에 대한 논의가 활발하게 이루어졌다.

박붕배(1983) 등에서는 국어 교육의 역사를 고찰함으로써, 국어교육학이 독립된 학문으로서 연구 대상을 뚜렷이 가질 수 있음을 확인하고 있기 때문이다. 특히 박붕배(1983)에서는 '한국 국어교육 전사'의 맥락을 구성함으로써, 방대한 실증 자료를 토대로 한 『국어교육전사』(1987, 대한교과서주식회사)를 구성할 수 있는 토대를 마련하였다. 이러한 맥락에서 1980년대 중반부터 논의되기 시작한 국어교육학의 학문적 발전은 국어과 교육의 개념, 연구 대상과 연구 영역, 연구 방법에 대한 활발한 토의와 함께, 다양한 교수·학습 방법의 발전에도 기여하였다. 특히 국어교육학은 전통적인 국어 교육이 '경험'을 바탕으로 하거나, 교육학 일반 이론을 국어과에 적용하는 경향을 띠었던 데 비해, 국어과 독자적인 이론화를 모색[26]하도록 하였다는 데 의미가 있다. 이러한 흐름을 반영하는 논저로는 다음과 같은 것들이 있다.

「국어교육학의 학문적 성격에 관한 논저」

노명완(1986), 「국어교육학의 성격과 과제」, 『교사교육론집』 제2집, 강원대학교 교사교육센터.

박붕배(1988), 「교과교육학으로서의 국어과교육」, 『인산 김원경 박사 회갑 기념 논문집』, 논문간행위원회.

최영환(1991), 「국어교육학 정립의 방향」, 『국어교육학연구』 제1집, 국어교육학회.

박수자(1991), 「국어과 교육에 대한 체계적 접근의 시론」, 『국어교육학

---

26) 이 점에서 최현섭 외(1995: 56)에서는 국어교육학의 영역이 '국어 사용학, 국어학, 문학학'의 교집합에 존재하는 것이라는 관점을 밝힌 바 있다. 또한 김대행(1995)에서는 국어교육학이라는 용어 대신에 '국어교과학'이라는 용어를 사용하고, 국어교과학의 구조를 내용론적 연구 영역과 교육론적 연구 영역으로 나누었다. 이와 같이, '국어 교육'과 '국어 교과'의 관계, 국어교육학의 개념과 연구 영역, 방법 등에 대한 활발한 논의를 바탕으로 1995년 이후로는 국어교육학이라는 용어가 보편적으로 사용되기에 이르렀다.

연구』 제1집, 국어교육학회.

김원경(1993), 『국어과(교과)교육학』, 교학연구사.

이용주 외(1993), 「국어교육학 연구와 교육의 구조」, 『사대논총』 제46집, 서울대학교 사범대학.

이용주(1993), 「국어교육학의 하위 영역 설정 방향」, 『국어교육학연구』 제3집, 국어교육학회.

손영애(1994), 「국어과 교육의 목표와 내용」, 『국어교육학연구』 제4집, 국어교육학회.

최현섭 외(1995), 『국어교육학의 이론화 탐색』, 일지사.

김대행(1995), 『국어교과학의 지평』, 서울대학교출판부.

최현섭 외(1995), 『국어교육학 개론』, 삼지원.

이삼형 외(2000), 『국어교육학』, 삼지원.

이상의 논저는 국어교육학의 학문적 위상을 토대로 저술된 것들이다. 이러한 흐름 속에서, 국어교육학은 국어학이나 국문학, 또는 교육학이 합쳐진 개념이 아니라, 독자적인 연구 영역과 연구 방법을 갖는 학문이라는 인식이 뚜렷해졌다.

이와 같은 흐름 속에서, 국어과 교수·학습 이론에 대한 논의도 활성화되기 시작했다. 그러한 대표적인 성과는 김원경(1993)에서 나타난다. 이 저서는 초등 국어과를 전제로 하였지만, 국어과의 전문성과 학문성을 바탕으로 한 다양한 교수·학습의 원리를 이론적 차원에서 제시하고 있다. 이 저서에서 논의된 내용을 소개하면 다음과 같다.

[김원경(1993)의 교수·학습 이론]

제1편 초등 교육의 전문성과 학문성

제2편 교수·학습의 원리와 발달론

제3편 교수·학습의 방법

제4편 국어교육의 변천, 교과서, 단원 전개

제5편 국어과 교육 각론

제6편 국어과 교재 연구론

제7편 국어과의 현장 교육 연구론

제8편 국어과 교수·학습 평가론

이 저서에서 다룬 교수·학습 이론의 특징은 '교수'와 '학습'을 하나의 단위로 묶어, 긴밀성을 유지하도록 하는 데 있다. 이에 대해 김원경(1993: 33)에서는 다음과 같이 논의하고 있다.

[교수와 학습론]

교수란 말과 학습이란 말은 종래 분리해서 생각해 왔다. 교수라 하면 수업 과정에 있어서 교사가 전반적인 주도권을 갖고 학문이나 예술, 언어 등의 지식 기능과 같은 문화 유산과 객관적 가치재를 학습자에게 전수하는 도야 활동과 인격 형성을 위한 훈육 활동 등으로 보는데 대하여, 학습이라 하면 학습자가 자기 활동에 의하여 지식-기능을 공부하고 예술적 정서와 도덕적 품성을 함양하는 주체적 활동을 뜻한다. 그런데 종래의 전통주의, 보수주의 교수 방식은 어디까지나 교사 중심, 지식 중심, 주입식 교육을 생각하고, 진보주의 교육에 있어서는 아동 중심, 생활 중심, 경험 중심 등 현실성을 강조함으로써 아동 위주를 강조하였다. 사실은 따지고 보면 이 두 개념은 양립할 수는 없는 것으로서, '교수냐', '학습이냐' 하는 이율배반적인 대립만으로 논쟁이 벌어지면 결국 교육은 제대로 이루어질 수 없음이 분명하다. (…이하 생략…)

이 글에서 살핀 바와 같이, 종래의 '교수법'과 '학습법'의 이원적 대립 시대에는 여러 가지 이론적 고찰이나 모형이 만들어졌다고 할지라도 그 효용도가 높지 못했던 것이 사실이다. 그 이유는 여러 가지가 있을 수 있으나, 국어교육학 정립 이전의 교육 연구에서 '교수·학습'을 이원적 개념으로 파악한 것도 하나의 요인이 될 수 있다. 이러한 차원에서 국어교육학 정립 이후의 교수·학습 연구는 양자의 관계를 전제로 하여, 교사의 역할과 학습자의 역할을 적절히 살핀 상태에서 여러 가지 모형을 개발하는 방향으로 전개되는 특징이 있다.

2.4.2. 교수·학습 이론과 모형

국어교육학의 학문적 정체성 논의는 다양한 교수·학습 이론의 발전과 그에 대한 모형을 개발하는 데 기여하였다. 물론 교수·학습의 형태와 원리에 대한 논의는 1950년대에도 존재하였지만, 이 시기의 교수·학습 이론은 방법적인 면이나 모형론에서 양적인 성장을 추구할 수 있었다. 예를 들어 김원경(1993)에서 소개한 교수·학습의 방법과 모형론을 소개하면 다음과 같다.

[김원경(1993)에서 소개한 교수·학습 방법 및 모형론]

ㄱ. 교수·학습 방법: 강의법(일제 학습법), 자학 자습법(개별 학습법), 공동 학습법(집단 학습법), 분단 학습법(소집단 학습법), 관찰 학습법, 해석적 학습법, 묘사적 학습법, 시범-실연 학습법, 대화 학습법, 문답 학습법, 토의 학습법, 연습 학습법, 실습법, 실험 학습법, 조사 학습법, 보고 학습법, 창작 학습법, 감상 학습법, 극화 학습법, 현장 학습법, 과제 학습법, 문제 해결법, 가설 실천(실험) 학습법, 구안법, 발견 학습법, 버즈 학습법, 교육공학과 교육, 시청각적 학습법, 커뮤니케이션과 교육, 어학연습장치 실습법, 프로그램 학습법과 티칭 머

신, 컴퓨터 교육, 팀티칭 교수법, 범례 교수법, 무학년례 학습법, 벽 없는 교실-창 없는 학교(이상 36가지 형태)

ㄴ. 교수·학습 이론의 모형론: 교수학습이론과 모형론, 완전 학습과 학교 학습 모형, 그래사의 교수·학습 모형, 게이지의 교수·학습 모형, 가네의 교수·학습 모형, 오우스벨의 교수·학습 모형, 크레이튼의 교수·학습 모형, 파카와 루빈의 교수·학습 모형, 키야스와 로빈탈의 교수·학습 모형, 터바의 교수·학습 모형, 교육 개발원의 교수·학습 모형, 학교 학습 모형, EDP의 교수·학습 모형(이상 13가지)

이상과 같이 다양한 교수·학습 이론과 모형이 제시될 수 있는 이유는, 교수·학습이 갖는 특징이 교육 목표와 내용뿐만 아니라, 다양한 교수·학습 장면에 의해 달라질 수 있기 때문이다. 이러한 교수·학습 모형론이 갖는 특징은 박영목 외(2001)를 통하여 확인할 수 있다. 이 조사 연구는 독서를 대상으로 '독서 과정과 지도 모형'을 유형화하였다. 이 연구에서 주목할 만한 점은, 현장의 실태를 조사하여, 실제 독서 지도에서 모형을 활용하는 경우가 많았음을 확인하고, 그 과정에서 학교급별(초, 중, 고등)로 일반적인 모형이나 세부 지도 목표에 따른 모형의 활용 정도가 달라질 수 있음을 확인한 점이다. 이를 위해 독서 지도의 모형을 유형화하고자 한 시도는 이전의 연구에서는 보기 힘든 발전적인 모습으로 평가된다. 박영목 외(2001)에서 유형화의 기준은 다음과 같다.

[독서 지도 모형의 유형]

ㄱ. 교사안내 중심의 독서 지도 모형

ㄴ. 총체적 언어 학습을 위한 독서 지도 모형

ㄷ. 독서 부진 학생을 위한 독서 지도 모형

ㄹ. 언어 경험 중심의 독서 지도 모형

ㅁ. 문학 작품 반응 중심의 독서 지도 모형
ㅂ. 토론 학습과 협동 학습 중심의 독서 지도 모형
ㅅ. 독해력, 비판적 사고 개발 중심의 독서 지도 모형
ㅇ. 내용 교과 학습 중심의 독서 지도 모형

이 조사 보고서에서는 위의 기준을 적용하여, 기존의 독서 모형을 36가지로 정리하여 소개하였다. 이러한 모형은 대체로 외국의 독서 모형을 도입한 것이어서, 그 자체로서 우리의 독서 교육에 그대로 적용할 수 있을지는 좀 더 검토해 보아야 할 것으로 판단된다. 그렇지만, 국어과 수업에서의 모형 제시나 교수·학습 방법의 개선 문제, 또한 각 영역별 전략적인 지도 방안의 모색 등은 기존의 연구에서 나타나지 않는 새로운 시도로 보인다. 이러한 시도는 1990년대 중반 이후 국어교육학의 연구의 가시적인 성과라고 평가된다.

2.5. 맺음말

국어과에서 교수·학습 문제는 근대식 학제가 도입된 이래로 현재까지 지속적인 관심사가 되어 왔다. 특히 전통적인 교수 이론에서 학습 이론, 또는 교수·학습 이론으로의 변화는 '경험적인 국어과 교육'에서 '과학적인 국어과 교육'으로의 전환 과정에서 필연적으로 나타날 수밖에 없는 변화라고 할 수 있다. 이와 같은 차원에서 국어과 교수·학습 이론의 변천사는 교수·학습을 보는 관점의 변화, 교수·학습 모형의 개발, 다양한 교수 방법의 개발 등에서 많은 발전을 이루어 왔다.

그럼에도 불구하고 오늘날의 국어과의 교수·학습과 관련된 여러 가지 문제는 이론적인 차원이나 실제적인 차원에서 쉽게 해결되지

않는 여러 가지 난제를 안고 있다. 그 가운데 대표적인 문제는 '이론의 서구 의존화 경향'이다. 이 문제는 최근의 국어교육학 연구가 서구 이론을 번역 적용하는 경향에서 비롯된 것으로 보인다(참고로 박영목 외(2001)의 독서 모형 36가지도 모두 서구 이론에서 비롯된 것이다). 이는 결국 다언어 사용 국가의 언어 교과 교육을 단일 언어 사용 국가인 우리의 실정에 그대로 적용하는 것이 타당한지에 대한 또 다른 검증 작업이 필요함을 의미한다. 따라서 국어과 교육 현장을 고려한 주체적이고 실용 가능한 교수·학습 이론과 모형이 필요하다. 이와 같은 차원에서 국어과 교수·학습 변천사를 재구성하고, 이를 발전적으로 계승하기 위한 기초 연구가 절실히 필요할 것이다. 이러한 연구는 기존의 이론과 경험 자료를 포괄하는 DB 구축, 이에 대한 분석, 외국 이론의 적합성에 대한 검증 등의 과정을 거쳐 점진적으로 이루어져야 할 것으로 보인다.

제4장 국어과 교재 연구 및 지도안 작성

1. 교재 연구

1.1. 교재 연구의 의의와 대상

1.1.1. 교재 연구의 의의

교재나 교수·학습 방법을 연구하는 목적은 어디까지나 교수·학습을 효과적으로 하여, 교과 교육의 목표를 달성하게 하는 데 있다. 따라서 학습 활동을 알맞게 선택하여, 활발하고 효과적인 교육 활동이 이루어질 수 있도록 교재 연구를 해야 한다. 이러한 차원에서 교재 연구와 교수·학습 이론 연구는 밀접한 관련을 맺는다. 왜냐하면 가르칠 내용인 교재 연구만으로는 성공적인 교육 활동을 하기 어렵기 때문이다. 그렇기 때문에 교재 연구, 교수·학습 연구, 교육 환경 연구는 통합적으로 기능해야 한다.

이러한 차원에서 건국기 국어과 교육이 재건되는 상황에서 발표된 최근학(1949)의 다음 글은 교재 연구의 본질이 어디에 있는지 잘 알려 준다.

[국어 교육의 교재 연구]

(일) 교재연구의 필요: 교육이라는 것은 교육자와 피교육자가 교재를 매개로 접촉 교섭하여 인격을 완성시키기에 노력하는 것이다. 그러므로 교육은 교육자와 피교육자 교재 이 3요소가 필수 요소이다.

교재가 교육에 있어 얼마나 중요한 지위에 있는가는 다시 논할 필요도 없다. 그러므로 교재를 구체적으로 연구하는 것은 교육에 있어 가장 중요한 것이다. 아동측으로 생각하면 교재 연구로 말미암아 직접 그들의 교육을 더욱 완전히 할 수 있다고 볼 수 있으며, 교사측으로 생각하면, 인격적 접촉 교섭의 작용을 일층 효과적으로 통일적으로 할 수 있는 필수 조건이라고 할 수 있다.

(이) 오늘의 교재 연구 현상: 그런데 오늘의 국어 교육은 그 가장 중요한 교재 연구가 비교적 경시하는 경향이 있는 것 같이 보인다. 그 연구 내용은 여하간 교재 연구는 국어교육의 최대 임무로 생각하고, 한 시간 수업을 위하여 두 시간 세 시간을 허비하는 열성이 필요하다. 그러나 현실에 있어 이러한 열(熱)을 가지고 교단에 서는 교사가 희소한 것은 유감으로 생각하는 바다.

지금 나의 교재 연구라고 말한 것은 참고서, 출전 등으로 연구하는 것이든지 또는 실물표본 방편물을 준비하는 것은 물론이요, 그 과의 정신을 파악시키는 방법의 연구까지도 포괄하여 말한 바이다. 그 과에 대하여는 조금도 미비한 점이 없이 주도(周到)한 조사를 할 뿐 아니라, 주안점을 철저히 알도록 방도를 구체적으로 연구할 것이다.

그러나 이상 말한 바 교과서 이외에서 구할 수 있는 준비연구는 아무 가치없는 무용의 노력으로 생각하시는 교사도 있지 않을가? 아무 준비와 연구도 없이 교단에 서는 것은 미급한 자기의 실력만으로 아동을 가르칠려고 하는 태도다(한자는 한글로 바꿈).

— 최근학(1949), 「국어교육의 교재연구」, 『조선교육』 제2권 제7호

이 글에서는 국어과 교재 연구의 개념을 '국어과의 정신을 파악하고 교수 내용을 연구하는 것'으로 규정하고 있다. 엄밀히 말하면 교재 연구는 학습 계획을 수립하고, 그 계획에 따라 지도할 내용을 선별·조직하며, 지도 방법을 구체적으로 설정하는 일을 말한다. 그렇지만 국어과의 학습 지도 과정과 교재 연구는 순환적인 관계에 있다. 왜냐하면 학습 목표 및 수업 계획은 교재 연구에 영향을 미치며, 교재 연구는 학습 목표와 수업 계획을 수정하는 요소로 작용하기 때문이다.

이러한 차원에서 교재 연구는 교사의 차원, 학생의 차원, 교재의 차원을 종합적으로 고려하여 이루어져야 한다. 이에 대해 고승덕(1997)에서는 다음과 같이 설명한 바 있다.

[교재 연구의 관점]

ㄱ. 교재에 대한 연구: 교재 그 자체를 이해하기 위한 작업으로 교재가 갖는 사실을 교사 스스로가 어떻게 생각하고 있고, 본인이 학습자라면 무엇을 알고 싶은가를 묻는 것이다. 매일매일 수업 중 이것은 다음과 같은 효과를 갖게 된다.

- 어린 학생의 중요한 발언이나 발견을 찾아낸다.
- 학생이 하고자 하는 의욕과 흥미를 유도하고 배양시켜 주어야 한다.
- 학생의 현재 시점이나 해석을 할 수 있는 능력을 갖추게 한다.

ㄴ. 학생을 위한 교재 연구: 교사는 교재를 사용할 때, 학습자의 능력과 교재의 난이도를 파악하여 어려운 부분은 어떻게 다루어야 하며, 어

떻게 보충해 주면 좋을까 등을 연구하여야 한다. 또 현재의 학습 내용은 어느 정도 학생들의 발달 단계에 따라 쉬운 것에서 어려운 것으로 계통적으로 배열되어 있다고 생각되나 학습자의 입장에서 볼 때 그것이 타당한가 등을 점검하는 것이다.

ㄷ. 바람직한 지도 작성을 위한 연구: 바람직한 지도 계획을 확립하려면 교재의 성질이나 한계를 확인할 필요가 있다. 교재에는 오래가는 것과 그렇지 못한 것이 있다. 기초적인 교재의 경우 지속성을 띨 수 있으나, 기술적인 것은 자주 변화할 가능성이 높다.

이와 같이 교재 연구는 교사, 학생, 수업 계획을 고려하여 구조화하는 능력을 말한다. 교재의 정선과 구조화는 교사가 학습자를 자신 있게 가르칠 수 있고, 또 교육 효과를 최대한으로 높일 수 있는 동력이 된다. 따라서 수업 목표를 분명히 의식하고, 학습 경험을 충분히 제공할 수 있도록 치밀한 노력이 필요하다. 이러한 입장에서 '교재 정선'과 '구조화'는 교재 연구의 핵심 내용이 된다.

1.1.2. 교재 연구의 대상

교재 연구의 대상은 교육 전반에 걸친 것이 아니면 안 된다. 이 점에서 김원경(1993)에서는 국어과 교재 연구의 대상을 다음과 같이 정리한 바 있다.

[국어과 교재 연구의 대상]

ㄱ. 교육과정에 관한 연구

- 해당 교과의 목표, 내용 연구
- 교육과정의 학년별 목표, 내용 연구

- 지도 영역, 지도상의 유의점 연구

ㄴ. 교육과정과 제재의 관련성 연구

- 교육과정의 언어 요소 및 범위와 계열에 관한 연구
- 제재의 종류, 영역, 정도(수준)에 관한 연구
- 제재의 내용, 장르, 글의 짜임, 구조, 문맥, 표현, 단락, 주제에 관한 연구

ㄷ. 국어과의 지도 영역에 관한 연구

- 말하기, 쓰기, 짓기 등 언어의 표현력에 관한 연구
- 듣기, 읽기 등 언어의 기능 및 이해력에 관한 연구
- 언어, 문학 등 지도 영역과 지도 내용에 관한 연구

ㄹ. 학습자의 실태 조사 및 연구

- 학습자와 해당 제재와의 관련 연구
- 학습자와 흥미, 욕구, 관심에 관한 연구
- 학습자의 해당 제재에 대한 능력 및 실태에 관한 연구

ㅁ. 교실 및 학습의 장면 등 교육 환경에 관한 연구

- 활동을 전제로 하는 교실 환경 및 여건에 관한 연구
- 활동과 관련이 있는 시설 및 환경에 관한 연구
- 제재의 학습 활동에 필요한 교구, 교편물, 각종 자료의 정비, 이용도에 관한 연구

ㅂ. 교사 자신 및 학부모, 사회 환경에 관한 연구

- 제재에 대한 교육적 목표, 파악 지도력에 관한 자기 진단
- 교수·학습에 필요한 제반 자료의 효율적 이용 방법의 체득 및 용의도(用意度) 진단
- 가정이나 사회, 동료교사 등에 대한 호응도, 협력도에 대한 진단
- 학습자에 대한 실태 조사 및 실정의 파악에 대한 충실도, 이해도 진단

ㅅ. 학습 활동의 방법에 대한 연구

- 학습 활동의 종류, 방법의 선택에 관한 연구
- 학습의 조직 및 모형, 과정, 단락에 관한 연구
- 학습 활동의 도입, 전개, 정리 방법의 연구
- 학습 활동에 있어서 교사의 역할에 관한 연구
- 학습 활동에 있어서 우열아의 처리 및 기회의 균등, 다양한 활동 프로그램에 관한 연구
- 학습 활동에 필요한 주교재, 보조자료, 교구, 교편물, 교육공학(시청각)적 기자재 준비 활동에 관한 연구
- 학습 활동의 종합 평가 방법에 관한 연구
- 학습 활동에 관계되는 과제물, 가정 학습, 조사 활동 등에 관한 연구

ㅇ. 학습 활동을 통한 행동 발달 촉진에 관한 연구

- 제재의 지식 및 이해력을 도와야 할 내용의 연구
- 태도나 습관 등 자세 확립에 관한 연구
- 사고 능력이나 기능 등 응용력, 적용력, 비판력, 독해력, 감상력, 자료 해석력, 문제 해결력, 문장력, 독서력, 발표력 등을 기르기 위한 방법의 연구

ㅈ. 기타 학습 활동에 필요한 교구, 교편물 등 자료의 제작과 연구

- 제재나 학습 활동에 필요한 참고물, 도표, 괘도 등의 제작
- 학습 내용이나 활동에 필요한 교구, 교편물, 시청각 기구 등의 준비
- 학습 활동에 요구되는 실물, 자원, 인사, 지역 사회 자료 등의 연구

이와 같이 교재 연구의 대상과 범위는 표상적인 교과서에 한정되지 않는다. 교육과정을 이해하고, 교육과정에 적합한 교육 내용의 선정과 조직을 해야 하며, 학습 효과를 고려하여 교수·학습 전략을 선택하며, 수업을 계획하는 일이 모두 교재 연구의 대상이라고 할 수 있다.

더욱이 '교육과정 중심의 교육과 교과서 중심의 교육'은 엄격히 구분되어야 한다. 이 점에서 교육 현장의 목소리를 반영하고 있는 다음의 글은 교재 연구의 적절한 태도를 반영한 글로 보인다.[1)]

[교육과정 중심의 교육과 교과서 중심의 교육]

ㄱ. 교과서 중심 교육: 교과서 중심 수업의 전통은 매우 오래되었다. 조선 시대 서당 교육도 경전을 바탕으로 하기 때문에 교과서 중심 교육인 셈이다. 모든 서당에서 같은 교재로 교육을 했으며, 그 순서도 거의 동일했다. 물론 선생님에 따라 해석이나 교육 방법은 달랐을지도 모르지만 교육 내용은 같았다고 봐야 할 것이다. (…중략…) 현재 국어 교과서는 국가가 개발 보급하고 있다. 하나의 교과서로 온 국민이 공부를 하는 셈이다. 만일 이 교과서가 국가가 부여하는 것처럼 무오류에 가까운 완전한 지식의 체계를 갖추고 있다면, 이것을 온 국민이 학습하는 것은 아름다운 일이다. 그러나 이 교과서가 불완전하고 심지어 많은 오류를 안고 있다면 어떻게 될 것인가?…

ㄴ. 교육과정 중심 교육: 교사는 어떻게 교과서의 한계를 극복하고 나름대로 완전한 교육을 수행할 수 있을까? 바로 이 시점에서 교육과정의 역할이 발생한다. 종래 교육과정은 교사에게 아무런 의미가 없는 문서에 불과했다. 교과서를 만드는 데 필요한 자료일 뿐 현장에서는 아무런 영향을 미치지 못한 것이다. (…중략…) 교과서가 교육과정을 해석한 하나의 자료라면 교사는 교육과정을 바탕으로 해서 교과서의 한계를 보완할 수 있을 것이다. …

ㄷ. 교사 중심 교육: 교과서가 하나의 자료라면 교육과정은 하나의 설계

---

1) 이 글은 김주환(2005)에서 옮긴 것으로, 본래는 교과서 및 교육과정의 문제점을 교사의 입장에서 어떻게 대처할 것인가에 초점을 맞추고 있다. 그 가운데 교육과정, 교과서, 교사의 상관관계를 적절하게 드러낸 부분만을 발췌하였다.

도이다. 교사는 교과서의 체제나 바탕글, 활동을 분석해 보고, 나름 대로 유익한 자료를 선별할 필요가 있다. 또한 교과서를 보충하기 위해서 다양한 매체 자료나 단행본 등 교과서 외 자료들을 활용해야 한다. 수많은 자료들 중에서 어떤 자료를 선별할 것인가 하는 것은 교육과정에 의거해야 한다. …

이 글에 나타나듯이, 교육과정이 설계도라면 교과서는 그것을 해석한 자료이다. 문제는 이러한 설계도와 자료를 어떻게 활용할 것인가에 있는데, 그 몫은 교사의 것인 셈이다. 이러한 활용 과정, 달리 말해 구체적인 계획을 다시 세우고, 해석하고, 평가하는 방법을 개발하는 실천 활동이 교재 연구인 셈이다.

1.2. 교재 연구의 방법과 절차

1.2.1. 교재 연구 방법

교재 연구는 그 대상이 매우 포괄적이기 때문에 쉽게 기술하기는 어렵다. 김원경(1993)에서는 이러한 면을 고려하여, 연구 대상을 1) 당면한 교재(제재) 내용의 특성 연구, 2) 그 제재 또는 단원의 지도 방법 연구, 3) 학습자나 교실 환경의 실태 여건, 4) 학습 보조물, 교구 등의 준비도로 제시한 다음, 교재 연구의 일반적인 방법으로 1) 학문적인 연구 방법, 2) 실천적인 연구 방법, 3) 구성적인 연구 방법, 4) 현상의 실태 조사 방법으로 나누어 제시한 바 있다. 이를 정리하면 다음과 같다.

[교재 연구의 방법]

ㄱ. 학문적인 연구 방법: 국어교육학의 학문적 토대를 구축하기 위하여

실행하는 방법이다. 이 연구법에는 '교재의 역사', '교재 비교', '교재의 대상화' 방법이 있다.

ㄴ. 실천적인 연구 방법: 학문적인 연구 방법 가운데 '대상적 연구법'을 구체화한 방법이다. 이 연구에서는 교재의 구성적 연구, 교재의 소재 연구, 교재 지도에 관한 연구 등이 있다.

ㄷ. 구성적인 연구 방법: 학문적, 실천적 연구 방법은 교과서나 교과서의 교재를 중심으로 하는 연구 방법이나, 구성적인 연구 방법은 교과서에 들어 있지 않은 교육 재료를 선택하여 단원 구성을 하고, 적절한 지도법을 찾는 연구 방법이다.

ㄹ. 현상의 실태 조사 연구: 어떠한 교과나 제재 또는 단원의 학습 목표를 달성하기 위하여, 아동이 그 제재에 대해 어떻게 생각하며, 또한 교실의 환경이나 지도 교사의 여건, 교구 교편물 등의 준비도 등의 실태를 조사하여 연구하는 방법이다.

1.2.2. 교재 연구의 절차

교재 연구는 궁극적으로 교재의 정선과 구조화를 목표로 한다. 교재의 정선이란 실제적인 교수·학습 활동에 앞서서, 수업할 내용을 선별하는 일을 말한다. 이 작업은 교사의 중요한 임무이기도 하다. 이러한 차원에서 이정용 외(1971)에서는 교재 정선 및 구조화의 절차와 방법을 '교재의 구조적 파악의 단계 → 아동·학생의 실태 파악 단계 → 방법적인 구조의 파악 단계 → 수업의 구조화 단계 → 교수·학습 지도안 작성 단계'로 제시한 바 있다. 이러한 단계는 교재 연구의 일반적 단계에 해당하므로, 이를 바탕으로 핵심 사항을 정리해 보면 다음과 같다.

[교재 정선 및 구조화의 단계(이정용 외: 1971: 33~35)]

ㄱ. 제1단계(교재의 구조적 파악 단계): 수업 목표는 정확하게 기대되는 구체적인 행동의 상을 추출해야 하고, 제재의 중심가치와 기본적인 요소를 정선하는 교재의 본질적 연구이다.

① 교재 분석을 통하여 교재의 가치를 확인하고 구체적이며 실현 가능한 목표를 설정한다.

② 교재 분석을 통하여 교재의 중심 가치를 규명하여 그에 따른 기본 요소를 파악하고 정선한다.

③ 목표와 중심 가치 및 기본적인 요소를 일관성을 재검토하고 학습할 구체적인 사상까지 밝혀 교재의 구조화를 시도한다. 여기서 특히 유의할 점은 교재의 정신과 현실 생활과를 직결하는 문제이다.

④ 기본 요소나 학습 내용 별 소요 시간을 배정한다.

ㄴ. 제2단계(이동·학생의 실태 파악 단계): 아동·학생의 실태와 현실적인 요구를 파악하고 교재의 계열과 학습자의 인식 과정을 통합을 목표로 아동·학습자의 입장을 연구한다.

① 아동·학생의 실태 파악에 의하여 필요하고 적절한 자료의 정선과 활용 방법을 연구한다.

② 자료의 수집 방법을 구상한다.

③ 아동·학생의 기성 경험 즉 교재에 의한 과거의 경험이나 일상생활의 경험 상황을 파악한다.

④ 아동·학생의 능력, 흥미, 개인차, 필요성, 요구, 발달의 특징을 파악하고 교재와 방법적인 통합을 시도한다.

ㄷ. 제3단계(방법적인 구조의 파악 단계): 합리적이고 능률적인 형태나 기술을 구상하여 수업의 전체적인 구조를 시도하는 것으로서, 지도 방법적인 연구이다.

① 아동·학생의 심리적인 조건과 그의 활동을 최대한으로 보장할 수

있고, 또 교재의 성격이나 지도 의도에 따른 교수·학습 과정과 형태를 선택한다.

② 학습 활동의 평가 및 확인의 요령을 구상한다.

③ 판서의 요령을 계획한다.

④ 차시 학습을 위한 과제 제시의 요령을 사전에 세운다.

⑤ 목적에 따라 자료 제출의 시기와 요령을 구상한다.

⑥ 방법적인 구조를 시도한다.

ㄹ. 제4단계(수업의 구조적 파악): 수업은 보통 교재, 아동·학생, 교사, 환경의 4개 요인의 함수라고 한다. 이 4개 요인의 기능적인 함수 관계가 합리적이고 체계적이고 종합적으로 조직하는 것이 수업의 구조화이다. 즉 아동·학생의 실태 위에서 교재의 구조와 방법의 구조를 통합하는 것이 수업의 구조이다. 요약하면 수업의 목표 내용(무엇을), 수업의 과정(어떤 순서로), 수업의 방법(어떤 수단으로) 등의 세 입장을 바르게 구조화하고 다시 유기적 관계를 맺어 통일하여 수업 전개에 활용할 수 있도록 한다.

ㅁ. 제5단계(교수·학습안 작성 단계): 교수·학습안의 작성은 교재 정선과 구조화 연구의 마지막 단계로서 교재 연구의 결과를 융통성 있는 형식과 기술 방법에 의하여 교수·학습 지도의 예상안 또는 수업 가설로서 면밀하게 작성한다.

이상의 단계는 오늘날의 실정에서 좀 더 보완해야 할 사항이 있기는 하지만, 교재 연구가 이루어지는 기본적인 과정을 적절하게 소개한 것으로 볼 수 있다.

교재 연구에서는 교육 목표에 따른 교수·학습 자료를 선별하고 조직하는 활동이 중요하다. 특히 국어과 교재가 국어 사용의 실재적 경험을 확장하고 그 작용을 익힐 수 있도록 조직되기 위해서는 교재에 대한 유연한 태도가 필요하다. 더욱이 국어과 교육 환경의 변화나 교육 매체의 발달은 기존의 교과서 중심의 교육만으로는 제대로 된 국어과 교육을 수행할 수 없게 만든다. 예를 들어 '통신 언어 및 인터넷 매체'와 관련된 교육의 경우, 제7차 교육과정이나 교과서에는 초보적인 수준의 교육 내용만 담겨 있다. 오늘날의 다양한 매체 환경에 적응할 수 있는 교육 내용이 교재에 반영되지 못한 상황에서 교과서만을 대상으로 교육을 진행한다면, 21세기에 19세기 교과서를 가르치는 현상이 반복될 뿐이다. 따라서 교수·학습 자료에 대한 개방적인 자세가 요구된다.

이와 같은 입장에서 교육부(1999: 135~136)에서는 '교수·학습 자료'에 대하여 다음과 같이 진술하고 있다.

[교수·학습 자료]

ㄱ. 국어 교과서는 국민 공통 기본 '국어' 교과의 특성을 살려 국어 사용 능력을 균형 있게 향상시킬 수 있도록 '듣기', '말하기', '읽기', '쓰기', '국어 지식', '문학'이 균형 있게 다루어지도록 한다.

국어과 교수·학습 자료 중 가장 전범이 되는 자료는 교과서이다. 교과서에서는, 국어과의 여섯 영역 중에서 어느 특정한 영역의 교육 내용을 지나치게 강조하여 다루기보다는 여섯 영역의 교육 내용을 균형 있게 다루되, 각 영역의 교육 내용이 서로 유기적으로 관련지어야 할 할 것이다.

ㄴ. 교과서 등 교수·학습 자료에 사용되는 제재는 가급적 제7차 교육과정이 추구하는 인간상과 '4. 교육과정 편성 운영 지침'에 제시한 '도덕 교육, 인성 교육, 환경 교육, 경제 교육, 근로 정신 함양 교육, 진로 교육, 통일 교육, 한국 문화 정체성 교육, 세계 이해 교육, 해양 교육' 등을 반영할 수 있는 내용으로 선정한다.

ㄷ. 학습자의 다양한 경험 세계, 필요와 요구, 개인차, 지역 사회의 사회적

문화적 특성 및 전통을 고려하여 교과서 이외의 자료를 활용할 수 있다.

특히 교과서 이외의 학습 자료 활용과 관련하여, 심화·보충 학습 자료의 개발은 교육청이나 학교 단위의 활동을 강조하고 있는데, 그에 대한 진술은 다음과 같다.

[보충·심화 학습 자료]

ㄱ. 보충·심화 학습을 위한 자료는 교육과정의 학년별 내용, 학습자의 흥미, 발달 단계, 경험 세계를 종합적으로 고려하여 구성한다.

ㄴ. 보충·심화 학습을 위한 자료는 여러 가지 유형의 국어 자료를 활용하되, 특히 문학 작품을 폭넓게 읽을 수 있는 기회를 제공한다.

이러한 흐름은 2007 교육과정에서는 영역별 개별 성취 기준의 '담화(글)의 수준과 범위'를 정하는 방식으로 나타났다. 다음을 살펴보자.

[성취 기준-내용 요소: 담화(글)의 수준과 범위]

【9-문법-(1)】 언어의 규칙성, 사회성, 역사성, 기호성, 창조성 등을 이해한다.

【내용 요소의 예】

- 언어의 규칙성, 사회성, 역사성, 기호성, 창조성 등의 개념 이해하기
- 언어의 다양한 특성 이해하기
- 언어와 문화의 관계 이해하기

【언어 자료의 수준과 범위】 언어의 특성을 설명하는 언어 자료

언어의 특성을 설명하는 글, 언어 관련 문제를 다룬 신문이나 방송 기사문, 언어 관련 문제를 다룬 이야기나 수필 등을 언어 자료로 제공할 수 있다.

이에 비해 2009 교육과정에서는 각 영역의 성취 기준별 '담화와 글'을 지정하지 않고, 학년군별 '자료'를 제시하는 방식을 취하였다. 예를 들어 중학교군의 '국어 자료'는 다음과 같다.

[중학교군 국어 자료]

중1~3학년군

(담화)
- 시사적 내용이나 청소년에게 도움이 될 만한 내용을 다룬 강연이나 강의
- 소개할 내용이나 대상의 특성이 잘 드러난 담화 자료
- 설득 전략이 잘 나타난 텔레비전이나 라디오, 인터넷에 나오는 광고
- 일상생활이나 학교생활에서 나타나는 다양한 문제를 다룬 토의, 토론
- 사과, 감사, 거절, 위로하는 상황의 대화 자료
- 말하기 방식의 차이를 보여 주는 다양한 매체 속의 대화 자료
- 설득을 목적으로 사진, 그림, 도표, 동영상 등을 활용한 발표 자료
- 문화, 역사, 전통의 차이로 인해 발생한 지역 방언, 사회 방언 관련 자료
- 서로 다른 주장으로 인해 생긴 문제나 그 해결 과정을 다룬 협상 자료
- 전통적 말하기 방식이 잘 드러난 담화 자료

(글)
- 학습자의 지식과 경험, 수준에 맞는 설명문
- 비교·대조, 분류, 분석, 정의 등의 설명 방식이 잘 나타난 설명문
- 관찰, 조사, 실험한 내용을 바탕으로 절차와 결과가 드러나게 쓴 보고하는 글
- 의견의 차이가 드러나는 문제에 대해 타당한 근거를 들어 주장하는 글
- 학교나 지역 사회에서 일어난 일을 소재로 하여 건의하는 글
- 주장과 근거가 분명한 논설문이나 시평
- 글감이나 대상이 같은 둘 이상의 사설, 기사문
- 시대적, 사회적 배경이 잘 드러나는 글, 전기문이나 평전
- 생활 체험을 바탕으로 자신의 생각이나 느낌을 담은 수필
- 자신의 삶을 성찰하는 자서전이나 삶에 대해 계획하는 글
- 읽기의 과정과 원리를 설명한 글
- 매체 특성이 잘 나타난 문자 메시지, 전자 우편, 인터넷 게시판, 블로그 등

(문학 작품)
- 인물의 내면세계, 사고방식, 느낌과 정서 등이 잘 드러난 작품
- 보편적인 정서와 다양한 경험이 잘 드러난 한국·외국 작품
- 사회·문화·역사적 상황이 잘 드러난 작품
- 한국의 대표적인 문학 작품
- 비평적 안목이 뛰어난 비평문
- 삶에 대한 고민이나 성찰을 담고 있는 다양한 매체 자료

국어과 교육의 효율을 높이기 위해서 교육과정에서 제시한 원칙을 바탕으로 다양한 교재 개발을 할 수 있다. 이러한 차원에서 박인기 외(2000)에서는 '미디어 텍스트'에 대한 교재화 가능성을 제시한 바 있다. 이 책에서 다룬 대상은 텔레비전, 광고, 만화 영화 등이다. 그 가운데 비판적 사고력 신장을 위한 텔레비전 텍스트의 교재화 전략[2)]을 요약하여 소개하면 다음과 같다.

[텔레비전 텍스트의 교재화 전략]

ㄱ. 사실과 의견 구분하기: 사람들은 자신의 이해 관계나 무지에 의해 의도적·무의도적 진술과 그것들에 대한 자신의 주관적인 가치 판단이 투영된 의견을 혼동하는 경향이 있다.

- 사실임을 증명할 수 있으면 사실, 증명할 수 없으면 의견으로 보기.
- 진술이 사실과 의견으로 구별되는 이유나 근거 제시하기.
- 일반적인 진술이 많을수록 의견에 더 가깝다.
- 구체적인 진술은 사실에 더 가깝다.
- 비언어적 요소에서도 사실과 의견을 구별할 수 있는 단서 찾기.

ㄴ. 정보가 신뢰성 있는지 판단하여 선택하기: 정보의 신뢰성을 확인하려면 먼저 그 정보의 출처가 신뢰성이 있는지 확인해야 한다.

- 정보의 출처 확인하기(사실 정보원, 의견 정보원, 직접 증거 정보원, 간접 증거 정보원)
- 믿을 만한 여러 정보원 중에서 문제의 성격에 따라 가장 타당한 정보를 선택하기.

ㄷ. 주장의 근거가 타당성 있는지 판단하고, 근거를 들어 주장하기: 비판적 사고 능력이란 타당하고 충분한 근거를 사용할 줄 아는 능력이

2) 박인기 외(2000: 264~268)를 요약함.

라고 말할 정도로 타당성 있는 근거 들기는 비판적 사고에서 가장 핵심적인 기능이다.

- 판단의 기초가 되는 근거가 타당한지 확인하기.
- 논리적인 오류가 없도록 증거를 선택하고 통합하기.
- 비형식적인 오류 범하지 않기.
- 사실로부터 어떤 가치 전제도 없이 가치 판단을 끌어내는 오류를 범하지 않기.
- 규범적인 주장의 경우 한 주장 속에서 서로 상반되는 가치 기준이 적용되고 있지 않은지 따져 보기.

ㄹ. 한 가지 문제에 대하여 다양한 관점으로 조망하기.

- 문제에 관련된 개인(집단)을 식별하고 관련 정도 파악하기.
- 문제에 관련된 개인(집단)의 긍정적·부정적 이해 관계 분석하기
- 각 입장의 차이점, 유사점 비교, 대조하기.
- 중립적인 관점을 적용해 보기.

ㅁ. 진술의 모순(편견) 파악하기

- 편견의 의미 이해하기.

ㅂ. 진술에 숨겨진 의도 파악하기

- 어떤 진술에 대해 생략된 가정이나 결론 추론하기.
- 어떤 진술의 숨겨진 의미 찾아내기.

이와 같은 전략을 구체적인 텔레비전 텍스트에 적용한다면, 교과서에 반영되지 못한 비판적 사고 교육이 가능해질 수 있다. 예를 들어 구체적인 토론 프로그램을 대상으로 교재화 전략을 적용해 볼 수도 있고, 드라마의 대화를 교재로 변용할 수도 있다. 특히 텔레비전 광고 텍스트의 변용 가능성은 비교적 많은 사람들에 의해 시도된 바 있으므로, 이에 대한 관심을 기울여 보는 것도 좋을 듯하다.

2. 국어과 수업과 학습 지도안

2.1. 국어과 수업

전통적인 교육 이론에서는 '교수·학습 방법'이나 '교육 방법'이라는 용어 대신 교육 활동을 대표하는 용어로 '수업'이라는 용어를 사용해 왔다. 사실 이 세 가지 용어를 명확히 구분 짓는 일은 쉽지 않다. 학교 중심의 실제적 교육 방법에 관심을 기울인 김민환(2013)에서도 교육 방법의 유형을 고찰하면서, '교육 방법'과 '수업'이라는 용어를 혼용하고 있다.

사전적인 의미에서 '수업(授業)'은 "교사가 학생에게 지식과 기능을 가르쳐 주는 일" 또는 "학습을 촉진시키는 모든 활동"을 의미한다. 이러한 의미 자질을 고려할 때, 수업은 교육 방법과 큰 차이를 갖지 않는다. 그럼에도 학교 교육에서 '수업'이 큰 비중을 차지하는 이유는 '교수·학습' 또는 '교육 방법'이라는 용어와는 달리 '수업'은 제한된 시간과 공간에서 이루어지는 교육 방법으로 쓰일 때가 많기 때문이다. 특히 수업은 학문적으로 접근하는 '교수·학습 방법'과는 달리 '기술적인 면'을 강조하는 용어로도 쓰인다. 수업이 기술적인 성격을 띤다는 점에서 수업 이론은 효과성을 중시한다. 여기서 효과적인 수업이란 학습자의 특성이나 교실 환경을 고려하여 적합한 교수 방법을 찾아 가르치는 것을 의미한다.

효과적인 수업을 위한 가장 좋은 방법은 경험의 축적일 것이다. 대부분의 기술이 그렇듯이, 경험은 기술 연마의 전제 조건이 된다. 그러나 교육 활동이 근본적으로 계획적이고 목적적이라는 점을 고려할 때, 수업 이론을 학습하는 것은 효과적인 수업을 하기 위한 좋은 방편이 될 수 있다. 이 점에서 현대 교육 이론에서 대표적인 수업 이론을 제시한 타일러(R. Tyler)는 『교육과정과 수업의 기본 원리』에서 성공적인 수업을 이끌기 위한 네 가지 질문을 제기한 바 있다.3)

[수업을 성공적으로 이끌기 위한 네 가지 질문]

ㄱ. 학교에서 달성해야 하는 목표는 무엇들인가?

ㄴ. 이 목표를 달성하기 위한 교육 경험들은 어떠한 것이어야 하는가?

ㄷ. 위의 교육 경험들은 어떻게 조직될 수 있는가?

ㄹ. 앞의 교육 목표 달성 여부는 어떻게 평가할 수 있는가?

이들 질문은 수업을 주도하는 교사의 입장에서 교수·학습을 계획하는 과정 및 실천하는 과정에서 끊임없이 제기해야 할 문제들이다. 이러한 질문은 적어도 교사로서의 효과적인 수업 행동이 무엇인지를 이해하게 하며, 수업 실천 이후의 반성을 유도하게 한다.

본질적으로 교사로서 효과적인 수업을 이끌기 위해서는 수업에 영향을 주는 요인을 이해할 필요가 있다. 김민환(2013)에서는 '교사 요인', '학습자 요인', '교육 내용', '수업 과정 및 환경' 등을 제시한 바 있는데, 그 가운데 대표적인 것을 표로 만들어 제시하면 다음과 같다.

[효과적 수업에 영향을 주는 요인]4)

교사 요인	• 교사의 교육관, 학생관, 교육 내용관, 교직관 • 교사의 전문적 지식 소유 여부 • 교사의 수업 전략 • 수업 기술이나 방법 • 교사의 정의적 특성 • 교사의 성별 • 교사의 연령 • 교직 경력 및 교육 경험의 질

3) 이 질문은 김민환(2013: 19)에서 다시 옮겼음.

4) 이 표는 김민환(2013: 53~59)의 설명을 요약하여 정리한 것임. 자세한 설명은 인용한 책을 참고할 수 있음.

학습자 요인	• 인지적 특징: 일반 지능, 학습 적성, 선행 학습 정도, 학습 전략, 습관 등 • 정의적 특성: 동기 유발 정도, 교과에 대한 애착심, 자아 개념이나 효능감, 준비성, 사회성, 교우관계 • 신체적 특성 • 학습자 연령, 성별 • 사회·문화적 배경
교육 내용	• 행동 영역: 인지적 영역, 정의적 영역, 운동·기능적 영역 • 내용 영역: 용어, 사실, 절차, 법칙, 이론
수업 과정 및 환경	• 수업 방법 및 절차: 도입-전개-결말 등 • 수업 매체의 유무, 종류 • 수업 집단의 크기 • 수업 시간

이러한 요인들은 수업마다 동일하게 작용하지 않는다. 그렇기 때문에 교실이나 학교가 바뀔 때, 또는 학년이 바뀔 때마다 교사는 혼란을 경험할 수도 있다. 이는 특정 교과와 관련된 수업도 마찬가지이다. 같은 내용을 같은 학년에게 가르치지만, 그 효과는 동일하지 않다. 그 이유는 수업에 작용하는 요인이 상황마다 달리 작용하기 때문이다.

국어과 수업의 경우도 마찬가지이다. 여기서 고민할 문제 가운데 하나는 '효과적인 수업'과 '학생들이 좋아하는 수업'이 동일한 개념인가 하는 문제이다. 일반적으로 효과적일 경우 학습자의 선호도가 높아지는 것은 자연스러운 현상인데, 각 수업마다 반드시 그러한 결과가 나타나지는 않는다. 적어도 효과적인 수업에서는 '학습자의 반응' 속에 '목표 도달 정도'가 포함되지 않으면 안 된다. 달리 말해 학습자로 하여금 목표 도달 정도를 높이기 위해서는 철저한 '수업 계획'과 교사로서 '수업을 효과적으로 이끌 수 있는 자세'를 갖추어야 한다. 이 점에서 '학습 지도안'을 작성하는 능력이나, '교사 특성'[5]을 이해하는 노력은 매우 중요한 의미를 갖는다.

5) 일반적으로 학생들이 좋아하는 선생님의 자질로는, "열정적인 선생님, 잘 가르치는 선생님, 학생을 이해해 주는 선생님, 동기를 부여하는 선생님" 등이 있다.

2.2. 학습 지도안의 의미

효율적인 국어과 교육을 위해서는 치밀한 계획 수립이 전제되어야 한다. 학습 지도안은 교사의 교수와 학습자의 학습 활동을 효과적으로 진행하기 위한 조직적이고 구체적인 수업 진행 계획을 의미한다.

일반적으로 교수·학습 계획은 장기적인 계획과 단기적인 계획으로 나누어 설정할 수 있으나, 학습 지도안은 구체적으로 이루어지는 수업을 위한 계획안을 의미한다. 이러한 의미에서 고승덕(1997)에서는 학습 지도안의 필요성 및 지도안이 갖출 조건을 다음과 같이 제시한 바 있다.

[학습 지도안의 필요성 및 조건]

ㄱ. 학습 지도안의 필요성

① 그때그때의 지도 목표를 확인하고 그것을 달성하기 위한 구체적인 절차나 방법을 제시해 준다.

② 교재에 바탕을 둔 지도 내용을 명료하게 조직하도록 한다.

③ 학습 지도의 효율성을 높여 주고 교육의 성과를 극대화시켜 준다.

④ 계획적이고 체계적인 학습 지도뿐 아니라 지도를 용이하게 하여 준다.

⑤ 잘 짜인 학습 지도안은 학습의 내용을 풍부하게 해 주고, 학습자의 학습을 용이하게 해 준다.

ㄴ. 학습 지도안의 조건

① 제3자도 해석할 수 있는 지도안일 것

② 활용 가능성(가독성)이 있는 지도안일 것

③ 제3자에게도 풍부한 아이디어나 생각이 떠오를 수 있는 지도안일 것

④ 교사의 품성, 인간성을 느낄 수 있는 지도안일 것

사실 교직 생활을 하면서 학습 지도안 작성은 의무 과제처럼 부여되는 경우도 있다. 이미 존재하는 학습 지도안 양식에 의무적으로 내용을 기입하고, 실제 수업 활동과 지도안이 무관하게 존재하는 경우도 있다. 그렇지만 바람직한 교육 활동은 지도안 작성을 생활화하며, 지도안 자체가 교육 경험의 축적물로 존재할 수 있는 활동이라고 할 수 있다. 이를 고려한다면 좋은 지도안은 일정한 형식적인 조건보다는 교육에 대한 교사의 열정을 반영하는 것이라고 보아도 좋을 것이다.

2.3. 학습 지도안의 내용

학습 지도안에 대한 태도는 교육 환경에 따라 달라진 것으로 보인다. 예를 들어 과거의 학교 현장에서는 학습 지도안 작성을 의무적으로 여겼고, 학교마다 지도안 작성 지도가 학교를 관리하는 사람(교감, 교장)의 입장에서는 중요한 업무의 하나로 간주된 적도 있다. 그러나 최근에는 학습 지도안 작성에도 융통성이 부여되었으며, 그 결과 과거보다 좀 더 적합하고 타당한 교수·학습 활동이 이루어지는 경향이 높아졌다.

이러한 차원에서 학습 지도안에 정해진 형식과 내용을 언급하는 것은 적절한 일이 아니다. 다만 일반적인 수업 계획안을 고려할 때, 학습 지도안에 들어갈 형식적인 조건과 내용을 이해하는 수준에서 지도안 작성 요령을 공부하는 것이 유익할 것이다. 이를 전제로 학습 지도안에 들어갈 내용을 소개하면 다음과 같다.

[학습 지도안에 들어갈 내용]

ㄱ. 교재 및 단원

ㄴ. 단원 지도의 기초: 단원의 성격, 중요도, 가치 등

ㄷ. 단원의 목표: 교재에 대한 교사의 견해(교재관), 수용 방법 등

ㄹ. 단원 지도 계획: 단원 시간 배당, 차시별 수업 목표와 내용, 방법, 매체 등

ㅁ. 본시 목표: 각각의 시간에 해당하는 목표

ㅂ. 관련 단원: 교과 내적 또는 외적인 유기성을 고려한 지도 내용

ㅅ. 본시 지도 계획: 해당 수업과 관련된 지도 계획(수업 과정 포함)

ㅇ. 수업 진행시 유의할 사항

ㅈ. 평가 계획

이상의 내용은 학습 지도안 작성에서 고려할 기초 항목들이다. 따라서 좀 더 다채로운 학습 지도안을 작성하고자 한다면, 정해진 틀보다는 적극적인 교재 연구를 바탕으로 여러 항목을 추가하여 작성할 수 있다. 이러한 차원에서 김일병(2004)에서 다채롭게 소개한 영역별 교수·학습의 실제 자료도 큰 도움이 될 것으로 보인다.

2.4. 학습 지도안 작성 과정

학습 지도안 작성은 '교육 목표 확인 → 교육 계획 확인 → 교재 및 단원 설정 → 단원 목표 확인 → 단원 지도 계획 수립 → 각 수업별 목표 설정 및 수업 방법 결정 → 수업 평가 방식 결정' 등의 순서로 이루어진다. 이와 같은 원리는 각 학년별 '교사용 지도서'에 비교적 자세히 설정된 바 있으나, 엄밀히 말한다면 교사용 지도서는 교사 개개인의 교육 활동을 지나치게 구속하는 면이 있으므로, 좀 더 창의적인 교재 연구를 통하여 좀 더 나은 학습 지도안을 작성할 수 있도록 노력하는 것이 좋다. 이러한 입장에서 김일병(2005)에서 제시한 영역별 교수·학습 과정안은 현장 교사들이 창의적인 학습 지도안을 만드는 데 도움이 될 것으로 보인다. 이 책에서 제시한 과정안 작성의 원리는 다음과 같다.

[영역별 교수·학습 과정안 작성까지]

ㄱ. 영역별 본질, 원리, 태도에 대한 이해: 각 영역의 특성(본질), 목표, 학년별 지도 내용, 영역별 핵심 지도 내용(핵심 지도 내용 선정, 조직, 배열의 기본 원리 이해 및 체계 이해), 수업 모형 결정, 영역별 교수·학습의 일반적인 유의점 이해.

ㄴ. 교수·학습 과정안 작성

① 단원의 성격

② 단원 학습 목표 진술

③ 단원 학습 계획(차시별): 단원명, 시간, 학습 내용, 학습 자료 진술

④ 지도상의 유의점 진술

⑤ 본시 교수·학습 지도안 작성: 소단원명, 차시, 학습 목표, 수업 진행 과정과 내용 진술

⑥ 판서 계획을 비롯한 각종 자료 준비 상황 진술

⑦ 수업 평가와 관련한 사항 진술

⑧ 학습 보조 자료 관련 사항 진술

이러한 사항 이외에도 경우에 따라서는 필요한 내용을 더 첨가할 수도 있다. 그렇지만 좋은 학습 지도안은 다른 사람이 실행하더라도 질적으로 큰 차이가 없는 교육을 가능하게 하는 지도안이라는 점을 고려할 때, 교사의 인상이나 주관보다는 좀 더 객관적인 입장에서 지도안을 작성하는 것이 좋을 듯하다.

▌참고 1▐ 학습 지도안 작성의 실제[6)]

1. 대상학년 및 교과서

1) 대상학년: 중학교 1학년
2) 교과서: 천재교육(노) 국어① * 2009 개정에 따른 교육과정

2. 영역 및 단원의 개관

영역	대단원	소단원
문법	3. 간추리고 나누기	(2) 단어의 갈래

1) 단원 설정의 이유

오늘날 우리는 수많은 정보가 담긴 글을 접하며 살아간다. 이와 같은 상황에서 자신이 원하는 정보를 글에서 적절하게 간추려 내는 일은 매우 중요하다. 그리고 단어는 이러한 글을 이루는 기본 단위이다. 단어의 갈래인 품사를 알고 각 품사의 특성을 이해하는 일은 우리말에 대한 관심을 높이고 올바른 국어 생활을 하는데 도움을 준다. 그래서 품사의 개념과 특성을 탐구하여 품사별 특성에 맞게 단어를 바르게 사용하는 능력을 기르는 것은 올바른 국어 생활뿐만 아니라 읽기 능력 향상에도 도움이 된다.

---

6) 이 자료는 단국대학교 교육대학원 국어 교육 전공 변지현 학생이 교내 교수법 경진대회 참가용으로 작성한 것을 작성자의 허락을 받아 수록하였음. 작성 과정에서 노미숙 외(2013), 『중학교 국어』 ①(천재교육)의 교사용 지도서를 참고하였음을 밝힘.

2) 대단원의 학습목표

3. 간추리고 나누기	• 글의 중심 내용을 간추려 요약하며 읽으면 읽기 능력을 향상할 수 있다. • 단어를 분류하고 각 품사의 특성을 파악하는 것은 올바른 국어 생활에 도움이 된다.

3) 소단원의 학습목표

(2) 단어의 갈래	• 품사의 개념과 분류 기준을 설명할 수 있다. • 품사의 갈래와 특성을 설명할 수 있다. • 품사의 특성을 고려하여 단어를 적절하게 사용할 수 있다.

4) 소단원 구성의 방향 및 소단원의 핵심 사항

(1) 품사의 개념과 분류 기준을 파악하고 각 품사의 특성을 이해하여 실제 문장에서 각 품사들의 역할과 활용을 파악 할 수 있도록 구성되어 있다. 또한 단어의 갈래인 품사의 학습 효과를 설명하여 품사를 학습해야 하는 필요성을 일깨우고 있다.

(2) 소단원의 핵심사항

단어	**분류**	대상을 일정한 기준에 따라 종류별로 나누는 것
	품사	단어를 기능, 형태, 의미에 따라 나눈 갈래
올바른 국어 생활		단어의 갈래인 품사를 알고 각 품사의 특성을 이해하는 일은 국어에 대한 관심을 높이고 올바른 국어 생활에 도움을 준다.

3. 소단원 교수·학습 운영 방안

1) 단원 학습 계획(5차시)

차시	교수·학습 내용
1	• 품사의 개념 알기
	• 분류 기준-'형태 변화'
	• 분류 기준-'기능'
	• 분류 기준-'의미'
2	• 명사, 대명사, 수사 개념과 특성 이해하기
	• 체언 개념과 특성 이해하기
3	• 동사, 형용사의 개념과 특성 이해하기
	• 용언의 개념과 특성 이해하기
4	• 관형사, 수사의 개념과 특성 이해하기
	• 수식언의 개념과 특성 이해하기
5	• 조사(관계언)의 개념과 특성 이해하기
	• 감탄사(독립언)의 개념과 특성 이해하기

2) 소단원 지도상의 유의점

(1) 학생들이 익혀야 할 개념과 용어들이 많이 등장하므로 중간 중간 이를 확인하며 정리해주도록 한다. (반복학습 및 복습활동 중시)

(2) 학생들의 학습 부담을 고려하여 각 품사의 특성에 대해 지나치게 깊이 있는 설명은 피하도록 하는 것이 좋다. (이해수준 고려하기)

(3) 학생들이 손쉽게 접할 수 있는 일상 언어 자료를 활용하여 소단원의 학습 내용이 학생들의 실제 언어생활과 결코 유리되어 있지 않음을 알 수 있게 한다. (지식의 실용화)

(4) 교과서에 제시된 예가 아닌 다른 단어들의 품사를 파악해야 할

경우에는 사전에서 도움을 얻을 수 있음을 알려 주도록 한다. (국어사전으로 단어를 찾아보는 방법을 간략하게 일러주기)

(5) 품사에 대한 지식을 습득하는 데 그치지 않고 이를 문장에서 단어를 바르게 사용하는 바탕으로 삼을 수 있도록 지도한다. (지식의 활성화 및 적용 능력 향상시키기)

4. 본시 학습 지도안: 1차시

대단원명	3. 간추리고 나누고	차시	1/5
소단원명	(2) 단어의 갈래	교과서 쪽수	국어 112~115쪽
학습 목표	• 품사의 개념과 분류 기준을 설명할 수 있다.		
자료 및 준비물	• 출석부, 교과서, 노트북, PPT파일, 단어카드 등		

단계 (시간)	학습 요소	교수·학습 활동: 교사	교수·학습 활동: 학생	수업 형태	지도상 유의점
도입 (4′)	학습 환경 및 분위기 조성	• 수업 5분 전에 교실에 들어가서 수업자료(PPT, 단어카드 등)를 준비한다. • 단원명과 학습목표를 판서한다. • 수업 종이 울리면 밝은 표정으로 인사하며 학습 분위기를 조성한다. 출석 및 교과서 확인 학습 분위기 조성을 위해 수업 구호를 외친다.	• 수업 시작 전에 교과서를 준비한다. • 수업 종이 울리면 자기 자리에 앉는다. • 밝은 표정으로 인사하고 학습 준비를 한다. - 출석 확인에 대답 - 주변정돈, 바른 자세 - 선생님의 구호에 이어 같이 외친다.	문답	학습 환경 및 분위기 조성 유도
	전시학습 확인 및 단원학습 안내	• 이번 단원과 관련하여 학생들이 초등학교 때 배운 내용을 떠올려 보도록 한다. • 앞으로 배울 내용이 학생들이 이미 배운 내용을 바탕으로 살을 덧붙이는 것임을 알려준다. • 이번 단원을 배우는 이유를 간단하게 설명해 준다.	• 초등학교 때 배운 내용을 떠올리며 교사의 물음에 자유롭게 대답한다. • 중학교에서는 새로운 국어 공부를 하는 것이 아니라 이미 배운 내용에 깊이를 더하는 것임을 이해한다. • 선생님의 설명을 집중해서 듣고, 배울 내용	문답 · 일제 학습	물음에 대한 자유로운 대답 유도 공부에 대한 동기부여

			을 생각해본다.		
	학습목표 제시	• 학습목표의 핵심단어를 중심으로 학습목표를 다 같이 읽게 한다.	• 선생님과 함께 학습목표를 큰소리로 읽는다.		학습목표를 이해하게 함
	동기유발	• 학생들이 직접 분류의 기준을 정하여 교과서 112쪽 '생각깨우기' 활동의 아이들을 두 집단으로 나누어 보게 한다. • 분류 기준을 적절하게 세웠는지 확인해보고, 112쪽 하단 말풍선의 질문을 보면서 학습할 내용을 다시 한 번 생각해보게 한다.	• 나름대로 분류의 기준을 정하여 일정한 기준에 따라 '생각깨우기' 활동에 제시되어 있는 아이들을 분류해본다. • 자신이 정한 분류기준이 맞는지 확인해보고, 말풍선의 질문을 통해 앞으로 배울 내용이 무엇일지 생각한다.	문답 · 개별 학습 · 일제 학습	다양한 분류 기준 유도 활동에 적극적으로 임하도록 독려
정리 (3′)	학습 내용 정리	• 지금까지 배운 품사와 분류의 개념, 그리고 품사를 분류하는 이유를 설명하여 학습 목표를 상기시킨다. • 품사 분류의 3가지 기준을 정리한다.	• 품사와 분류의 개념, 그리고 품사를 분류하는 이유를 정리하며 이해하고, 학습목표를 달성했는지 스스로 이해정도를 점검해본다. • 품사 분류의 세 가지 기준에 대해 확실히 이해한다.	문답 · 일제 학습	학생들의 이해정도를 확인하며 보충설명
	형성평가	• 학습한 내용을 문제를 통해 재점검해본다. (3문제) 1. '품사의 정의'를 빈칸을 완성하여 확인하는 문제 2. 단어를 나누는 기준 세 가지 중 첫 번째 '형태 변화'를 적용하며, 세 가지 기준 모두를 보기를 통해 확인할 수 있는 문제 3. 단어들을 제시하고, 단어들의 공통점을 찾아 단어의 분류 기준 세 번째인 '의미'에 대해 확인해보는 문제	• 배운 내용을 떠올리며, 교과서 여백을 이용하여 문제에 대한 답을 쓴다. • 문제의 정답을 확인하며, 선생님의 설명과 함께 배운 내용을 다시 한 번 정리한다.	문답	배운 내용을 확인할 수 있는 빈칸 넣기, 선다형 문제 제시
	과제 제시 및 차시 예고	• 학생들이 자신들의 형성평가 결과를 부끄러워하지 않도록 눈을 감고 손을 들게 하여 학생들의 형성평가 결과를 확인한다.	• 형성평가 결과에 대해 솔직하게 손을 들어 선생님께 자신의 학습내용 이해정도를 알린다. • 자신의 이해정도에 따라 심화문제와 보충문	문답 · 일제 학습	형성평가 결과에 대해 칭찬과 독려 학생들의 이해정도에 따

		• 형성평가를 잘 푼 학생들에게는 심화문제, 아직 내용을 어려워하는 학생들에게는 보충문제를 제시한다. • 다음 시간에는 각 품사의 갈래와 특성을 배우게 될 것임을 예고한다. • 밝은 표정으로 인사하며 수업을 마무리한다.	제 중 하나를 선택하여 과제물을 챙긴다. • 교과서 116쪽부터 127쪽에 나와 있는 국어의 9품사를 빠르게 훑어본다. • 밝은 표정으로 대답하고 인사한다.		른 과제제시 다음 차시를 예고하여 학습 동기유발

3. 국어과 교수·학습 평가

3.1. 교육 평가의 의의

교육 평가는 교육에 관련된 여러 현상들이 좋은지 좋지 않은지를 판단하여, 그것을 개선할 수 있도록 하기 위한 장치이다. 이 말은 교육 평가의 근본적인 목적이 교육 현상을 개선하는 데 있음을 의미하는 것으로, 적절하고 공정한 평가를 통하여 교육 활동을 발전적으로 이끌 수 있음을 의미한다. 이와 같은 입장에서 교육 평가는 교육 활동을 적절하게 수행하기 위한 자료를 확보하고자 하는 '진단 평가', 교육 활동을 수행하는 과정에서 이루어지는 '수행 평가', 교육 결과를 확인하기 위한 '성취도 평가' 등의 여러 가지 차원에서 이루어질 수 있다. 이와 같은 관점에서 교육 평가는 다음의 세 가지 요소를 반드시 포함하게 된다.

[교육 평가에 포함될 요소(허형, 1977)]

ㄱ. 교육 목표와 관련된 학습자의 정보

ㄴ. 교육과정에서 필요로 하는 학습자의 정보

ㄷ. 교육 활동의 효율성과 적합성을 검증하기 위한 학습자의 정보

위의 정보들은 교육 활동의 전반적인 과정에서 필요한 정보들이다. 곧 활동 이전으로부터 활동 과정, 활동 이후의 성취도를 확인함으로써, 교육 목표나 과정이 적합했는지, 또는 효율적이었는지를 확인할 수 있는 셈이다.

여기에서 유의할 점은 평가의 본질은 교육 활동 자체와 관련한 것이며, 학습자의 좋고 나쁨을 판단하는 데 있지 않다는 점이다. 달리 말해, 평가를 하는 이유는 교육 활동의 적합성과 효율성을 개선하고자 하는 데 있다는 뜻이다. 다만 현실적인 이유로 학습자의 성취도를 기록하고 그것을 활용해야(성적 처리나 선발 자료로 사용) 하기 때문에, 평가만큼 어려운 교육 활동이 없는 셈이다. 따라서 교육 평가가 이루어질 때에는 '타당도', '신뢰도', '객관성', '실용성' 등의 척도를 고려하여 도구를 작성해야 하는 셈이다.

이와 같은 차원에서 국어과의 모든 영역에서 평가의 의의와 원리, 평가 도구 작성 방법 등을 체계적으로 연구하고, 교육 현장에서 이를 활용할 수 있도록 하는 일은, 국어과 교육 연구에서 다른 무엇보다도 중요한 일이 된다. 특히 과정 중심의 교육과정에서는 수행 평가를 중시하게 되므로, 실용 가능한 평가 도구의 개발이 시급하다. 이 점에서 원칙적으로 수행 평가 도구를 획일화하는 것은 바람직하지 않을 뿐만 아니라 가능하지도 않다. 다만, 우리의 교육 현실이 수행 평가 자체도 성취도 평가와 마찬가지로 수치화되어 입학 시험의 근거 자료로 활동될 수 있으므로, 이에 대한 주의가 필요하다.

3.2. 국어과 평가의 원리

3.2.1. 국어과 평가 원리

국어과 평가에 대하여 많은 사람들은 '학업 성취도 도달 여부'라는 기초적인 개념에만 집착하는 경향이 있다. 그러나 엄밀히 말하면 평가는 '목표 도달 정도'만을 측정하는 것이 아니라, 교수·학습의 모든 과정에 관여하는 교육 활동이다. 이러한 차원에서 신헌재 외(2005)에서는 국어과 평가의 두 가지 모형을 제시한 바 있다. 그 중 하나는 '목표 성취 모형'이며, 다른 하나는 '교수·학습과 평가의 상호 작용 모형'이다.

목표 성취 모형의 평가는 근본적으로 '교육 목표 선정 세분화 → 학습 경험 선정·조직 → 교수·학습 과정 → 교육 평가 활동'의 선형적인 순서로 이루어진다. 전통적인 평가에서는 이러한 모형을 사용하여 왔다. 그러나 실질적인 학습 효과를 높이기 위해서는 '교수·학습'과 '평가'의 상호 작용이 중요하다. 이 점에서 상호 작용 모형은 각각의 단계가 서로 영향을 주고받는 관계를 고려한 평가 모형이다.

평가에 대한 관점의 전환은 근본적으로 평가의 주체가 교사뿐만 아니라 학생이나 학부모가 될 수 있으며, 평가 내용도 학업 성취도뿐만 아니라 교수 활동이나 교재, 교육과정 등의 전반적인 교육 활동이 될 수 있음을 확인시켜 주었다. 이러한 관점에서 신헌재 외(2005)에서 설정한 국어과 평가의 원리를 제시하면 다음과 같다.

[국어과 평가의 기본 원리]

ㄱ. 평가 내용에 대한 접근 원리

① 정렬의 원리: 국어과 평가는 국어과 교육과정(목표와 내용), 국어과 수업, 국어 교과서와 유기적으로 연계되어야 한다.

② 실제의 원리: 국어과 평가는 국어 사용의 실제 맥락 중심으로 평가해서 국어 수업 안팎에서 전개되는 학생의 국어 사용 능력 신장에 기여해야 한다.

ㄴ. 평가 방법에 대한 접근 원리

③ 다양의 원리: 국어과 평가는 학생의 국어 능력 발달에 영향을 주는 여러 요인에 관한 다양한 증거를 여러 가지 방법으로 계속적으로 수집해야 한다.

④ 선별의 원리: 국어과 평가는 평가 주체가 협동하여 정보를 수집해야 한다.

⑤ 준거의 원리: 국어과 평가는 외재적인 평가 준거에 조회하면서 진행되어야 한다.

ㄷ. 평가 결과 처리에 대한 접근 원리

⑥ 의사 결정의 원리: 국어과 평가는 학습자의 국어 발달과 관련된 국어 교육 공동체의 의사결정에 기여해야 한다.

⑦ 정보 제공의 원리: 국어과 평가에서는 필요한 사람에게, 필요한 형태로, 필요한 시기에, 적절한 정도로 평가 결과가 제공되어야 한다.

이와 같은 평가 원리는 2009 교육과정에도 반영되어 있다. 2009 교육과정의 '평가'는 '평가 계획', '평가 운용', '평가 결과의 활용'으로 구성되어 있다. 이는 '평가의 목표와 내용'을 한 항목으로 구성한 것일 뿐, 평가가 이루어지는 일반 원리에서 큰 차이는 없다.

[2009 교육과정의 평가]

가. 평가 계획

(1) 영역별 평가 목표와 내용에 적합한 평가 방법으로 학습자의 국어 능력을 타당하고 신뢰성 있게 평가할 수 있도록 계획한다.

(2) 학습자의 표현 능력과 이해 능력, 인지적 요소·행동적 요소·정의적 요소가 균형 있게 평가되도록 계획한다.

(3) 평가 목적, 평가 시기, 평가 상황 등을 종합적으로 고려하여 양적 평가와 질적 평가, 형식 평가와 비형식 평가, 간접 평가와 직접 평가, 선택형 평가와 수행 평가 등이 적절하게 활용될 수 있도록 계획한다.

(4) 평가 계획을 수립할 때에는 다음 사항에 유의한다.

(가) 학습의 과정과 결과를 모두 중시하여 평가하도록 한다.

(나) 교수·학습 과정과 평가를 연계하여 평가하도록 한다.

(다) 국어사용의 실제성을 고려하여 다양한 평가 상황을 설정하고, 영역을 통합하여 평가하도록 한다.

(라) 평가 상황, 평가 방법, 평가 기준을 학습자에게 미리 알려 주어 평가가 국어 학습을 적극적으로 도와줄 수 있도록 한다.

나. 평가 운용

(1) 평가 목표는 지식, 기능, 태도, 실제의 측면을 종합적으로 고려하면서 교육과정의 학년군별, 영역별 '성취 기준'이 잘 반영될 수 있도록 설정하되, 각 영역별로 다음 사항에 유의한다. (…중략…)

(2) 평가 내용은 교육과정의 학년군별, 영역별 '성취 기준'을 근거로 선정하되, 다음 사항에 유의한다.

(가) 평가 내용은 각 영역의 학습 내용에서 균형 있게 선정하되, 학습자의 발달 수준을 고려한다.

(나) 평가 내용은 성취 기준을 지식, 기능, 태도의 측면에서 구체화하고 있는 내용 요소 중심으로 선정한다.

(다) 평가 자료는 해당 학년군별로 제시된 '국어 자료의 예' 위주로 하되, 이와 관련된 것도 다룬다.

(3) 평가 방법은 평가 목표와 평가 내용에 적합한 방법을 취하되, 다음

사항에 유의한다.

(가) 평가 목적, 평가 목표와 내용에 적합하게 다양한 평가 방법과 평가 도구를 활용한다.

(나) 교사의 학습자 평가 외에 학습자의 자기 평가, 학습자와 학습자 간의 상호 평가를 적극적으로 활용함으로써 평가를 유의미한 교수·학습 방법의 일환으로 활용한다.

(다) 영역의 특성, 평가 목표, 평가 내용, 평가 상황 등을 고려하여 선택형 평가, 서답형 평가, 연구 보고서법, 자료철(포트폴리오), 면접법, 토론법, 관찰법 등의 다양한 평가 방법을 적절하게 활용한다.

(라) 평가 목표와 내용, 평가 상황에 따라 필요한 경우에는 다양한 평가 방법을 통합하여 활용한다.

다. 평가 결과 활용

(1) 평가 결과는 학습자의 성취 수준, 국어 능력의 발달 정도를 판단하는 자료로 활용한다.

(2) 평가 결과는 교수·학습 방법, 교수·학습 자료, 평가 도구 개선을 위한 기초 자료로 활용한다.

(3) 평가 결과를 통해 학습자의 성취 수준 이외에 교수·학습에 영향을 끼치는 여러 요인을 분석하여 학습자, 교사, 학부모, 교육 관련자에게 제공함으로써 학습자의 국어 능력을 향상시키는 데 활용하되, 평가 결과 보고 체계를 구체화·다양화한다.

이와 같은 평가 계획, 평가 목표와 내용, 방법 설정, 결과 활용 등은 국어과의 각 영역과 구체적인 교수·학습 과정에 따라 달리 설정될 수 있다.

3.2.2. 평가의 내용과 방법

국어과 평가의 내용은 영역별 목표에 따라 중시할 사항이 달라진다. 2009 교육과정의 '평가 운용'에 따르면, 영역별 평가 목표와 내용은 다음과 같다.

[영역별 목표와 내용]

(가) '듣기·말하기' 영역의 평가 목표는 듣기·말하기 과정을 유기적으로 통합하여 설정하되, 듣기에서는 사실적·추론적·비판적 듣기 능력과 긍정적이고 적극적인 태도 변화에 중점을 두고, 말하기에서는 말할 내용의 생성 및 조직, 정확하고 효과적인 표현과 전달, 상대를 배려하는 태도에 중점을 두어 설정한다.

(나) '읽기' 영역의 평가 목표는 내용 확인, 추론, 평가와 감상, 점검과 조정 등에 중점을 두어 설정한다.

(다) '쓰기' 영역의 평가 목표는 쓰기의 목적, 독자, 주제에 맞게 글을 정확하고 효과적으로 쓰는 능력에 중점을 두어 설정한다.

(라) '문법' 영역의 평가 목표는 문법 지식의 이해와 탐구 및 적용 중심으로 설정하되, 문법 지식의 단순한 암기가 아닌 국어의 구조와 문법의 작동 원리를 파악하고 생활 속에 적용, 실천하는 능력에 중점을 두어 설정한다. 어휘와 어법 관련 평가 목표는 개별 단어의 발음, 표기, 뜻에 대한 정확한 이해, 의사소통 상황에서 어휘 사용의 적절성, 창의적인 어휘 사용 능력, 올바른 어법에 따른 문장 구사 능력에 중점을 두어 설정한다.

(마) '문학' 영역의 평가 목표는 문학 지식에 대한 이해, 문학 작품의 수용과 생산 능력에 중점을 두어 설정한다.

이와 같이 영역별 목표에 따라 구체적인 평가 내용을 확인하며 평가 도구를 제작할 필요가 있다. 예를 들어 김일병(2005: 362)에서 제시한 과정별 쓰기 평가의 내용을 소개하면 다음과 같다.

[과정별 쓰기 평가의 내용]

단계	평가 내용
작문 전 단계	• 글을 쓸 계획을 세우는가? • 독자를 고려하는가?(독자의 흥미, 관심, 능력 등) • 글을 쓰는 목적을 생각하는가? • 주제를 분석 또는 설정할 수 있는가? • 글쓰기의 상황을 고려하고 있는가? • 다양한 작문 전 전략(자유 연상, 생각 그물 만들기 등)을 사용할 수 있는가? • 실제로 아이디어를 적절히 선정할 수 있는가? • 실제로 아이디어를 적절히 조직할 수 있는가?
작문 단계	• 작문 전 단계에서 계획하고 조직한 것을 고려하고 있는가? • 글의 목적을 드러내고 있는가? • 독자에 대해 고려하며 쓰고 있는가? • 내용은 정확하고 풍성한가? • 글의 조직 체계는 적절한가? • 다양한 작문 중 전략(구두 작문, 내리쓰기/얼른쓰기, 협의하기 등)을 활용할 수 있는가? • 적절한 어휘를 선택할 수 있는가? • 적절한 문장을 쓰는가? • 적절한 어조와 문체를 사용하고 있는가? • 자신의 인지 과정을 적절히 점검하고 통제하는가?
작문 후 단계	• 다양한 작문 후 전략(돌려읽기, 훑어보기, 조정하기)을 활용할 수 있는가? • 독자나 글의 목적에 비추어 수정할 수 있는가? • 내용(의미)에 초점을 맞추어 수정하는가? • 글의 조직 체계(일관성, 통일성 등)를 고려하여 수정하는가? • 적절하지 않은 어휘나 문장을 수정할 수 있는가? • 문법적인 오류를 수정할 수 있는가? • 편집이나 출판을 요하는 경우, 편집이나 출판을 적절히 할 수 있는가?

이와 같은 활동은 실제 작문 과정에서 모두 일어나는 것은 아니다. 따라서 현장에서 적절히 선택하여 적절한 평가 도구를 만들어야 한다. 선별된 각 항목에 일정한 기준을 고려하여, 기록하면 평가 도구를 만드는 데도 유용할 듯하다.

이러한 차원에서 평가 도구의 제작은 평가 목표와 내용에 따라 적절하게 이루어져야 한다. 예를 들어 쓰기 평가는 총체적 평가 방법과 분석적 평가 방법을 사용할 수 있다. 이에 대해 교육부(2001)에서는 다음과 같이 진술하고 있다.

[총체적 평가 방법과 분석적 평가 방법]

ㄱ.총체적 평가 방법

① 평가자들이 서로 협의하여 등급 수(예: 3-6)와 등급 판정의 기준을 결정한다.

② 무선 표집한 몇 편의 글을 평가자들이 돌아가면서 읽고, 각 등급을 대표하는 예시 답안을 선정한다.

③ 예시 답안을 참고하여 평가를 하되, 등급 판정에 평가자들 간에 차이가 나면 협의하여 조정한다.

④ 평가를 실시하는 도중 수시로 의견을 교환하여 평가자 간 신뢰도를 높인다.

ㄴ. 분석적 평가 방법

① 평가자는 작문의 질을 결정하는 몇 개의 항목을 설정한다.

② 평가자는 항목별로 3점 척도나 5점 척도로 점수를 부여한다. 이때에는 항목에 따라 가산점을 부여할 수 있다.

③ 항목별 점수를 합하여 평가의 결과로 삼는다.

④ 분석적 평가의 항목으로 널리 사용되고 있는 것은 다음과 같다.

- 내용의 생성, 조직, 표현
- 내용의 질과 범위, 내용의 조직과 표현, 문체 및 표현의 적절성, 독자에 대한 인식 정도
- 주제의 진술, 전반적인 조직, 수사적 기교, 참신성, 세부 내용의 적절성, 필자의 태도 및 문체, 문단의 구성 및 연결, 문장의 정확성과 다양성

- 내용 및 사고(정보의 풍부성, 정보의 정확성, 정보의 관련성, 추론, 종합, 비판적 사고, 대안의 제시), 글의 조직(구조, 결합 관계, 통일성), 문체 및 글의 유창성

평가 도구의 제작은 구체적인 평가 방법을 고려하여 제작된다. 김일병(2005)에서 소개한 쓰기 평가의 유형은 다음과 같다.

[유형별 쓰기 평가 방법]

ㄱ. 선다형 평가: 작문 지식과 관련된 물음에 몇 개의 선지를 두어 답을 고르도록 하는 것으로, 가장 전통적인 평가 방법이다. 평가의 공정성이나 효율성은 높으나 평가 자료의 활용이 어렵고, 실제적인 작문 능력 향상에 도움이 되지 않는 경우가 많다.

ㄴ. 논술형 평가: 실제 한 편의 글을 쓰게 하고, 그 결과물을 평가하는 방식을 말한다. 선다형에 비해 시간과 비용이 많이 들며, 실제 작문 능력을 평가하는 데 적합하다.

ㄷ. 속성 기술법: 작문 과정에서 제한된 시간 내에 일정한 기준을 주고 글을 쓰도록 하는 것을 말한다. 주어진 시간에 따라 완성된 형태의 글이 나올 수도 있고, 단계별 산출물이 나올 수도 있다.

ㄹ. 단계별 산출물 분석법: 쓰기의 과정별로 학생들이 산출해 놓은 자료를 분석하여 작문 능력을 평가하는 방식이다. 쓰기 이전의 브레인스토밍이나 생각 그물짓기 등을 평가할 수도 있고, 작문 단계에서 내용 생성 및 조직하기 능력을 살필 수도 있다.

ㅁ. 교사 관찰형 평가: 학생들의 활동 내용을 교사가 관찰하여 평가하는 방식이다. 이 방식은 교사와 학생의 신뢰도가 전제되지 않으면, 평가의 객관성에 문제가 제기되기 쉽다.

ㅂ. 학습자 상호 평가: 자신의 글을 동료가 읽어 평가하는 방식을 말한

다. 학습자의 상호 교류를 통하여 작문 능력을 향상하는 데 기여할 수 있으나, 때로는 효율성이 떨어지는 것처럼 비칠 때도 있다.

ㅅ. 포트폴리오법: 의학 용어에서 차용한 이 방법은 환자의 병적 기록을 일정한 양식에 모두 기록하는 것과 같이 작문 관련 평가 항목을 일정한 표에 모두 기록하는 방식을 말한다. 이 평가 방식은 장기적으로 진행되어야 한다. 따라서 안정적인 평가 방법이자, 다양한 작문 능력을 평가할 수 있는 방법이나 시간과 비용이 매우 많이 든다. 환자의 병력 일지를 모두 기록한 것을 떠올리면 될 듯하다.

ㅇ. 의미 구성 과정법: 학생들의 글쓰기 행위 자체를 평가의 대상으로 삼는 방식이다.

이와 같은 유형별 평가 방법은 듣기-말하기, 읽기, 국어 지식, 문학의 영역별 특성을 고려하여 제작할 수 있을 것이다.

제5장 교과서의 역사적 연구

1. 근대 계몽기 교과서를 대상으로 한 연구의 경향[1)]

1.1. 서론

이 글은 근대 계몽기(이 글에서 사용하는 근대 계몽기는 1880년대부터 1910년까지의 시기를 의미함) 교과서에 대한 연구의 흐름을 정리하고자 하는 목적을 갖는다. 교과서는 '교과용 도서'의 준말로 특정 교과에 사용하는 교재를 의미한다. 이처럼 교과를 전제로 한 교과서는 내용 면에서 특정 시대와 사회의 교육적 가치를 표상할 뿐 아니라 언어 면에서도 준거가 되는 표준 언어를 담고 있다. 그렇기 때문에 교과서는 다양한 학문 분야의 주된 연구 자료가 된다.

근대 계몽기 교과서에 대한 연구의 흐름은 크게 세 분야에서 진행

1) 이 글은 국어사학회(2011.10.30)의 『국어사연구』 제13집에 발표한 논문임.

되어 온 것으로 정리할 수 있는데 첫째는 교육 제도 및 교재 편찬 실태 조사를 중심으로 한 분야이며 둘째로 국어의 변화를 밝히고자 하는 국어사 분야, 셋째로 교과 교재론의 교육학 분야로 나누어 볼 수 있다.

먼저 교육 제도 및 편찬 실태 조사 등에서는 학제의 도입이나 교육의 발달 정도를 규명하는 데 중점을 두고 있다. 예를 들어 신용하(1974)에서는 최초의 근대 사립학교인 원산학사에 대한 규명 과정에서 초기의 교과서의 실태를 규명하고자 하였고, 이해명(1991)에서는 '개화기 교육 사상'을 규명하면서 근대식 교육과정과 교과서의 성격을 규명하고자 하였다. 이러한 경향의 연구는 교과서의 내용보다 교과서의 존재 자체를 기술하는 데 중점을 둔다.

다음으로 국어사 분야에서는 '개화기 국어'(통설에 따르면 1895년 이후를 현대 국어로 설정하므로, 이 시기에 해당하는 국어사 시대 구분 용어는 주로 '개화기'라는 수식어를 사용함)의 특징을 밝히기 위해 교과서 자료를 사용한 것으로 볼 수 있다. 국립국어연구원(1999)에서 확인할 수 있듯이, 1960년대 이후 근대 계몽기 교과서를 대상으로 한 다종의 연구 성과가 나타나기 시작한다. 이 분야의 주된 연구 대상은 '개화기'의 문체, 어휘, 문법, 음운 등의 특징에 관한 것들이다.

셋째는 교과 교재론의 관점에서 근대 계몽기 교과서의 내용을 대상으로 한 연구 경향이 있다. 이러한 연구는 박붕배(1987)에서 본격적으로 제기된 것으로 보이는데, 근대 계몽기의 교과서의 내용상 특징을 분석 대상으로 한다.

이처럼 근대 계몽기 교과서 연구는 연구 분야와 연구자의 관심에 따라 다양하게 전개되어 왔다. 이는 교과 교재로 활용되는 교과서가 갖는 다양한 성격에서 기인한 것으로, 종합 과학의 성격을 띠는 교육학이나 교육학의 한 분야를 이루는 교과 교재의 성격을 고려할 때

자연스러운 현상이다. 그러나 아직까지도 근대 계몽기 교과서 연구에서는 해결해야 할 문제가 많이 남아 있다. 예를 들어 교과서 연구의 기초 작업에 해당하는 근대 계몽기의 교과서의 위상, 편찬 실태 등도 충분히 규명되었다고 보기 어려운 점이 있다. 더욱이 이 시기 교과서 연구가 대부분 '국어학자'들에 의해 진행되었다는 점은, 교육사 전반이나 교과서의 역사 전반을 고려했을 때 이 시기 교과서 연구가 갖는 편협성을 의미하는 것이라고 할 수 있다.

이를 고려하여 이 글에서는 근대 계몽기의 교과서 연구의 흐름을 '서지 및 기초 연구', '국어사적 연구', '교과 교육 분야의 연구'로 나누어 서술하고, 이를 바탕으로 근대 계몽기 교과서 연구가 지향해야 할 점을 제시하는 데 목표를 둔다.

1.2. 서지 및 기초 연구

1.2.1. 근대 계몽기 교과서 제도

근대 계몽기의 교과서에 대한 관심은 박영효의 '개화 상소문'(『일본의 교문서』 제21권)에서 본격적으로 나타난 것으로 보인다. 이 상소문의 여섯 번째 조항에는 '백성의 재덕과 문예를 가르침으로써 통치의 근본을 삼을지니'라고 하면서 "장년학교를 설치하여 한문으로써, 혹은 언문으로써 정치, 재정, 내외 법률, 역사, 지리, 산술, 이화학 대의 등의 책을 번역"할 것을 주청하였다. 이 상소문이 의미하는 바는 '교과'의 개념이 존재하지 않던 전근대 시기의 교육과는 달리, 학제를 도입하고 교과를 설치하면서 이에 따른 교과서 개발이 필요함을 자각한 것이라고 할 수 있다.

이러한 배경에서 1880년대의 교과서의 출현은 '학제'와 '교과' 개념과 밀접한 관련을 맺는다. 신용하(1974)에서 밝힌 바와 같이 우리나라 최초의 근대식 학교는 원산학사로 알려져 있다. 원산학사의 반 편성은 문예반(文藝班)과 무예반(武藝班)으로 이루어졌으며, 문예반에서는 경의(經義)를 중심으로 교수하였고 무예반은 병서(兵書)와 사격술(射擊術)을 중심으로 교수하였다. 또한 '산수, 격치(格致: 物理), 기계 기술, 농업, 양잠, 광채(鑛採: 礦物學), 외국어, 법률, 만국 공법, 지리' 등의 실용 학문을 배우도록 하였다.[2] 이종국(2001)에서는 이 학교에서 사용한 교과서로 『영지(瀛志)』 6권, 『연방지(聯邦志)』 2권, 『기기도설(器機圖說)』 2권, 일본 외국어학 1권, 『영환지략(瀛還志略)』1권, 『법리문(法理文)』 1권, 『대학예비문(大學豫備文)』 1권, 만국 공법 6권, 『심사(心史)』 1권, 『농정신편(農政新編)』 2권이 있었던 것으로 알려져 있다.[3]

원산학사 이외의 관학 기관인 '동문학'(1883)이나 '육영공원'(1886)에서도 교과의 개념을 도입하고 해당 교과에 필요한 교재를 사용했던 것으로 보인다. 다만 이종국(1991: 112)에서는 통역관 양성소인 '동문학'은 다른 교육 기관과는 다른 관점에서 보아야 하기 때문에 공식적인 교과서의 범주에 포함하지 않고 있다.[4] 또한 '육영공원'의 교과와 교과서에 대해서도 구체적으로 밝혀진 바 없기 때문에 그 실체를 규명하는 데는 한계가 있다.[5]

교과서의 발전은 근대식 학제가 도입된 이후부터 본격적으로 시작

2) 원산학사에 대해서는 신용하(1974), 손인수(1980) 등을 참고할 수 있다.

3) 이 기록은 이종국(1991, 2001)을 참고한 것이며, 개별 교과서의 실체는 알려져 있지 않다. 특히 일부 교과서는 교과의 명칭인지 아니면 교과서의 명칭인지도 확인하기 어렵다. 다만 이종국(1991: 111~118)에서는 『농정신편(農政新編)』에 대해서만 자세한 분석을 해 놓았다.

4) '동문학'은 통리교섭통상아문에 설치한 학교로, 김윤식의 『음청사』에 따르면 1882년에 설치한 것으로 나타난다. 이에 대해서는 김경디(2009)를 참고할 수 있다.

5) 육영공원의 교과에 대해서는 구체적으로 밝혀진 바 없으나 오천석(1965)의 길모어 회고담을 참고할 경우, '영어, 자연과학, 수학' 등의 보통 교육에 해당하는 교과가 있었을 것으로 추정된다. 특히 헐버트의 『사민필지』는 육영공원에서 사용했던 지리과 교과서로 추정된다.

된다. 우리나라에서 근대식 학제가 도입된 시점은 1895년 '소학교령' 부터라고 할 수 있다. 이 시기 정부에서는 학부 관제를 개편하여 '편집국'을 두었는데(1895.3.25. 칙령 제46호), 편집국의 주요 사무 가운데 하나가 "국문철자 각국문 번역 급 교과용 도서 편집(國文綴字 各國文飜譯及教科用圖書編輯)"이었다. 관제 개편 이후 공포된 '소학교령(1895.7.19)'의 제15조에서는 "小學校 教科書는 學部의 編輯흔 外에 或 學部大臣의 檢定을 經흔 者롤 用홈"이라고 하여, 교과서 사용의 법적 근거를 마련하였다.[6)]

이처럼 근대식 학제 도입 이후 각 '각교령'(또는 시행 규칙)에 교과서 편찬 및 사용에 관한 규정을 둔 뒤로 학부 편찬의 교과서가 등장하였으나 편찬된 도서가 많지 않았고, 제도적인 정비도 충분하지 않았기 때문에 개인 저술의 교재도 빈번히 사용되었다.[7)] 이러한 예는 다음 자료에서도 확인된다.

[근대식 학제 도입 직후의 교과서 사용 실태 관련 자료]

ㄱ. 평양 소학교에셔 론을 지어 학부로 보닉엿스믹 학도 권면ᄒᆞᄂᆞᆫ 훈령과 시무에 맛당ᄒᆞᆫ 셔칙을 좌와ᄀᆞᆺ치 나려보닉엿다더라 <u>공법회통 두질 틱셔신ᄉᆞ 국한문 다섯질 셔유견문 한권 즁일ᄉᆞ략 열권 아라사 ᄉᆞ략 이십권 심샹소학 열질 대한국디도 두복 젹은 디구 그림 두복과 열흘 문제</u>를 뻐 보닉엿다더라

— ≪뎨국신문≫ 제1권 70호 '잡보', 1898(광무2년).11.2

ㄴ. 빅지학당에셔 작년 납월 방학ᄒᆞᆫ ᄉᆞ이에 영셔 셔칙 슈빅권을 견실ᄒᆞ

---

6) 근대식 교과서 제도와 교과서관에 관해서는 이종국(1991: 69~82)을 참고할 수 있다. 이종국(1991)에서는 교과서를 바라보는 관점으로 '표준 매체로서의 교과서관', '제도 매체로서의 교과서관'을 제시하고, 우리나라에서의 근대식 교과서관이 확립되어 가는 과정을 설명한 바 있다.

7) 개인 저술의 교재를 교과서로 사용할 경우 '학부대신의 검정'을 받도록 하였으나, 통감시대 이전에는 학부대신의 검정이 있었다는 기록을 찾기 어렵다.

엿는대 칙 일홈을 좌에 긔록ᄒᆞ오니 쳠군ᄌᆞ는 그런 셔칙을 어ᄃᆡ셔든지 보시거든 본학당으로 긔별ᄒᆞ시면 특별히 그 후의를 갑겟소 ᄇᆡᄌᆡ 학당장 아펜셜라

카펜터스 을리더 (北米與亞細亞地誌) 파퓨라 싸인쓰(博物誌), 퍼스트 을리더(第一讀本) 써큰 을리더(第二讀本) 더드 을리더(第三讀本) 포드 을리더(第四讀本) 핍드 을리더(第五讀本) 디어그러피(地誌學) 히쓰토리(史記)

— ≪뎨국신문≫, 1900.2.7

이 자료에 나타난 것처럼 학부에서 평양의 소학교에 보낸 교재에는 『공법회통』, 『태서신사』, 『서유견문』, 『중일사략』, 『아라사 사략』, 『심상소학』, '대한국지도', '지도 그림' 등이 있다. 이 가운데 학부 편찬 교재는 『심상소학』뿐이다. 또한 배재학당에서 분실한 다종의 서적은 교과서라고 하기는 어렵지만, 사립학교에서 사용하던 참고용 도서였을 것으로 추정된다. 이처럼 교과서와 참고용 도서에 일정한 제한이 가해지지 않은 이유는 교과서의 편찬, 보급에 관한 전반적인 제도가 확립되지 않았기 때문일 것으로 추정된다.

이에 비해 1906년 이후의 교과서 제도는 통감부의 학정 잠식에 따라 교과서의 편찬·보급을 전면적으로 통제하는 방향으로 전개되었다. 통감부의 교과서 정책은 병합을 전제로 진행되었다. 강윤호(1977)에서 언급한 바와 같이 1906년 3월 21일 통감부에서 개최된 '시정 개선 제2회 협의회'에서 일본인 다와라 마고이치[俵孫一], 가네하라 히로시[幣原坦], 미쓰지 주소[三土忠造] 등이 서기관과 참여관으로 임용되었다. 이는 교과서 편찬·보급에서 통감부의 전면적인 통제가 이루어지기 시작했음을 의미한다. 이러한 흐름 속에서 1908년 8월 28일에는 학부령 제16호로 '교과용 도서 검정 규정'이 공포되었고, 이 규정에

따라 각종 교과서 조사 사업이 진행되었다. 이 조사 사업은 '정치적인 면', '교육적인 면', '사회적인 면'을 기준으로 삼았는데, 그 결과 통감시대의 교과서는 학부 편찬의 것이거나 학부에서 검정을 한 것만 사용할 수 있었다.

이와 같은 흐름을 고려하여 박붕배(1987), 이종국(1991) 등과 같은 선행 연구에서는 근대 계몽기의 교과서 변화를 '갑오개혁 직후'와 '통감시대'로 나누어 진술하고자 하였다. 또한 허재영(2010)에서는 '통감시대'에 초점을 맞추어 통감부의 교과서 통제가 어떤 방식으로 이루어졌는지를 실증적으로 규명하고자 하였다. 이를 고려할 때 근대 계몽기의 교과서 변화는 학제 도입 이전의 교과 미분화기, 학제 도입기, 통감시대로 나누어 살펴볼 수 있다. 이를 정리하면 다음과 같다.[8)]

[근대 계몽기 교과서의 변화 과정]

ㄱ. 교과 미분화기
- 근대식 학교 교육의 필요성 제기
- 원산학사나 육영공원 등의 학교에서 사용한 교과서 출현

ㄴ. 근대식 학제 도입에 따른 교과서 개발기
- 학부 편찬의 교과서 출현
- 개인 저술의 비교적 자유로운 교과서 저술

ㄷ. 통감시대 학정 잠식기의 교과서
- 일본인의 학부 간여 및 교과서 편찬 간섭
- 학부 편찬 교과서를 일본에서 발행함(국어독본, 수신서 등)
- 교과용 도서 검정 규정 발포와 교과서 검정 조사 사업 실행
- 일본문 교과서 편찬 발행(일어독본, 이과서)

---

8) 허재영(2011)에서는 학제 도입기와 통감시대를 중점적으로 다루었다.

- 검정 규정에 따른 검정 교과서의 내용 변질
- 기존의 교과서 가운데 국권회복이나 민지 계발과 무관한 교과서만 인정
- 기존의 교과서 가운데 국권회복이나 민지 계발 등이 들어 있을 경우 불인정 도서로 규정

1.2.2. 근대 계몽기 교과서에 대한 기초 연구

근대 계몽기 교과서를 대상으로 한 여러 학문 분야의 연구는 근본적으로 이 시기 교과서에 대한 기초 연구로부터 출발한다. 교과서와 관련된 기초 연구는 교과서 편찬·보급 실태 조사, 교과서의 발굴·복원 등을 전제로 한다. 근대 계몽기 국어사 자료 연구를 종합 조사한 국립국어원(1999)에 따르면 근대 계몽기 교과서에 대한 실증적인 연구는 강윤호(1968, 1969, 1971)에서 본격적으로 시작된 것으로 보인다.[9) 이 성과는 강윤호(1973)에 종합되어 있는데, 이 책에서 근대 계몽기의 교과서 발행 실태가 체계적으로 정리되기 시작한다.

그 이후 기초 연구 자료로서 아세아문화사(1977)의 '개화기 교과서 총서'가 영인·보급되었다. 모두 20책으로 구성된 이 총서는 수신, 국어, 역사 관련 교과서들이다. 이들 자료 이외에 국어 문법서의 경우는 김민수 외(1977)에 수록되어 있다.

그러나 통감시대까지 발행된 교과서 가운데 아직까지 발굴·보급되지 않은 자료도 상당히 많다. 강제 병합 직후 조선총독부에서 조사한 '교과용 도서 일람(教科用圖書一覽)'은 통감시대까지의 교과서 발행 실

9) 국립국어원(1999)의 자료 목록에는 강윤호(1968)의 '개화기 교과용 도서에 나타난 문체 연구'(『국립도서관 문교부 학술 연구 보고서』 제14호)를 비롯하여 강윤호(1969)의 '개화기 교과용 도서 문장에 나타난 종지법 연구'(『한국문화논총 제14호, 이대 한국문화연구원)가 나타난다.

태를 비교적 상세하게 알 수 있는 자료인데,[10] 이 자료에 따르면 1910년까지 학부에서 편찬한 교과용 도서는 13종 42책이 있으며, 검정 교과서는 33종 47책이 있다. 또한 '교과서 검정 조사 사업'의 결과, 학부에서 인정한 교과서는 모두 40개 교과 305종에 이른다.[11]

이처럼 교과서 발행 실태에 대한 선행 연구에도 불구하고 교과서 자료 발굴 및 서지적인 연구가 체계적으로 이루어진 것은 아니다. 특히 수신, 국어, 역사, 지리 등의 일부 교과를 제외하면 근대 계몽기 교과서에 대한 연구가 거의 이루어지지 않았기 때문에 기초 자료 발굴 및 복원 작업은 더욱 더뎠던 것으로 보인다. 이와 같은 한계를 극복하고자 최근에 와서는 이 시기 교과서 자료를 번역·해제하거나 주요 교과 이외의 교과서를 복원하고자 하는 작업이 시도되는 경향도 있다. 예를 들어 이화여자대학교 한국학연구소(2011)에서 시도한 '근대 계몽기 수신·역사 교과서 번역·해제 작업'이 있다. 이 연구소에서 번역·해제한 자료는 다음과 같다.

[한국학연구소에서 번역한 교과서]

ㄱ. 수신서

1	安鍾和	(初等) 倫理學教科書	隆熙1(1907)	皇城: 廣學書鋪
2	徽文義塾 編輯部	(高等) 小學修身書 全	隆熙1(1907)	京城: 徽文館
3	柳瑾	初等小學修身書	隆熙2(1908)	皇城: 廣學書鋪
4	陳熙星	(普通教育) 國民儀範 全	隆熙2(1908)	京城: 義進社
5	申海永	倫理學教科書	隆熙2(1908)	京城: 普成館.
6	盧炳喜	녀자소학슈신셔 全	隆熙3(1909)	京城: 博文書館
7	朴晶東	初等修身書 / 活版	隆熙3(1909)	京城: 同文社

10) 한국학연구소(1977)의 자료 부분 참고.
11) 이에 대해서는 허재영(2010: 117~120)에서 소개한 바 있음.

8	安鍾和	初等修身教科書	隆熙4(1910)	京城: 廣學書鋪
9	徽文館	普通教科修身書	隆熙4(1910)	漢城: 徽文館
10	徽文義塾 編輯部	(中等)修身教科書	光武10(1906)	京城: 徽文館

ㄴ. 역사서

1	金祥演	(精選) 萬國史	光武10(1906)	發行地不明 發行者不明
2	安鍾和	初等本國歷史, 全	隆熙3(1909)	京城: 廣德書館.
3	鄭寅琥	(初等) 大韓歷史	隆熙2(1906)	京城: 玉虎書林
4	兪承兼	(中等) 萬國史	發行年不明	發行地不明 發行者不明
5	兪鈺兼	東洋史教科書, 全	隆熙2(1908)	京城: 右文館
6	玄采	(普通教科)東國歷史	光武3(1899)	發行地不明 發行者不明
7	玄采	東國史略	光武10(1906)	皇城: 中央書館
8	조종만	(초등) 대한력사 全	隆熙2(1908)	서울: 한양서관

이와 같은 번역 작업은 당시 교과서에 대한 기초 연구뿐만 아니라 국어사적, 국어 교육사적 차원에서 중요한 의미를 갖는다. 제도적 차원에서의 교과서뿐만 아니라 교과서의 내용 확인 및 내용 변화에 대한 실증적인 자료를 제공할 수 있기 때문이다. 이처럼 번역 단계에 이르지는 않더라도 실물 자료를 찾아 복원하는 작업도 기초 연구 단계에서는 중요한 의미를 갖는다. 허재영(2011)에서 복원한 통감시대의 '역사', '지지', '이과', '산술', '박물' 교과서 자료가 이에 해당한다.

이러한 맥락에서 근대 계몽기 수신, 국어, 역사, 지지 이외의 다른 교과의 교과용 도서에 대한 체계적인 접근도 필요할 것으로 보인다. 특히 이 시기의 '교육학'이나 '농업' 등의 교과서는 근대적 지식의 실체를 규명하는 것뿐만 아니라 국어의 어휘사 연구에도 중요한 자료가 될 것으로 보인다.

1.3. 국어사적 연구

1.3.1. 국어사 자료로서의 교과서

국어사나 국어학사의 관점에서 근대 계몽기 교과서를 대상으로 한 연구는 1970년대 이후에 나타난 것으로 보인다. 국립국어연구원(1999)의 조사에 의하면 1970년을 전후하여 강윤호(1973), 이석주(1979) 등의 근대 계몽기 교과서의 표기와 문체에 대한 연구 논문이 나오기 시작하며, 함종현(1975), 박순재(1977), 김억수(1979), 박인권(1980) 등의 석사 논문이 나오기도 하였다.

그러나 근대 계몽기를 대상으로 한 국어사 연구에서 '교과서'만을 대상으로 한 연구는 많지 않았다. 국립국어연구원(1999)에서 정리한 바와 같이 국어사 분야에서는 이 시기(1880~1910)의 국어를 '개화기 국어'로 명명하는 경향이 일반적이었는데, 그 이유는 국어사에서 '현대 국어'의 기점을 1895년 갑오개혁 당시로 정하는 경향 때문이었던 것으로 보인다. 이러한 시대 구분상의 문제점은 홍윤표(1995)에서 제기한 바와 같이, 국어사의 시대 구분 기준으로 음운사가 중시되었기 때문으로 보인다.[12] 특히 '근대 계몽기'의 음운 체계나 음운 현상은 현대 국어와 크게 다르지 않을 것으로 추정되므로, 어휘나 문법에 대한 관심이 고조되기 전까지는 '교과서 매체'만을 대상으로 한 연구 성과가 충분하지 않았다. 이러한 흐름을 나타내는 것의 하나로 국립국어연구원(1999)

---

12) 국어사 시대 구분의 문제점에 대해서는 홍윤표(1995)를 참고할 수 있다. 특히 이 글에서 논의 대상으로 삼은 1880년대부터 1910년대의 국어사적 시대 구분에 대해서는 다양한 이론이 존재할 수 있다. 더욱이 국어사 분야에서 1895년 이후를 현대 국어로 설정하는 문제는 역사학이나 문학사 연구와는 상당한 괴리감을 갖게 하기 때문에 '어휘'나 '문법'을 대상으로 한 새로운 시대 구분이 필요하다는 주장도 나타나고 있다. 홍종선(2000)과 같이 현대 국어를 세 시기로 나누고 제1기 현대 국어(1895~1910)로 설정하고자 하는 경우도 있다.

에 수록되어 있는 이현희(1999)의 자료 정리를 들 수 있다. 이현희(1999)에서는 개화기의 국어사 자료를 다음과 같이 분류한 바 있다.

[개화기 국어 자료]

1. 잡지류: 1896년 ≪친목회회보≫·≪대조선독립협회회보(발월간)≫ 등
2. 신문류: 1883년 ≪한성순보≫ 이후의 신문류
3. 성경류: 1882년 만주에서 발행된 선교사 로스, 매킨타이어 등에 의해 발행된 『예수성교누가복음젼서』 이후의 성경류
4. 가곡집류: 1892년 선교사 존스와 로드와일러의 『찬미가』 이후의 찬송가, 창가집류
5. 기독교 관련 문서 자료: 1882년 『신명쵸힝』 등
6. 불교 관계 문헌 자료: 1896년 『불설아미타경언해』(밀양 표충사 서상암 개간) 등
7. 도교 관계 문헌 자료: 1906년 『공과신격』 등
8. 국어 독본 관계 문헌 자료: 1895년 『국민소학독본』 등
9. 문법 연구서: 1894년 『ᄉᆞ과지남』 등
10. 사전 및 한자·한문 학습서: 1894년 『천자문(갑오판)』 등
11. 문학 관계 문헌 자료: 신소설, 번역 소설류
12. 수신·윤리 관계 문헌 자료: 1894년 『녀ᄌᆞ초학』(진성 이씨 부인 저) 이외의 수신 교과서류
13. 역사 관계 문헌 자료: 1895년 『조선역사』(학부 편집국) 외
14. 지리 관계 문헌 자료: 1895년 『조선지지』(학부 편집국) 외
15. 가정학 관계 문헌 자료: 1896년 『규곤요람』(필자 미상) 외
16. 교육·심리학 관계 문헌 자료: 1895년 『신찬교육학』(기무라지치, 한문현토체) 외
17. 상업·경제학 관계 문헌 자료: 1907년 『상업학』(장지연 역술) 외

18. 정치·외교학 관계 문헌 자료: 1907년 『외교통의』(안국선 역) 외
19. 법률학 관계 문헌 자료: 1905년 『법학통론』(유성준) 외
20. 산술 관계 문헌 자료: 1900년 『산술 교과서』(이상설) 외
21. 생리·위생학 관계 문헌 자료: 1907년 『중등 생리 위생』(임경재 역) 외
22. 박물·동물학 관계 문헌 자료: 1906년 『동물학』(Annie L. A. Baird 역) 외
23. 물리·화학 관계 문헌 자료: 1906년 『신찬 소물리학』(국민교육회 저) 외
24. 광물학 관계 문헌 자료: 1907년 『중등 광물계 교과서』(민대식 역찬) 외
25. 농업학 관계 문헌 자료: 1904년 『한국농업론』(가토마쓰로 저) 외
26. 축산 관계 문헌 자료: 1900년 전후 『마학교정』(군부 편)
27. 수산 관계 문헌 자료: 1908~1911년경 『한국수산지』
28. 삼림학 관계 문헌 자료: 1909년 『최신 삼림학』(의진사 편집부)
29. 의학 관계 문헌 자료: 1907년 『역경사집』(고제완 찬) 외
30. 법령집류: 1896년 『법규유편』(내각 기록국) 외
31. 병서 관련 문헌 자료: 1898년 『보병조전』(무관학교 편) 외
32. 언간독류: 1902년 『증보언간독』(남권희 본) 등
33. 기행문류: 1895년 『서유견문』 등
34. 이두 집성류: 1896년 『군도목』(찬자 미상) 등
35. 기타: 1894년 『봉계집』 등

이상의 분류 체계에서 교과서에 해당하는 것은 8, 9, 12~29이다. 이현희(1999)에서는 이 시기의 발굴된 국어사 자료를 목록화하는 데 목표를 두었기 때문에 '교과서'만을 별도로 떼어내지 않았지만 상당 부분은 교과서에 해당함을 알 수 있다. 이를 고려할 때 근대 계몽기 국어 연구(기존의 국어사에서 '개화기' 또는 '현대 국어 제1기')에서 교과서는 매우 중요한 자료의 하나임을 알 수 있다.

1.3.2. 연구 경향

근대 계몽기[13]의 국어에 대한 국어사적 관심은 문체론적 관점에서 시작된 것으로 보인다. 강윤호(1968)의 연구가 '교과서의 문체'에 대한 관심을 나타낸 것이라면, 김영덕(1969, 1971)은 '성서 번역체'에 대한 관심을 나타낸 연구였다.[14] 문체 연구는 사용 문자, 표기, 어휘, 구문의 종합적인 연구에 해당하므로 근대 계몽기 국어사 연구의 일차적인 관심사가 될 수 있었다.

그러나 근대 계몽기에 대한 국어사적 관심이 충분히 제기되지 않았던 1970~80년대의 음운·표기·문체 연구에서는 교과서만을 대상으로 한 연구 성과물이 나타나지는 않는다. 예를 들어 남기심(1977), 김종택(1983, 1985) 등에서는 교과서 이외의 다른 자료들을 대상으로, 이 시기 한글의 역할이나 표기법 등에 관심을 기울였다.

근대 계몽기 교과서의 문체에 대한 연구는 민현식(1984)에서 처음 제기된 것으로 보인다. 이 논문은 신소설과 교과서를 대상으로 어휘론적 차원에서 문체상의 특징을 규명하고자 하였다. 이러한 맥락에서 김형철(1994)의 경우도 교과서를 포함한 신문과 신소설 자료를 대상으로 이 시기 문체의 주된 특징을 다음과 같은 기준에 따라 정리한 바 있다.

[근대 계몽기 문체의 특징]

ㄱ. 표기 요소: 국문체, 국한문체, 한문체를 중심으로

---

13) 근대 계몽기라는 용어는 역사학의 시대 구분 용어인 '근대'라는 용어와 이 시기 주된 사조인 '계몽성'을 합하여 만들어 낸 용어이다. 국어 문헌을 살펴볼 때 1880년대부터 1910년까지 만들어진 상당수의 문헌들은 근대성과 계몽성을 아울러 나타낸다. 그렇기 때문에 글쓴이는 이 시기를 '근대 계몽기'로 부른다. 그러나 국어사 분야에서 이 용어를 사용한 경우는 없다. 이 글에서 대상으로 삼은 선행 연구들은 '개화기'라는 용어를 사용했거나 아니면 시대 구분 용어를 사용하지 않은 경우가 대부분이다.

14) 이상은 국립국어연구원(1999) 참고.

ㄴ. 어휘 요소: 한자어 사용 비율, 한문투어의 사용 빈도, 전이어(고로, 인하여 등)의 사용 양상

ㄷ. 구문 요소(음절수, 문장 수, 문장 길이, 성분, 서술어 등을 기준으로 분석): 용언의 동명사화, 인용문 표현 구조, 접속 표현의 중복, 상위문의 종결어미 등

이처럼 근대 계몽기의 자료를 통합한 문체 연구에서 교과서만을 대상으로 한 국어사적 연구가 본격적으로 이루어진 것은 정길남(1994)로 보인다.[15] 이 책은 교과서를 대상으로 '음운', '형태', '어휘 및 문체'의 특징을 사실적으로 정리하고자 한 연구 성과물이다. 정길남(1994)에서 논의한 중심 내용을 정리하면 다음과 같다.

[개화기 교과서의 우리말 연구]

ㄱ. 음운

- 자음 표기: 어두 된소리, 종성, 모음 간 -ㄹㄴ-표기, 어중 격음화, 어중 경음화, 어간과 어미의 분리 표기, ㄷ 구개음화, 두음법칙 및 자음접변
- 모음 표기: · 표기, 원순모음화, 전설모음화, 움라우트, 치찰음 아래의 이중모음화, 모음 간의 모음조화
- 문자 사용 양상(표기): 구개음화, 어두의 /ㄴ/ 구개음 표기, 한자 말에서의 어두 /ㄴ/, 원순 모음화 표기, 움라우트, · 소멸에 따른 표기

ㄴ. 형태

- 종결어미: 서술어미(높임의 등급에 따라), 의문어미, 명령형, 청유형,

15) 근대 계몽기 교과서를 대상으로 한 국어사적 분석 사례로는 강윤호(1969)의 '종지법', 강윤호(1970)의 '외래어 표기', 김억수(1979)의 음운·어휘·표기, 정길남(1988)의 인칭 대명사에 대한 연구 사례가 있다.

감탄형

- 인칭 대명사
- 격조사(교과서와 국역 성서를 대상으로 하였음)

ㄷ. 어휘 및 문체

- 어휘와 표기: 본디부터 어형을 달리하는 쌍형어, 음운 변천에 따른 쌍형어, 음운 첨가에 따른 쌍형어, ㆍ소멸에 의한 쌍형어
- 존대어: 궐자 표기, 일인칭 대명사, 이인칭 대명사, 삼인칭 대명사
- 문체적 특징: 어휘 및 문장 사용 양상을 중심으로

이와 함께 '교과서의 표기와 음운 현상'에 대한 이기동(1994), '교과서의 문장과 종결 어미'에 대한 홍종선(1994) 등의 연구도 있었다. 이처럼 근대 계몽기 교과서에 대한 연구는 문체, 음운·표기의 관점에서 제기되었으나 본격적인 연구는 어휘론 분야에서 이루어졌다. 어휘 분야의 대표적인 연구 성과로는 김종훈(1987), 박영섭(1993), 배해수(1994) 등이 있다. 특히 박영섭(1996)은 이 시기 교과서에서 찾을 수 있는 어휘 자료를 수집하여 정리한 것으로, 이 시기 어휘 사용 실태를 이해할 수 있는 연구 성과물이라고 할 수 있다. 이러한 흐름 속에서 송철의 외(2008)과 같은 사전학적 성과물도 나타난다.

이처럼 음운·표기사, 어휘사, 문법사, 문체사 등의 분야에서 근대 계몽기 교과서 자료에 대한 관심이 높아졌으나, 아직까지 이 시기 교과서에 대한 국어사적 연구 성과가 충분한 것은 아니다. 왜냐하면 기존의 연구에서 사용한 교과서는 학부 편찬의 일부 교과서에 국한된 경향이 있었으며, 어휘사적 관점에서 대상으로 삼은 교과서도 충분하지 않았던 것으로 보인다. 특히 이 시기 발행된 교과서가 매우 다양함을 고려할 때, 기존의 연구에서 이루어진 외래어, 신조어, 학술 용어의 등장뿐만 아니라, 1880년대 이전에는 볼 수 없었던 '전위 현상(대등

합성어의 형태소 결합 순서 변화)'이나 '외래어의 유입 경로' 등에 대한 다양한 연구도 가능할 것으로 보인다.

1.4. 교과 교육 분야의 연구

1.4.1. 교과서의 내용 차원

교과서는 교육할 가치 있는 내용을 전제로 편찬된다. 이 점에서 근대 계몽기 교과서의 내용은 그 시대와 사회적 가치를 대변하며, 시대상을 반영한다. 이 점에서 교과서의 내용 분석은 초기의 연구에서부터 중요한 관심사가 되었다.

독본류의 내용 분석은 박붕배(1987) 이후 비교적 다양한 관점에서 이루어졌다. 이해명1991)에서는 『국민소학독본』, 『소학독본』의 주제를 당시에 제시한 교육과정과의 연계 속에서 분석한 바 있으며, 김혜정(2006)에서는 각 독본의 단원별 특성, 주제를 분석하고 교과서로서의 가치를 규명하고자 하였다. 특히 『초등소학』(1906)과 『보통학교 학도용 국어독본』(1907)의 전체 단원을 제재명, 주제, 문종, 분량, 삽화 등을 분석하였다. 또한 김혜정(2006)은 텍스트언어학의 관점에서 독본류 텍스트의 유형을 분류하고, 텍스트가 갖는 사회 문화적 함의를 도출하고자 시도하였다.

수신(도덕)과와 관련된 내용 분석의 성과도 나타났다. 송인자(2007)에서는 근대 계몽기 수신 교과서의 내용을 분석하여 당시 수신 교과서가 지향하던 교육 내용이 무엇이었는지를 분석한 바 있으며, 박병기(2011)에서도 전통적인 윤리 교육과 근대 수신서를 비교하고, 근대 수신서의 양상과 특징을 규명하고자 하였다. 이밖에도 역사과나 지리과와 관련된 내용 분석의 성과도 다수 발견된다.

이처럼 근대 계몽기 교과서의 내용 분석을 통하여 이 시기 교육할 가치 있는 내용(지향점)이 무엇인지를 분석하는 작업은 지속적으로 이루어질 것으로 보인다. 이와 함께 교과서 정책과 관련한 내용 분석 시도도 중요한 의미를 갖는다. 특히 1908년 '교과용 도서 검정 규정' 공포가 갖는 의미는 교과서 내용을 통해서도 적절히 규명된다. 허재영(2010)에서 규명한 바와 같이 『보통학교 학도용 국어독본』(1907)이나 안종화의 『초등 윤리학 교과서』(1907)는 검정 이전의 발행본과 검정 이후의 발행본에서 적지 않은 차이가 나타난다. 그 이유는 검정 과정에서 내용이 수정되거나 일부 내용이 삭제되었기 때문이다.

이와 같이 교과서의 내용 분석은 당시의 시대상을 이해하는 지표로 활용될 뿐만 아니라 교과서에 대한 이데올로기적 접근을 가능하게 한다. 그뿐 아니라 전문 교과나 실용 교과의 경우 해당 분야의 지식 변천사와 근대적 지식의 성격을 이해하는 데도 중요한 자료가 될 수 있다. 예를 들어 이각종(1908)이 저술한 『실리 농방신편(實利農方新編)』의 '시서(是書) 독자(讀者) 제군(諸君)에게'의 한 부분을 살펴보자.

[是書讀者諸君에게]

(…前略…) 小生이 此에 留意ᄒᆞ야 數種의 農學書籍을 探究ᄒᆞᆷ이 有時에 解識이 畧有ᄒᆞ더니 今에 此ᄅᆞᆯ 草記ᄒᆞ고 且 日本 技師 中 城氏所著 實地農學書 中 我國 事情에 適合ᄒᆞᆫ 者ᄅᆞᆯ 譯述ᄒᆞ야 一書ᄅᆞᆯ 編成ᄒᆞ니 就中 注意ᄒᆞᆯ 者ᄂᆞᆫ

一. 是書의 目的이 論者 學者ᄅᆞᆯ 爲ᄒᆞᆷ이 아니라 廣汎히 實農家의 參考 適用 及普通學校令 第六條 下段에 依ᄒᆞᄂᆞᆫ 加修 農業科 教科에 適合을 爲ᄒᆞᆷ에 在ᄒᆞᆫ 故로 記辭가 極히 平易ᄒᆞ고 事實이 甚히 卑近ᄒᆞ야 農家의 容易 實行ᄒᆞ고 初學生이 尋常 解識ᄒᆞᆷ을 得ᄒᆞᆯ 者만 記ᄒᆞᆷ이오

二. 書中 所記 節侯ᄂᆞᆫ 我國 中部地方을 標準ᄒᆞᆷ이니 實行家ᄂᆞᆫ 各其 地方의 氣候 習慣에 依ᄒᆞ야 斟酌ᄒᆞᆯ지오

三. 月日은 總히 太陽曆을 用홈이니 (…下略…)

근대 계몽기 학부 편찬의 농업과 교과서가 존재하지 않는 상황에서 이 교과서는 이 시기 농업 지식의 실태와 유래, 근대적 농업 지식의 성격, 이를 표현하는 과정에서 나타나는 농사 어휘 등을 이해하는 좋은 자료가 될 것이다.

1.4.2. 교과 교육 차원

근대 계몽기 교과서에 대한 교육학적 관심[16]은 주로 국어 교과 교육 분야에서 이루어졌다.

근대 계몽기 교과서에 대한 초기의 관심사는 편찬 실태 조사로부터 시작되었는데, 강윤호(1973)는 이 시기 교과서의 전모를 밝히는 데 중요한 역할을 하였다. 그 이후 국립중앙도서관(1981, 1982)의 편찬 실태 조사가 있었으며, 박붕배(1987)를 통해 국어과와 관련된 교과서 편찬 실태가 체계화되었다.

이 과정에서 중요하게 다루어진 것은 '교과'의 개념이라고 할 수 있다. 왜냐하면 근대 계몽기 초기의 교과서는 교과가 미분화된 상태에서 개발되었기 때문에 특정 교과용 도서라고 지칭하기 어려운 점도 많았기 때문이다. 이 점에서 근대 계몽기의 교육 제도 및 교과 분화에 대한 선행 연구가 의미를 갖는다. 이러한 성과로 김억수(1979), 박붕배(1980) 등이 있었으며, 이를 종합한 박붕배(1987)가 나오기도 하였다.

16) 교과서에 대한 교육학적 연구는 교과 교육, 교재, 교수·학습 방법, 교육과정 등과 관련지어 이루어질 수 있다. 이종국(1991)에서는 '한국 교과용 도서 관계 논저'를 일람하면서 '총류, 교과서사론(教科書史論), 교육과정·교과서론, 교과서 개발론, 교과서 출판·편집론, 교과서 교수·학습론, 교과서 이념론, 교과서 제도 및 정책론, 교육과정·교과서 국제 비교론, 자료 및 기타'의 열 가지 기준을 제시한 바 있다.

그럼에도 근대 계몽기의 교육 제도 및 교과 정립 과정에 대한 충분한 연구가 이루어진 것은 아니었다. 그렇기 때문에 선행 연구 가운데 교과 미분화기의 교과서에 대한 연구는 교과 간의 경계가 불투명하게 이루어질 수밖에 없었고, 이에 따라 국어과와 수신(도덕과), 역사과가 혼재되는 경향도 있었다.

그러나 최근의 연구에서는 교과의 개념과 교과서의 상관성에 대한 규명이 비교적 철저하게 이루어지고 있는 편이라고 할 수 있다. 예를 들어 윤여탁 외(2005)에서 규명한 바와 같이 근대 계몽기의 교과 개념은 '소학교령' 이후에 정착되었으나, '국어'라는 명칭이 교과명으로 사용된 시점은 이보다 훨씬 늦은 1906년 '보통학교령'에서였다.[17] 따라서 『국민소학독본』과 같은 독본류 교과서와 『수신서』와 같이 특정 교과를 목표로 한 교과서의 용도는 동일하지 않다.

이 점에서 김혜정(2005)에서는 국어과 교재라는 관점에서 근대 계몽기 독본의 '구성 및 주제', '교과서 외적 형식과 문체' 등을 분석하고자 하였다. 이처럼 최근의 근대 계몽기 교과서 연구는 교재의 구성이나 외적 형식, 교수·학습 방법 등의 차원에서 분석하고자 하는 시도가 나타난다.

1.5. 결론

근대 계몽기 교과서 연구는 교과서 편찬 실태 조사를 비롯하여, 국어사적, 국어 교육적 분야에서 비교적 많은 성과를 이루어 내었다. 이 글에서는 근대 계몽기 교과서 연구의 경향을 '교육 제도 및 편찬 실태'의 차원, 국어사적 차원, 교재론적 차원으로 나누어 기술하고자 하였다. 이 글에서 다룬 내용을 정리하면 다음과 같다.

17) 근대 계몽기 교과의 성립 과정에 대해서는 허재영(2010) 제6장을 참고할 수 있다.

(1) 교육 제도 및 교과서 편찬 실태: 기초 연구에 해당하는 실태 조사는 1970년대 이후 비교적 충실하게 이루어져 왔다. 그러나 교과의 개념과 교과서 편찬 실태에 대한 전수 조사가 충분한 것은 아니었으므로, 이에 대한 체계적인 연구는 남은 과제에 해당한다. 특히 1910년대까지 초등, 중등, 전문, 사범학교용 교과서로 출판된 교재는 430종 이상에 해당하므로 이에 대한 전수 조사와 함께 기초 자료 발굴에 힘써야 한다.

(2) 국어사적 연구: 초기의 연구는 표기나 문체에 관한 연구가 많았으며, 교과서만을 대상으로 한 연구 성과는 충분하지 않은 것으로 보인다. 특히 국어사의 시대 구분이 음운사를 기준으로 한 경우가 많았기 때문에 이 시기의 어휘, 문법에 대한 충분한 연구가 이루어지지 못한 점이 있다. 더욱이 교과서의 어휘와 문법에 대한 전문적인 연구 성과는 충분하지 않은 상태에 있다.

(3) 교과 교재론적 연구: 기존의 연구를 종합할 때 교과서의 내용 분석이나 외형적인 특징, 교수·학습 방법, 평가 등과 관련된 연구는 충분하지 않은 상태에 있다. 내용 분석의 경우도 독본류, 수신서 등의 일부 교재에 국한되어 있으므로, 이에 대한 충분한 연구가 이루어질 필요가 있다.

2. 국어과의 작문 교재 변천사18)

2.1. 머리말

이 글은 우리나라 작문 교재 변천사를 통시적으로 기술하는 데 목적이 있다. 전통시대로부터 근대식 학제를 거쳐 오늘에 이르기까지

18) 이 글은 한국어학회(2006) 제39회 전국 학술대회에서 발표한 논문으로, 『한국어학』 제32집에 게재한 논문임.

국어 교육에서 작문 교육이 차지하는 위상은 매우 높았다. 그러나 작문 현상에 대한 학문적 분석의 역사는 그리 오래된 것 같지 않다. 작문 교육사는 작문 교육의 본질, 내용 선정 및 조직, 교수·학습 방법, 교재, 작문 교육 사상 등에 대한 종합적인 검토를 통하여 재구성되어야 한다. 이러한 입장에서 작문 교육사에 대한 선행 연구는 극히 제한적으로 이루어진 셈이다. 이 점에서 이재승(2005)에서는 연구사 검토의 중요성을 다루면서 우리의 작문 교육 연구사를 '태동기(1950년대 이전) → 발생기(1950~1980년 무렵) → 발전기(1980년대) → 도약기(1990년대 이후)'로 설정한 바 있고, 이성영(2005)에서는 교육과정 발전 방향에 따라 작문 교육사를 재구성한 바 있다.

여기에서 우리는 작문 교육사라는 용어와 작문 교육 연구사라는 용어 사이에는 차이가 있음을 확인해 둘 필요가 있다. 왜냐하면 작문 교육사는 작문 교육 현상의 역사를 의미하며, 연구사는 그러한 현상 및 방안을 연구한 역사를 말한다. 따라서 이성영(2005)의 연구는 작문 교육사에 해당하며, 이재승(2005)의 연구는 연구사에 해당한다. 작문 교육사의 맥락에서 허재영(2005ㄱ)은 근대 계몽기에서 건국 과도기까지의 작문 교육 변천 과정을 다룬 바 있다. 이 논문에서는 근대 계몽기 새로운 학제의 도입과 함께 교과목명으로 '작문'과 '서법'이 사용되었으며, 1906년 '보통학교령'에서는 영역명으로 '철법(綴法)'과 '서법(書法)'이 사용되었음을 밝힌 바 있다. 또한 이 시기의 작문 교육은 '언어 사상 일체관'에 따라, 작문의 본질을 '사상 표현의 수단'으로 인식하고 있었음을 밝힌 바 있다. 이러한 사상은 일제강점기 조선어과 작문 교육의 위축으로 나타났으며, 건국 과도기에는 경험·기능적인 차원에서 작문 교육이 부활하고 있음을 밝힌 바 있다. 이러한 연장선에서 교육과정 이후의 작문 교육 변천도 논의할 수 있다. 이 문제는 이성영(2005)에서 비교적 소상하게 다루어진 바 있다.

이러한 흐름 속에서 이 글이 목표하는 바는 작문 교육 변천 과정에 따른 작문 교재 변천사를 기술하고, 이를 바탕으로 작문 교육의 발전 과정을 설명하고자 하는 데 있다. 이와 같은 목표를 달성하기 위해서는 기초 자료의 수집과 정리, 내용 분석 등이 체계적으로 이루어져야 한다. 그렇지만 이 글에서는 내용 분석까지 모두 다루기는 어렵기 때문에 기초 자료의 정리 차원에서 과제를 해결하고자 한다. 기초 자료 수집과 정리의 차원에서 작문 교재를 다룬다고 하더라도 해결해야 할 몇 가지 과제가 있다. 그 가운데 대표적인 것은 '작법(作法)'과 '서법(書法)'의 관계를 어떻게 규정하는가와 학제 이전과 학제 이후를 어떻게 기술하는가, 그리고 학제 이후에도 대학이나 성인을 대상으로 한 쓰기 교재를 어떻게 처리하는가 하는 문제가 남는다. 이러한 차원에서 이 글의 논의 대상은 1) 근대 계몽기로부터 건국 과도기까지의 학교 관련 작법 및 서법 교재, 2) 교육과정 이후의 학교 작문 교재만을 대상으로 한다. 그 이유는 근대식 학제가 도입된 이래로 작문 교육은 작법과 서법의 이원 구조를 갖고 있었다는 점을 중시한 것이며, 궁극적으로 작문 교육 발달은 학제를 전제로 한다는 점을 고려했기 때문이다. 또한 일제강점기 일본어과(당시의 국어과)와 관련된 작문 교재는 논의 대상에서 제외하기도 한다. 그 이유는 일제강점기 일본어 보급의 차원에서 다루어진 일본어 작법 교육은 우리의 작문 교육사에서 무시하기는 어렵지만, 작문 교육 발전의 차원에서 볼 때 특수한 시대 상황이 작용하는 경우이기 때문이다.

2.2. 근대 계몽기의 작문 교재

2.2.1. 작문 교육의 전통

조선 시대의 교육은 체계적인 학제의 운영이나 교재의 개발이 이루어진 것이 아니라, 일정한 연령에 도달하면 그에 맞는 수양을 할 것을 요구하거나 기예를 익힐 것을 요구하는 형태로 이루어졌다.[19] 따라서 공식적인 교육과정이 존재하지 않았으며, 신분이나 성별에 따라 교육 환경이 매우 달랐다. 그러한 과정에서 『몽구』, 『천자문』과 같은 문자 학습용 서적이 만들어졌고, 『동몽선습』, 『동문선습』, 『유문초습』과 같은 아동용 수신서를 비롯하여, 『명심보감』, 『소학』과 같은 수신서가 보편적인 교재로 활용되었다.

이와 같은 교재 가운데 작문과 직접적인 관련을 맺는 교재는 문자 학습류라고 할 수 있다. 문자 학습류는 『천자문』(백수문)과 같이 문자 습득에 필요한 학습서[20]와 『고사성어』, 『사문유취(事文類取)』와 같은 백과사전식 어휘 학습서 등이 있으며, 이러한 서적은 활자본, 활판본(목판), 필사본 등이 매우 다양하게 전해져 온다. 또한 실용적인 차원에서 필지(必知) 및 수지(須知)류의 서적도 문자 학습의 차원에서 작문 교재와 무관하지 않다. 예를 들어 서리를 위한 『유서필지(儒胥必知)』, 여성의 수신을 위한 『여자수지(女子須知)』등이 있다. 이러한 교재는 굳이 작문만을 위한 것이 아니라 문식성(文識性)을 갖추기 위한 교재라

19) 조선시대의 교육과정에 대해서는 이응백(1975: 31~32)을 참고할 수 있다.

20) 『천자문』은 중국 양나라 무제 때 주흥사(周興嗣)가 편찬한 것으로 알려져 있다. 현재 국내의 가장 오래된 천자문은 이기문(1973)의 '광주천자문(1583년판)'으로 알려져 있다. 그 이후 '천자문', '백수문', '주해천자문' 등의 제목으로 수많은 천자문이 제작되었다. 이러한 책은 한자 학습서이지만 그 과정에서 한글을 사용한 경우가 많기 때문에 서법 교육의 차원에서 포함하여 다루어야 할 것으로 본다.

고 할 수 있다. 따라서 전통시대의 교육은 작문과 독서가 분화되지 않은 교육이었으며, 교재 개발도 그러한 사고를 반영한다.

이와 같은 차원에서 전통시대의 작문 교육은 고급 문장(文章)[21]을 짓는 교육으로 이해되었다. 이는 조선시대 양반 계층의 교육과정이 '소학 → 대학 및 근사록 → 경서류' 읽기[22]로 편성되었으며, 이를 통해 궁극적으로는 시문부(詩文賦)나 논(論), 설(說), 표(表), 소(疏) 등의 글을 짓는 것을 목표로 하였다. 이러한 관점에서 전통시대의 작문 교육은 국어를 사용한 작문 교육과는 거리가 있었으며, 독서와 작문이 분화되지 않은 상태의 작문 교육이라고 부를 수 있다. 또한 교육 내용이 한문 문장이나 고급 형식의 글을 창작하는 데 있으므로, 우리말 작문 교육과는 거리가 있다.

그러나 이와 같은 전통 시대의 작문 교육은 근대 계몽기까지 상당한 영향력을 행사하였으며, 그 결과 근대 계몽기의 작문 교재에서도 전통시대의 문장론을 답습하고 있음을 확인할 수 있다.

2.2.2. 근대식 학제와 작문 교재

1895년 소학교령이 발포된 이후 근대식 학제에서는 '독서', '작문', '습자'를 교과목으로 두었다. 이 교과목명은 1906년 보통학교령에서는 '국어'과를 두고, 하위 영역으로 '독법', '철법', '서법'으로 바뀌었으

21) 전통시대의 '문장'은 '시문부'와 같은 글의 체제를 의미한다. 이러한 글의 체제는 '논(論), 설(說), 전(傳), 기(記)' 등과 같은 형식의 글을 포함하여 지칭할 때도 있고, 시문만을 지칭할 때도 있다. 이 점에서 한문 학습에서의 시문 창작이나 '논설전기'류의 창작은 모두 전통시대의 작문 교육과 관련이 있으며, 이를 위해 『여문초습』과 같은 학습서를 만들기도 하였다. 그러나 엄밀한 의미에서 이러한 서적은 우리말 작문 교육과는 관련이 없으므로, 이 글에서는 더 이상 논의하지 않는다.

22) 이응백(1975: 31)에서는 『증보문헌비고』의 '학교조'를 토대로 교육과정을 재구성한 바 있다.

나, 학제 정비 과정임을 고려할 때 '작문'과 '습자'는 교과목명보다는 영역명으로 인식된 것으로 보아야 할 것이다. 이처럼 작문과 습자를 영역으로 둔다는 점은 작문 교육에서 작법과 서법을 이원 구조로 인식하고 있음을 의미한다.

1895년 시기의 작문 교육은 "近으로 由ᄒᆞ야 遠에 及ᄒᆞ며 簡으로 由ᄒᆞ야 繁에 就ᄒᆞᄂᆞᆫ 方法(소학교령 제3조)"을 중시하여 전통시대의 작문 교육과는 다른 방법을 인식하고 있으나, 실제적으로 이러한 사상이 작문 교재의 개발에 이어지지는 않았다. 이 점에서 1906년의 '보통학교령' 아래에서의 국어과 교육은 '철법(綴法=작법)'을 독립된 영역으로 인식하는 계기가 되었으며, 이를 배경으로 작문 교재가 개발되기 시작하였다.

이 시기 개발된 작문 교재로는 원영의(1908),[23] 최재학(1908),[24] 강신상(1908)[25]이 있다. 이들 교재는 모두 한문 문장을 전제로 한 것이지만, 근대식 학문 사상이 자연스럽게 스며들고 있다. 이 가운데 대표적인 것은 원영의(1908)이다. 이 책의 '범례'는 다음과 같다.

[원영의(1908), 『초등작문법(初等作文法)』 범례(凡例)]

一 此編은 孩蒙이 <u>漢文을 讀홀 時에 文字의 組織ᄒᆞᄂᆞᆫ 法則을 曉解키 爲</u>ᄒᆞ야 作홈

一 文法은 蒙學을 易曉케 홈이 必要홈으로 粗淺ᄒᆞᆫ 句語ᄅᆞᆯ 用홈

一 文詞의 實字ᄂᆞᆫ 多ᄒᆞ고 解得키 易ᄒᆞ나 虛字ᄂᆞᆫ 少ᄒᆞ고 通曉키 難홈으

---

23) 이 책은 고영근·김민수·하동호 편(1977), 『역대문법대계』 (2-66)에 수록되어 있다.

24) 이 책은 국립중앙도서관에 소장되어 있다. 융희 2년(1908) 휘문관 발행의 연활자본이다.

25) 이 책은 필사본으로 허재영 소장본이다. 이 문헌은 최재학(1908)을 필사한 것으로 '범례'가 빠져 있다. 이 시기 필사 문헌은 다른 사람의 저서를 자신의 저술인 것처럼 필사(경우에 따라서는 활판 인쇄)하는 경우가 많은데, 예를 들어 최광옥의 『대한문전』은 유길준의 『조선문전』을 필사한 것이다.

로 虛字를 詳說홈

一 用詞의 名義를 國漢文으로 解釋호듸 句語는 漢文을 練習키 爲ᄒᆞ야 不釋홈

一 敎者가 每一節의 一條式을 說明ᄒᆞᆫ 後에 原句中 用詞의 字眼을 書示호듸 字句上下에 空圈을 作ᄒᆞ야 文字를 思索塡充케 홈

一 或數實字를 擧ᄒᆞ야 字類를 分別케 ᄒᆞ며 或數虛字를 擧ᄒᆞ야 句式을 造成케 홈

一 或漢文 原句를 書示ᄒᆞ야 國漢文 或 純國文으로 繙譯케 홈

一 以上 敎法 外에 許多ᄒᆞᆫ 妙用은 敎者의 手段如何에 在홈

隆熙 二年 桂秋 下澣 編述者識(띄어쓰기는 글쓴이)

이 책은 '범례'에 나타나듯이, 한문을 읽을 때 문자를 조직하는 법칙을 바르게 이해하도록 하는 목적에서 저술되었다. 따라서 아동의 수준에 맞는 (조천한) 어구와 용어를 사용한다고 하였으며, 문법사(허사)의 기능을 중시하여 궁극적으로는 국한문이나 순국문을 사용할 수 있도록 하는 데 목표를 두었다. 이를 고려하여 이 책은 어휘의 품사별 구성법을 취하고 있다. 이와 같은 구성은 당시의 문법 연구 수준을 반영한 것으로, 작문 교육이 문법 교육의 연장선에서 이루어지고 있음을 의미한다. 이 점은 이 시기의 다른 작문 교재에 비해 진보한 측면이라고 할 수 있다.

다른 형태의 작문 교재는 문장지남(文章指南)류이다. 최재학(1908)과 강신상(1908)은 모두 『문장지남』이라는 제목을 갖고 있다.

[최재학(1908)『문장지남』'자서']

余之編是書也 客有過而愕然者曰 今天下果非四十世 紀之新天地乎 政治法律 學問 技藝尙矣 莫論 鳥獸草木山川江河 亦莫不逞其新光 彩舊者 日益

澌(시)淺 新者 日益發生 奄過一小紀 六洲 大陸變成桑海 面目凜乎 其不可犯若是其極也 顧乃韓柳歐蘇之輩 出於唐宋之間 不務實地 徒尙虛文 其論彌高而去聖人之道遠 其文章尤巧而背當世之務 益烈 不襯於舊 不襯於新而一周虫小技而已 且夫我韓國文 出於 世宗之睿聖其完全無缺 應用 便易 莫此爲美 今子欲掇拾歐蘇輩餘唾 以敎後進 無乃自誤人而誤者歟 余曰噫 吾豈懵(몽)然不知者今夫天下之文 皆因其國之聲音而成字 言語而成文 便於行用 易於記事也 迺者 漢文出於支那 其聲音判然 言語之不同與吾楚越 然我國自檀箕以來由漢文 以開文明 故數千年來 便成慣習 認若自國固有之文 言語聲音 亦因而染化者多 凡歷史掌故 誥訓政法 以至日用彙倫之間行事之際 周旋往覆名物敎度數拾此莫由故 至於交科之譯述 新學之翻謄 亦必以漢文 作法爲準繩此豈可一朝率変而逐廢哉 近者 日本紳士屢唱漢文之廢止 竟不得逐者 抑亦以此也 況東洋之大局 支那爲其宗主而與我有密接之關係 則捨漢文 將何以情意之相通哉 然則漢文不可廢也審矣 今之學者 不宜如舊時之從事 漢文皓首窮經焚*兀兀欲學爲文章者 但通句讀解文法而止 然通句讀解文法 豈容易可言哉 余 是以緝述此書 点其起承鋪結 以明結搆之法以顔之 以指南者也 客曰 惟 於時付之剞劂 乃驪興閔大植也 隆熙二年 孟冬 編述者 自識(띄어쓰기 옮긴이)

이 책의 '자서'에는 문장(文章)을 바라보는 이 시대 지식인들의 모습이나 문자 사용에 대한 인식이 뚜렷이 나타난다. 달리 말해 전통시대 '문장'의 개념은 식자층의 고급 문장을 의미[26]했으며, 어떤 때에는 당송 8대가의 미문도 허문(虛文)으로 인식되어 실질적인 문장 교육에 도움되지 않는다는 인식이 존재하기도 하였다. 문자 사용의 차원에서도 비록 신시대에 한문 폐지론까지 나타나는 실정이나 한문을 완전히 폐지할

26) 이러한 흐름은 일제강점기 현토(懸吐)류의 『고문진보』 등에 이어진다. 예를 들어 『현토비지고문진보(懸吐備旨古文眞寶)』(1922, 박문서관)의 부록에는 '첩산선생비점 문장궤범(疊山先生批點 文章軌範)'이 실려 있다.

수 없으므로, 진정한 문장 교육은 한문 구절의 해독이나 문법 이해에 그치지 말고, 문장의 기승전결을 이해하여 결구의 법칙을 살피는 데 있음을 천명한 것이다. 이러한 의도는 이 책의 '범례'에 잘 드러난다.

> [최재학(1908)의 '범례']
>
> 一, 此書搜輯 本國及支那文章大家之美玉精金 使高等中學生, 覽一饋自覺古人之作文妙法也
>
> 一, 古人之作文 皆有結構之法 起承鋪結是也 詳言之起 起立一篇之文頭如人頭面眉目貴 其趣旨之明白 承承起頭之意 如人咽喉貴 其斷通善芙鋪承之次鋪出事實 如人心膂貴 其搏關詳悉 結一篇之大旨 如人手足貴 其繁快敏活也(띄어쓰기 옮긴이)

'범례'에 나타난 바와 같이, 이 시기 작문 교육은 문장대가의 글을 모아 옛사람의 작문 묘법을 깨우치게 하는 데 목적이 있었다. 특히 옛사람의 작문법은 기승포결(기승전결)의 법칙을 따르고 있으며, 그것은 인체의 각 부분의 역할과 마찬가지로 인식되었다. 이러한 내용은 수록된 작품의 차이는 있을지라도 강신상(1908)의 경우도 마찬가지로 적용된다.

이를 고려할 때 근대 계몽기의 작문 교육은 전통시대의 문장 대가의 작품을 토대로 한 작문 교육이 대부분이었으며, 우리말과 우리글의 특징을 살린 사상 표현으로서의 작문 교육이 내실 있게 이루어진 것으로 보기는 어렵다. 따라서 근대 계몽기의 작문 교육은 학교령에서 제시한 내용이 실질적인 차원에서 구체화되지 못한 상태에 있다고 보아야 할 것이다.

이러한 차원에서 학교 교육을 위한 교재 개발뿐만 아니라 일반인들이 이용할 만한 수준의 작문 교재 개발도 거의 이루어지지 못한 상황이라고 할 수 있다.

2.3. 일제강점기의 작문 교재

2.3.1. 일제강점기 조선어과 작문 교육

일제강점기의 작문 교육은 일본어과와 조선어과의 하위 영역으로 존재하였다. 이 시기의 언어 교육 사상은 근대 계몽기에 형성된 '언어 사상일체관'을 바탕으로 기능적인 언어관이 가미된 사상이었다. 이는 일본어(당시의 명칭으로는 국어)과의 경우, "國語ᄂᆞᆫ 國民精神이 宿ᄒᆞᆫ 바ㅣ니 또 知識技能을 得케 ᄒᆞᆷ에 缺치 못ᄒᆞᆯ 것은즉 何教科目에 對ᄒᆞ야도 國語의 使用을 正確히 ᄒᆞ고 其應用을 自在케 ᄒᆞᆷ을 期ᄒᆞᆷ이 可ᄒᆞᆷ(〈조선 교육령〉 보통학교 국어과 교수 요지)"이라고 교수 요지를 밝힌 데서도 확인할 수 있다. 그런데 '조선어급한문'과에서는 '국민정신'과 관련된 항목을 삭제한 뒤, "普通의 言語, 文章을 理會ᄒᆞ야 日常의 應對를 ᄒᆞ며 用務를 辨ᄒᆞᄂᆞᆫ 能을 得케 ᄒᆞ고 兼ᄒᆞ야 德性의 涵養에 資ᄒᆞᆷ을 要旨로 ᄒᆞᆷ"이라고 하여, 조선어 교육이 기능적인 차원에서 이루어지도록 함을 분명히 하였다.

이처럼 조선어과의 성격을 기능적인 차원에서 접근함으로써, 조선어과의 하위 영역인 '독서', '작문', '서취' 또한 기능적인 차원으로 접근하게 된다. 뿐만 아니라 이 시기 어문 교육 정책의 중점은 일본어 보급[27]에 있었으므로, 실질적인 차원에서 조선어과 교육[28]이 활성화

27) 이에 대해서는 허재영(2004)을 참고할 수 있다. 일제강점기 일본어 보급 정책은 조선인 학교에서의 교육 용어를 일본어로 하고, 일본어 시간을 늘리며, 다양한 일본어 교재 개발을 통하여 실천되었다. 이 과정에서 개발된 각종 교재 및 강습 자료에 대한 조사를 진행하고 있으며, 그 가운데 일부는 역락에서 〈일제강점기 일본어 보급 정책 자료집〉(총 12책)으로 영인한 바 있다.

28) 일제강점기 조선어과 교육에 대해서는 김규창(1985), 박붕배(1987), 허재영(2004) 등을 참고할 수 있다. 또한 조선총독부에서 개발한 조선어 교과서의 수집 정리는 박붕배(2003)에서 진행된 바 있으나, 이 자료집 또한 완전하다고 볼 수 없다. 따라서 일제강점기 조선어과 교재에 대한 자료 수집 작업도 계속 진행되어야 한다.

되었다고 보기는 어렵다.

이러한 시대 상황을 고려할 때, 조선어과의 각 영역을 가르칠 수 있는 교재 개발이 체계적으로 이루어지기는 어려운 상황이었다. 조선총독부에서는 단지 '조선어급한문'과의 『독본』과 『서방수본(書方手本)』을 개발하는 정도였다. 특히 『서방수본』은 글씨쓰기 교재로서, 일본어, 한문, 한글을 함께 수록하는 경우가 많았다. 이러한 차원에서 일제강점기 조선어과 작문 교재의 개발은 검인정용 교재에 한정되어 있으며, 개발 사례도 극히 적다.

2.3.2. 조선어과 작법 교재

현재 발굴된 일제강점기 작법 교재는 이각종(1911)의 『실용작문법』,[29] 영창서관 편집부(1921)의 『실지응용 작문대방』, 영창서관 편집부(1923) 『학생자작 일선 신작문』, 강련(1931) 『수정 중등 조선어작문법』[30]의 4종이다. 이 가운데 이각종(1911), 강련(1931)은 '조선어급한문'이라는 교과를 염두에 둔 것이며, 영창서관 편집부(1921, 1923)는 교과를 고려하지 않은 교재이다.

이각종(1911)은 '조선어급한문'의 교과를 고려하여 개발한 교재이다. 이러한 의도는 서문에 해당하는 '설대(舌代)'에 소개되어 있다. 이를 옮겨보면 다음과 같다.

[이각종(1911)의 '설대(舌代)']

本書ᄂᆞᆫ 初學者ᄅᆞᆯ 爲ᄒᆞ야 <u>朝鮮語及漢文의 作法大要ᄅᆞᆯ 述ᄒᆞᆫ 者</u>ㅣ니 其材料

29) 이 교재는 초판이 1911(명치44년) 발행되었으며, 글쓴이가 소장하고 있는 판본은 1917년의 재판본이다.

30) 이 책은 강련(姜蓮) 저작, 장지영(張志映) 교열, 박문서관 발행본이다.

를 實地應用에 適合ᄒᆞᆫ 者를 取ᄒᆞᆫ 故로써 實用作文法이라 命名ᄒᆞᆷ이라

從來 朝鮮語及漢文에셔ᄂᆞᆫ 作文의 事實이 有ᄒᆞᄂᆞ 作法上 體製 方式의 研究가 乏ᄒᆞ므로 初學者로 ᄒᆞ야곰 苦勞를 費케 ᄒᆞ야 隨而 實地應用에 自由自在히 ᄒᆞ지 못ᄒᆞᆫ 不便을 生ᄒᆞᆷ은 識者의 同感되ᄂᆞᆫ 바 ㅣ라 故로 本書ᄂᆞᆫ 重히 方法의 教示 及 練習의 便이[用力ᄒᆞ야 讀者 學者로 ᄒᆞ야곰 簡便히 作文의 能力을 得ᄒᆞ기에 務ᄒᆞᆷ이라

敍述이 極히 淺近 明詳ᄒᆞᆷ과 文例의 可及的 實用에 適合ᄒᆞ고 最히 小心平易ᄒᆞᆫ 者를 編入ᄒᆞᆷ은 其意가 實로 初學者의 理解에 適合ᄒᆞᆷ을 爲ᄒᆞᆷ이오 若夫 內容의 稍히 整理되지 못ᄒᆞᆷ은 異日에 閑暇를 卜ᄒᆞ야 修正을 更加코ᄌᆞ ᄒᆞᆷ이라

盖是書ㅣ 엇지 能히 實用作文法된 名分을 盡ᄒᆞᆷ을 得ᄒᆞᆯ 바ㅣ리오 다만 初學者에게 作文 方法의 一斑을 紹介ᄒᆞᆷ을 得ᄒᆞ면 著者의 希望도 亦此에셔 滿足ᄒᆞᆯ지로다

明治 四十四年 辛亥 仲冬 於仁王山下 玉蓮菴 別館 著者識ᄒᆞᆷ(띄어쓰기 옮긴이)

이 글에 나타나듯이, 당시의 조선어급한문 교과에서는 작문 교재가 따로 없었고, 전통적인 작문 교육이 고급 문장류 교육이었으므로, 실제 생활에 적합한 작문 교육이 이루어지지 않는 상황이었다. 이러한 차원에서 초보적인 작법을 소개하고자 하는 의도에서 이 책을 저술한 셈이며, 따라서 책 내용도 기능적인 차원으로 접근하고 있다. 이 책의 상하 양편으로 구성되었으며, 상편에서는 '총론', '수사법', '구성법'을 설명하고, 하편에서는 문체와 글의 유형(사생문, 유세문, 보고문, 송서급서서문(送書及書序文), 변박문, 축하문, 조제문(弔祭文), 금석문, 전기문)에 따른 설명을 하고 있다. 이러한 내용 체제는 앞선 시기에는 나타나지 않는 체제로 작문 현상을 기능적인 차원[31]에서 접근하고 있음을 알 수 있다.

1920년대 개발된 두 종의 교재는 모두 영창서관 편집부 발행본이다. 이 가운데 1921년의 『실지응용 작문대방(實地應用作文大方)』은 근대 계몽기 원영의(1908)와 최재학(1908)의 전통을 계승한 교재이다. 이 책의 서문은 다음과 같다.

[영창서관 편집부(1921) '서(敍)']

或曰 古人制作文字之意 亶出於形容其思意 紀錄其事物 以啓後生欲詔來世者矣 決非傳飾虛辭淫人耳目 而近世以降風運漸變 俗尙崇虛多張體式繁設 名曰其弊也 至有百浪相盪 萬派互磨 雖有名章俊語大篇巨必 如有安之閣序 若東坡之稼說 或有失於體格少 違反於正式 置之覆瓿 視同弁髦 …凡爲含生之類 皆有進化之性向上之心 故也文亦如之 自有文字以來 世代浸遠 事物繁興 抱負瞻富之倫 學識宏博之疇 技必癢於神異 心已馳於骫骳(위피) 以布帛不能成五彩之文…(이하 중략, 띄어쓰기 옮긴이)

이상의 '서'에는 "근세 이후의 풍속과 기운이 변하여 허다하고 과장된 형식의 글을 쓰며 명목만 두는 것이 폐단"이라고 여기고, 진정한 문장을 이루지 못함을 한탄하는 내용으로 이루어져 있다. 이는 비록 이 책의 용도가 뚜렷이 드러나지는 않더라도, 전통적인 문장법을 토대로 문장 작법의 원리를 가르치고자 하는 의도를 갖고 있음을 짐작하게 한다. 이러한 의도는 상편 제1장 '문장의 통론'에서 확인된다.

---

31) 이와 같은 기능적 차원의 접근은 일제강점기 조선어과의 특성을 반영하는 것으로도 생각된다. 이 책의 앞머리에는 문예구락부 총재였던 박영효와 경학원 부제학이었던 이용직의 서문이 들어 있다. 이 두 사람은 일제강점기 친일 행적의 공로를 인정받아 고급 관작을 수여받은 사람들이다. 이 점에서 조선어 작문 교재도 '사상 표현'의 차원보다는 기능적인 차원으로 접근할 수밖에 없었을 것으로 보인다.

[문장의 통론]

文章은 卽言語의 代表라 思想感情을 發表ᄒᆞ기 爲ᄒᆞ야 文章을 創作ᄒᆞᆷ이니 大抵 文章을 作ᄒᆞ려 ᄒᆞ는 者는 必히 古今 書籍을 多讀ᄒᆞ고 天地萬物과 日用事爲에 明瞭 博通ᄒᆞ야 胸中에 許多ᄒᆞᆫ 材料를 豊富히 貯藏ᄒᆞᆯ지며 又는 文字의 運用과 文體의 組織ᄒᆞ는 方法을 解得ᄒᆞᆫ 後에야 筆을 下ᄒᆞ면 自然 縱橫 馳騖(치무)ᄒᆞ야 完全ᄒᆞᆫ 意義를 發現ᄒᆞᄂᆞ니 其 集合ᄒᆞᆫ 文字가 苟히 完全ᄒᆞᆫ 意義를 發現ᄒᆞᆷ에 至ᄒᆞ면 其長短은 不一ᄒᆞᆯ지라도 此를 統稱 文章이라 ᄒᆞᄂᆞ니 文章을 創作ᄒᆞᆷ에는 如何ᄒᆞᆫ 文章을 勿論ᄒᆞ고 總히 四個의 體段을 要ᄒᆞᄂᆞ니 起承舖結이 是라

起는 文頭를 提起ᄒᆞᆷ이니 其趣旨明白ᄒᆞ야 人의 頭面眉目과 如ᄒᆞᆷ이 貴ᄒᆞ고 承은 起句의 意義를 承接ᄒᆞᆷ이니 其法은 善히 疏通ᄒᆞ야 人의 咽喉와 如ᄒᆞᆷ이 貴ᄒᆞ고 舖는 承接ᄒᆞᆫ 次에 創作ᄒᆞ는 事實을 舖張ᄒᆞᆷ이라 或 其條理가 齊整ᄒᆞ며 或 其脈絡이 貫通ᄒᆞ야 人의 心膂과 如ᄒᆞᆷ이 貴ᄒᆞ고 結은 全篇의 文을 收拾結束ᄒᆞᆷ이니 其法은 最히 繁快敏活ᄒᆞᆷ을 要ᄒᆞ는지라 人의 手足과 如ᄒᆞᆷ이 貴ᄒᆞ니 此는 作文家의 四個原則이라[32] …(띄어쓰기 옮긴이)

이처럼 문장의 개념이나 문장의 구조에 대한 인식은 최재학(1908)의 것과 동일하다. 또한 작문의 목적을 "文章의 目的은 自己의 思想을 傳達ᄒᆞᆷ과 讀者의 感興을 喚起ᄒᆞᆷ에 在ᄒᆞ니 讀者의 感興을 喚起코저 ᄒᆞᆯ진ᄃᆡ 必先 自己의 思想을 盡善盡美히 傳達ᄒᆞᆯ지라."라고 인식한 점이나 작문에서 유의할 점을 "一은 意義가 明瞭ᄒᆞᆫ 語를 用ᄒᆞᆯ지오, 二는 言語의 組織을 分明히 ᄒᆞᆯ지오, 三은 言語와 思想이 符合케 ᄒᆞᆯ지오, 四는 重要ᄒᆞᆫ 句節을 明確히 敍述ᄒᆞᆯ지니라."와 같이 설명하고 있는 점은

32) 이 부분은 최재학(1908)의 '서문'과 내용이 같다. 강신상(1908)의 필사본이나 영창서관 편집부(1921, 강희영 편집 겸 발행)의 서문이 같은 까닭은 작문 교재가 극히 적은 상태에서 하나의 판본이 두루 읽혔기 때문으로 보인다.

원영의(1908)의 내용과 유사하다. 뿐만 아니라 작문 능력 향상을 위해 품사를 먼저 설정하고, 수사법과 문장 유형[33]을 설명한 점도 유사하다.

영창서관 편집부(1923)는 학생 자습용의 일본어와 조선어 대역 작문 교재이다. 이 교재의 개발 의도는 다음과 같다.

[영창서관 편집부(1923) '자서']

文章은 다만 文學者에 限ᄒᆞ야만 必要ᄒᆞᆫ 者ㅣ 아니라 如何한 人이든지 自己의 思想의 適當한 言語를 藉(자)하야 適當한 形式으로 表함에 必要한 者ㅣ 文章이라. 故로 此가 能치 못할 時는 必히 師를 求하야 其方法을 硏究치 아니치 못할 것은 論을 俟(기다릴 사)치 아니할지라. 然 이나 百科의 學問을 修得함이 可한 今日에 在하야 읏지 此에만 全力을 傾注하리오. 不得已 簡單하고 且 明瞭한 參考書를 要함은 誰何든지 感하는 바 尤(우)히 日鮮兩文의 活用이 適切한 今日에 在하야 其參考에 供할 만한 書冊이 缺如하얏슴으로 學生界는 勿論하고 其他 一斑社會에 至하기ᄭᆞ지 痛切히 感하는 所以라. 故로 著者ㅣ 本書를 纂述하야 文章을 有意하는 學生諸君과 其他 此에 有意하는 學者의 一覽에 供코자 하는 바이니 倖히 本書를 座右에 置하면 作文上 萬一을 補함이 有할ᄶᅡ 하노라

壬戌之秋 七月 下旬 諫旅破屋에셔 著者 識(띄어쓰기 옮긴이)

'자서'에서 밝힌 바와 같이, 이 교재는 일본어와 조선어 작문을 모두 고려한 것으로 여러 학문을 공부하는 과정에서 필요한 작문 능력을 기르기 위한 목적을 갖고 있다. 이러한 차원에서 이 교재의 내용은 '작문 언어의 선택', '수사', '사상(思想)의 요령', 54개의 글로 이루어져

33) 문장 유형은 문장 체제(文章體製)를 말한다. 이 책에 설정된 문장 체제는 론(論), 설(說), 전(傳), 기(記), 서(序), 발(跋), 제(題), 사(辭), 문(文), 서(書), 찬(贊)의 유형이다. 이러한 유형은 전통적인 문장 형식과 동일하다.

있다. 그런데 이 책에서 사용하는 '사상(思想)'의 개념은 '질서를 갖춘 사고'의 뜻이다. 이는 다음과 같은 설명을 통해서도 확인된다.

[사상(思想)의 요령(要領)]

엇지하면, 秩序잇고, 聯絡잇고, 또 統一이잇는作文이能할는지, 此는그 用意를忘却지아니하고筆을 執함에 在하도다. 그런딕 秩序, 聯絡, 統一의, 세가지를念頭로붓터雙하고는萬能의 手段이有할지라도無效에歸할것이니 特히此에注意하라 (…이하 생략…)

이러한 설명을 바탕으로 할 때, 이 책에 사용된 '사상'은 '질서를 갖춘 사고'의 뜻일 뿐, 언어사상일체관과 같은 정신적인 차원의 용어는 아니다. 이를 바탕으로 54개의 대역문을 수록함으로써 독본과 작문의 기능을 동시에 수행하도록 하였다.

이러한 흐름에서 1930년대 교재로 유일하게 발견된 강련(1931)의 『수정 중등 조선어작문법』은 독본 위주의 작문 교재라고 할 수 있다. 이 책 또한 독본 위주의 작문 교재라고 할 수 있다.

이와 함께, 어느 시기의 것인지 정확히 추정할 수는 없으나 이해조의 『신찬일선작문법(新撰日鮮作文法)』이라는 교재도 존재했음을 확인할 수 있다. 이 교재는 전광용(1954)에서 소개한 바 있는데, 서지 사항이 밝혀져 있지 않으나 '범례'와 주요 내용을 간추려 소개하였다. '범례'를 다시 옮기면 다음과 같다.

[신찬일선작문법의 '범례']

一. 本書는 國語 作文 初學者를 爲하여 簡易히 論述함

一. 本書는 二編에 分하여 上篇에 文章의 性質과 綴字法과 作文의 修飾法과 文章의 解剖法과 文體와 書簡文法을 略述하고, 下篇에는 文典

의 大義를 附하여 作文者 參考에 便宜를 與함

一. 本書의 參考는 古文眞寶, 四書, 野史, 文章學 等을 參照하며 更히 百科全書, 廣問文典, 言解, 日本文典, 日文軌範 等을 比較 存拔하여 著者의 新例를 記入함

一. 諸書에서 採取한 者는 文句 下에 何書 何人의 原文이라 記載하고 著者의 所作한 者는 表示함이 無함

이상의 작법 교재를 통해 확인할 수 있는 것은, 1) 조선어 작법 교재의 개발이 활발하지 않았고, 2) 개발된 작법 교재는 전통적인 고급 문장의 구성 원리를 고려하여 문법 지식을 활용한 문장 짓기를 중심으로 하였으며, 3) 독본을 바탕으로 한 작문 교육 방식을 선택하고 있다는 사실이다. 이러한 사실은 일제강점기의 조선어 작문 교육이 내재적으로 발전하는 데 한계를 보이고 있음을 의미하며, 결국 본격적인 작문 교육은 광복 이후에 진행될 수밖에 없음을 의미하게 된다.

2.4. 건국 과도기의 작문 교재

2.4.1. 건국 과도기의 작문 교육 상황

건국 과도기의 국어과 교육 상황[34]은 빼앗긴 말과 글을 되찾은 시점이라는 점에서, 매우 척박한 상황이었다. 그 가운데 시급한 문제는 국어 교사 양성, 교재 개발 문제라고 할 수 있었다. 이러한 문제를 해결하기 위해 조선어학회가 먼저 교재 개발 및 교사 양성 강습소를 개설하고, 군정청에서도 이를 수용하는 입장을 취했다. 이와 같은 교

34) 이에 대해서는 박붕배(1987), 허재영(2006)을 참고할 수 있다.

육 문제는 1947년 1월 10일 〈교수요목〉이 단들어지면 체제를 갖추기 시작하였는데, 이와 같은 체제 구축이 국어과의 전반적인 문제를 해결하는 데까지 이르지는 못했다. 그렇지만 군정 아래에서의 교과서 검인정 제도, 정부 수립 이후의 국정-검인정 제도의 확립과 함께 교재 개발[35]도 꾸준히 이루어졌다.

이와 같은 교과서 개발은 〈국어〉교과서의 경우, 정부 체제의 정비에 따라 점진적인 변화의 모습을 띠고 있으나, '작문', '문법', '국문학사' 등과 같은 경우는 일관된 기준이 설정되기 전까지는 매우 혼란스러운 모습을 띤다. 더욱이 교과서를 개발하는 상황에서 국어 연구의 경험과 교육 경험의 부족은 교과서의 내용 선정 및 조직의 원리를 체계화하는 데 많은 어려움을 겪게 하였다. 이러한 상황은 작문 교육의 경우 더 심하게 나타난 것으로 보인다. 다음을 확인해 보자.

[고희준·조종하(1947)의 '서문']

… 지금 우리 국어 교육이 걸어 온 길을 돌아볼 때 위선 이 땅의 어린이와 젊은이들에게 우리의 아름다운 말을 알려 주어야 했고, 우리의 훌륭한 글을 가르쳐 주어야 할 것이 급선무(急先務)였기 때문에 자연히 여기에 힘을 기우리게 된 것은 당연(當然)한 일이었다.

그러나 필요(必要)에 따라서, 혹은 마음에 느낀 바 있을 때 언제든 붓을

35) 건국 과도기의 교과서 개발에 대한 전모는 아직까지도 체계적으로 밝혀지지 못한 점이 있다. 예를 들어 허재영(2005ㄴ)에서 밝힌 바와 같이, 이 시기 중등 국정 교과서는 조선어학회의 〈교본〉, 교본을 바탕으로 한 군정청의 〈국어〉, 정부 수립 이후의 〈국어〉, 전시기의 〈국어〉, 전후의 〈국어〉와 같이 다섯 번에 걸쳐 개발이 이루어졌다. 박붕배(1987)를 비롯한 선행 연구에서는 교본을 바탕으로 한 군정청의 〈국어〉가 존재한다는 사실과 전시기 운크라의 지원을 받은 〈중등국어〉와 〈고등국어〉(학년마다 2권)가 개발된 사실을 정확하게 파악하지 못했다. 이러한 흐름은 국민학교 교과서도 마찬가지이다. 박붕배(2003)에서는 〈초등국어교본〉을 바탕으로 한 군정청의 〈국어〉와 정부 수립 이후의 〈국어〉(이른바 바둑이와 철수)를 같은 종으로 취급하고 있으나, 실제로는 다른 종이다. 이러한 흐름에서 검인정 교과서의 실태는 아직도 전모를 파악하지 못한 점이 많다.

들어 자유(自由)롭게 사상(思想)과 감정(感情)을 표현(表現)할 수 있도록 지도(指導)되어야 할 작문(作文)에 있어서는 도시(都是) 미개척(未開拓)의 분야(分野)라 할 수 있으니 이제 우리 국어 교육이 완전(完全)을 지향(志向)하고 차차 본궤도(本軌道)에 올라스려 할 이 단계(段階)에 있어서 지금까지 힘이 채 못 미치던 작문력(作文力) 양성(養成)에 많은 노력(努力)이 있어야 마땅할 것이다.

과거(過去) 일제(日帝) 교육(敎育)은 자기네 말과 글을 가르쳐서 자기(自己)네 정신(精神)을 닮게 함과 동시(同時)에 자기네 필요에 따라 부려먹기 좋도록 만들기 위한 교육(敎育)이었다. 따라서 조선사람에게는 사상(思想)과 감정(感情)을 표현할 수 있는 작문을 중요시(重要視)할 까닭이 없고 다만 자기네 말과 글을 가르치면 그만이었다. 우리는 과거의 이러한 관념(觀念)과 관습(慣習), 즉 작문을 대수롭지 않게 가볍게 보는 태도(態度)를 하로바삐 청산(淸算)하여 새로운 이념(理念) 아래에서 미개척으로 묻혀져 있는 작문 교육에 진흥(振興)시키지 않으면 안 될 것이다.

여기서 작문 교육의 중요성(重要性)을 누누이 말하지 않더라도 국어 교육에 종사하는 이는 누구나 다 작문 교육에 대한 관심(觀心)이 클 것은 사실(事實)이고 어찌하면 온전한 작문 교육을 할 수 있을까 누구나가 다 머리 속에 그 구상(構想)을 그리고 있을 것이다.

그러면서도 현실(現實)의 작문 교육에 있어서는 아직 이렇다 할 교과서(敎科書) 하나 나오지 않았고 아무 준거(準據)할 바 없으니 뜻 아니나마 그 시간(時間) 그 시간을 그럭저럭 소홀(疎忽)히 보내게 되었던 것이 아닐까? 조선 사람으로서의 사상과 감정을 도야(陶冶)하는 작문 교육이 이처럼 경시(輕視)와 천대(賤待)를 받아 왔다는 것은 참으로 통탄(痛嘆)할 일이 아닐 수 없다. …

이처럼 작문 교재 개발에는 많은 어려움이 따랐다. 이러한 흐름 속에서 이 시기의 작문 교육은 실용적인 차원의 글짓기를 지향하였으며, 본보기글을 토대로 작문 능력을 길러가는 방법을 주로 활용[36]하였다. 이러한 흐름은 이 시기 작문 교육의 특징을 의미하며, 교육 철학상으로는 경험주의, 실용주의 철학을 반영한 것이라고 할 수 있다.

2.4.2. 건국 과도기의 작문 교재

건국 과도기의 작문 교재는 검인정된 것을 사용하였다. 특히 미군정기에는 교과서 개발이 먼저 이루어지고 이를 인정하는 경우가 많았으며, 이러한 흐름은 1949년 제도의 확립 이후에도 이어졌다. 특히 작법 관련 교과서는 중등용 교과서를 중심으로 개발된 경우가 많았으며, 초등용은 거의 발견되지 않는다.[37]

이러한 흐름 속에서 미군정기에 개발된 중등 작문 교과서[38]는 모두 5종이 발견되며, 정부 수립 이후 2종이 추가되고, 전후에 4종이 추가된다. 다음은 건국 과도기의 시기별 중등 작문 교과서 목록이다.

[건국 과도기의 중등 작문 교과서 목록]

시기	책명	연대	저작자	발행자(출판)	비고
미군정기	국어작문	1947	고희준·조종하	창인사	
	중등작문	1947	오상순	백영사	
	신중등작문	1947	이성두	대양출판사	초급수준
	새중등작문교본	1948	윤태영	삼중당	
	현대중등글짓기	1948	최영조	금룡도서	

36) 이에 대해서는 허재영(2005ㄴ: 145~146)을 참고할 수 있다.

37) 이 시기 초등학교용 서법 교재로는 문교부(1948), 『초등글씨본』(4학년 이상, 조선서적), 이철경(1949), 『초등글씨본』(대도문화사) 등이 있었다.

38) 미군정기의 학제는 6-6제도였다. 이 제도가 현행 6-3-3제도로 변경된 것은 1951년의 일이다. 비록 초급중학교와 고급중학교용을 나누어 기술하는 방안도 고려할 수 있으나, 종수가 많지 않으므로 통합하여 기술한다.

정부수립 -전시	모범중등글짓기	1950	이희승	신흥문화사	
	중등작문	1950	양주동, 모윤숙, 김동리, 조연현	홍지사	1,2,3권
전후	중등작문	1952	양주동 외	홍지사	내용은 같으나 저작자명 일부 바뀜
	신국어작문	1952	김광식	동국문화사	
	작문독본	1952	이은상	정음사	
	새중등작문	1955	박목월	대학사	3권으로 개발

이들 교재는 대부분 작문의 기술을 중심으로 서술되었으며, 문장을 구성하는 단위, 문장 유형(사생문, 서사문, 서정문, 감상문, 논문, 기행문, 일기, 편지 등의 유형)별 접근법을 취하는 경우가 많다. 특히 기행문, 일기, 편지 등을 강조하는 경향은 이 시기의 경험 중심 교육 사조와 밀접한 관련을 맺는 것으로 보인다.

이와 같은 차원에서 건국 과도기의 작문 교육은 일제강점기까지 존재했던 '전통 고급 문장류 학습'을 완전히 탈피했다는 데 의의가 있다. 그렇지만 작문의 본질이 자기 의사 결정과정이며 문제 해결 과정이라는 데에 이르지는 못한 상태라고 할 수 있다. 더욱이 작문의 원리(방법적 지식)에 대한 깊이 있는 연구를 바탕으로 하지 못한 상태에서 본보기글에 의존하는 작문 교육[39]이 보편적으로 이루어졌음도 확인된다.

39) 이러한 경향은 이태준의 『문장강화』의 저술 취지와도 상통한다. 이 저술은 간결한 문장, 미문으로 알려진 문장을 선별하여 꾸민 전문적인 작문 교재라고 할 수 있다. 대학 수준 이상의 작문 교재에 대해서는 허재영(2005ㄷ)을 참고할 수 있다.

2.5. 교육과정기의 작문 교재[40)]

2.5.1. 제1차~제3차 교육과정기

국어과 교육에서 제1차 교육과정 제정·공포(1955)는 큰 의미를 갖는다. 왜냐하면 국어과의 목표와 내용, 교수·학습 방법 등에 대한 국가 차원의 기준이 마련되었기 때문이다. 그렇지만, 교육과정의 영향력은 교육 체제의 정비에 따라 달리 나타나는 것으로 보인다. 특히 건국 과도기로부터 제3차 교육과정기까지는 교육과정과 교재 개발이 일치하지 않는 경우가 많다. 그렇기 때문에 검인정 시기만 다를 뿐, 앞선 시기의 교과서를 그대로 계승한 경우도 많다.

이 시기의 검인정은 크게 세 번에 걸쳐 이루어졌다. 그 가운데 가장 먼저 이루어진 것은 1956년의 검인정이다(1956~964). 이때의 검인정이 갖는 특징은 건국 과도기와는 달리 중고등학교의 과정이 나누어지며, 중학교의 경우는 학년당 1권, 고등학교의 경우는 단권으로 개발되었다. 또한 검인정 여부는 개발된 교과서의 적합 여부를 판정하는 '인정'의 차원에서 이루어졌음을 확인할 수 있다.

두 번째 검인정은 1965년에 이루어졌다(1965~978). 이 시기의 작문 교재 개발은 국민학교의 경우 『글본』과 『글씨본』이 국정으로 개발되었고, 그 뒤에는 『쓰기』로 개발되었다는 데 특징이 있다. 이와 같이 국민학교용 국정 작문 교재가 개발된 것은, 교육과정과 교재 개발의 관계가 긴밀해지고 있음을 의미하는 것으로 해석된다. 특히 1973년

40) 작문 교과서 변천 과정을 교육과정에 맞추어 기술하고자 하는 의도는 검인정 실시 여부, 교과서의 내용 및 체제 변화를 고려한 것이다. 이 점에서 문법 교과서 변천과는 달리 작문 교과서 변천은 비교적 단순한 모습을 띤다. 왜냐하면 작문 교과서는 문법의 경우처럼 '문법 통일', '국정제 실시' 등의 문제를 포함하지 않기 때문이다. 문법 교과서 변천은 이관규(2004)를 참고할 수 있다.

이후의 『쓰기』 교재는 제3차 교육과정의 취지에 맞추어 국어과에서의 '문형 학습'이 반영되도록 개발하였다. 중학교와 고등학교의 작문 교재에도 변화의 모습이 감지된다. 그 가운데 대표적인 것은 작문 교재가 다양화되었고, 내용에서도 기능적인 차원을 강조하고자 하는 모습이 보인다. 또한 사용 문자를 고려할 때, 1965~1970년까지는 국한 문체를 사용하였는데, 1971년 이후에는 한글만 사용하여, 이 시기의 한자 정책[41]을 반영하고 있음을 확인할 수 있다.

세 번째 검인정은 1978년 이후에 이루어진다. 이 시기 중학 작문 교재가 새로 추가된 것은 발견되지 않으며, 고등학교의 경우 손동인의 『인문계고등학교 작문』이 추가된다. 그러나 이 시기 이후의 작문 교재는 내용은 앞의 것과 동일하더라도, 모두 검정 표시[42]를 하도록 하였다. 이상과 같은 특징을 고려하여 제1차 교육과정~제3차 교육과정기까지의 작문 교재 개발 상황을 표로 정리하면 다음과 같다.

[제1차~제3차 교육과정기 검인정 작문 교과서 목록[43]]

교육 과정	학교급	책명	저자명	검인정 연도	검인정 여부	출판사	문체	비고
1차	국민 학교	글짓는생활	문교부	1958		문교부	순국문	학년당1권
		글짓는생활	최태호 외	1958	인정	정민문	순국문	학년당1권

41) 교과서의 한자 정책은 국정과 검인정이 달리 나타난다. 국정의 경우는 제2차 교육과정기인 1963~1968년까지의 교과서는 한자를 직접 노출하였고, 1969~1972년 사이의 교과서는 한글 전용을 취하였다. 그러나 작문 교재는 1971년판 이후부터 한글 전용을 취한 것으로 보이며, 그 이후의 작문 교재도 정부의 한자 정책을 따르지 않고 한글 전용을 지킨 경우가 많다. 교과서 한자 정책 변화에 대해서는 허재영(2005ㄹ: 84)을 참고할 수 있다.

42) 중학교와 고등학교 작문 교재에서 '검정' 표시는 1971년판 이후에 본격적으로 실행된 듯하다. 그러나 65년판과 71년판 사이의 내용상 변화는 없다. 다만 한자 정책에 따라 사용 문자는 크게 변화된다. 이 점에서 71년 이후의 교과서 정책은 검정제를 원칙으로 한 것으로 보인다.

43) 3차 교육과정기인 1978년 이후의 검인정 교과서 가운데 상당수는 그 이전과 달라진 것이 없다. 따라서 78년 이후의 목록은 당시에 새로 검정된 것만을 추가하였다.

						화사		
		글짓기	박창해 외	1959	인정	문화교육출판	순국문	학년당1권
		글짓는생활	최태호 외	1959	인정	대한교육문화	순국문	출판사 변경
		어린이 글짓기	국어지도 연구회 김현명	1958	인정	동성문화사	순국문	학년당1권
	중학교	생활작문	' 양주동	1956	인정	탐구당/59년부터 문화당	한자병	3권
		국어작문	김광식	1956	인정	동국문화사	한자병용	단권
		현대중등작문	최영조	1956	인정	금룡도서주식회사	한자병용	3권
		중등작문	정비석, 장만영	1956	인정	정음사	한자병용	3권
		중등 글짓기생활	윤태영, 이헌구	1956	인정	장왕사	한자병용	3권
		중등작문	오상순	1956	인정	백영사	한자병용	3권
		국어작문	이헌구 외	1956	인정	창인사	한자병용	3권
		중등작문	박종화, 곽종원	1956	인정	민교사	한자병용	3권
		신편중등글짓기	이희승 외	1956	인정	교학도서	한자병용	3권
		중등작문	김용호	1957	인정	강호문화사	한자병용	3권
		중등작문	이숭녕 외	1957	인정	춘추사	한자병용	3권
		새중등작문	계용묵 외	1957	인정	광문사	한자병용	3권
	고등학교	고등문장교본	김용호	1956	인정	창인사	한자병용	
		고등작문	박종화, 조연현, 김동리	1956	인정	홍지사	한자병용	
		표준 고등글본	이병기, 정인승, 백철	1956	인정	신구문화사	한자병용	
2차 ~	국민학교	글짓기생활	서정주	1964	인정	고학사	순국문	학년당1권
		글씨본	문교부	1967	국정	고려서	순국문	4,5,6학년

						적/국정 교과서		(쓰기 초점)
		쓰기	문교부	1969	국정	문교부	순국문	1,2,3학년
		글본	문교부	1970	국정	문교부	순국문	
		쓰기	문교부	1973	국정	문교부	순국문	학년당1권
3차	중학교	신편생활글짓기	김현명, 김성배 (이희승 감수)	1964	인정	교학도서주식회사	한자병용	제1차검인정기의 교재와 동일
		모범 중학작문	김용호, 김영기, 임헌도	1965	인정	영지문화사	국한문체	71년 이후 한글전용
		중등작문	신학균, 김성배, 김현명	1965	인정	교학도서주식회사	국한문체	74년판은 집필자 순이 바뀜(71년판 이후 한글전용)
		중학작문	윤태영, 조병화	1965	인정	장왕사	국한문체	71년판 이후 한글전용
		중학작문	이은상, 이병호, 이명권	1965	인정	삼화출판사	국한문체	71년판 이후 한글전용
		새중학작문	김동욱, 최인욱	1965	인정	을유문화사	국한문체	
		표준 작문	백철, 정병욱, 이어령	1965	인정	신구문화사	국한문체	71년판 이후 한글전용
		중학교 작문	박종화, 곽종원	1965	인정	민교사	국한문체	71년판 이후 한글전용
		새로운 중학작문	장만영, 정비석, 허웅	1965	인정	정음사	국한문체	71년판 이후 한글전용
		새 생활작문	양주동, 이병주	1965	인정	탐구당	국한문체	71년판 이후 한글전용
		최신 중학작문	조지훈, 박남수	1965	인정	국정교과서주식회사	국한문체	71년판 이후 한글전용
	고등학교	고등작문	박종화 외	1965	인정	홍지사	한자병용	내용은 앞과 동일

		인문계고등 학교 모범작문	김용호	1967	검정	영지문 화사	국한문체	내용은 앞과 동일
		모범 작문	이범선, 장순하 외2	1968	인정	일지사	국한문체	
		인문계고등 학교 최신작문	조지훈	1968	인정	양문사	국한문체	
		인문계고등 학교 새로운 작문	박목월, 전규태	1968	인정	정음사	국한문체	70년판 이후 한글전용
		인문계고등 학교 표준작문	조연현, 이희복	1968	인정	어문각	국한문체	70년판 이후 한글전용
		표준작문	백철, 이어령	1968	검정	신구문 화사	국한문체	70년판 이후 한글전용
		인문계고등 학교 작문	손동인	1978	검정	지림출 판사	한글전용	

이상의 작문 교재는 작문 기법을 중심으로 설명하며, 본보기글을 중심으로 엮는 방식을 취한다는 점에서는 건국 과도기의 교재와 유사한 면이 많다. 하지만 이 시기의 교재에서는 전통적인 작문법에서 중시한 문법 지식을 배제한 점이 특징이라고 할 수 있다. 이와 같은 문법 지식 배제는 작문 교육에서 문학적인 글을 짓는 것을 강조하는 경향에서 비롯된 것으로 추정된다. 특히 이병기 외(1956)의 경우는 남녀 고등·사범·실업고등 국어과용으로 개발된 것으로 상당 분량을 문학적인 글에 할애하고 있다. 이처럼 상급학교용 교재일수록 문학적인 글이 중시된 까닭은 국어과 교육의 특성을 가장 잘 반영하는 영역이 '문학'이라는 생각과도 밀접한 관련이 있었을 것으로 추정된다.

2.5.2. 제4차 교육과정 이후의 작문 교재

제4차 교육과정 이후의 작문 교재는 국민학교와 중학교, 고등학교가 서로 다른 차원에서 이루어진다. 왜냐하면 제4차 교육과정에서는 국어과의 영역이 명료해졌고, 이에 따라 국민학교의 경우 국정 국어 교과서를 중심으로 영역별 편제가 이루어지기 때문이다. 따라서 국민학교용 작문 교재를 별도로 개발하지 않는다.

중학교의 경우도 문법과 작문을 국어 교과서에 합쳐 개발하게 된다. 특히 제4차 교육과정 중학교 국어에서는 단원별로 작문 내용을 분산 배치하는 방법을 사용하며, 제5차 교육과정에서는 작문에 해당하는 대단원을 설정하는 방식을 취한다.[44] 따라서 제4차 교육과정 이후의 작문 교재는 고등학교에만 해당된다.

먼저 제4차 교육과정기에는 1983년 검정판이 사용되었다. 이 시기에는 이응백·유병석(보진재), 김종택·이상태(형설출판사), 김동리·손소희·오태현(노벨문화사) 등이 있었으며, 제5차 교육과정기에 해당하는 1989년 검정 이후에는 이상태(형설출판사), 이익섭(학연사), 정진권(현대문학), 김은전·김대행(교학사), 강윤호·이병호·최현섭(동아출판사), 김상태(태림출판사), 권영민·김기혁(지학사) 등이 사용되었다. 제6차 교육과정기에 해당하는 1996년 검정 이후에는 최웅·김진세·유태수·김용구(청문각), 정대림·주경희(태림출판사), 성낙수(신원문화사), 김용직·박민수(천재교육), 박경현·이주행·윤희원·이석주·이충우·김현중(금성출판사), 이익섭(학연사), 이상억·이삼형·이근표(대한교과서), 이상태(형설출판사), 권영민(지학사), 김봉군·우한용(법문사), 권두환(태성출판사), 박영목(1997) 등이 사용되었다.

현행 교육과정에 해당하는 제7차 교육과정의 검정은 2003년에 이

44) 이와 같은 체제는 문법도 마찬가지이다. 중학교 국어과의 국어 지식 영역 및 교과서 변천에 대해서는 허재영(2005ㄹ)을 참고할 수 있다.

루어졌으며, 우한용 외(민중서림), 한계전 외(중앙교육진흥연구소), 이익섭 외(학연사), 성낙수 외(신원문화사), 권영민(지학사), 박경현 외(금성출판사), 임홍빈 외(두산), 박영목 외(교학사), 김대행 외(천재교육), 이삼형 외(대한교과서), 최웅 외(청문각), 이상태(형설출판사), 권두환 외(아침나라) 등 13종이 사용되고 있다.

이와 같은 작문 교재 변천 과정에서 주목할 만한 것은 각 시기별 작문 교육 사상 및 교수·학습 방법의 구현 상황이다. 예를 들어 제4차~제5차 교육과정기의 작문 교재는 주로 구조주의적인 작문 학습을 전제로 개발된 것이라고 할 수 있다. 이에 비해 제6차~제7차 교육과정기의 작문 교재는 작문의 본질이 '자기 의사 결정 과정'이자 '논리적 사고력', '창의적 사고력', '문제 해결 능력'을 기르는 과정임을 뚜렷이 함으로써 구성주의적인 작문 연구 성과를 반영하고 있다. 특히 제7차 교육과정기의 작문 교재는 작문의 본질, 원리, 태도, 실제를 유기적으로 통합하고자 하는 교육과정의 이념이 전제된다. 이러한 특징은 작문 교재 구성에도 나타나지만, 교재에 활용된 재료 또한 전범 위주의 틀을 벗어나 다양성을 추구하는 방향으로 나타난다.

2.6. 맺음말

이 글은 작문 교재의 변천 과정을 통시적으로 고찰하는 데 목적이 있었다. 이러한 면을 고려하여 이 글은 '근대 계몽기 → 일제강점기 → 건국 과도기 → 교육과정기'로 시기를 구분하고, 각 시기별로 개발된 작문 교재를 찾고, 이를 정리하는 데 초점을 맞추었다. 이 글에서 논의한 바를 요약하면 다음과 같다.

첫째, 근대 계몽기의 작문 교재는 전통시대의 문자 학습 전통과 근대식 학제 도입 이후의 작문 교재로 나누어 살펴보았다. 이 가운데 전통시대의 문자 학습 교재는 완전한 체계를 정립하기에는 한계가 있으나, 한자 학습 과정에 사용되는 문자류와 어휘류가 있음을 확인할 수 있었고, 근대식 학제 이후의 교재는 원영의(1908), 최재학(1908), 강신상(1908) 등이 있었음을 확인하였다.

둘째, 일제강점기의 조선어과 작문 교재 개발은 조선총독부의 어문교육 정책(일본어 보급, 궁극적으로는 조선어 말살 정책)으로 말미암아 활발하게 이루어지지 못했음을 확인하였는데, 그 과정에서 이각종(1911), 영창서관 편집부(1921, 1923), 강련(1931) 등이 있었음을 확인할 수 있었다.

셋째, 건국 과도기는 잃었던 말과 글을 되찾은 시점의 매우 어려운 환경에서 작문 교재 개발이 이루어졌으며, 검인정제 아래에서 다수의 인정 교과서가 개발되었음을 확인할 수 있었다.

넷째, 교육과정기 이후의 작문 교재는 학교급별(초등, 중등, 고등) 학제 변화 및 교과 변화, 그리고 한자 정책의 변화 등과 밀접한 관련을 맺으며 변화되어 왔음을 확인할 수 있다. 특히 제1차~제3차 교육과정까지의 작문 교과서 변천은 내용이나 체제상의 변화보다는 한자 정책, 인정 교과서에서 검정 교과서로의 변화 등이 중요한 변화 요인으로 작용한다. 이에 비해 제4차 교육과정 이후로는 국민학교나 중학교의 경우 작문 교재를 별도로 개발하지 않고, 고등학교 과정에서만 작문 교과서를 개발한다.

이와 같은 작문 교재 개발 역사에서 주목할 점은, 작문 교재 개발이 각 시대의 교육 사조 및 교육과정과 밀접한 관련을 맺고 있다는 사실이다. 특히 제4차 교육과정 이후의 고등학교 작문 교과서는 이러한 특징을 잘 드러내고 있다. 이러한 입장에서 각 시기별 작문 교육 사상, 교육과정, 작문 교재의 상관성에 대한 깊이 있는 분석이 필요할 것으로 보인다. 이 글에서는 이와 같은 문제까지 깊이 있는 분석을 시도하지는 못했다. 왜냐하면 기존의 연구에서 작문 교재 변천 과정에 대한 사실적인 기술조차 이루어지지 않은 상황에서, 이와 같은 본질적인 문제까지 묶어서 논의하는 것은 쉽지 않기 때문이다. 이 문제는 이 논문의 후속 논문에서 자세히 다루고자 한다.

3. 국정 중학교 국어과 교과서에서의 국어 지식 영역 변천[45)]

3.1. 머리말

교육은 일반적으로 바람직한 인간 형성 작용이라고 일컬어지고 있다. 달리 말해 교육 활동은 바람직한 인간 형성을 위해 가르치고, 배우는 과정 및 그와 관련된 모든 활동을 의미하는 셈이다. 이 점에서 국어과 교육은 "언어 활동과 언어와 문학의 본질을 총체적으로 이해하고, 언어 활동의 맥락과 목적과 대상과 내용을 종합적으로 고려하면서 국어를 정확하고 효과적으로 사용하며, 국어 문화를 바르게 이해하고, 국어의 발전과 민족의 언어와 문화 창달에 이바지하는 것"을 목표(제7차 교육과정의 국어과 목표)로 삼는다.

이와 같은 목표 설정부터 실제 교육 활동이 이루어지기까지는 다양한 요인이 개재될 수 있으며, 그것이 특정 교과에 이어질 때 교과학의 발전이 이루어질 수 있다. 최근 국어교육학의 발전에 따라 국어과 교육에서도 국어과 교육과 관련된 다양한 현상이 과학적으로 연구되고 있다. 예를 들어 국어과 교육의 성격이나 목표 설정, 교육과정, 국어과의 영역, 교수·학습법, 교과서, 평가 원리 및 도구 개발 등에 이르기까지

45) 이 논문은 돈암어문학회(2005)의 『돈암어문학』 제18집에 발표했던 논문을 일부 수정한 것임.

폭넓은 연구가 이루어지고 있다. 그럼에도 아직까지 국어과 교육에서 여러 가지 혼란을 극복하지 못하는 분야가 많다. 그 가운데 대표적인 것으로는 각 영역의 성격 및 목표, 내용 및 교수·학습 방법 등과 관련된 것이 있다. 특히 전통적으로 〈문법〉이라고 일컬어져 온 '국어 지식' 영역은, 그 성격이나 내용, 교과서 개발 등에서 많은 논란거리를 제공하고 있다.

'국어 지식'이란 '국어에 대한 알기'와 '국어를 사랑하고 가꾸는 것'을 종합적으로 일컫는다. 이러한 개념은 전통적인 〈문법〉이라는 개념이 '국어 가꾸기'나 '국어 문화'라는 개념을 포괄할 수 없다는 점에서, 국어과 교육 목표를 실현하기에 좀 더 적절한 용어라고 할 수 있다. 이미 권재일(1995), 김광해(1997) 등의 논의와 같이 '국어 지식 교육의 독자성'을 강조하는 입장이나 이성영(1995), 최영환(1995)과 같이 다른 영역과 통합적으로 교육해야 할 내용이라는 논의를 거침으로써, 최근의 국어 지식 교육론은 그 나름대로 국어과의 중요한 영역 가운데 하나로 다루어져야 한다는 것은 일반적인 이론이 되었다. 그럼에도 불구하고, 실제 국어 지식 영역의 교육 효과는 그다지 높은 것으로 보이지 않는다. 예를 들어 중등 교육을 받은 사람이 국어의 구조에 적합한 문장을 사용하지 못하거나, 규범을 지키는 언어 생활을 하지 못하는 점, 국어에 대한 체계적인 지식을 갖지 못함으로써 국어 지식과 관련된 개념조차 익히지 못하는 현실 등이 이에 해당한다.

이와 같은 현상이 나타나는 이유는 여러 가지 차원에서 접근해야 할 것이다. 예를 들어 국어과 교육의 목표와 내용이 적합하지 않을 경우, 또는 적합성을 갖추고 있더라도 이를 실행하지 않을 경우, 또는 평가의 적절성이 떨어질 경우 등이 주요 요인으로 작용할 수 있다. 이 점에서 이 글은 중학교 국어과 교과서를 대상으로 국어 지식 영역의 구성 원리와 내용 체계의 변천 과정을 기술하고, 국어 지식 교육의 바람직한 방향을 찾고자 하는 목적을 갖는다.

이 글에서 다루고자 하는 대상은 제1차 교육과정으로부터 제7차 교육과정에 이르기까지의 중학교 국어과 교과서이다. 중학 과정은 초등 교육의 성과를 중등 교육에 이어갈 수 있도록 하는[46] 중요한 단계이다. 이와 같은 성격은 명시적으로 언급되지 않더라도, 각급 학교별 교육과정을 통하여 짐작할 수 있다. 더욱이 제7차 교육과정은 초등학교 1학년부터 고등학교 1학년까지 10학년 제도를 운영하도록 하였는데, 그 가운데 7~9학년이 중학 과정이다. 이 점을 고려할 때, 국어 지식 영역은 초등학교에서 내용을 제시하면, 중학 과정에서 개념화, 체계화를 꾀할 수 있다. 이때 획득한 국어 지식은 국어에 대한 알기와 국어를 사랑하고 가꾸는 데 중요한 역할을 하게 된다. 이를 고려하여, 이 글은 제1차 교육과정으로부터 제7차 교육과정에 이르기까지 중학 과정의 국어 지식의 내용과 교수·학습 원리를 고찰함으로써, 궁극적으로는 국어 지식 교육의 방향성을 탐색하는 데 도움을 줄 수 있을 것으로 기대한다.

3.2. 중학교 교육과정 및 교과서 변천

3.2.1. 교육과정 및 교과서의 변천

교육과정에 대한 개념이나 성격에 대한 논의는 논자마다 다를 수 있으나, 일반적으로 교육 목표와 내용, 교수·학습의 원리, 교육 평가 등을 체계적으로 규정한 규범을 의미한다. 그러나 이와 같은 체계화가 하루아침에 이루어진 것은 아니다. 우리나라에서 교육과정이 처음

46) 이러한 성격 규정은 제4차 교육과정의 국어과 목표 설정 시 명시적으로 제시한 바 있다. 이에 따르면, "국민학교의 교육 성과를 발전시키고, 국어와 민족 문화에 대한 관심을 깊게 하는 것"이 국어과의 목표이다.

제정된 것은 1955년 8월 1일 제정 공포된 제1차 교육과정이다.47) 그 이후 1963년 제2차 교육과정, 1973년 제3차 교육과정, 1981년 제4차 교육과정, 1987년 제5차 교육과정, 1992년 제6차 교육과정, 1997년 제7차 교육과정으로 변화하는 동안 국어과 교육과정도 내재적인 발전을 거듭하여 왔다. 이러한 발전 모습은 교육과정의 내용 체계를 통하여 확인할 수 있다. 이에 대해 정준섭(1995)에서는 제1차~제3차까지의 교육과정을 '신생기', 제4차~제5차 교육과정을 '발전기', 제6차 교육과정을 '성숙기'로 규정한 바 있다. 다음은 각 시기별 교육과정의 내용 체계이다.

(1) 교육과정의 내용 체계 변화

교육과정	제정 공포일	교육과정 내용	특성	변화의 측면
제1차	1955.8.1.	Ⅰ. 목표 Ⅱ. 영역 Ⅲ. 각 학년의 지도 목표 Ⅳ. 지도 방법	생활 중심, 경험 중심 교육과정(기술, 경험 요소 강조)	
제2차	1963.2.15.	Ⅰ. 목표 Ⅱ. 학년 목표 Ⅲ. 지도 내용 Ⅳ. 지도상의 유의점	제1차 교육과정과 큰 차이 없음	지도상의 유의점에서 '단원', '학습 문제', '문법'의 성격을 명시함
제3차	1973.8.30.	가. 목표 일반 목표 학년 목표 나. 내용 지도 사항 및 형식 제재 선정 기준 다. 지도상의 유의점	학문 중심 교육과정을 표방함	제재 선정 기준과 지도상의 유의점을 강조하고 국어 지식 관련 내용을 강조함
제4차	1981.12.31.	가. 교과 목표 나. 학년 목표 및 내용 1) 목표 2) 내용 다. 지도 및 평가상의 유의점 1) 지도 2) 평가	종합적 교육과정 표방	1) 국어과의 영역이 '표현-이해', '언어', '문학'으로 명료해짐. 2) 평가의 원리를 강조함

47) 교육과정에 대한 종합적인 연구는 정준섭(1955)을 참고할 수 있다. 또한 문법 교육과정의 변천에 대해서는 허재영(2004)을 참고할 수 있다.

제5차	1987.3.31.	가. 교과 목표 나. 학년 목표 및 내용 다. 지도 및 평가상의 유의점 1) 지도 2) 평가	제4차와 유사	국어 사용 능력을 강조하고, 국어 지식을 기초적인 차원으로 다룸(도구, 방법 교과의 성격 강조)
제6차	1992.6.30.	1. 성격 2. 목표 3. 내용 가. 내용 체계 나. 학년별 내용 4. 방법 5. 평가	성격, 목표, 내용, 방법, 평가를 체계화함으로써 단계적이고 체계적인 교육과정을 구성함	교수·학습의 원리나 방법, 평가의 측면이 강조된 교육과정임
제7차	1997.12.31.	1. 성격 2. 목표 3. 내용 가. 학년 체계 나. 학년(단계)별 내용 4. 교수·학습 방법 5. 평가	국민 공통 기본 교과 운영, 각론의 구성은 6차와 동일	단계별, 수준별 교육과정, 교수·학습 방법 및 평가에 관한 상세한 지침 제시

(1)에 보이는 바와 같이, 국어과 교육과정의 변천에서 주목할 만한 사항은 교육과정의 내용 체계에서 '목표' 및 '학년별 목표'를 두는 점은 큰 차이가 없으나, '내용+지도'의 형식에서, '내용+교수·학습 원리(지도)+평가'의 체계로 변화해 간다는 사실이다. 이는 교육과정의 기능이 목표 및 내용 제시에서 교수·학습의 원리가 구현되어야 하며, 평가의 원리가 제시되어야 함을 의미한다.

문제는 이러한 교육과정이 교육 현실에 어떻게 실행되는가에 있다. 이러한 문제를 검증하기 위해 정혜승(2002)에서는 '교육과정의 실행'이라는 개념을 도입하고, 충실도의 관점[48]에서 이상적인 교육과정 실

48) 정혜승(2002: 21~27)에서 제시한 교육과정 실행 패러다임은 1) 충실도의 관점, 2) 상호 적응적 관점, 3) 교육과정 생성 관점의 세 가지이다. 이러한 관점의 변화는 교육 철학의 변천과 밀접한 관계에 있다. 더욱이 전통적으로 교과서는 교육과정 실행의 중요한 요소로 간주되어 왔기 때문에, 어떤 교과서관을 갖고 있는가는 교육과정 실행 연구에 중요한 요인으로 작용한다. 예를 들어 전통적인 교과서관은 폐쇄적이고 지식 중심적인 데 비해, 새로운 교과서관은 개방적이고 활동 중심적이다. 이에

행 모형을 '교육과정-교과서-교사-학생'의 관점에서 제시한 바 있다. 이러한 차원에서 우선적으로 중학교 교육과정에 해당하는 국어과 교과서의 변천 과정을 살펴볼 필요가 있다. 다음은 각 교육과정별 중학교 교과서 변천사이다.

(2) 중학교 국어과 교과서 변천

<table>
<tr><th rowspan="2">교육과정</th><th rowspan="2">영역</th><th colspan="2">교과서</th><th rowspan="2">비고</th></tr>
<tr><th>시기</th><th>과목명</th></tr>
<tr><td rowspan="2">제1차</td><td rowspan="2">말하기, 듣기, 쓰기(글짓기), 읽기</td><td>56~65</td><td>중학 국어(국정)</td><td rowspan="2">중등 문법, 작문은 제2차 검인정기</td></tr>
<tr><td>56~66</td><td>중등 문법, 작문(검인정)</td></tr>
<tr><td rowspan="2">제2차</td><td rowspan="2">말하기, 듣기, 쓰기, 읽기</td><td>66~74</td><td>중학 국어(국정)</td><td rowspan="2">중학 문법은 통일 문법에 따른 검인정 시기</td></tr>
<tr><td>66~85</td><td>중학 문법, 작문(검인정)</td></tr>
<tr><td rowspan="2">제3차</td><td rowspan="2">말하기, 듣기, 읽기, 쓰기</td><td>75~84</td><td>중학 국어(국정)</td><td rowspan="2">중학 문법은 통일 문법에 따른 검인정 시기</td></tr>
<tr><td>이어짐</td><td>중학 문법, 작문</td></tr>
<tr><td>제4차</td><td>가) 표현-이해
:말하기,듣기, 읽기, 쓰기
나) 언어
다) 문학</td><td>84
~88,89,90</td><td>중학 국어(국정)</td><td>선택 교과가 없어짐</td></tr>
<tr><td>제5차</td><td>말하기, 듣기, 읽기, 쓰기, 언어, 문학</td><td>89,90,91~
94,95,96</td><td>중학 국어(국정)</td><td></td></tr>
<tr><td>제6차</td><td>말하기, 듣기, 읽기, 쓰기, 언어, 문학</td><td>95,96,97~
2000,01,02</td><td>중학 국어(국정)</td><td></td></tr>
<tr><td>제7차</td><td>듣기, 말하기, 읽기, 쓰기, 국어 지식, 문학</td><td>2001,
02,03~</td><td>중학 국어(국정)
생활 국어(국정)</td><td>영역에 따라 〈국어〉와 〈생활 국어〉를 나눔</td></tr>
</table>

표(2)에 나타난 바와 같이, 각 교육과정기에 따라 중학 과정 국어과 교과서 개발 양상[49]은 동일하지가 않다. 예를 들어 제1차~제3차 교육

대해서는 교육부(1999: 164)를 참고할 수 있다.

49) 이러한 차원에서 중학교 〈문법〉과 〈작문〉 교과서 개발의 역사를 검증해 보아야 할 것이다. 문법 과목의 경우는 이관규(2004)의 앞선 연구가 있다. 그러나 아직까지 작문 교과서 개발 실태에 대한 연구는 눈에 뜨이지 않는다.

과정기에는 선택 과목으로 〈중등 문법/중학 문법〉이나 〈중등 작문/중학 작문〉이 개발된 데 비해, 제4차~제6차 교육과정기에는 〈중학 국어〉만이 존재한다. 또한 제7차 교육과정기에는 '말하기, 듣기, 쓰기, 국어 지식' 영역을 중심으로 한 〈생활 국어〉와 '읽기, 문학'을 중심으로 한 〈국어〉가 별책으로 존재한다.

3.2.2. 각 교육과정별 교과서의 체제 변화

교육과정의 실행 양상은 이와 같은 교과서 개발의 내용과 체제가 어떠한가와 실제 학교 수업에서 이들 교과서를 어떻게 활용하는가, 그리고 실제 수업 내용과 방식은 어떠한가 등을 종합적으로 고려하여 판단해야 한다. 이 점에서 우선적으로 고려할 수 있는 것이, 각 시기별 교과서의 체제[50]라고 할 수 있다. 이를 고려하여 각 교육과정별 교과서의 체제와 국어 지식 영역을 살펴보면 다음과 같은 특성이 드러난다.

(3) 교육과정별 중학 국어의 체제

교육과정	체제	국어 지식 영역
제1차	대단원-소단원-익힘 문제	국어 생활, 한글, 국어 문제와 같은 대단원을 별도로 편제
제2차	대단원-소단원-익힘 문제	우리들의 국어 공부, 국어의 자랑, 국어 문제와 같은 대단원을 별도로 편제
제3차	대단원-소단원-공부할 문제	언어와 민족, 아름다운 우리말(1)~(3)과 같은 대단원 편제
제4차	대단원-소단원-공부할 문제	1) 대단원으로는 '국어 이야기'만 편제 2) 소단원에서 국어 지식 관련 제재를 읽기 제재로 활용 3) 대단원 끝에 [문법]과 [작문]을 체계적으로 편제

50) 이에 대해서는 이삼형(1992), 손영애(1994, 2004) 등의 앞선 논의가 있다.

제5차	대단원-단원의 길잡이-소단원-학습 활동-단원의 마무리	1) 단어의 갈래, 문장의 짜임, 문장의 종결, 말의 소리, 단어, 품사, 호응, 음운, 발음과 표기법 등의 대단원 설정 2) 국어 지식 관련 제재를 읽기 제재로 활용
제6차	대단원-단원의 길잡이-소단원-학습 활동-단원의 마무리	1) 구성 및 내용은 제5차와 유사 2) 말하기, 듣기, 읽기, 쓰기와 관련된 국어 지식 내용이 많아짐 3) 국어 지식 관련 제재를 읽기 제재로 활용
제7차	〈국어〉와 〈생활 국어〉의 이원적 편제 1) 국어: 대단원-단원의 길잡이-소단원(읽기 전-소단원)-학습 활동(목표, 내용, 적용 학습)-생각 넓히기-보충 심화 2) 생활 국어: 단원의 길잡이-소단원(설명문+학습 활동)-보충 심화	읽기, 문학 중심의 〈국어〉와 듣기-말하기, 쓰기, 국어 지식 중심의 〈생활 국어〉

(3)에 나타난 바와 같이, 중학교 국어과 교과서의 체제는 선택 교과의 유무와 영역 구분에 따라 달라져 왔다. 특히 제1차 교육과정기부터 제3차 교육과정기까지는 선택 교과인 〈문법〉, 〈작문〉이 존재함으로써, 상대적으로 〈국어〉에서는 국어 지식 관련 내용을 상세하게 다루지 않고 있다. 반면 제4차 교육과정기에는 〈문법〉, 〈작문〉을 대단원 다음에 하나의 영역으로 설정하여, 〈국어〉교과서가 문법이나 작문 교과 내용을 모두 담도록 하였다. 이에 비해 제5차~제6차 교육과정의 교과서는 국어 지식과 관련된 대단원을 따로 설정하여, 말하기-듣기, 읽기, 쓰기, 시, 소설과 대등한 단원을 구성하도록 하였다.

그러나 이와 같은 교과서 편제가 교육과정을 충실하게 구현한 것인지는 분명하지 않다. 더욱이 정혜승(2002)에서 논의된 실행도의 개념을 따른다면, 제1차~제3차 교육과정기의 국어 지식 교육은 내용상으로는 〈문법〉 교과서가 따로 존재함으로써, 충실하게 실행된 것으로 보이지만, 실제 각 학교에서 〈문법〉 교과서를 어떻게 다루고 있는지[51]가 명확하지 않다는 점을 고려할 때, 일방적으로 실행도가 높다는 평가를 내리기가 어렵다. 다만 제1차~제3차 교육과정기의 문법 교육은 다른 영역에 비해 상대적으로 높았을 것이라는 추측은 가능하다. 이는 전통적인 국어과 교육이 지식 위주의 교육이었고, 이는 교과서의 편제에서 '익힘 문제' 또는 '공부할 문제'를 둠으로써, '활동 중심'의 탐구 과정을 고려하지 않고 있다는 점에서도 확인된다.

그러나 제4차 교육과정과 제5차 교육과정기의 국어 지식 영역은 〈국어〉 교과서 내의 한 영역으로 단일화됨에 따라 상대적으로 위축되었을 가능성이 높다. 더욱이 제5차 교육과정기의 〈중학 국어〉는 국어 지식 내용을 대단원의 하나로 설정하고 있는데, 이는 다른 영역과의 형평성을 고려한 것으로 보인다. 달리 말해 제4차의 경우 문학적인 대단원을 제외한 모든 대단원 다음에 〈문법〉과 〈작문〉을 둔 데 비해, 제5차에서는 국어 지식과 관련된 대단원을 따로 설정함으로써, 문법 영역과 작문 영역을 별도로 다루지 않음을 의미한다.

또한 단원의 성격을 고려할 경우, 제5차 교육과정과 제6차 교육과정은 유사한 면이 많다. 왜냐하면 제4차 교육과정까지는 〈문법〉의 독자성을 고려한 편제를 취하고 있으나, 제5차~제6차 교육과정의 경우는 '국어 지식 관련 제재'를 '읽기, 쓰기, 말하기-듣기 영역'의 활동을 위해 사용하는 경우가 많아졌다.[52] 이는 이른바 '국어 지식'을 다른 영역과

---

51) 이 점에서 각 교육과정별로 국어과의 시간 배당이 어떠했는지를 연구할 필요가 있다. 이 점에서 미군정기의 〈교수요목〉(1946.9.1)은 중등학교의 '읽기: 짓기와 문법: 국문학사'의 시간 배당을 명시하고 있는데 비해, 제1차~제3차 교육과정에서는 각 영역의 시간 배당을 명시하지 않았다는 점을 고려할 필요가 있다. 더욱이 〈문법〉과 〈작문〉 교과서가 따로 존재하는데도 시간 배당이 어떠했는지 알 수 없다는 사실은 교육과정의 실행도 검증에서 내용적인 측면과 실제 실행의 측면이 다를 수 있음을 의미한다. 다만 전통적인 국어과 교육이 문법 중심의 교육이었던 점을 고려할 때, 제1차 교육과정의 문법 교육은 다른 영역에 비해 상대적으로 강조되었던 것으로 보인다. 이는 대한교육연합회(1963.6)의 『새교육』 특집 등에 나타난 여러 가지 기사를 통하여 추측할 수 있는데, 당시의 문법 교육이 안고 있던 문제는, '용어 및 내용 체계의 혼란'(통일 문법 이전의 상태임), '고전을 포함하여 문법 교육이 과도하게 많은 점' 등으로 나타난다.

통합하고자 하는 시도가 이 시기부터 이루어지고 있음을 의미한다.

이와 같은 흐름이 종합적으로 반영된 것이 제7차 교육과정의 〈중학교 국어〉와 〈중학교 생활 국어〉라고 할 수 있다. 이 시기의 교과서는 국어 지식만을 위한 별도의 단원이 존재하는가 하면, 읽기에서 국어 지식 관련 제재를 활용하기도 하고, '말하기·듣기', '쓰기'와 통합하여 국어 지식을 배열하기도 하였다. 또한 영역에 따라 두 권의 교과서를 개발함으로써, 교육과정의 내용 충실도를 높이고자 하였다. 그러나 이 또한 실행도의 문제에서는 여전히 많은 문제를 내포하고 있다. 왜냐하면 각 학교별 〈생활 국어〉에 대한 태도가 일정하지 않고,[53] 〈국어〉와 〈생활 국어〉의 교과 운영 지침이 마련되어 있지 않기 때문이다. 결국 『교사용 지도서』의 수업 계획서에 제시된 시수 운영 방침만이 유일한 수업 계획 근거인 셈인데, 이는 두 권의 교과서를 한 과목으로 처리하여 수업 계획을 짜도록 유도한 셈이다. 이에 대한 혼란이 가시지 않는 이상, 〈생활 국어〉에서 다루는 국어과의 영역은 소홀해질 수밖에 없을 것으로 보인다. 더욱이 〈국어〉와 〈생활 국어〉의 구성 원리도 동일하지 않은 면이 있다. 예를 들어 〈국어〉의 경우 '단원의 길잡이-소단

52) 예를 들어 문장의 구조나 적절한 단어의 선택은 국어 지식적인 차원에서도 다룰 수 있지만, 읽기나 쓰기 능력을 기르는 과정에서도 필요한 지식이라고 할 수 있다. 이와 같은 경향은 제6차 교육과정 이후로는 더욱 강하게 드러나며, 이를 고려하여 제7차의 〈생활 국어〉에는 '말하기·듣기·국어 지식'이나 '쓰기·국어 지식' 단원이 설정되기도 한다.

53) 정확한 통계를 낼 수는 없으나, 각 학교에서 〈국어〉와 〈생활 국어〉를 다루는 시간이 일정하지 않을 뿐만 아니라 이에 대한 규정도 없는 것으로 보인다. 다만 교사용 지도서의 '교수·학습 계획'에 제시된 시수만이 근거가 될 뿐인데, 이 또한 정확하게 지켜질 것으로 보이지는 않는다. 따라서 〈생활 국어〉를 아예 가르치지 않는 교사도 나타날 수 있다. 만약 이러한 현상이 발생한다면, 국어과 교과서를 아무리 잘 개발했다 해도 교육과정의 실행도는 매우 저조한 것으로 보아야 한다. 이러한 현상은 실제 대학 1학년 신입생의 '국어 지식' 능력을 검증해 보면 알 수 있을 것이다. 대부분의 신입생들이 '국어 지식 관련 내용'에 대해서는 '배우지 않았다'는 대답을 할 경우가 많다. 이러한 대답은 학생 개개인의 문제일 수도 있지만, 시대적인 흐름에서 국어 지식(특히 문법 지식)을 배우지 않는 데서 비롯되는 현상이라고 할 것이다.

원(단계별)-학습 활동(목표 학습, 내용 학습, 적용 학습)-생각 넓히기-보충 심화'의 구조를 갖추는 데 비해, 〈생활 국어〉의 구성 원리는 이에 비해 좀 더 단순한 형태를 띤다. 이러한 구성상의 이질성도 〈생활 국어〉를 〈국어〉에 비해 소홀하게 여기는 요인으로 작용하는 듯하다.

3.3. 국어 지식의 내용 변천

3.3.1. 중학 국어 교과서의 내용 체계

교육 활동이 이루어지기 위해서는 여러 요소가 구비되어야 한다. 그 가운데 하나가 교과서이다. 교과서란 교육 활동을 하는 데 필요한 '교과용 도서'의 하나이다. 우리나라의 교과용 도서에 대한 규정은 1949년 12월 31일 제정 공포된 〈교육법〉 제8장의 규정에 의거, 대통령령으로 발포되었다.[54] 이러한 교과용 도서 가운데, 학생들이 실제 사용하는 주요 교재가 교과서이다. 교육과정이 제정된 이래로 현재까지의 학교 교육은 교과서 중심으로 이루어져 왔다. 이에 대해 손영애(2004: 156)에서는 교과서를 "문서화되어 있는 교육과정을 근거로 하여, 교육과정의 의도를 교육 현장에 전달할 수 있도록 한 여러 교재 중의 하나"라고 정의하면서, 우리의 교육 현실에서 교과서 이외의 교재가 거의 없다시피 한 실정에서 "교과서를 가르친다."는 개념이 나올 정도로 교과서가 중요한 역할을 한다는 점을 강조한 바 있다.

이러한 점을 고려할 때, 교과서의 내용과 구성 방식은 교육과정에서

54) 현행 '교과용 도서에 관한 규정'은 대통령령 제14920호(1996년 제12차 개정)에 따른다. 이에 따르면 교과용 도서는 교육부 장관이나 교육부 장관의 권한을 위임받은 교육감으로부터 수업 목적의 교과서나 지도서로 인정된 도서라고 규정되어 있다. 달리 말해 교과용 도서에는 학생들이 사용하는 교과서, 교사용 교재인 지도서, 이를 보충하는 인정 도서가 있는 셈이다.

설정한 교육 목표, 교육 내용, 교육 방법, 평가의 원리를 반영하게 마련이며, 더욱이 교과서 개발에 참여한 사람들의 교육 철학을 반영하기 마련이다. 이 점은 국어 지식 영역의 내용 구성도 마찬가지라고 할 수 있다. 각 교육과정별 국어 지식의 내용 선정은 그 시대의 학문적 관심사를 반영할 뿐 아니라, 이데올로기적인 면을 내포하게 된다. 이 점에서 중학교 국어과 교과서의 내용 체계가 어떻게 변화해 왔는지를 국어 지식 관련 단원 및 제재, 국어 지식의 내용 등을 통하여 살필 수 있다.

3.3.2. 제1차~제3차 교육과정기

앞서 살펴본 바와 같이, 제1차 교육과정기로부터 제3차 교육과정기에 이르는 시기의 중학교 국어과의 국어 지식 영역은 〈중학 국어〉와 〈문법〉이 담당하였다. 이 점에서 이 시기의 〈중학 국어〉의 편제 방식은 국어과의 각 영역을 구분하지 않고, 국어 지식과 관련된 대단원을 설정하거나 언어 경험과 기술적인 요소를 뒷받침하는 선에서 자료로 활용하는 방식을 취하고 있다. 다음 자료는 이 시기 〈중학 국어〉에 실린 국어 지식 관련 제재이다.

(4) 제1차 교육과정~제3차 교육과정의 〈중학 국어〉 국어 지식 내용

ㄱ. 제1차 교육과정기

학년-학기	대단원	소단원	필자	문종	비고
1-1	Ⅰ. 국어생활	1. 글자와 문명		설명문	한글의 중요성과 가치
		2. 국문만 쓰도록 하자	신문사설	논설문	한글 대중화와 한글 전용
		3. 마지막 공부	도데	소설	자기 나라말의 중요성

		4. 국어 공부의 목적		설명문	음성-문자: 표현-이해
	Ⅳ. 책이 놓는 다리	4. 사전 사용법		설명문	사전의 종류, 사용법(국어알기를 전제로 함)
2-1	Ⅲ. 전화와 방송	3. 라디오와 구실		설명문	〈익힘문제〉 3. 어나운서, 방송인의 말을 듣고 아름다운 국어를 익히도록 하자.
2-2	Ⅵ. 한글	1. 한글의 자랑		논설문	한글의 가치
		2. 훈민정음		설명문	훈민정음 창제 원리 설명
		3. 맞춤법의 기준		어문규범	한글 맞춤법을 추려 엮음
		4. 표준말의 기준		어문규범	한글 맞춤법 통일안 및 조선어 표준말 모음 추려 엮음
	Ⅶ. 효과적인 문장 표현	3. 우리 겨레의 역사적 사명		논설문	국문위본과 한글전용법을 중심으로 한 한글 가꾸기의 역사
3-2	Ⅵ. 국어문제	1. 훈민정음 머리말		국역/언해	어제서문을 현대어로 옮김
		2. 국어의 순화		논설문	겨레말의 중요성을 중심으로, 한자말의 폐단 논의
		3. 국어 생활의 향상을 위하여		논설문	국어의 가치(아름다운 우리말)
	Ⅷ. 우리나라의 고전	2. 공양미 삼백석 3. 규중칠우쟁론기		소설, 수필	고대어를 현대어로 옮기기, 문체상의 특징 이해하기

ㄴ. 제2차 교육과정기

학년-학기	대단원	소단원	필자	문종	비고
1-1	Ⅰ. 새살림	2. 국어 공부는 어떻게 할 것인가	학생작품	회의록	1. 국어공부의 반성 2. 국어시간의 반성 3. 국어공부의 방법 〈익힘문제〉
		3. 사전 및 자전의 사용법	정인승	설명문	사전에 대하여 국어사전 찾는 법 한자 자전 및 사전 찾

					는 법 〈익힘문제〉
		4. 문법이란 무엇인가	김민수	설명문	일상의 언어 생활에서 지켜야 하는 규칙 〈익힘문제〉
	Ⅳ. 역사를 빛낸 사람들	2. 어두운 시절	에브 퀴리	전기문	〈익힘문제〉 2. 국어와 민족과 나라와의 관계를 생각해 보고 국어의 존귀성을 알아보자.
1-2	Ⅸ. 우리들의 국어 공부	1. 바른 말 고운 말	한갑수	논설문	표준말, 바른 말, 고운 말의 가치 〈익힘문제〉
		2. 말의 재미	조풍연	수필	말과 관련된 일화
		4. 문자와 문화	김윤경	논설문	문자와 문화 발전의 관계 〈익힘문제〉 (국어 지식과 무관한 '겨울의 서정(시)'이 대단원에 포함됨)
2-1	Ⅴ. 국어의 자랑	1. 한글의 자랑	이희승	논설문	(1차 2-2의 내용과 동일) 〈익힘문제〉
		2. 내가 본 한글	노대영	논설문	한글의 특징과 한글 연구의 필요성 〈익힘문제〉
		3. 표준말의 기준	정인승	어문규범	(1차와 동일) 〈익힘문제〉
		4. 훈민정음	김윤경		(1차와 동일) 〈익힘문제〉
3-1	Ⅰ. 의사 발표	2. 한국학생의 정신	안창호	논설문	〈익힘문제〉 2. 이 글에서 귀로 들어서 알아듣기 어려운 말을 찾아내여, 그것을 알기 쉬운 말로 고쳐 보라.
3-1	Ⅵ. 국어문제	1. 한글이 되기까지	최현배	설명문	한글 창제의 원리와 고심 〈익힘문제〉
		2. 우리말을 갈고 닦아서	한갑수	논설문	우리말의 혼란상과 국어 순화의 필요성 〈익힘문제〉
		3. 국어 생활의 향상을 위하여	이숭녕	논설문	(1차 3-2와 동일) 〈익힘문제〉
	Ⅸ. 우리나라의 고전	2. 공양미 삼백석 3. 규중칠우쟁론기		소설, 수필	(1차와 동일한 형태) 〈익힘문제〉

ㄷ. 제3차 교육과정기

학년-학기	대단원	소단원	필자	문종	비고
1-1	언어와 민족	5. 언어와 민족	이희승	논설문	언어와 민족의 관계 〈공부할 문제〉 연설문의 특징, 말의 역할, 국어생활의 반성 등을 주제로
		6. 주시경 선생	장지영	전기문	주시경 선생의 국어 연구 〈공부할 문제〉 전기문의 특징, 접속과 지시 관계, 삶의 태도
		7. 폴란드 소녀의 울음	에브퀴리 안응렬	전기문	퀴리 부인의 자국어 사랑 〈공부할 문제〉 전기문의 주제, 내용 이해, 국어의 가치
		8. 국어 공부	이응백	대담	문제, 무엇을 위하여, 무엇을 배우나 〈공부할 문제〉 대담의 특징, 국어 공부의 내용 이해
	부록	사전 사용법	정인승	설명문	제2차 교과서와 동일
1-2	아름다운 우리말 (1)	13. 언어에 대하여	강윤호	설명문	머리말, 언어란 무엇인가, 언어는 어떤 구실을 하는가, 맺음말 〈공부할 문제〉
		14. 국어 이야기	남광우	설명문	머리말, 국어란 무엇인가, 국어의 구실, 맺음말 〈공부할 문제〉
		15. 겨울의 리듬	윤석중 외	시	〈공부할 문제〉 1-1. 독후감 (나) 표준말로 (다) 어법에 맞게 말하도록 하자.
		16. 따뜻한 겨울		일기	〈공부할 문제〉 1-2. 읽기와 편지를 쓰자. (나) 지시, 접속 관계가 분명하게 (다) 새로 알게 된 말을 바르게 사용
2-1	부록	표준말의 기준	정인승	설명문	제2차 교과서와 동일

2-2	아름다운 우리말 (2)	15. 국어의 특질	허웅	설명문	머리말, 소리, 낱말, 문법, 맺음말 〈공부할 문제〉
		16. 국어생활의 향상을 위하여	이숭녕	논설문	국어를 사랑하고 이해해야 함: 국어에 대한 관심, 말과 생활, 국어와 문학, 국어와 국력 〈공부할 문제〉
		17. 겨울의 서정	김용호 외	시	〈공부할 문제〉 말의 감각
		18. 겨울소식		일기, 편지	〈공부할 문제〉 품위 있는 말
3-2	아름다운 우리말 (3)	9. 국어의 역사	이기문	설명문	머리말, 국어의 계통, 고대 삼국의 언어, 국어의 통일, 중세 국어의 성립, 중세 국어에서 근대 국어로, 맺음말 〈공부할 문제〉
		10. 만월	김동리	수필	국어 지식과 관련된 내용은 없음
		11. 고구마	차범석	희곡	〈공부할 문제〉 정확한 발음, 알맞은 어조
		12. 늦가을	김종길 외	시	〈공부할 문제〉 말의 감각

(4)에 나타난 바와 같이, 이 시기의 〈중학 국어〉에는 문법적인 지식보다는 국어의 가치나 국어에 대한 태도와 관련된 제재가 대부분이다. 그 이유는 〈문법〉 교과서가 따로 존재하기 때문이다. 이 점에서 이 시기 중학교의 국어 지식 교육에 대한 전반적인 이해를 위해서는 당시 검인정 교과로 사용되었던 문법 교과서의 내용 분석이 필수적이라고 할 수 있다.[55] 예를 들어 통일 문법의 필요성과 제정 과정은 당

55) 예를 들어 1963년 통일 문법이 제정되기 이전의 중학교 문법 교육과 통일 문법이 제정된 이후의 문법 교육의 내용 비교 등이 이에 해당한다. 이 문제에 대한 집중적인 연구 성과는 보이지 않으므로, 이 글에서는 더 이상 논의를 진행하지 않는다. 왜냐하면 통일 문법 제정의 필요성이나 제정 과정, 제정 이후의 변화 등을 검토하는 일도 단순하게 이루어질 수 없기 때문이다. 따라서 이 문제는 또 다른 연구 과제로 남겨 두기로 한다.

시의 국어과 교육의 중심 세력이 어떠했는가를 분석하는 단서가 될 수 있다. 그러나 이와 같은 문제는 국정 교과서와 검인정 교과서를 동일 선상에서 다루는 모순을 안게 되므로, 이 글에서는 더 이상 논의 대상으로 삼지 않는다. 따라서 단순히 국정 〈중학 국어〉만을 대상으로 할 때, 국어 지식 영역이 '문법 알기'보다는 '국어 현상을 이해하고, 국어의 소중함을 깨닫는' 내용으로 채워졌음을 확인할 수 있다.

그런데 제1차~제3차 시기의 〈중학 국어〉의 제재를 분석하며, 주로 '한글의 소중함'이나 '국문(한글)의 중요성'이 강조되고 있음을 알 수 있다. 예를 들어 (4ㄱ)의 '국어 생활'이나 '한글', '국어 문제', (4ㄴ)의 '우리들의 국어 공부', '국어의 자랑', '국어 문제', (4ㄷ)의 '언어와 민족', '아름다운 우리말(1)~(3)' 등에 실려 있는 소단원의 제재가 그러하다. 이와 같은 내용 선정은 제1차 교육과정 이후의 국어학이나 국어 교육론의 주요 관심사가 '우리말의 가치'를 이해하고, '한글의 중요성'을 인식하는 일에 있었음을 의미한다.[56)]

56) 이러한 흐름은 광복 이후의 국어 문제를 종합적으로 반영하는 것으로 보인다. 광복 이후의 국어 문제에 대해서는 한글학회(1970), 허만길(1994) 등을 참고할 수 있다. 이 시기의 주요 국어 문제는 '우리말 도로찾기', '한글 전용' 등이었으며, '한글-한자 논쟁'이 더욱 격화된 시기라고 할 수 있다. 특히 '한글-한자' 논쟁은 교과서의 한자 처리 방식을 비롯하여, 교과서 내용 선정에도 중요한 영향을 끼쳤을 것으로 보인다. 국정 교과서의 한글-한자 처리 방식의 변천 과정은 다음과 같다(허재영, 2005에서 다시 옮김).

교육과정	연대	초등학교	중학교	고등학교
1차	1955~1963	저학년 한글전용 고학년 국한병용	국한 병용	국한 병용
2차	1963~1968	위와 같음	한자 노출	한자 노출
	1969~1972	한글 전용	한글 전용	한글 전용
3차	1973~1974	한글 전용	한글 전용	한글 전용
	1975~1982	한글 전용	국한 병용	국한 병용
4차	1983~1987	한글 전용	국한 병용	국한 병용
5차	1988~1992	한글 전용	국한 병용	국한 병용

3.3.3. 제4차~제5차 교육과정기

제4차 교육과정기의 특징은 국어과의 영역이 명료해졌다는 데 있다. 달리 말해, 국어과의 영역이 '표현-이해'와 같은 국어 사용 영역과 '언어', '문학'으로 명료해지고, 교과서 개발도 〈중학 국어〉로 통일되었음을 의미한다. 이와 같은 영역의 명료화와 교과서의 단일화는 국어 지식 영역에서 '문법적 지식'을 〈중학 국어〉의 내부로 끌어들이는 결과를 낳았다. 달리 말해, 이 시기의 국어 지식은 '문법적 지식'을 내용으로 하는 제재(단원, 혹은 대단원의 부가 자료 형태)와 다른 영역의 활동을 위한 국어 지식 제재로 나누어 고찰할 수 있다.

먼저 제4차 교육과정기의 〈중학 국어〉의 국어 지식 관련 내용을 정리해 보면 다음과 같다.

(5) 제4차 교육과정 <중학 국어>의 국어 지식 내용

학년-학기	대단원	문법 내용
1-1	2. 일기와 편지	[문법] 문장 성분: 주어부, 서술부, 주어
	3. 수필	[문법] 문장 성분: 주어부, 서술부, 서술어, 목적어, 보어
	4. 설명문	[소단원] (1) 국어공부(이응백: 제3차에서는 대담글이었으나 설명문으로 바뀜) (2) 오월단오(임동권)
		[문법] 문장 성분: 관형어, 부사어, 독립어
	5. 소설	[문법]
	6. 전기	[소단원] (1) 주시경 선생(장지영) (2) 폴란드 소녀의 울음(에브퀴리, 안응렬)
		[문법] 구조에 따른 문장의 종류: 주어-서술어, 주어-목적어-서술어, 주어-보어-서술어, 주어부, 서술부의 구조

6차	1992~1996	한글 전용	국한 병용	국한 병용
7차	1997~	한글 전용	국한 병용	국한 병용

	7. 희곡	[문법] 구조에 따른 문장의 종류: 문장의 확장('-고', '-으며'로 이어지는 대등문)
	8. 논설문과 기행문	[소단원] (2) 언어와 민족(이희승)
		[문법] 구조에 따른 문장의 종류(종속문, 인용문)
	9. 기행문	[문법] 구조에 따른 문장의 종류(안은 문장, 안긴 문장)
	부록	사전 사용법(정인승, 제2~3차 교과서와 동일 제재)
1-2	1. 설명문	[문법] 품사: 문장에서의 쓰임과 형태 및 뜻에 따라 품사 설정, 문장 성분
	2. 시나리오	[문법] 품사: 문장 성분(주어, 목적어, 관형어, 부사어, 서술어, 독립어), 명사와 대명사
	3. 기행문	[문법] 품사: 수사, 체언(명사,대명사,수사), 조사
	5. 국어 이야기	[소단원] (1) 언어에 대하여(강윤호) (2) 올바른 발음 생활(남광우)
		[공부할 문제]
	6. 소설	[문법] 품사: 동사, 활용(어간+어미), 어미의 종류, 높임
	7. 논설문	[문법] 품사: 형용사, 감탄사
	8. 일기와 편지	[문법] 품사: 관형어와 관형사, 부사어와 부사
	9. 전기	[문법] 자음과 모음: 음운, 자음, 모음
	10. 수필	[문법] 소리의 길이, 음절, 음운의 변동
2-1	2. 논설문	[문법] 주어, 서술어의 기능, 서술어의 성분 변화(관형어로 쓰일 때)
	3. 수필	[문법] 목적어, 보어의 기능, 주성분
	4. 설명문	[문법] 관형어, 부사어, 독립어의 기능
	5. 소설	[문법] 체언의 특성: 품사의 개념, 형태가 변하는 단어와 그렇지 않은 단어, 체언의 기능
	6. 전기	[문법] 체언의 분류: 명사, 대명사, 수사, 고유 명사, 보통 명사, 자립 명사, 의존 명사, 사람을 가리키는 대명사, 사물을 가리키는 대명사, 양수사, 서수사
	7. 희곡	[문법] 체언의 기능: 주어, 목적어, 보어로 쓰임
	8. 기행문	[문법] 조사의 기능: 관계 조사, 뜻을 더해 주는 조사
	9. 일기와 편지	[문법] 조사의 기능: 부사어를 표시하는 조사, 대등 연결 조사
2-2	1. 전기	[문법] 용언: 특수한 어미를 취하여 체언, 관형어처럼 쓰임〈전성 어미〉
	2. 수필	[문법] 용언: 용언의 활용과 의미 비교, 본용언과 보조 용언
	3. 논설문	[문법] 용언: 종결 어미에 따른 문장의 종류, 평서문, 의문문, 명령문, 청유문, 감탄문
	5. 국어 이야기	[소단원] (1) 국어의 특질(허웅): 머리말, 소리, 낱말, 문법, 맺음말
		[공부할 문제]

	6. 희곡	[문법] 용언: 명령문, 청유문, 감탄문, 부정문
	7. 설명문	[소단원] (1) 화법에 대하여(박영순)
		[문법] 용언: 연결어미, 대등적 연결 어미, 종속적 연결 어미, 본용언과 보조 용언 연결하기
	8. 일기와 편지	[문법] 용언: 명사형 어미, 관형사형 어미
	9. 소설	[문법] 음운의 변동: 음절 끝소리되기, 자음동화
	10. 기행문	[문법] 음운의 변동: 구개음화, 된소리되기
3-1	1. 전기	[문법] 호응: 높임의 관계에 따른 호응(듣는이에 따라, 단어 자체의 변화)
	2. 수필	[문법] 호응: 시간을 나타내는 말과 호응, 부사어의 호응, 의문을 나타내는 말의 호응
	3. 설명문	[문법] 짜임새에 따른 단어의 종류: 어절, 형태소의 개념, 둘 이상 형태소로 이루어진 단어, 소리 흉내말, 모양 흉내말, 뜻은 같으나 소리가 다른 단어, 소리는 같으나 뜻이 다른 단어
	4. 소설	[문법] 짜임새에 따른 단어의 종류: 어근, 접사(앞에 붙음, 뒤에 붙음), 파생어, 접사와 조사의 차이
	5. 논설문과 연설문	[문법] 짜임새가 다른 단어의 종류: 하나의 형태소로 이루어진 단어(단일어), 둘 이상의 형태소로 이루어진 단어, 파생어(어근+접사, 접사+어근), 둘 이상의 자립할 수 있는 형태소로 이루어진 단어(어근+어근=합성어), 합성어에서 원래의 모습이 바뀌는 단어
	6. 희곡	[문법] 명사의 특성: 주어, 서술어, 목적어, 보어, 관형어, 부사어, 독립어로 쓰임, 의존 명사의 특성, 명사에 접미사를 붙여 용언을 파생하는 방법
	8. 기행문	[문법] 대명사, 수사의 특성: 대명사가 기능할 수 있는 문장 성분, 인칭 대명사. 존칭 표현, 복수형, 수사의 성분, 수사의 결합으로 이루어진 복합어
	9. 일기와 편지	[문법] 조사의 특성: 앞의 체언이 서술어에 대해 주어(목적어, 관형어, 부사어, 독립된 자격)임을 표시해 주는 조사〈격 조사〉, 앞의 체언으로 하여금 서술어 노릇을 하게 해 주는 조사〈서술격 조사〉, 뜻을 더해 주는 조사〈보조사〉, 체언(용언, 부사)에 연결된 조사〈특수 조사〉
	부록	문장부호 사용법
3-2	2. 일기와 편지	[문법] 동사의 특성: 동사의 문장 성분, 동사의 어말 어미(종결 어미, 연결 어미, 전성 어미), 어말 어미와 선어말 어미
	3. 희곡	[문법] 동사의 특성: 불규칙 동사
	4. 논설문	[소단원] (1) 겨레의 얼과 말(최현배) [공부할 문제]
		[문법] 동사, 형용사의 특징: 사동사, 피동사, 목적어를 필요로 하는 동사〈자동사, 타동사〉, 보조 동사, 보조 형용사, 형용사의 문장 성분
	5. 소설	[문법]형용사의 특성: 형용사에는 없는 활용 어미, 선어말 어미, 불규칙 형용사, 보조 형용사

	6. 국어 이야기	[소단원] (1) 국어의 역사(이기문)
		[공부할 문제]
	7. 기행문	[문법] 부사의 특성: 부사의 문장 성분, 조사와의 결합, 부사의 위치, 접속 부사, 부사 파생
	8. 전기	[문법] 관형사, 감탄사의 특성: 관형사의 문장 성분, 관형사와 조사의 결합, 감탄사와 독립어
	9. 수필	[문법] 음운의 변동, 사잇소리: 음운 탈락, 음운 축약, 사잇소리 현상
	10. 설명문	[문법] 음운의 변동: 반드시 일어나는 것〈필연, 수의적 변동〉, 음운 결합이 불가능한 것〈제약〉

(4)에 나타난 바와 같이, 이 시기의 문법 지식은 '문장→단어→음운'의 순서를 고려하여 나선형으로 편제하고 있음을 확인할 수 있다. 이러한 편제는 앞선 시기의 검인정 문법 교과서의 체제를 고려한 것으로 보이는데, 제3차 교육과정기까지의 〈중학 문법〉의 체제에 나타나는 공통점은 '문장→단어'의 순으로 기술한다[57]는 점이다. 이와 같은 구성은 국어의 문법적 지식이 음운 변동이나 단어의 지식보다 실제 문장 사용에서 어떻게 작용하는가를 알 수 있도록 하는 데 적합했기 때문으로 보인다. 곧 국어 지식 자체보다는 국어 지식의 사용 문제에 대한 관심이 높아졌음을 의미한다. 이러한 흐름은 제5차 교육과정기의 교과서에더 좀 더 두드러지게 나타난다. 제5차 교육과정기의 〈중학 국어〉는 국어 지식 영역을 독자적인 대단원으로 구성하거나, 다른 영역의 제재로 활용하는 방식을 취하고 있다. 다음은 제5차 교육과정기의 국어 지식 관련 단원이다.

57) 이관규(2004)에서 제시한 바와 같이, 제1차 통일 문법 검인정기의 〈중학 국어〉 교과서는 모두 8종이 있다. 그 가운데 '문장→단어→음운'의 체계로 구성된 교과서로는 정인승(1966, 대동당)이 있다. 또한 '음운(발음)→문장→단어'의 순으로 구성된 교과서는 이용주·구인환(1966, 법문사), 이숭녕(1966, 을유문화사), 이희승(1965, 국정 교과서), 한국 국어교육연구회(1967, 사조사)가 있으며, '음운→문장과 단어→품사→문장'의 순으로 구성된 교과서로는 이원구·이은문(1967, 수학사), 남광우·유창돈·이응백(1967, 동아출판사), 최현배(1966, 국정 교과서)가 있다.

(6) 제5차 교육과정 <중학 국어>의 국어 지식 내용

학년-학기	대단원		단원의 길잡이-소단원-학습활동-단원의 마무리
	단원명	영역	
1-1	1. 소개하기	말하기-듣기	[학습 활동] 1-2. 듣는 사람은 다음 사항에 유의하며 들어 보자. (1) 말소리나 태도가 자연스러운가? [단원의 마무리] 1. 말하기에서 다음 사항의 중요성 (1) 발음 (2) 목소리의 크기 (3) 말의 속도와 억양 (4) 말하는 자세
	3. 좋은 글을 쓰려면	쓰기	[학습 활동] 3. 다음 문장에서 어법이나 맞춤법에 어긋난 곳에 밑줄을 긋고, 정확하게 고쳐 보자. 4. 다음 문장을 바르게 띄거나 붙여서 써 보자. 5. 다음 문장에 알맞은 문장 부호를 넣어 바르게 써 보자. [단원의 마무리]
	4. 단어의 갈래	언어	[단원의 길잡이] 단어의 개념, 품사의 개념, 품사의 종류 [학습 활동] (1) 명사, 대명사, 수사 (2) 조사 (3) 동사, 형용사 (4) 관형사, 부사 (5) 감탄사 [단원의 마무리]
	7. 정확한 말	말하기-듣기	(1) 묘사하기 [학습 활동] 1-2. 듣는 사람이 유의할 사항 (3) 발음, 목소리, 크기 태도 (3) 정확한 발음: 다른 사람이 잘 알아듣게-표준어 사용, 정확하게 발음, 말끝을 흐리지 말고 분명하게, 목소리의 크기를 알맞게 [학습 활동] 1-1. 정확하게 발음해 보자. 1-2. 듣는 사람이 유의할 사항 2. 다음을 정확하게 읽어 보자 (베다-배다) [단원의 마무리] 3, 우리 고장에서 쓰는 말 중에서 사투리를 찾아보고, 표준어로 바꾸어 말해 보자.
	9. 문장의 짜임	언어	[단원의 길잡이] 문장 성분과 문장의 짜임 [학습활동] (1) 주어와 서술어 (2) 목적어와 보어 (3) 관형어와 부사어 (4) 독립어 (5) 문장의 짜임(주어부, 서술부) [단원의 마무리]
	15. 요약하며 읽기	읽기	[단원의 길잡이] 설명문인 '언어에 대하여'을 읽으면서, 요약하며 읽는 방법을 익혀 보자. (1) 언어에 대하여(강윤호)
	부록		띄어쓰기 규칙: 한글 맞춤법(문교부 고시 제88-1호) 중에서
1-2	1. 사실과 의견	읽기	(1) 언어와 생활(심재기)

	4. 문장의 종결	언어	[단원의 길잡이] '문장의 종결 유형'과 '높임과 낮춤': 정확하고 예의바른 언어 생활 [학습 활동] (1) 문장의 종결 유형 (2) 높임과 낮춤 [단원의 마무리]
	10. 말의 소리	언어	[단원의 길잡이] [학습 활동] (1) 자음과 모음 (2) 음절 (3) 음운의 변동 (4) 소리의 길이 [단원의 마무리]
	부록		문장 부호의 이름과 그 사용법: 한글 맞춤법(문교부 고시 제88-1호) 중에서
2-1	4. 단어	언어	[단원의 길잡이] 파생어와 합성어를 통한 단어의 구조 [학습 활동] (1) 문장과 단어 (2) 파생법으로 형성된 단어 (3) 합성법으로 형성된 단어 (4) 한자의 복합으로 이루어진 단어 [단원의 마무리]
	9. 구성하기	쓰기	[학습 활동] 4. 지시어나 접속어, 연결 어미 등을 활용해서 다음 두 글을 응집성이 있도록 고쳐 보자.
	10. 품사의 특성	언어	[단원의 길잡이] 단어를 이루는 성질에 따라 같은 것끼리 묶은 것 [학습 활동] (1) 명사, 대명사, 수사의 특성 (2) 조사의 특성 (3) 동사, 형용사의 특성 (4) 관형사, 부사, 감탄사의 특성 [단원의 마무리]
	14. 문장의 짜임	언어	[단원의 길잡이] 겹문장에 대한 학습을 통하여 홑문장들이 결합하는 방식과 모습을 공부하도록 하자. [학습 활동] (1) 홑문장과 겹문장 (2) 문장 속의 문장 (3) 이어진 문장 [단원의 마무리]
2-2	4. 문장의 호응	언어	[단원의 길잡이] 서로 아주 밀접한 관계를 가지고 쓰인 두 말의 관계 [학습 활동] (1) 높임의 호응 (2) 시간 표현의 호응 (3) 부사의 호응 (4) 동사의 호응 (5) 주어와 서술어의 호응 [단원의 마무리]
	6. 글의 짜임	읽기	(1) 올바른 발음 생활(남광우) [공부할 문제]
	9. 음운의 변동	언어	[단원의 길잡이] [학습 활동] (1) 끝소리의 발음 (2) 자음 동화 (3) 구개음화 (4) 된소리되기 (5) 모음조화 [단원의 마무리]
3-1	고쳐 쓰기	쓰기	(3) 고쳐 쓰기

	단어의 올바른 사용	언어	[단원의 길잡이] [학습 활동] (1) 단어의 올바른 사용 (2) 단어들의 의미 관계 [단원의 마무리]
3-2	6. 발음과 표기법	언어	[단원의 길잡이] '음운의 축약과 탈락', '표준 발음', '표기법'에 대한 학습 [학습 활동] (1) 음운의 축약과 탈락 (2) 표준 발음 (3) 표기법 [단원의 마무리]
	8. 효과적인 표현	쓰기	[단원의 길잡이] 단어의 선택, 문장의 구성, 비유법의 사용, 좋은 글을 모방해서 쓰는 연습 활동 [학습 활동] [단원의 마무리]
	9. 비판하며 읽기	읽기	(1) 표준어의 기능(이익섭), [공부할 문제]
	10. 문장의 이해	언어	[단원의 길잡이] '긍정과 부정', '사동과 피동', '문장과 이야기' [학습 활동] (1) 긍정과 부정 (2) 사동과 피동 (3) 문장과 이야기 [단원의 마무리]

(6)에 나타난 바와 같이, 제5차 교육과정의 국어 지식 영역은 문법적 지식을 중심으로 한 대단원과 다른 영역에 활용하는 국어 지식 관련 제재로 나눌 수 있다. 전자의 내용은 제4차 교육과정과 크게 다를 바 없으나, 후자의 내용 구성은 제4차에 비해 훨씬 강화된 것으로 보인다. 이러한 방식은 국어 지식 관련 내용(언어와 생활, 올바른 발음 생활, 표준어의 기능)일지라도 읽기를 위한 제재로 활용하거나, 말하기와 쓰기에 필요한 문법 지식을 해당 활동에 배열하는 방식이라고 할 수 있다. 또한 이 시기부터는 대단원에 해당 영역을 명시하여, 다양한 성격의 제재라도 어떤 활동에 사용되는가를 표시한 점도 특징이라고 할 수 있다.

이와 함께, 제5차 교육과정에서는 '공부할 문제' 대신에 '학습 활동'을 둠으로써, 학습 과제형보다는 활동 중심형의 교과서를 지향한 점도 특징이라고 할 수 있다. 이러한 변화는 1980년대 중반부터 활성화된 국어교육학의 성과를 점진적으로 반영하는 셈이며, 국어교육학의

성격이 구조주의에서 구성주의로 변화해 감을 의미하는 것이라고도 볼 수 있을 것이다.[58)]

3.3.4. 제6차~제7차 교육과정기

제6차 교육과정은 '성격', '목표', '내용', '방법', '평가'를 체계화함으로써 제5차에 비해 단계적이고 체계적이라고 할 수 있다. 그러나 내용 체계가 '본질', '원리와 실제'의 관계가 모호하며, 학년별 목표에서도 본질과 원리(이해와 사용)의 관계가 일치하지 않는 면도 있다. 예를 들어 위의 표 가운데 제3학년의 '본질'에서는 '옛말과 현재의 말을 비교하여 언어가 변화함을 아는 것'으로 규정된 데 비해, '이해와 사용의 실제'에는 그러한 내용이 반영되지 않고 있다. 방법적인 면에서 '국어 자료로부터 국어 지식을 도출하고, 그것을 활용할 수 있도록 한다'는 점은 이전 교육과정에 비해, 진보한 점으로 보이나, 평가의 원리에서 '선다형, 단답형, 완성형, 서술형'의 평가 원리를 구체적으로 제시한 점은 평가의 형식에 지나치게 얽매이게 할 수 있다는 점에서 제6차 교육과정이 갖고 있는 한계로 지적될 수 있을 것이다.

이와 같은 교육과정의 구성 원리에 따라 제6차 중학국어 교과서에 실현된 국어 지식의 내용을 정리해 보면 다음과 같다.

---

58) 손영애(2004: 210)에서는 이와 같은 활동 중심의 모형이 실제 수업 과정에는 반영되지 못했을 것이라고 추정하고 있다. 이러한 추정의 근거가 상세하게 진술되어 있지는 않지만, 추정 자체는 상당한 타당성을 찾을 수 있다. 이는 제6차나 제7차 교육과정의 의도도 마찬가지로 적용될 것이다. 왜냐하면 제7차의 학습 요소(내용)와 수행(실행)의 차원이 실제 수업 과정에 어느 정도 반영되는가에 대해서는 부정적인 시각이 우세하기 때문이다. 정혜승(2002)의 논의대로, 교육과정이 의도한 바, 또는 교과서가 지향하는 바가 발전적으로 실행되기 위해서는 여러 가지 요인이 충족되어야 한다. 그러나 현재까지의 연구에서는 이와 같은 실행도에 대한 엄밀한 연구가 존재하지 않을 뿐만 아니라, 실행도를 높이기 위한 방안도 현실적으로 제시되지 못하는 상태에 있다.

(7) 제6차 교육과정 <중학 국어>의 국어 지식 내용

학년-학기	대단원		내용
	단원명	영역	
1-1	2. 글의 짜임	읽기	[단원의 길잡이] 문장의 연결 관계 (1) 언어에 대하여(강윤호) [학습 활동] [단원의 마무리] 문장 연결, 지시어, 접속어의 쓰임
	4. 표준어와 표준 발음	언어	[단원의 길잡이] 방언, 표준어, 표준발음, 표기법의 중요성 (1) 표준어-학습 활동 (2) 표준발음-학습 활동 (3) 표기법-학습 활동 [단원의 마무리]
	11. 글과 표현	쓰기	[단원의 길잡이] 좋은 글을 쓰기 위해, 적절한 단어를 선택하기, 문장을 올바르게 쓰기, 표현을 적절하게 하기 등을 학습 (1) 적절한 단어를 선택하기-학습 활동 (2) 문장을 올바르게 쓰기-학습 활동 (3) 표현을 적절하게 하기-학습 활동 [단원의 마무리]
	12. 글과 단어	읽기	[단원의 길잡이] 글을 이루는 문장, 문장을 이루는 단어의 의미 파악(동음이의어, 다의어), 사전을 찾는 태도 (1) 비는 옵니다(논설문)-학습 활동(단어의 뜻, 단어 사용 능력) (2) 30년 전의 그 날(수필)-학습 활동(단어의 문맥상 의미, 사용 능력) [단원의 마무리]
	13. 단어들의 의미 관계	언어	[단원의 길잡이] 단어들의 관계 파악(유의, 반의, 하의 관계) (1) 유의 관계-학습 활동 (2) 반의 관계-학습 활동 (3) 하의 관계-학습 활동 [단원의 마무리]
	부록		띄어쓰기 규칙
1-2	1. 효과적으로 말하기	말하기-듣기	[단원의 길잡이] 말을 할 때, 말할 내용 선정, 조직-단어를 골라 쓰고, 목소리에 변화를 주기도 하며 (2) 적절한 단어를 선택하기-학습 활동(적절한 단어 선택)
	2. 상상하며 읽기	읽기	(2) 폴란드 소녀의 울음(에브 퀴리, 안응렬)-학습 활동 3. 다음에 대하여 더 공부해 보자. (1) 일제 강점기에 우리말 사용이 금지되었떤 것과 이 글에 나타난 상황을 비교해서 말해 보자.
	6. 단어의 갈래	언어	[단원의 길잡이] 품사 (1) 명사, 대명사, 수사-학습 활동 (2) 조사-학습 활동 (3) 동사, 형용사-학습 활동 (4) 관형사, 부사, 감탄사-학습 활동 [단원의 마무리]
	7. 사실과 의견	읽기	(1) 언어와 생활(심재기)-학습 활동
	8. 글다듬기	쓰기	[단원의 길잡이] 단어나 문장, 글 수준에서 고쳐 쓰기 (1) 단어 수준에서 다듬기-학습 활동

			(2) 문장 수준에서 다듬기-학습 활동 [단원의 마무리]
	12. 단어의 형성	언어	[단원의 길잡이] 글-문장-단어: 단어의 형성를 기초로 한 어휘력 확장 (1) 형태소와 단어-학습 활동 (2) 파생법으로 형성된 단어-학습 활동 (3) 합성법으로 형성된 단어-학습 활동 (4) 한자에 의해 형성된 단어-학습 활동 [단원의 마무리]
	부록		문장 부호의 이름과 그 사용법
2-1	3. 음운의 변동	언어	[단원의 길잡이] 형태소를 이루는 음운의 일부가 다른 음운으로 바뀌는 현상 (1) 음운과 음절-학습 활동 (2) 음절의 끝소리 규칙-학습 활동 (3) 자음 동화-학습 활동 (4) 구개음화와 된소리되기-학습 활동 (5) 모음 조화, 음운의 축약과 탈락-학습 활동 (6) 사잇소리 현상-학습 활동 [단원의 마무리]
	11. 용언의 활용	언어	[단원의 길잡이] 용언의 활용 (1) 본용언과 보조 용언-학습 활동 (2) 규칙 활용과 불규칙 활용-학습 활동 (3) 어미의 종류와 기능-학습 활동 (4) 어미 결합의 제약-학습 활동 [단원의 마무리]
2-2	3. 글의 짜임	읽기	(1) 올바른 발음 생활(남광우)-학습 활동
	4. 문장의 형성	언어	[단원의 길잡이] 문장의 기본이 되는 골격 (1) 문장 성분과 문장의 성격-학습 활동 (2) 서술어, 주어-학습 활동 (3) 목적어, 보어-학습 활동 (4) 관형어, 부사어-학습 활동 (5) 독립어-학습 활동 [단원의 마무리]
	10. 문장의 결합	언어	[단원의 길잡이] 문장이 결합하여 더 큰 문장을 만드는 방법 (1) 홑문장과 겹문장-학습 활동 (2) 안은 문장-학습 활동 (3) 이어진 문장-학습 활동 [단원의 마무리]
3-1	3. 문법 기능(1)	언어	[단원의 길잡이] 말의 요소(어미, 선어말어미 등)를 사용하여 생각과 느낌을 나타내는 방법 (1) 문장 종결-학습 활동 (2) 높임 표현-학습 활동 (3) 시간 표현-학습 활동 [단원의 마무리]
	9. 문법 기능(2)	언어	[단원의 길잡이] 부정, 사동, 피동 표현 (1) 부정 표현-학습 활동 (2) 사동 표현-학습 활동 (3) 피동 표현-학습 활동 [단원의 마무리]

<table>
<tr><td></td><td>12. 세부 내용 파악하기</td><td>읽기</td><td>[단원의 길잡이] 지시어나 접속어에 유의하면서 단어와 단어, 문장과 문장, 문단과 문단의 관계를 확인하고, 내용의 연속성을 파악한다.
[단원의 마무리]
1. 다음 글을 읽고, 물음에 답해 보자.
(1) 밑줄 그은 지시어가 가리키는 내용을 말해 보자.
(2) 밑줄 그은 접속어가 연결하는 내용을 말해 보자.
2.3.의 활동도 동일한 형태임</td></tr>
<tr><td></td><td>13. 국어 이야기</td><td>언어</td><td>[단원의 길잡이] 국어의 역사에 대하여 공부하는 것은 우리 말이 걸어온 길을 이해하고, 현재의 국어를 바르게 사용하는 데 도움을 준다. 그런데 현재 우리 나라는 남한과 북한으로 나뉘어 있다.
(1) 국어의 역사(이기문)-학습 활동
(2) 남북한의 언어 차이-학습 활동
** 이 단원은 [단원의 마무리]가 없음</td></tr>
<tr><td rowspan="6">3-2</td><td>2. 비판하며 읽기</td><td>읽기</td><td>(1) 표준어의 기능(이익섭)-학습 활동</td></tr>
<tr><td>3. 이야기</td><td>언어</td><td>[단원의 길잡이] 문장의 테두리를 넘어서 생각해야 문장의 의미가 제대로 드러나는 경우가 있다. 문장들이 모여서 이루는 의사 소통의 단위를 이야기(또는 담화)라 하고, 이야기를 이루는 각각의 문장을 발화라 한다.
(1) 이야기의 구성과 발화의 기능-학습 활동
(2) 이야기의 표현과 이해-학습 활동
[단원의 마무리]</td></tr>
<tr><td>5. 글쓰기의 절차</td><td>쓰기</td><td>(5) 고쳐쓰기-학습 활동 (문맥상 어색한 단어, 문장에서 적절하지 못한 단어)
[단원의 마무리] 문장이 어법에 맞고, 단어의 선택은 적절한가?</td></tr>
<tr><td>6. 추론하며 읽기</td><td>읽기</td><td>[단원의 길잡이] 문장과 문장, 문단과 문단의 연결 관계
(1) 말의 힘과 책임-학습 활동</td></tr>
<tr><td>9. 의미 표현과 이해</td><td>언어</td><td>[단원의 길잡이] 언어의 의미를 정확하고 효과적으로 사용하기 위해 '당의어와 동음 이의어', '중의적 표현', '관용적 표현'에 대하여 공부
(1) 다의어와 동음 이의어-학습 활동
(2) 중의적 표현-학습 활동
(3) 관용적 표현-학습 활동
[단원의 마무리]</td></tr>
</table>

(7)에 나타나듯이, 제6차 교육과정 〈중학 국어〉의 국어 지식 영역 내용도 제5차 교육과정에 비하여 구성 면에서는 큰 차이가 없다. 그러나 이 시기의 국어 지식 영역은 국어 사용 능력 보완하는 차원에서 '읽기, 말하기' 단원에 국어 지식을 포함시킨 경우가 제5차에 비해 더

늘어난 것으로 보인다. 이는 '말하기-듣기, 읽기, 쓰기'와 관련된 단원에 국어 문법 지식이 활용되는 경우가 많아졌음을 의미하며, 국어과 교육에서 국어 자체에 대한 이해보다 국어 사용을 위한 방법적인 측면을 강조하는 국어교육학의 연구 경향[59]을 반영하는 것으로 보인다.

또 하나 두드러진 변화는 발화와 이야기가 국어 지식의 내용에 포함되기 시작했다는 점이다. 이는 국어 연구의 성과를 반영하는 것으로, 전통적인 국어 연구와는 달리 최근의 국어 연구는 텍스트나 담화 차원으로 연구 영역이 넓어졌다.[60] 이와 같은 차원에서 국어과 교육에서 발화와 이야기가 국어 지식의 내용을 구성하게 된 것은 자연스런 현상이라고 할 수 있다. 이와 같은 흐름은 제7차 교육과정에 이어진다.

제7차 교육과정의 학년별 내용은 기본 활동과 심화 활동을 나누어 구성한 점이 특징이라고 할 수 있다. 더욱이 국어 지식과 국어 사용의 관련성, 담화 상황에 대한 상세한 진술 등은 제7차 교육과정에 나타난 내용상의 변화에 해당한다. 이러한 점은 쓰기 영역에서 '문법에 맞는 문장 쓰기'나 '문법적으로 정확한 글 쓰기' 등을 포함하여 진술하는 것과도 같은 맥락에서 이해할 수 있다. 달리 말해 제7차 교육과정의 국어 지식 교육은 쓰기나 읽기 영역과의 통합성을 강조하는 방향으로 구성되고 있다는 뜻이다. 이와 같은 맥락에서, 제7차 교육과정기의

59) 국어교육학의 학문적 정체성에 대한 논의가 활발히 이루어진 시기는 1990년대이다. 이에 대해서는 최현섭 외(1995)를 참고할 수 있다. 이러한 흐름 속에서 국어과의 성격이 도구(방법)적인 면과 내용적인 면을 모두 갖추어야 한다는 것이 일반적인 이론으로 굳어졌으며, 그 과정에서 국어 지식 교육의 성격에 대한 논의도 활발하게 이루어졌다. 특히 국어 지식 교육의 본질적 차원에서 '독자성'을 강조하는 입장과 '다른 영역을 위한 보완성'을 강조하는 입장이 나뉘어져 있을지라도, 방법적인 차원에서 다른 영역과의 긴밀한 관련성을 강조하는 흐름은 큰 변화가 없다. 이 점에서 제5차 교육과정부터 나타나기 시작한 다른 영역과의 통합적 구성 원리는 제6차 및 제7차 교육과정에서는 더욱 활발하게 전개되어 간다.

60) 이에 대해서는 국어학 연구사와 관련된 논저를 참고할 수 있다. 예를 들어 텍스트 언어학의 경우 권재일(1999), 허재영(2003) 등을 참고할 수 있으며, 담화 및 화용적인 차원의 연구사는 박용익(2001) 등을 참고할 수 있다.

중학교 국어 지식 영역을 살필 수 있다. 제7차 중학교 국어 교과서는 두 권의 책으로 나누어 개발하였다. 그 가운데 〈중학교 국어〉는 '읽기, 문학'을 내용으로 구성하였고, 〈생활국어〉에는 '쓰기, 말하기-듣기, 국어 지식'을 내용으로 구성하였다. 또한 단원의 성격이 통합성을 띨 때에는 해당 영역을 함께 표시하여, '문학/읽기, 쓰기/말하기/듣기, 말하기/듣기/국어 지식'이 복합적으로 적용될 수 있음을 나타내었다. 이를 고려하여 두 권의 책에 편제된 국어 지식 관련 내용을 정리하면 다음과 같다.

(8) 제7차 교육과정 <중학 국어>, <생활 국어>의 국어 지식 내용

ㄱ. 〈중학 국어〉

학년-학기	대단원	영역	내용 구성
1-1	6. 언어의 세계	읽기	[단원의 길잡이] [소단원1] 음성 언어와 문자 언어 - 읽기 전에-음성 언어와 문자 언어(김용석, 설명문) - 학습 활동(내용 학습, 목표 학습, 적용 학습) [소단원2] 문자의 역사 - 읽기 전에-문자의 역사(설명문) - 학습 활동(내용 학습, 목표 학습, 적용 학습) [생각 넓히기] 미래에는 인류의 언어 생활이 어떻게 변할지 [보충 심화]-자기 점검 - 부족하다고 생각되는 사람: 한글 자모자의 이름과 순서(설명문) - 충분하다고 생각되는 사람: 헬렌 켈러, 수필
	부록		사전 찾는 법
1-2	3. 판단하며 읽기	읽기	[소단원1] 훈민정음 완성되다 - 읽기 전에-훈민정음 완성되다 - 학습 활동(내용 학습, 목표 학습, 적용 학습) [보충 심화] 자기 점검 - 사실과 의견을 구분하여 읽기(자료로 땅이름 관련 자료)
	5. 글의 짜임	읽기	[소단원3] 통신 언어, 어떻게 쓸 것인가 - 읽기 전에-통신 언어, 어떻게 쓸 것인가(왕문용, 논설문) - 학습 활동(내용 학습, 목표 학습, 적용 학습) [생각 넓히기] 사이버 공간에서 널리 사용되는 말 알기
2-1	5. 글과 사전	읽기	[단원의 길잡이] 사전의 종류와 쓰임, 사전을 찾는 태도 [소단원1] 사전을 찾아 가며 읽는 즐거움

			- 읽기 전에-사전을 찾다 가며 읽는 즐거움(이순원, 설명문) - 학습 활동(내용 학습, 목표 학습, 적용 학습) [생각 넓히기] 이모티콘 사전 [보충 심화] 사전의 쓰임
2-2	부록		몸과 관련된 관용어
3-1	2. 중심 내용 파악하기	읽기	[소단원1] 표준어와 방언 - 읽기 전에-표준어와 방언(성낙수, 설명문) - 학습 활동(내용 학습, 목표 학습) [생각 넓히기] 사투리의 특성(설명문)
3-2	부록		간추린 실용 띄어쓰기

ㄴ. 〈생활 국어〉

학년-학기	대단원	영역	내용
1-1	4. 국어 생활의 반성	국어 지식	[단원의 길잡이] • 외래어, 은어, 비속어, 유행어의 뜻을 알 수 있다. • 우리말을 바르고 곱게 쓸 수 있다. (1) 외래어, 은어, 비속어, 유행어-설명문+[활동1,2,3,4] (2) 국어 생활 반성하기-[활동1,2] [보충 심화] [쉼터] 우리말 나들이
	6. 상황에 맞게 말하기	말하기-듣기-국어 지식	[단원의 길잡이] • 담화 상황을 구성하는 요소를 알 수 있다. • 상황에 맞게 말할 수 있다. (1) 상황에 맞게 말하는 방법-설명문+[활동1,2,3] (2) 상황에 맞게 말하는 연습-[활동1] [보충 심화]
	7. 고쳐쓰기	쓰기	(1) 고쳐쓰기의 필요성 -활동에서 문단, 문장, 단어 수준의 고쳐쓰기 제시 (2) 고쳐쓰기 연습-활동에서 [보충 심화] 단어, 문장, 문단 수준의 고쳐쓰기 제시
	부록		• 문장부호 • 혼동하기 쉬운 말
1-2	2. 낱말과 형태소	국어 지식	[단원의 길잡이] • 낱말과 형태소의 개념 • 낱말과 형태소의 관계 (1) 음절과 어절, 낱말-[활동1,2,3,4,5] (2) 형태소-[활동1,2,3,4] [보충 심화] [쉼터] 훈맹정음(맹인점자책)
	5. 낱말의 의미	국어 지식	[단원의 길잡이] • 동음 이의어와 다의어의 개념 • 문맥 속에서 낱말의 의미를 파악할 수 있다. (1) 동음 이의어-[활동1,2,3,4] (2) 다의어-[활동1,2,3,4] [보충 심화]
	부록		• 띄어쓰기: 한글 맞춤법의 띄어쓰기 규정

			• 국어의 로마자표기법 • 표준 호칭어
2-1	3. 국어의 언어적 특징과 음운	국어 지식	[단원의 길잡이] • 국어의 언어적 특징을 알 수 있다. • 국어의 음운이 지닌 특징을 말할 수 있다. (1) 국어의 언어적 특징-[활동1,2,3,4,5] (2) 국어의 음운-[활동1,2,3,4,5,6] [보충 심화] [쉼터] 수를 셀 때 쓰는 우리말
	4. 내용 구성하여 쓰기	쓰기	[단원의 길잡이] • 문장의 연결 관계를 고려하여 글을 쓸 수 있다. (1) 문장 연결하여 쓰기-지시어, 접속어 [보충 심화] 지시어, 접속어
	6. 바르게 쓰기	쓰기-국어 지식	[단원의 길잡이] • 문법에 맞는 문장을 쓸 수 있다. • 국어를 바르게 사용하는 태도를 지닌다. (1) 바른 문장 쓰기-[활동1,2,3,4,5] 문법 요소, 호응 (2) 올바른 국어 생활-[활동1,2,3] [보충 심화]
2-2	2. 낱말 형성법과 국어의 관용어	국어 지식	[단원의 길잡이] • 낱말 형성법 • 관용어의 개념과 특징 (1) 낱말 형성법-[활동1,2,3,4,5] (2) 국어의 관용어-[활동1,2,3,4,5] [보충 심화]
	4. 글 쓰기와 다듬기	쓰기	(2) 돌려 읽고 고쳐 쓰기-[활동3] 단어 수준, 문장 수준에서의 고쳐 쓰기
	5. 발화의 기능과 표현	국어 지식-말하기	[단원의 길잡이] • 발화의 기능을 이해할 수 있다. • 발화의 기능을 고려하여 말할 수 있다. (1) 발화의 여러 가지 기능-설명문+[활동1,2,3] (2) 발화의 기능을 고려하여 말하기-설명문+[활동1,2,3,4] [보충 심화]
3-1	2. 바르고 정확하게 쓰기	쓰기-국어 지식	[단원의 길잡이] • 맞춤법에 맞게 글을 써야 하는 까닭을 안다. • 맞춤법에 맞게 글을 쓰려는 태도를 지닌다. (1) 맞춤법의 기능-[활동1,2,3] (2) 맞춤법에 맞게 쓰기-[활동1,2,3,4] [보충 심화]
	4. 음운의 변동	국어 지식	[단원의 길잡이] • 우리말이 어떻게 발음되는지 이해한다. • 우리말을 바르게 발음할 수 있다. (1) 음절의 끝소리 규칙-[활동1] (2) 음운의 동화-[활동1,2] 자음 동화, 구개음화 (3) 음운의 축약과 탈락-[활동1,2] [보충 심화]
	6. 남북한의 언어	말하기-국어 지식	[단원의 길잡이] • 남북한 언어에 차이가 있음을 이해한다.

			• 남북한 언어의 차이를 극복하는 방안 (1) 남북한 언어의 차이-[활동1,2,3] (2) 남북한 언어가 나아갈 길-[활동1,2,3] [보충 심화]
	부록		1. 한글 맞춤법(2,4단원 관련) 2. 간추린 표준어(2단원 관련) 3. 북한어 알기(6단원 관련)
3-2	2. 문장의 구조	국어 지식	[단원의 길잡이] • 문장의 구조를 분석하고, 문장 성분을 알 수 있다. • 한 문장이 여러 가지 의미로 해석될 수 있음을 안다. (1) 문장의 구조-[활동1] (2) 문장의 주성분-[활동1,2,3] (3) 문장의 부속 성분과 독립 성분-[활동1,2,3,4,5] (4) 중의적 표현-[활동1] [보충 심화]
	4. 적극적으로 말하고 듣기	말하기-듣기	[단원의 길잡이] • 언어와 함께 사용되는 반언어와 비언어적 소통 방법의 효과 • 반언어와 비언어적 소통 방법을 적극적으로 활용 (1) 언어, 반언어 그리고 비언어적 의사소통 [보충 심화]
	5. 품사의 종류	국어 지식	[단원의 길잡이] • 단어 분류의 필요성과 기준을 알 수 있다. • 각 품사의 특성을 알 수 있다. (1) 단어의 분류-[활동1,2,3] (2) 품사의 특성-[활동1,2,3,4,5] [보충 심화]
	부록		2. 바꿔 써야 좋은 말들(말다듬기) 3. 아름답고 정겨운 우리말들 4. 맛과 냄새 등에 관한 말들

(8)에서 확인할 수 있듯이, 제7차 교육과정기의 중학교 국어 지식 영역은 국어에 대한 알기를 중심으로 하되, 국어 사용 능력인 '말하기, 듣기, 쓰기'와의 관련성을 고려하여 편제하고 있음을 알 수 있다. 그런데 중요한 문제는 〈중학교 국어〉와 〈생활 국어〉의 관계이다. 교과서를 개발할 당시에는 6개의 영역을 고려하여 〈국어〉에서는 '읽기, 문학' 영역을 중심으로 설정하고, 〈생활국어〉에서는 '듣기, 말하기, 쓰기, 국어 지식' 영역을 중심으로 구성하였으나, 이러한 체제에는 여러 가지 모순이 내재되어 있다.

그 가운데 대표적인 것은 이론상으로 '읽기'와 '국어 지식'의 상관성, '문학'과 '국어 지식'의 상관성 등이 고려될 수 없다는 점을 들 수 있다. 그러나 이러한 문제는 위의 표에 나타나듯이, 국어 지식 관련 단원을 읽기 제재로 활용함으로써 비교적 충실히 극복한 것으로 볼 수 있다. 그런데 더 큰 문제는 현실적인 문제이다. 달리 말해 현장에서 〈국어〉와 〈생활 국어〉를 어떻게 받아들이고 있는가의 문제이다. 이는 초등학교에서 〈말하기-듣기-쓰기〉, 〈읽기〉의 분책이 가져오는 효과와 비슷한 문제라고도 할 수 있다. 실제 많은 중학교에서는 〈국어〉를 중점적으로 수업하고 있으며, 〈생활 국어〉는 참고 자료 정도로 인식하는 경향이 있다. 이 문제는 결과적으로 '듣기-말하기-국어 지식'에 대한 경시로 이어질 수밖에 없다. 더욱이 현행 교육과정에서는 각 교과별 수업 시수에 대한 규정은 존재하지만, 국어과 내의 영역별 수업 시수에 대한 규정조차 없다. 이 점에서 제7차 중학교 국어과의 문제점은 교과서 내부의 문제보다는 교과서 이외의 문제점이 더 큰 것으로 보인다. 달리 말해 제7차 교육과정에서 표방하는 1) 단계별, 2) 수준별, 3) 영역 통합별, 4) 활동 중심별 교과서 개발은 국어교육학 발전을 반영하여 긍정적으로 이루어진 것으로 볼 수 있으나, 이를 활용할 수 있는 충분한 교육적 분위기가 조성되었는지에 대한 심층적인 고민을 해야 할 시기라고 할 수 있을 것이다.

3.4. 맺음말

이 글은 중학교 국어 교과서를 대상으로 국어 지식 영역의 구성 원리와 내용의 변천 과정을 살펴, 국어 지식 교육의 바람직한 방향을 살피고자 하는 목적에서 이루어진 글이다. 국어 지식은 국어에 대한 지식을 바탕으로 국어를 사랑하고 가꾸는 태도를 갖추어 가는 영역을 의미한다. 이 점에서 국어 지식은 전통적인 문법 지식만을 의미하는 것이 아니라, 국어 현상에 대한 이해와 탐구를 모두 포괄한다. 이러한 차원에서 '국어 지식'이라는 용어는 교육과정을 제정할 때부터 제7차 교육과정에 이르기까지 꾸준히 사용되었다. 허재영(2004)에서는 이러한 용어의 쓰임과 함께 문법 교육과정의 변천을 다룬 바 있다. 이 글에서는 문법 또는 국어 지식 교육과 관련된 교육과정을 바탕으로, 중학교 국어과 교과서에 구현된 국어 지식 영역의 구성 원리와 내용 변천 과정을 살피고자 한 것이다. 이러한 관점에서 이 글에서 논의한 바를 정리하면 다음과 같다.

첫째, 중학교 국어과의 국어 지식 영역은 제1차 교육과정으로부터 제3차 교육과정에 이르기까지는 〈중학 국어〉와 〈문법〉이라는 교과서를 통하여 이루어졌다. 이 점에서 〈중학 국어〉는 영역의 구분이 뚜렷하지 않고, 문법적인 지식을 다룬 단원을 따로 설정하지 않았으며, 대신 국어 지식과 관련된 단원을 읽기 단원의 제재로 활용하였다. 이처럼 문법적 지식을 〈중학 국어〉에 포함하지 않은 까닭은 독립된 교과로 〈문법〉을 두었기 때문이다. 그러나 이 〈중학 국어〉와 〈문법〉이 교육 현장에서 어떻게 운영되었는지를 알 수 없다는 점에서 이 시기의 교육과정 실행도를 측정하기는 어렵다. 제4차~제5차 교육과정기에는 〈문법〉이 없어지고, 〈중학 국어〉로 통합되었다. 제4차 교육과정기의 〈중학 국어〉는 대단원 다음에 별도의 자료로 문법적인 지식을 편제하였으며, 앞선 시기와 마찬가지로 읽기 단원에 국어 지식과 관련된 단원을 포함하여 학습하도록 하였다. 제5차 교육과정기는 국어 지식과 관련된 대단원을 별도로 설정하였으며, 일부 단원에서는 문법적 지식을 포함한 국어 지식을 읽기나 쓰기 영역과 통합하여 다루도록 하였다. 이러한 경향은 제6차 교육과정 이후 더 강화되는 경향이 있다. 또한 제7차 교육과정기에는 '읽기'와 '문학'을 중심으로 한 〈중학 국어〉와 '듣기-말하기', '쓰기', '국어 지식'을 중심으로 한 〈생활 국어〉 교과서가 사용되고 있다. 그렇지만 〈국어〉와 〈생활 국어〉의 관계가 모호할 뿐만 아니라 체제도 이질적인 면이 있어서, 실제 교육과정의 실행도가 높은지에 대해서는 쉽게 판단을 내리기 어렵다.

둘째, 국어 지식의 내용면으로 볼 때, 제1차 교육과정으로부터 제3차 교육과정기까지는 문법적 지식은 〈문법〉교과서로 돌리고, 국어 문화나 국어의 가치와 관련된 것은 〈국어〉에서 다루도록 하였다. 특히 이 시기의 교과서에는 '한글의 가치'나 '국문의 소중함'을 비롯한 국어 문제가 제재로 활용되었는데, 이는 이 시기의 국어 문제나 국어 연구의 경향을 반영하는 것으로 볼 수 있다. 제4차~제5차 교육과정기에는 문법적 지식이 〈국어〉 교과서에 포함되었으며, 이러한 지식은 '문장 → 단어 → 음운'의 순서로 편제되었다. 이는 문법적인 지식일지라도 지식 자체의 성격보다는 실제 문장에서의 활용도를 고려하여 편제하였기 때문으로 보인다. 더욱이 제5차 교육과정기의 교과서는 단원별 편제의 원리에 따라 국어 지식 관련 단원을 두거나, 다른 영역의 활동에 필요한 문법적 지식을 해당 영역과 통합하여 제시하고자 하는 경향이 생겨났다. 이러한 흐름은 제6차~제7차 교육과정기의 교과서에도 이어진다. 또한 제6차 교육과정기부터는 '발화와 이야기'가 국어 지식 영역에 포함되기 시작하였는데, 이는 이 시기의 국어학 연구 성과 및 국어교육학의 연구 경향을 반영한 것이다. 이처럼 제6차~제7차 교육과정기 〈중학 국어〉의 국어 지식 영역은 다른 영역과 통합하여 다루고자 하는 경향이 두드러질 뿐만 아니라, 학습자의 활동을 중심으로 이루어져 있는데, 이는 전통적인 국어 지식이 문법 지식 차원에서 생활 중심, 국어 사용 중심으로 변화해 감을 의미한다.

이상과 같이, 중학교 국어과의 국어 지식 영역의 구성 원리 및 내용 변천 과정을 통하여, 우리는 국어 지식 교육의 바람직한 방향성을 논의할 수 있을 것으로 기대된다. 그 가운데 우선적으로 고려해야 할 점은 교과서에 구현된 교육과정의 실행도이다. 교육과정의 변천에 따라 각 시기의 주요 국어 문제나 관심사가 교과서에 반영되는 것은 당연한 일이며, 국어 지식 교육의 효율성을 고려한 내용 배열 등도 자연스럽게 논의될 수 있다. 예를 들어 '문장 → 단어 → 음운'의 순서로 배열하는 것과 '음운 → 단어 → 문장'의 순으로 배열하는 것은 어느 쪽이 타당한가 등도 논의 대상이 될 수 있다. 이론상으로 '담화'를 포함할 때, '큰 단위에서 작은 단위로' 또는 그와 반대로 일관성 있는 배치가 요구될 수 있다. 그러나 실제의 국어 사용이나 교육 효과를 고려할 때, 이론상의 일관성만을 고집하기 어려울 경우도 있다. 또한 제1차~제3차까지의 주요 관심사인 '한글의 가치'와 '국문 문제' 등이 제4차 교육과정 이후로는 더 이상의 관심사가 아니며, 대신 표준어나 표준 발음과 같은 규범적인 국어 사용 문제가 주요 관심사로 대두된 점도 '내용 교과'보다는 '도구나 방법적인 측면'을 강조하는 국어과의 성격 논의를 반영한 것으로 보인다.

그러나 국어 지식의 구성 원리나 내용 변천에서 좀 더 중요하게 보아야 할 것은 교과서의 형식과 내용 못지않게 실제 교육 현장에서의 실행 정도가 될 것이다. 이러한 연구는 교과서 이외의 문제를 내포하게 되는데, 교과서의 영역 설정이나 교과서 제도(국정, 검인정, 영역을 독립하여 여러 책으로 구성하는 방법과 통합하여 한 권의 교과서로 구성하는 방법 등), 교사와 학생의 인식 정도 등을 종합적으로 검토해야 할 것이다. 이와 같은 종합적인 검토가 이루어질 때, 좀 더 바람직한 국어 교과서의 개발이 이루어질 수 있으며, 또한 바람직한 교과서가 개발되었다고 할지라도 그것을 바람직하게 실행할 수 있는 분위기가 조성될 수 있을 것이다.

각 시대별 국어과 교과서 개발 상황
(근대 계몽기부터 제7차 교육과정기까지)

1. 근대 계몽기(1895~1910)

번호	책명	편저자	발행 권자	권책수	사용 문자	학교급	정가	인쇄 출판사	발향 연월일	판형	비고	자료
1	국민 소학독본	학부 편집국	학부	단권	국한문 혼용	초등	25전		1895.7. (오추)	한지 국판	갑오개혁 소학교령에 따른 최초의 신교육용 국어교과서, 41단원	개화기 교과서 총서
2	소학독본	학부 편집국	학부	단권	국한문 혼용	초등	15전		1895.8. (중동)	국판	개화기 신식 국어교과서, 명현의 用心, 行德 중심	개화기 교과서 총서
3	국문정리	리봉운	학부	단권	순국문	초중등	2냥 5돈	국문국	1897.1.	한지 국판	문법교과서	대제각, 역대 문법
4	신정 심상소학	학부 편집국	학부	3권 3책	국한문 혼용	초등	34/36/16전		1897.2.	국판	양장본, 3년 연속체제, 언문일치에 가까움, 생활중심, 가정중심, 사회중심의 교과서	개화기 교과총서
5	초등소학	대한민국 교육회	김상만, 고유상, 주한영	8권 4책	국한문 혼용	초등	책당 1원 30전	경성 일보사	1906.12.30.	국판	국문교육의 본보기 교재로 우리말과 순 할글교재, 중학년부터는 국한문혼용	아세아, 박붕배 본
6	유년필독	현채	현채	4권 1책	국한문 혼용	초등	80전	휘문관	1907.5.5.	국판	한자에 국문토를 달음	아세아
7	초등여학 독본	이원경	변형중	1권	국한문 혼용	초등	30전	보문사	1908.3.10.	국판	수신교재와 겸용, 한문현토	아세아
8	몽학필독	최재학		1권	순한문	초등				국판	사학용 교재	아세아
9	노동야학 독본	유길준	유길준	미상 (권1)	국한문 혼용	초등 초보	30전	경성 일보사	1908.7.13.	국판	노동 야학 교재	아세아
10	초목필지	정곤수	안형중	2권 1책	국문	초보	40전	보문사	1908.6.20.	국판	보습학습교재성이 강함	아세아

11	최신초등 소학	정인호	정인호	4권 2책	국한문 혼용	초등	각50전	보성사 우문관	1908.7.20.	국판	난이도를 조정하고 교수 지침을 포함시킴	아세아
12	초등소학	보성관	보성관	미상 (권1)	국문	초등		보성관		국판	순한글로 아주 후대 교재인듯	아세아
13	보통학교 학도용 국어독본	학부	학부	8권 8책	국한문 혼용	초등	각12전	한국 정부 인쇄국	1907.2.1. (1~5권), 3.1.(6권)	국판	일본인 참여관의 소산으로, 인쇄도 대일본도서주식회사에서 인쇄	아세아
14	신찬 초등소학	현채	현채	6권 6책	국한문 혼용	초등	1-3: 15전 4-6: 20전	보성사 일한 인쇄	1909.9.23. 1909.10.20.	국판	유년필독이 금서가 되자 대용교재로 만듦	아세아
15	녀즈독본	장지연	김상만	2권 2책	순국문		1질60전	휘문관	1908.4.5.	국판	여성 교양을 높이고자 함	아세아
16	유부독습	강화석	이준구	2권 1책	순국문		45전	황성 신문사	1908.7.	국판	문맹퇴치 정신 반영	아세아
17	국문초학	주시경	박문 서관	단권	순국문	초등	10전	우문관	1908.2.15.	국판	49단원 구두점으로 띄어쓰기 대신함	주시경 전집
18	국어철자 첩경	한승곤	평양광 명서관	단권	순국문		25전	경성 우문관	1908.2.15.	국판	국어철자 교습용	역대 문법
19	대한문전	최광옥 (유길준)	안악 면학회		순국문	초중등	25전	보문사	1908.1.	국판	유길준의 저서를 최광옥 이름으로 변개한 것임	역대 문법
20	고등소학 독본	휘문의숙 편집부	휘문 의숙	2권 2책	국한문 혼용	중등	각 25전	휘문 의숙	1906.11.30. 1907.1.20.	국판	애국애족 국가의식 고취	아세아
21	유년필독 석의	현채	현채	상하	국한문 혼용	교사용	합80전	중앙 서관	1907.6.30. 1907.7.31.	국판	교사용 지도서	아세아
22	초등 작문법	원영의	이종정 이원상		국한문 혼용		20전		1908.10.	국판	명칭은 작문서나 실상은 한문 문법서임	역대 문법
23	대한문전	유길준	유길준	단권	국한문 혼용	초중등			1909.3.18.	국판	문법서	역대 문법
24	초등국어 어전	김희상	김희상	3권	국한문 혼용	초등			1909.3.20.	국판	국어문법서	역대 문법
25	국어문법	주시경	주시경	단권	국한문 혼용	초중등	40전	박문 서관	1910.4.15.	국판	표기 난맥 통일	역대 문법

2. 일제강점기(1910~1945)

2.1. 일본어과(국어)

연대별 (교육령)	학교급별	교과서명	발행연도	권수	비고
1910 (조선교육령)	보통학교	普通學校國語讀本	1911년 완료	8권	
		普通學校習字帖	1913년 완료	4권	
	고등보통학교	高等國語讀本	1913년 완료	8권	
		高等習字帖	1913년 완료	4권	
	여자고등보통학교	확인 안 됨			
	교수법, 기타	國語敎授法	1912.8.3.	1권	
		速修國語讀本	1913.1.20.	1권	
1922 (신교육령)	보통학교	普通學校國語讀本	1923.1.15.	12권	
		普通學校書キ方手本	1925년 완료	7권	
	고등보통학교	新編高等國語讀本	1923~1925	10권	
	여자고등보통학교	新編女子高等國語讀本	1923~1925	8권	
	기타	日本語法及文法敎科書	1925	1권	
1930 (일부 수정)	보통학교	普通學校國語讀本 또는 國語讀本	1931~1937	12권	
		四年制 普通學校國語讀本	1931~1937	8권	
		實業補習學校 國語讀本	1931~1937	?	
		普通學校書方手本	1931~1937	?	
		書方手本	1931~1937	?	
		小學書方手本(文部省作)	1931~1937	?	
	고등보통학교	中等敎育國文讀本	1931~1937	12권	
		中等敎育漢文讀本	1931~1937	?	
	여자고등보통학교	中等敎育女子國文讀本	1931~1937	?	
1940 (개정 교육령: 국민학교령 이후)	초등교육	小學國語讀本(문부성저작)	1940.9.25.	12권	
		初等國語讀本(간이학교용)	1940.9.25.	?	
		初等國語(총독부 저작)	1943.9.15.(번각)	12권	
	중등교육	단선 학제로 변화하면서, 문부성 저작물 또는 검인정 교과서로 대체			

2.2. 조선어과 교과서

연대별 (교육령)	학교급별	교과서명	발행연도	권수	비고
1910 (조선교육령)	보통학교	朝鮮語讀本	1911	8권	통감시대 국어에서 용어를 수정한 것
		普通學校學徒用 漢文讀本	1912.3.13.	?	(권4)
		普通學校朝鮮語及漢文讀本	1913~1919	5권	박붕배본
	고등보통학교	高等朝鮮語及漢文讀本	1914	4권	박붕배본
	여자고보	개발 안 됨			
1920 (신교육령)	보통학교	普通學校朝鮮語讀本	1925	6권	박붕배본
		普通學校 高等科 朝鮮語讀本	1925	?	도서일람표 참고
		普通學校 漢文讀本	1925	2권	(5,6학년용)
	고등보통학교	新編高等朝鮮語及漢文讀本	1925~1926	5권	박붕배본
	여자고보	女子高等朝鮮語讀本	1925	4권	박붕배본(3권 누락)
	기타	朝鮮語法及會話 外	1925		경성조선어연구회
1930 (일부 수정)	보통학교	普通學校 朝鮮語讀本	1933~1937	6권	박붕배본
	고등보통학교, 여자고보	中等教育 朝鮮語及漢文讀本	1933	6권	여자고보
1940년 이후	초등교육	初等朝鮮語讀本(簡易學校用)編纂趣旨書	1939.6.22.	1권	편찬취지서
		初等朝鮮語讀本	1939년 이후	?	(권2)

(?는 권수를 정확히 파악하지 못한 것임)

3. 건국기(1945~1955)

3.1. 초등 국정 교과서

시기	연도	책명	발행자	저작자	비고
미군정기	1945~1946	한글첫걸음	군정청학무국	조선어학회	
		초등국어교본(상·중·하)	군정청학무국	조선어학회	
	1946~1948	초등국어(학년당 2권)	군정청문교부	군정청문교부	박붕배본에서는 이 두 종류를 같은 것으로 보고 있으나 실제는 다름
정부수립	1948~1950	초등국어(학년당 2권) 〈바둑이와 철수〉 〈학교와 들〉	문교부	문교부	
전시기	1951~1954	국어(학년당 2권, 5~6학년은 3권으로 발행)	문교부	문교부	1) 51,52,53,54 1월과 9월에 발행함.

					2) 발행시마다 내용 불규칙 3) 운크라 지원에 의함 4) 펴낸 곳이 일정하지 않음 5) 5-3, 6-3의 성격이 모호함 6) 판형은 변형 사륙판
전후	1954~1955	국어(학년당 2권)	문교부	문교부	1) 55년 3월본은 운크라 지원 2) 55년 9월본은 운크라 지원 없음 3) 판형은 국판(교과서판)

3.2. 중등 국정 교과서

시기		연도	책명	발행자	저작자	비고
미군정기		1946~1947	중등국어교본(상,중,하)	군정청문교부	조선어학회	처음에는 학무국
		1948	중등국어(1,2,3)	군정청문교부	군정청문교부	권3은 정부 수립 이후 발행
정부수립기		1949~1950	중등국어①~⑥	문교부	문교부	건국기의 국어과 내용의 토대가 된 교과서임
전시기	중학교	1951~1953	중등국어(학년당 2권)	문교부	문교부	1) 운크라 지원으로 이루어진 임시 교과서의 성격이 강함 2) 변형 사륙판 3) 학년-학기의 교재 내용 중복되는 경우가 있으며, 보충교재 부분을 두어 내용 보완하는 경우가 있음
	고등	1951~1953	고등국어(학년당 2권)	문교부	문교부	
전후	중학교	1953~1955	중학국어(학년당 2권)	문교부	문교부	판형 국판으로 변화(55년은 운크라 지원이 부분적으로 이루어짐)
	고등	1953~1955	고등국어 I, II, III	문교부	문교부	판형 국판으로 변화(학년당 1권으로)

3.3. 검인정 교과서

시기	과목(영역)	연도	책명	저작자	발행자(출판)	비고
미군정기	국어	1946	신생국어독본	김사엽	경상북도교육협회	상,하 2권
		1946	중등국어 신생교본	김사엽	경상북도학무국	초급, 고급
		1946	중등국어	이숭녕,방종현	민중서관	1,2,3
		1947	고급국어	사범대국문학회	범인사	1-6
		1948	국어	이극노, 정인승	정음사	1,2
		1948	신편 중등국어	김병제	고려서적	1,2,3
	작문	1947	국어작문	고희준, 조종하	창인사	
		1947	중등작문	오상순	백영사	
		1947	신중등작문	이성두	대양출판사	초급
		1947	중등글씨본	이철경	조선교학도서(주)	습자 과목
		1948	새 중등작문교본	윤태영	삼중당	

		1948	현대 중등글짓기	최영조	금룡도서	1,2
	문법	1945	중등조선말본	최현배	정음사	세로쓰기
		1946	중등조선말본	최현배	정음사	가로쓰기
		1946	국어문법	이상춘	조선국어학회	
		1946	한글독본	정인승	정음사	국어관련
		1947	중등 새말본	장하일	교재연구사	
		1947	중학 국문법책	김근수	문교당	
		1947	신편 고등국어문법	정렬모	한글문화사	
		1948	중등 말본	김윤경	동명사	
		1948	중등 조선말본	최현배	정음사	
		1948	조선말본	최현배	정음사	
		1948	고등 국어문법	정렬모	고려서적주식회사	
	기타	1946	중등 한문독본	임창순	경상북도 학무국	1,2,3
		1946	중등 한문독본	김경탁	동방문화사	1,2,3
		1946	한글 문예독본	정렬모	신흥국어연구회	
		1948	고등국어 현대문감	조윤제	대학출판사	
		1948	고등국어 고대문감	조윤제	대학출판사	
		1948	국문학 고전독본	양주동	박문출판사	
건국기	국어	1949	중등국어	이병기	금룡도서주식회사	1,2,3,4,5,6
		1949	신생중등국어	조윤제	대학출판사	1,2,3
	작문	1949	국어작문	고희준, 조종하	창인사	
		1950	모범 중등글짓기	이희승	신흥문화사	
		1950	중등작문	양주동, 모윤숙, 김동리, 조연현	홍지사	1,2,3(각각의 발행 연도는 동일하지 않은 듯)
	문법	1949	고등말본	최현배	정음사	
		1950	중등국어문법	박태윤	서울문화사	하급용
		1950	중등말본(초급소용)	최현배	정음사	
	기타	1950	중등한문교본	김능근	문교도서	1,2,3,4
		1950	신수중등한문	김득초	탐구당	1,2,3,4
		1950	중등한문독본	김경탁	동방문화사	1,2,3,4,5,6
전시이후	작문	1952	중등작문	양주동 외	홍지사	
		1952	작문독본	이은상	정음사	
		1956	신편중등글짓기	김현명, 김성배	교학도서	
		1956	고등문장교본	김용호	창인사	
	문법	1951	표준 우리말본	장하일	대동문화사	
		1953	표준 우리말본	정인승	을유문화사	
		1955	초급 국어문법	이희승	박문출판사	

	1954	고전문법	이숭녕	을유문화사	
	1956	고등국어문법	이숭녕	을유문화사	
	1956	표준 고등말본	정인승	신구문화사	
	1956	고등 문법	이희승	박문출판사	
옛글(문학)	1953	국어국문학사	이능우	홍지사	
	1953	국문학독본	김사엽	대동문화사	
	1954	가려뽑은 옛글	장지영	정음사	
	1955	증보 국문학사	김사엽	정음사	
	1956	고문 독본	김형규	백영사	
	1956	고등 고문선	이숭녕, 조흔파	창인사	
	1956	고등 국문선	손락범, 최창국	형설출판사	
	1956	옛글	구자균, 김사엽	사조사	
	1956	고전 독본	양주동	탐구당	
	1956	새판 국문학사	김사엽	정음사	
한문	1956	고등한문	이창기, 정금화	창인사	

4. 중등 국어과 교과서 개발 상황

4.1. 국어과 교과서 개발 변천

교육과정	초등학교	중학교		고등학교	
		국정	검정	국정	검정
제1차	국정 학년당 2책	국어 6책	작문, 문법	국어3책	작문, 문법, 고전(옛글)
제2차	동일	국어 6책	작문, 문법	국어3책(인문, 실업계 나눔)	작문, 문법, 고전(옛글)
제3차	동일	국어 6책	작문, 문법	국어3책(인문, 실업계 나눔)	작문, 문법, 고전문학, 현대문학
제4차	동일	국어 6책	없음	국어3책 문법	작문, 고전문학, 현대문학
제5차	읽기, 말-듣-쓰 분책	국어 6책	없음	국어2책, 문법	작문, 문학
제6차	읽기, 말-듣-쓰 분책	국어 6책	없음	국어2책, 문법	독서, 화법, 작문, 문학
제7차	저학년 3책 고학년 2책으로 분책	국어, 생활국어 각 6책	없음	국어2책, 문법	독서, 화법, 작문, 문학

4.2. 광복 이후의 문학 교과서

연대	책이름	학교급	시기구분	원제목	편/저자	발행연도	발행기관
1940	한글독본		미군정		정인승	1946.03.00	정음사
	高等國語 現代文鑑	고등	교수요목기		조윤제	1948.02.25	대학출판사
	高等國語 古代文鑑	고등/사범	교수요목기		조윤제	1948.09.20	대학출판사
	詳註 國文學古典讀本	중학상급 이상	교수요목기		양주동	1948.10.15	박문출판사
	教育 國文學史	고등/사범	교수요목기		조윤제	1949.02.28	동국문화사
1950	국어국문학사		교수요목기		이능우	1953.00.00	홍지사
	國文學 讀本	고등학교	교수요목기		김사엽	1953.04.05	대동문화사
	가려뽑은 옛글		교수요목기		장지영	1954.04.05	정음사
	古代文鑑	고등/사범	교수요목기		조윤제	1954.04.25	동국문화사
	增補 國文學史	고등/사범	교수요목기		김사엽	1955.04.15	정음사
	고문독본	고등	1차		김형규	1956.00.00	백영사
	고등고문선	고등	1차		이숭녕 조흔파	1956.00.00	창인사
	고등국문선	고등	1차		손락범 최창국	1956.00.00	형설출판사
	옛글	고등학교	1차		구자균 김사엽	1956.03.00	사조사
	고전독본	고등학교	1차		양주등	1956.03.00	탐구당
	새판 國文學史	고등/사범	1차		김사엽	1956.04.15	정음사
	요령 국문학사	고등	1차		김옥봉	1959.03.01	오상중고등학교 학도호국단
1960	바른 옛글	고등	1차		어문학회	1960.00.00	동일문화사
	우리 옛글	고등	1차		국어교육 연구회	1960.00.00	한국검인정 교과서
	가려뽑은 옛글	고등학교	1차		장지영	1960.02.25	정음사
	고문교본	고등	1차		임헌도	1961.00.00	정연사
	교육 국문학사	고등 사범	1차		조윤제	1961.01.10	동국문화사
	표준 고등글본	고등 사범 실업	1차		이병기 정인승 백철 엮음	1961.03.05	신구문화사
	국문학사	고등학교	1차		구자균	1963.01.10	한국교과서주식회사
	고등 고문선	고등	2차		조흔파 외	1964.00.00	창인사
	바른 옛글	고등	2차		어문학회	1964.00.00	창인사
	표준 옛글	고등 사범 실업	2차		이병기 정인승	1964.01.10	신구문화사

	표준 옛글	고등 사범 실업	2차		이병기 정인승	1965.01.10	신구문화사
	고전독본	고등학교	2차		양주동	1966.01.10	탐구당
	고전	고등/인문 계	2차		천시권	1967.00.00	고려문화사
	우리고전	고등	2차		한인석 이은정	1967.00.00	인학사
	최신 고전	고등/인문 계	2차		조지훈 위충량	1967.12.05	양문사
	고전	고등/인문 계	2차		이재수 서수생	1967.12.05	일한도서출판사
	모범 고전	고등/인문 계	2~3차(68년 검정)		임헌도	1968.00.00	영지문화사
	우리 고전	고등/인문 계	2~3차(68년 검정)		박병채	1968.00.00	박영사
	친우 고전	고등/인문 계	2~3차(68년 검정)		박노춘	1968.00.00	친우문화사
	고전	고등	2~3차(68년 검정)		박성의 송민호	1968.00.00	광명출판사
	고전	고등/인문 계	2~3차(68년 검정)		김기동 정주동 정익섭	1968.00.00	교학사
	고전	고등/인문 계	2~3차(68년 검정)		이숭녕 남광우	1968.00.00	동아출판사
	고전	고등	2~3차(68년 검정)		한원영	1968.00.00	삼화출판사
	표준고전	고등/인문 계	2~3차(68년 검정)		정병욱 이응백	1968.00.00	신구문화사
	고전	고등/인문 계	2~3차(68년 검정)		김윤경	1968.01.10	문호사
	고전	고등/인문 계	2~3차(68년 검정)		이용주 구인환	1968.02.00	법문사
	모범 고전	고등/인문 계	2~3차(68년 검정)		김성재	1968.02.10	일지사
	표준고전	고등/인문 계	2~3차(68년 검정)		지춘수	1968.02.20	진명문화사
	고전	고등/인문 계	2~3차(68년 검정)		이재수 서수생	1970.01.10	일한도서출판사
	고전	고등/인문 계	2~3차(68년 검정)		김기동 정주동 정익섭	1972.01.10	교학사
1970	표준고전	고등/인문 계	2~3차(68년 검정)		정병욱 이응백	1975.01.10	신구문화사
	고전	고등/인문 계	2~3차(68년 검정)		이숭녕 남광우	1975.01.10	동아출판사
	고전	고등	2~3차(68년 검정)		한원영	1975.01.10	삼화출판사

	고전	고등/인문계	3차(78.8.22 검정)		정병욱 이응백	1979.03.01	신구문화사
	고전	고등/인문계	3차(78.8.22 검정)		박성의 송민호	1979.03.01	고려서적주식회사
	고전	고등/인문계	3차(78.8.22 검정)		이기문	1979.03.01	한국능력개발사
	고전	고등/인문계	3차(78.8.22 검정)		전광용	1979.03.01	동아출판공사
	고전	고등/인문계	3차(78.8.22 검정)		김동욱 김태준	1979.03.01	민중서관
1980	고전문학	고등	4차(83년 검정)		김기동 박준규	1984.03.01	교학사
	고전문학	고등	4차(83년 검정)		이상익 김진영	1985.03.01	동아서적주식회사
	고전문학	고등	4차(83년 검정)		김동욱 김태준	1985.03.01	동아출판사
	고전문학	고등	4차(83년 검정)		김성배 진태하	1985.03.01	문호사
	현대문학	고등	4차(83년 검정)		김열규 유시욱	1985.03.01	동아출판사
	현대문학	고등	4차(83년 검정)		이재선	1985.03.01	학연사
	현대문학	고등	4차(83년 검정)		전광용 권영민	1985.03.01	교학사
	현대문학	고등	4차(83년 검정)		문덕수 김시태	1985.03.01	이우출판사
	문학	고등	5차(89년 검정)		김용직 박민수	1989.09.00	학습개발
1990	문학	고등	5차(89년 검정)		구인환	1990.03.01	한샘교과서㈜
	문학	고등	5차(89년 검정)		김열규 김태준 김동욱	1990.03.01	동아출판사
	문학	고등	5차(89년 검정)		김흥규	1990.03.02	한샘교과서㈜
	문학(상)	고등	6차(95년 검정)		박경신 김태식 송백헌 양왕용	1996.03.01	금성출판사
	문학(하)	고등	6차(95년 검정)		박경신 김태식 송백헌 양왕용	1996.03.01	금성출판사
	문학(상)	고등	6차(95년 검정)		김태준 류탁일 한성희 이용호	1996.03.01	㈜민문고
	문학(하)	고등	6차(95년 검정)		김태준 류탁일 한성희	1996.03.01	㈜민문고

					이용호		
	문학(상)	고등	6차(95년 검정)		오세영 서대석	1996.03.01	㈜천재교육
	문학(하)	고등	6차(95년 검정)		오세영 서대석	1996.03.01	㈜천재교육
	문학(상)	고등	6차(95년 검정)		구인환 김홍규	1996.03.01	한샘출판㈜
	문학(하)	고등	6차(95년 검정)		구인환 김홍규	1996.03.01	한샘출판㈜
	문학(상)	고등	6차(95년 검정)		우한용 박인기 정병헌 최병우	1996.03.01	동아출판사
	문학(하)	고등	6차(95년 검정)		우한용 박인기 정병헌 최병우	1996.03.01	동아출판사
	문학(상)	고등	6차(95년 검정)		최동호 신재기 고형진 장장식	1996.03.01	대한교과서
	문학(하)	고등	6차(95년 검정)		최동호 신재기 고형진 장장식	1996.03.01	대한교과서
	문학(상)	고등	6차(95년 검정)		김용직 박민수	1996.03.01	대일도서
	문학(하)	고등	6차(95년 검정)		김용직 박민수	1996.03.01	대일도서
	문학(상)	고등	6차(95년 검정)		김열규 신동욱	1996.03.01	㈜ 두산
	문학(하)	고등	6차(95년 검정)		김열규 신동욱	1996.03.01	㈜ 두산
	문학(상)	고등	6차(95년 검정)		박갑수 김진영 이승원	1997.03.01	지학사
	문학(하)	고등	6차(95년 검정)		박갑수 김진영 이승원	1997.03.01	지학사
	문학(상)	고등	6차(95년 검정)		김봉군 최혜실	1997.03.01	지학사
	문학(하)	고등	6차(95년 검정)		김봉군 최혜실	1997.03.01	지학사
2000	문학(상)	고등	7차(2002년 검정)		박경신 김성수 이용수 안학서	2003.03.01	금성출판사
	문학(하)	고등	7차(2002년 검정)		박경신	2003.03.01	금성출판사

				김성수 이용수 안학서		
문학(상)	고등	7차(2002년 검정)		우한용 박인기 정병헌 최병우 외2인	2003.03.01	㈜ 두산
문학(하)	고등	7차(2002년 검정)		우한용 박인기 정병헌 최병우 외2인	2003.03.01	㈜ 두산
문학(상)	고등	7차(2002년 검정)		김창원 권오현 신재홍 장동찬	2003.03.01	민중서림
문학(하)	고등	7차(2002년 검정)		김창원 권오현 신재홍 장동찬	2003.03.01	민중서림
문학(상)	고등	7차(2002년 검정)		조남현 정성배 조세형 정수익 배성완	2003.03.01	㈜ 중앙교육진흥연구소
문학(하)	고등	7차(2002년 검정)		조남현 정성배 조세형 정수익 배성완	2003.03.01	㈜ 중앙교육진흥연구소
문학(상)	고등	7차(2002년 검정)		강황구 권형중 김대용 박정곤 이준	2003.03.01	상문연구사
문학(하)	고등	7차(2002년 검정)		강황구 권형중 김대용 박정곤 이준	2003.03.01	상문연구사

4.3. 작문 교과서

연도	저자명	책명	출판사	비고	내용	문체	권수	과정	검인정기
					고등 작문				
1956.3.15.	김용호	고등 문장 교본	창인사	인정	머리말(생각하는 글), 1. 문장서론, 2. 시와 시론, 3. 수필의 화단, 4. 서간문, 5. 소설의 세계, 6. 논설문, 7. 식사문, 8. 희곡, 9. 선전문, 10. 조사 보고서, 〈부록〉	한자 병용 (괄호 처리)	64년판까지 동일한 내용	고등	
1965.1.10.	박종화, 조연현, 김동리	고등 작문	홍지사	인정	제1장 문장의 의미와 그 생명, 제2장 문장과 표현, 제3장 문장의 시대성, 제4장 창작,제5장 문장의 실제적 활용	한자 병용 (괄호 처리)	56년 인정본, 56년판 서문이 들어 있음	고등	
1968.2.00.	김용호	인문계 고등학교 모범 작문	영지 문화사	검정	1. 言語와 文章, 2. 작문을 위한 준비, 3. 문장 형성의 과정, 4. 기사법과 용어, 5. 문체, 6. 창작의 화원, 7. 실용의 효과, 8. 이론의 세계, 〈부록〉	국한 문체	68년판	고등	67년 검정으로 표시됨
1968.2.10.	이범선, 장순하, 전학진, 박상수	모범 작문	일지사	인정	1. 作文의 基礎, 2. 작문의 과정, 3. 실용문 쓰기, 4. 논설문 쓰기, 5. 예술문 쓰기, 6. 편집과 교정	국한 문체		고등	
1969.1.10.	조지훈	인문계 고등학교 최신 작문	양문사	인정	1. 문장의 이해, 2. 表現의 실제,3. 실용적인 문장, 4. 창작 문학, 5. 문장의 표기, 〈부록〉	국한 문체	69년판(머리말은 67년임)	고등	68.1.11 인정
1971.1.10.	박목월, 전규태	인문계 고등학교 새로운 작문	정음사	인정	1. 문장과 진실, 2. 문장의 종류, 3. 글의 구상, 4. 관찰과 표현, 5. 문장 표현의 기교, 6. 자기를 위하여 쓰게 되는 문장, 7. 특정한 상대를 위한 문장, 8. 많은 상대를 향한 문장, 9. 즐기는 문장, 10. 생활을 위한 문장, 11. 편집과 교정, 〈부록〉	한글 전용	71년판	고등	68.1.11 인정
1972.1.10.	조연현, 이희복	인문계 고등학교 표준 작문	어문각	검정	1. 생활과 글, 2. 실용의 글, 3. 정서의 날개, 4. 의견과 주장, 5. 창작의 기쁨, 6. 매스콤의 효용 〈부록〉	한글 전용	72,75년판	고등	68.1.11 검정
1974.1.10.	백철, 정병욱, 이어령	표준 작문	신구 문화사	검정	1. 언어와 표현, 2. 생활의 주변, 3. 논리와 설득, 4. 창작의 세계,5. 사회생활과 전달	한글 전용	74년판	고등	68.1.11 검정
1979.3.1.	손동인	인문계 고등학교 작문	지림 출판사	검정	1. 문장과 우리생활, 2. 문장을 꾸미는 요령, 3. 문장과 생활 현장, 4. 문예 문장의 초대, 5. 편집의 열쇠 〈부록〉	한글 전용	81년판	고등	78.8.22 검정
1979.3.1.	백철, 정병욱, 이어령	인문계 고등학교 작문	신구 문화사	검정	1. 우리말 우리글, 2. 생활의 기록과 전달, 3. 논리적 사고, 4. 예술과 창작, 5. 원고 교정 편집	한글 전용	79,82,84판	고등	78.8.22 검정
1984.3.1.	이응백, 유병석	고등학교 작문	보진재	검정	1. 작문의 예비, 2. 작문의 절차, 3. 문단의 구성, 4. 글의 진술 방식, 5. 논리와 글, 6. 나와 글, 7. 편집과 교정	한자 병용 (괄호 처리)	87,90판	고등	83.7.29 검정
1984.3.1.	김종택, 이상태	고등학교 작문	형설 출판사	검정	1. 작문의기초, 2. 작문의 과정, 3. 단어와 문, 4. 문단의 구성, 5. 구상의	한자 병용	85년판	고등	83.7.29 검정

					방법, 6. 문단의 진술, 7. 표현의 기교, 8. 여러 종류의 글, 9. 글의 격식, 10. 퇴고와 편집	(괄호 처리)			
1984.3.1.	김동리, 손소희, 오태현	고등학교 작문	㈜노벨 문화사	검정	1. 글과 생활, 2. 주제 있는 글, 3. 글의 개요, 4. 정확한 글, 5. 산문의 구성 방식, 6. 산문의 진술 방식, 7. 효과적인 표현, 8. 여러 가지 글, 〈부록〉	한자 병용 (괄호 처리)	88년판	고등	83.7.29 검정
1989.8.00.	이상태	고등학교 작문	형설 출판사	검정	1. 작문의 특성, 2. 작문의 원리, 3. 단어와 문장, 4. 문단, 5. 구상의 방법, 6. 진술, 7. 표현의 기교, 8. 여러 종류의 글 〈부록〉	한자 병용 (괄호 처리)	89년판	고등	89.8.19 검정
1990.3.1.	이익섭	고등학교 작문	학연사	검정	1. 작문의 필요성, 2. 작문의 절차, 3. 단어와 구, 4. 문장, 5. 문단, 6. 글의 진술 방식, 7. 표현의 기교, 8. 여러 종류의 글, 9. 퇴고와 교정, 10. 좋은 글의 길 〈부록〉	한자 병용 (괄호 처리)	94년판	고등	89.8.19 검정
1990.3.1.	정진권	고등학교 작문	㈜현대 문학	검정	1.삶과 글, 2. 글의 단위, 3. 글의 진술, 4. 글의 표현, 5. 글짓기의 과정, 6. 글의 실제(1)-개인적인 글, 7. 글의 실제(2)-사회적인 글, 〈부록〉	한자 병용 (괄호 처리)	94,95년판	고등	89.8.19 검정
1990.3.1.	김은전, 김대행	고등학교 작문	㈜교학사	검정	1. 작문의 원리, 2. 글쓰기의 계획, 3. 표현의 첫단계, 4. 상황에 맞는 글쓰기, 5. 목적에 맞는 글쓰기, 6. 대상에 따른 글쓰기, 7. 효과적인 표현, 8. 글의 평가와 보완	한자 병용 (괄호 처리)	95년판	고등	89.8.19 검정
1990.3.1.	강윤호, 이병호, 최현섭	고등학교 작문	동아 출판사	검정	1. 작문의 이해, 2. 작문의 과정, 3. 표현의 단위, 4. 글의 구성, 5. 글의 진술, 6. 글의 표현, 7. 여러 가지 글 〈부록〉	한자 병용 (괄호 처리)	95년판	고등	89.8.19 검정
1990.3.1.	김상태	고등학교 작문	태림 출판사	검정	1. 작문의 필요성, 2. 작문의 기초, 3. 작문의 원칙, 4. 진술의 네 가지 유형, 5. 작문의 과정, 6. 표현의 기술, 7. 수사법, 8. 작문의 실제, 9. 부록	한자 병용 (괄호 처리)	95년판	고등	89.8.19 검정
1990.3.1.	권영민, 김기혁	고등학교 작문	㈜지학사	검정	1. 글이란 무엇인가, 2. 글의 단위, 3. 글쓰기의 준비, 4. 글의 진술 방법, 5. 글쓰기의 실제, 6. 여러 가지 글, 7. 원고, 편집, 교정 〈부록〉	한자 병용 (괄호 처리)	95년판	고등	89.8.19 검정
1996.3.1.	최웅, 김진세, 유태수, 김용구	고등학교 작문	청문각	검정	1. 우리말과 우리글, 2. 글쓰기의 준비, 3. 글쓰기의 과정, 4. 논리적인 글쓰기, 5. 아름다운 글쓰기, 6. 글의 수준 높이기, 7. 글의 마무리, 8. 글쓰기의 본보기, 〈부록〉	한자 병용 (괄호 처리)	2000년판	고등	95.9.30 검정
1996.3.1.	정대림, 주경희	고등학교 작문	태림 출판사	검정	1. 작문의 특성, 2. 작문의 원리, 3. 단어와 문장, 4. 문단의 이해, 5. 작문의 진술 방식, 6. 효과적인 표현, 7. 전달의 글, 8. 표현의 글 〈부록〉	한자 병용 (괄호 처리)	2000년판	고등	95.9.30 검정
1996.3.1.	성낙수	고등학교 작문	㈜신원 문화사	검정	1. 작문의 특성, 2. 작문의 과정, 3. 작문의 구성, 4. 작문의 표현, 5. 작문의 실제, 6. 작문의 태도, 〈부록〉	한자 병용 (괄호 처리)	2001년판	고등	95.9.30 검정

1996.3.1.	김용직, 박민수	고등학교 작문	㈜천재 교육	검정	1. 작문의 본질, 2. 작문의 과정과 절차, 3. 작문의 구성, 4. 작문의 표현, 5. 작문의 기술, 6. 작문의 실제 〈부록〉	한자 병용 (괄호 처리)	97년판	고등	95.9.30 검정
1996.3.1.	박경현, 이주행, 윤희원, 이석주, 이충우, 김현중	고등학교 작문	금성 출판사	검정	1. 작문의 특성, 2. 작문의 과정과 절차, 3. 글의 전개, 4. 글의 표현, 5. 정보 전달을 위한 글쓰기, 6. 논증 및 설득을 위한 글쓰기, 7. 친교 및 정서 표현을 위한 글쓰기, 8. 문학적인 글쓰기 〈부록〉	한자 병용 (괄호 처리)	99년판	고등	95.9.30 검정
1996.3.1.	이익섭	고등학교 작문	학연사	검정	제1부 작문의 특성 1. 작문의 필요성,2. 작문의 기본 방향, 제2부 작문의 원리, 3. 글의 단위, 4. 작문의 절차, 5. 글의 진술 방식, 6. 표현의 기교, 제3부 작문의 실제, 7. 여러 종류의 글, 8. 좋은 글의 길	한자 병용 (괄호 처리)	97년판	고등	95.9.30 검정
1996.3.1.	이상억, 이삼형, 이근표	고등학교 작문	대한 교과서	검정	1. 작문의 이해, 2. 작문의 상황, 3. 내용의 조직과 전개, 4. 표현하기, 5. 글의 진술 방식과 글쓰기, 6. 고쳐쓰기 〈해설 및 모범 예문〉, 부록	한자 병용 (괄호 처리)	97년판	고등	95.9.30 검정
1996.3.1.	이상태	고등학교 작문	형설 출판사	검정	1. 작문의 특성, 2. 작문의 원리, 3. 단어와 문장, 4. 문단, 5. 구상의 방법, 6. 진술 양식, 7. 표현의 기교, 8. 여러 종류의 글 〈부록〉	한자 병용 (괄호 처리)	98년판	고등	95.9.30 검정
1996.3.1.	권영민	고등학교 작문	㈜지학사	검정	1. 글쓰기의 의의, 2. 글의 기본 요소, 3. 글쓰기의 준비, 4. 글의 서술 방법, 5. 글쓰기의 단계, 6. 여러 가지 글쓰기 〈부록〉	한자 병용 (괄호 처리)	01,02년판	고등	95.9.30 검정
1996.3.1.	김봉군, 우한용	고등학교 작문	법문사	검정	1. 작문의 특성, 2. 작문의 원리, 3. 작문 내용의 조직, 4. 글의 서술 방법, 5. 효과적인 표현, 6. 작문의 실제, 7. 작문의 평가 〈부록〉	한자 병용 (괄호 처리)	97, 00년판	고등	95.9.30 검정
1996.3.1.	권두환	고등학교 작문	도서출판 태성	검정	1. 작문의 특성, 2. 작문의 단위, 3. 작문의 절차, 4. 표현의 방식, 5. 서술의 방법, 6. 작문의 실제 〈부록〉	한자 병용 (괄호 처리)	2001년판	고등	95.9.30 검정
1997.3.1.	박영목	고등학교 작문	한샘 출판㈜	검정	1. 작문의 특성, 2. 작문의 상황, 3. 작문의 과정과 절차, 4. 내용의 창안, 5. 내용의 구성, 6. 내용의 전개, 7. 글의 표현과 수정, 8. 여러 종류의 글 〈부록〉	한자 병용 (괄호 처리)	2001년판	고등	96.6.11 검정
2003.3.1.	박경현, 민현식, 서혁, 김봉군, 이석주, 이주행, 이경복, 윤희원, 최영환	고등학교 작문	㈜금성 출판사	검정	제1부 작문의 이론 1. 작문의 본질, 2. 작문의 계획, 3. 작문 내용의 조직과 전개, 4. 작문 내용의 표현과 고쳐쓰기, 제2부 작문의 실제, 5.정보 전달을 위한 글쓰기, 6. 설득을 위한 글쓰기, 7. 친교를 위한 글쓰기, 8. 정서 표현을 위한 글쓰기, 9. 정보화 사회에서의 글쓰기 〈부록〉	한자 병용 (괄호 처리)	03년판	고등	02.7.30 검정
2003.3.1.	임홍빈,	고등학교	㈜두산	검정	1. 글쓰기의 본질, 2. 글쓰기의 과정,	한자	03년판	고등	02.7.30

	서정목, 한재영, 이석록, 최미숙, 최지현	작문			3. 글쓰기의 태도, 4. 정보 전달을 위한 글쓰기, 6. 설득을 위한 글쓰기, 7. 친교 표현을 위한 글쓰기, 8. 정서 표현을 위한 글쓰기, 9. 정보화 사회에서의 글쓰기 〈부록〉	병용 (괄호 처리)			검정
2003.3.1.	박영목, 김상호, 허익	고등학교 작문	㈜교학사	검정	1. 작문의 본질, 2. 작문의 원리와 태도, 3. 정보 전달을 위한 글 쓰기, 4. 친교 표현을 위한 글 쓰기, 5. 정서 표현을 위한 글 쓰기, 6. 친교를 위한 글 쓰기, 7. 정보화 사회에서의 글 쓰기 〈부록〉	한자 병용 (괄호 처리)	03년판	고등	02.7.30 검정
2003.3.1.	이익섭, 이은경	고등학교 작문	학연사	검정	1. 글쓰기의 본질, 2. 글쓰기의 과정과 절차, 3. 글쓰기의 단위와 표현 기법, 4. 글쓰기의 태도, 5. 정보 전달과 설득을 위한 글쓰기, 6. 정서 표현을 위한 글쓰기, 7. 친교 및 자기 소개를 위한 글쓰기, 8. 정보화 사회에서의 글쓰기 〈부록〉	한자 병용 (괄호 처리)	03년판	고등	02.7.30 검정
2003.3.1.	김대행, 이성영, 염은열	고등학교 작문	㈜천재 교육	검정	1. 작문의 특성, 2. 상황 분석하기, 3. 문제 해결하기, 4. 내용 생성하기, 5. 내용 조직하기, 6. 표현하기, 7. 평가 및 고쳐쓰기, 8. 여러 가지 글쓰기 〈부록〉	한자 병용 (괄호 처리)	03년판	고등	02.7.30 검정
					중학 작문				
1947.4.25.	오상순	중등 작문	백영사				미확보	중등	
1948.1.12.	윤태영	새 중등 작문 교본	삼중당	인정	제일 마음의 거울, 제이 아름다운 마음, 제삼 문장의 극치,제사 개성에 대하여, 제오 관찰, 제육 삼다주의, 제칠 재료를 찾아, 제팔 구성을 읽기,제구 글을 쓸 때에, 제십 묘사라는 것, 제십일 여러 가지 기교, 제십이 굳게게 하는 기교,제십삼 반복의 기교, 제십사 미화의 기교, 제십오 비유의 기교,제십륙 제목 붙이기, 제십칠 서두 쓰기, 제십팔 문장의 중심이라는 것,제십구 사생문 쓰기, 제이십서사문 쓰기, 제이십일 서정문 쓰기, 제이십이 감상문 쓰기, 제이십삼 논문 쓰기, 제이십사 기행문 쓰기, 제이십오 일기 쓰기, 제이십륙 편지 쓰기	한자 병용 (괄호 처리)	단권 85쪽	중등	
1957.4.25.	오상순	중등 작문	백영사	인정	1. 말과 글과 생활, 2. 일기, 3. 편지, 4. 기행문, 5. 수필, 6. 평론문, 7. 창작, 8. 기사법과 추고, 9. 문집	한자 병용 (괄호 처리)	단권	중등	
1952.4.00.	양주동, 모윤숙, 김동리, 조연현	중등 작문	홍지사	인정	권1: 1. 작문의 기초, 2. 문장의 종류, 3. 글의 모양, 4. 글의 성립, 〈부록〉 개인 문집, 예문 권2: (55년판은 양주동이 빠짐) 1. 작문의 기초, 2. 문장의 종류, 3. 문체, 4. 문장의 구성과 생명, 〈부록〉 동인문집 권3: 1. 작문의 기초, 2. 문장의 종류, 3. 실용문, 4. 문체, 5. 문장의 구성과	한자 병용 (괄호 처리)	53년판은 김영랑 포함 5인 공저(3권), 55년판은 양주동이 빠진 3인 공저(2권 확보)	중학	

					생명, 〈부록〉 교우회지 (53년판은 김영랑이 포함되어 5인 공저임)			
955.3.30.	박목월	새 중등 작문	대학사		권1: 글이란 무엇인가?, 2. 시와 소설, 3. 무엇을 어떻게 쓸가?, 4. 어떻게 표현하나?, 5. 찬찬히 살펴보자, 6. 모범문집 〈중요한 예문〉	한자 병용 (괄호 처리)	2~3권 미확보	중학
956.1.10.	이헌구, 백철, 이무영, 조흔파, 조영암	국어 작문	창인사	인정	미확보			중학
956.3.20.	박종화, 곽종원	중등 작문	민교사	인정	권1: 머리말, 1. 중학생의 생활, 2. 노오트 기록, 3. 감상을 적은 글, 4. 편지, 5. 학급 문집, 6. 시를 읽고, 시를 쓰고, 7. 보고 온 것을 적은 글, 8. 바른 글, 9. 연하장, 10. 생활과 작문 〈중요한 예문〉	한자 병용 (괄호 처리)	2~3권 미확보	중학
956.3.20.	최영조	현대 중등 작문	금룡도서 주식회사	인정	권1: 머리말, 1. 글이란 무엇이냐?, 2. 좋은 글, 3. 글 쓸 준비, 4. 감 고르기, 5. 글 다듬기, 6. 노트와 메모, 7. 기록하는 글, 8. 일기문, 9. 수필, 10. 감상문, 11. 설명문, 12. 편지, 13. 신고, 14. 문집,	한자 병용 (괄호 처리)	2~3권 미확보, 이 교재는 59년 3월 20일에는 문화당으로 출판사 바뀜	중학
956.3.20.	김광식	국어 작문	동국 문화사	인정	1. 말과 글, 2. 생활과 글, 3. 노오트와 신고 쓰기, 4. 일기 편지 쓰기, 5. 편지, 6. 체험과 관찰, 7. 감상문과 설명문, 8. 기사법과 추고, 9. 문집	한자 병용 (괄호 처리)	단권	중학
956.3.25.	양주동	생활 작문	탐구당	인정	1. 표준말과 사투리, 2. 오월의 수필, 3. 개성과 관찰, 4. 문학과 인생, 5. 운문과 산문, 6. 고전과 현대 7. 실용 문장을 익히자, 8. 여러 가지 서식, 9. 실용 문장을 익히자, 10. 기념 문집을 꾸며 보자	한자 병용 (괄호 처리)	1~2권 미확보	중학
956.4.15.	정비석, 장만영	중등 작문	정음사	인정	권1: 머리말, 1. 작문은 왜 필요한가?, 2. 작문은 어려운 것인가?, 3. 원고 쓰는 법, 4. 글을 잘 지으려면,5. 글 고치기, 6. 일상 생활과 글, 7. 편지와 생활, 8. 편지 쓰기 지도, 9. 반성을 위한 생활 일기, 9. 작품 감상, 10. 문집은 어떻게 엮을까?, 12. 회의의 서기가 되었다면, 13. 본보기의 글 묶음 2권: 1. 시를 쓰는 마음, 2. 말과 글, 3. 글 쓰는 태도, 4. 글의 솜씨, 5, 글 다듬기, 6. 사교 편지의 요령, 7. 전보문은 어떻게 쓰나, 8. 학급 신문의 필요, 9. 스크랩 뿍을 만들자, 10. 새로운 학습 활동, 11. 사회 생활과 표어, 12. 사회 생활과 포스타, 13. 글 맛보기 3권: 글을 쓰기 이전의 준비, 2. 글의 종류, 3. 실용적인 편지의 필요, 4. 엽서 쓰기 지도, 5. 감상문, 6. 수필문, 7. 서정문, 8.	한자 병용 (괄호 처리)	3권 2권은 60. 3, 3권은 61.1월 발행본임	중학

					사생문, 9. 기사문, 10. 기항문, 11. 식사문, 12. 논설문, 13. 대화의 묘미, 14. 학생 신문의 갈길, 15. 신문과 잡지의 편집, 15. 작품 감상				
1956.4.24.	이헌구, 윤태영	중등 글짓기 생활	장왕사	인정		한자 병용 (괄호 처리)	권2만 확보(3권일 듯), 2권은 앞장 낙장	중학	
1959.3.20.	최영조	현대 중등 작문	문화당	인정	최영조(1956) 동일	한자 병용 (괄호 처리)	2~3권 미확보	중학	
1963.1.10.	양주동	생활 작문	탐구당	인정	권1: 씨를 뿌리는 마음, 2. 새 살림의 이모 저모, 3. 즐거운 하룻길, 4. 펜을 잡기 전에, 5. 모래 위의 발자국, 6. 드높은 가을 하늘, 7. 스포오츠, 8. 새 해 새 마음, 9. 보살피는 눈초리, 10. 주어 모은 이삭들	한자 병용 (괄호 처리)	권2~3 미확보	중학	
1963.1.10.	이헌구, 백철, 이무영, 조흔파, 조영암	국어 작문	창인사	인정	권 2: 1. 글의 표현, 2. 실용 글쓰기, 3. 편지글과 전보글, 4. 창작 글쓰기, 5. 오려 붙이기, 6. 학급 문집의 편집	한자 병용 (괄호 처리)	56년 검인정판, 머리말은 56년, 권1, 권3 미확보	중학	
1964.1.10.	김현명, 김성배(이희승 감수)	신편 생활 글짓기	교학도서 주식회사	인정	권1: 1. 표현과 작문, 2. 자기가 만족할 때까지, 3. 어떻게 쓸가? 4. 기사문, 5. 감상문, 6. 설명문, 7. 편지, 8. 일기, 9. 서식, 10. 문집, 〈예문 감상문〉	한자 병용 (괄호 처리)	2~3권 미확보	중학	
1965.00.00.	김용호, 김영기, 임헌도	모범 중학작문	영지 문화사	인정	권2: 1. 작문의 근본 목적, 2. 글짓는 과정, 3. 실용적인 글짓기, 4. 문학적인 글짓기, 5. 학급 신문과 스크랩북 〈부록〉	국한 문체	권1은 71년판, 권3 미확보	중학	65~78 검인정
1965.12.10.	신학균, 김성배, 김현명	중등 작문	교학도서 주식회사	인정	권 1: (74년판) 권 2: 1. 바른 표현, 2. 편지와 전보, 3. 카아드와 서류 기입, 4. 용지의 이용과 글씨, 5. 선전과 광고, 6. 시와 창작, 7. 받아쓰기, 8. 연구와 조사 보고, 9. 글다듬기, 10. 스크랩북 만들기 권 3: 1. 문학과 인생, 2. 서식과 글씨, 3. 각종 실용문, 4. 문장과 개성, 5. 수필과 기행문, 6. 창작의 즐거움, 7. 문장의 요소, 8. 논문쓰기, 9. 가필 정정, 10. 신문 잡지의 편집	국한 문체	권1은 74년판임 권2, 권3의 집필자 순서를 바꾸어 표시함, 권1 미확보	중학	65~78 검인정
1966.1.10.	윤태영, 조병화	중학 작문	장왕사	인정	권1(68년판): 1. 글은 생활품이다, 2. 서식의 글을 어려워함 없이 쓴다,3. 원고지를 쓰는 약속을 지킨다. 4. 행사와 회의의 기록을 쓴다, 5. 보고 온 것을 생각해서 쓴다, 6. 강하게 느낀 것을 쓴다, 7. 글을 반성하며 쓴다, 8. 글의 자취를 모은다, 지도 계통 일람표 권2(66년판): 1. 생활과 글,2. 그리듯이 글을 쓴다, 3. 설명하듯이	한자 병용 (괄호 처리)	권3 미확보(78년 국정 교과서주식회사본 확보)	중학	65~78 검인정

					글을 쓴다, 4. 연구와 조사한 것을 잘 추려서 보고문을 쓴다, 5. 원고용지에 바른 글을 쓴다, 6. 실생활에 필요한 글을 쓴다, 7. 요약한 글을 쓴다, 8. 오고 가는 소식을 쓴다, 9. 새로운 것을 찾아 쓴다, 10. 스크랩 북을 만들어 사용한다. 권3: 1. 생활을 글로 쓰기 전에, 2. 생각이 잘 나타나게 쓴다, 3. 실용문을 쓴다, 4. 개성적인 글을 쓴다, 5. 교우 회지를 만든다				
966.1.20.	이은상, 이병호, 이명권	중학 작문	삼화 출판사	인정	권 1: 1. 새 살림, 2. 글은 이렇게, 3. 즐거운 소풍, 4. 생활을 적은 글, 5. 관찰 기록, 6. 동시의 세계, 7. 한글날에, 8. 일기와 메모, 9. 새해 맞이, 10. 나의 글모음 권 2: (72년판)	한자 병용 (괄호 처리)	권2(72년판) 3권 미확보	중학	
967.00.00.	김동욱, 최인욱	새 중학작문	을유 문화사	인정	1. 좋은 문장과 올바른 표현, 2. 편지 쓰기, 3. 시와 정서, 4. 여러 가지 선전, 5. 수필문 쓰기, 6. 기행문, 7. 연구 조사와 보고서, 8. 소설, 9. 스크랩북 만들기 〈부록〉	국한 문체	권1, 권3 미확보	중학	65~78 검인정
971.1.10.	김용호, 김영기, 임헌도	모범 중학작문	영지 문화사	인정	권1: 글은 왜 짓는가?, 2. 무엇을 어떻게 쓸까, 3. 여러 가지 글짓기, 4. 문집, 5. 쓰기와 교정 〈부록〉	한글 전용	권2~3 미확보	중학	65~78 검인정
971.1.10.	백철, 정병욱, 이어령	표준 작문	신구 문화사	인정	권1: (배우기 전에, 이 책의 구성과 이용 방법), 1. 즐거운 학교 생활, 2. 생활의 기록,3.우리들의 글 권2: 1. 생각의 기록, 2. 관찰과 조사의 기록,3. 생활의 표현,4. 감동의 표현	한글 전용	65년 검인정 권3 미확보 (권1은 71,75년판, 권2는 71,72년판)	중학	65~78 검인정
971.1.10.	박종화, 곽종원	중학교 작문	민교사	인정	1. 글 쓰는 순서, 2. 연구 조사한 것을 적은 글, 3. 선전문과 광고문, 4. 보고문 쓰기, 5. 여러 가지 편지글, 6. 바른 표기와 문장 기호, 7. 시와 시조, 8. 나의 스크랩 북, 9. 카아드의 이용, 10. 창작, 〈인용한 예문의 원작자 소개, 중요한 예문, 중학생을 위한 문학 작품 독서 목록〉 권3: 1.수필, 2. 추고와 교정,3. 일상 생활에 필요한 서식, 4. 희곡, 5. 라디오 드라마, 6. 창작, 7. 실용편지, 8. 논문쓰기, 9. 학급 신문, 10. 문학과 인생 부록	한글 전용	68년 검인정본, 권1 미확보, 민교사 56년판과 동일저자, 출판사(변화 정도 고려해야)	중학	65~78 검인정
971.1.20.	이은상, 이병호, 이명권	중학 작문	삼화 출판사	인정	권1(71년): 65년판과 내용 동일 권2(72년판): 1. 삼일절, 2. 바른 표현,3. 시의 세계, 4. 편지글, 5. 견학 기록과 연구 기록, 6. 가을과 독서, 7. 독서를 하고 나서, 8. 운동회와 학예회, 9. 수필을 쓰려면, 10. 학급 글모음	한글 전용	65년판과 동일한 내용: 한글전용	중학	65~78 검인정
974.1.10.	김현명, 김성배, 신학균	중학 작문	교학도서 주식회사	인정	권1: 1.글과 생활, 2. 신고서와 원서, 3. 메모와 일기, 4. 노우트 정리, 5. 구상과 표현, 6. 감상문, 7. 행사와	한글 전용	65년판과 동일한 내용: 한글전용	중학	65~78 검인정

	공저				보고, 8. 관찰과 기록, 9. 바른 표기와 문장 부호, 10. 문집 만들기 권2~권3: 미확보(65년판과 내용은 동일할 듯)				
1974.1.10.	장만영, 정비석, 허웅	새로운 중학 작문	정음사	인정	권1: 1.작문이란 어떤 것인가, 2. 작문은 어렵지 않다, 3. 글을 잘 지으려면, 4. 글 고치기, 5. 학생 생활과 글, 6. 부지런히 노우트하자, 7. 반성을 위한 생활 일기, 8. 문집을 어떻게 엮을까, 9. 회의의 서기가 하는 일	한글 전용	66년 검인정본, 권2~3 미확보	중학	65~78 검인정
1975.1.10.	양주동, 이병주	새 생활 작문	탐구당	인정	권1: 1. 희망의 첫걸음(3월), 2. 즐거운 새살림(4월), 3. 즐거운 하룻길(5월), 4. 가다듬는 재미(6월), 5. 산으로 바다로(7~8월), 6. 드높은 가을 하늘(9월), 7. 단풍에 붙인 시(10월), 8. 보살피는 눈 파고드는 맘(11월), 9. 묵은 달력,새 달력(12~1월), 10. 주워 모은 이삭들(2월) 권2: 1. 사진 그림 글,2. 예술제를 앞두고, 3. 생각을 가다듬고, 4. 펜을 잡기 전에, 5. 즐거운 생활 기록, 6. 독서 주간 준비, 7. 체육 대회 보고, 8. 읽은 뒤의 설겆이, 9. 비슷한 말 알맞은 말, 10. 우리들의 발자취 권3: (미확보)	한글 전용	65년 검인정본, 권3 미확보(권2는 76년 판본)	중학	65~78 검인정
1978.1.10.	윤태영, 조병화	중학 작문	국정 교과서 주식회사	인정	1. 생활을 글로 쓰기 전에, 2. 생각이 잘 나타나게 쓴다, 3. 실용문을 쓴다, 4. 개성적인 글을 쓴다, 5. 고우 회지를 만든다.	한글 전용	권1~2 미확보	중학	65~78 검인정
1978.1.10.	조지훈, 박남수	최신 중학 작문	국정 교과서 주식회사	인정	생활과 글, 2. 글 쓰기 전에 알아둘 일,3. 글을 잘 지으려면, 4. 글 다듬기,5. 글 쓰는 생활, 6. 기록의 여러가지, 7. 원서, 신고서 쓰는 법, 8. 문집 만들기, 〈주요 예문 차례〉	한글 전용	66년 검인정본, 권2~3 미확보	중학	65~78 검인정

참고문헌

가영희 외(2011), 『교과교육론』, 동문사.

강윤호(1963), 「언어의 본질, 발달 등」, 『국어교육』(현대교육학총서 1), 현대교육학총서출판사.

______(1965), 「개화기의 교육 실태」, 『한국문화연구원논총』 제5집, 이화여자대학교 한국문화연구원.

______(1973), 『개화기의 교과용 도서』, 교육출판사.

고승덕(1997), 『교과교재 연구 및 지도』, 학문사.

고영근(1998), 『한국어문운동과 근대화』, 탑출판사.

고영근·김민수·하동호 편(1977), 『역대문법대계』, 탑출판사.

곽병선·이혜영(1986), 『교과서와 교과서 정책』, 한국교육개발원.

교대국어교재편찬위원회(1968), 『초등국어지도법』, 신구문화사.

교육과학기술부(2008), 『교육인적자원부 고시 제2007-79호에 따른 중학교 교육과정 해설』 III, 대한교과서 주식회사.

____________(2009), 『교육과학기술부 고시 제2009-41호에 따른 고등학교 교육과정 해설』, 교육과학기술부.

____________(2008), 『교육인적자원부 고시 제2007-79호에 따른 고등학교 교육과정 해설』 II, 대한교과서 주식회사.

____________(2011), 『교육과학기술부 고시 제2011-361호[별책 5] 국어과 교육

과정』, 교육과학기술부.

교육부(1999), 『중학교 교육과정 해설 III: 국어, 독서, 사회』, 교육부.

______(1999), 『중학교 교육과정 해설』 I·II, 교육부.

______(2001), 『고등학교 국어과 교육과정 해설』, 교육부.

국립국어연구원(1991), 『국어학논저목록집』(국어정책), 국립국어연구원.

____________(1999), 『국어의 시대별 변천 연구』, 국립국어연구원.

____________(1979), 『한국 교과서 목록』, 국립중앙도서관.

____________(1982), 『한국 교과서 목록』, 국립중앙도서관.

국사편찬위원회(2011), 『개화기의 교육』(한국근대사 기초 자료집 2), 탐구당문화사.

국회도서관(1982), 『정기간행물 기사 색인: 해방 이후』, 국회도서관.

권재일(1995), 「국어학적 관점에서 본 언어지식 영역의 지도 내용」, 『국어교육연구』 제2집, 서울대학교 국어교육연구소.

______(1999), 「텍스트 언어학과 인문학」, 『언어학과 인문학』, 서울대학교출판부.

김경미(2009), 『한국 근대 교육의 형성』, 혜안.

김경일(1968), 『학습 능률 향상을 위한 독서 지도의 기술』, 현대교육총서출판사.

김광해(1997), 『국어지식 교육론』, 서울대학교출판부.

김규선(1998), 「열린 교실 관련 국어과 수업 개혁의 문제점」, 『국어수업방법』(초등국어교육학회), 박이정.

김규창(1985), 『조선어과 시말과 일어교육의 역사적 배경』, 김규창교수논문간행위원회.

김대행(1995), 『국어교과학의 지평』, 서울대학교출판부.

김대행(2005), 「교육과정 기반을 위한 단상」, 『함께여는 국어교육』 통권62호, 전국국어교사모임.

김민수(1973), 『국어정책론』, 탑출판사.

김민수·서병국·이을환·이응백·천시권·황정규(1973), 『국어교육론: 기본 이론과 방법』, 일조각.

김민환(2013), 『학교 중심 실제적 교육 방법론』, 양서원.
김병학(1980), 「개화기의 국어과 교육에 관한 연구」, 조선대학교 석사논문.
김보현(1950), 「객관적 테스트법의 실제」, 『새교육』 제3권 3-4호, 대한교육연합회.
김성배(1957), 『신국어교육론』, 대한교과서주식회사.
______(1976), 『국어 교육의 연구』, 선명문화사.
김수업(1980), 『국어교육의 원리』, 청하.
김승주(1995), 「구한말 〈수신서〉와 〈바른생활〉의 교과서에 대한 연구」, 한국교원대학교 대학원 석사논문.
김억수(1979), 「개화기의 국어 교육 실태와 국어 교과서 분석 고찰」, 중앙대학교 석사논문.
김영식(1994), 「과학의 발전과 서양 학문 체계의 전통」, 소광희 외, 『현대의 학문 체계』, 민음사.
김용기(1956), 『현대 학습 지도법』, 청문각.
김용욱(1957), 『국민학교 각과 지도법』, 수문각.
김원경(1993), 『국어과 (교과)교육학』, 교학연구사.
김원규(1950), 학제개혁론 비판, 『신천지』 5-1. 서울타임스.
김일병(2004), 『국어과 교수·학습의 실제』, 박이정.
김재윤·서병하·신언철·원훈의·이충구·한석수(1986), 『국어과 교수법』, 선일문화사.
김종훈(1987), 「개화기 교과서 어휘 소고」, 『한실 이상보 박사 화갑기념 논총』, 민속원.
김주환(2005), 「교과서 중심의 교육과 교육과정 중심의 교육」, 『함께여는 국어교육』 2005년 가을호, 전국국어교사모임.
김항인 외(2011), 『교과교육과 문화, 어떻게 소통할 것인가』, 지식과교양.
김형철(1987), 「19세기 말 국어의 문체·구문·어휘의 연구」, 경북대 박사논문.
______(1994), 「갑오경장기의 문체」, 『새국어생활』 4, 국립국어연구원.

남기심(1977), 「개화기 국어 문체에 대하여」, 『연세교육과학』 12, 연세대학교.
남성우 외(2006), 『언어 교수 이론과 한국어교육』, 한국문화사.
노명완(1986), 「국어교육학의 성격과 과제」, 『교사교육론집』 제2집, 강원대학교 교사교육센터.
노명완 외(1988), 『국어과 교육론』, 갑을출판사.
노영택(1979), 『일제하 민중교육 운동사』, 탐구당.
노은호·민경일(2001), 『교수·학습 방법론』, 동문사.
대한교육연합회(1962), 『국어과 수업 연구 자료』, 교육기술총서 제6집, 새교육 제8월호 부록.
______________(1976), 『국어과 단원별 예화 전집』, 새교실 4월호 부록.
______________(1976), 『새로운 독서지도』, 새교실 6월호 부록.
려증동(1974), 『국어교육론』, 형설출판사.
문교부(1950), 『국민학교 교수 지도』(문교연구총서 제3집), 문교부.
______(1954), 『국민학교 교과과정』, 문교부.
______(1963), 『국민학교 교육과정해설』, 문교부.
민현식(1984), 「개화기 국어의 문체」, 『강릉어문학』 1, 강릉대학교 국어국문학과.
______(1999), 『국어 문법 연구』, 역락.
______(2000), 『국어교육을 위한 응용국어학 연구』, 서울대학교출판부.
______외(2007), 『미래를 여는 국어교육사』 1, 서울대학교출판부.
______외(2011), 『2011 국어과 교육과정 개정을 위한 시안 개발 연구』, 교육과학기술부.
박병기(2011), 「수신서 장르 해제」, 이화여자대학교 한국학연구소, 『근대교과서 수신서』, 소명출판.
박붕배(1963), 국어교육 평가, 『국어교육』(현대교육학총서 1), 현대교육학총서출판사.
______(1979), 『개화기 국어과 교육 연구』, 성균관대학교 박사논문.

______(1980), 「개화기의 국어과 교육에 관한 문헌 고」, 『한국어교육』 창간호(박봉배 편, 『국어과교육논총』 2, 한국국어과교육개발연구회 재수록).
______(1987), 『한국국어교육전사』 상, 대한교과서주식회사.
______(1988), 「교과교육학으로서의 국어과교육」, 『인산 김원경 박사 회갑 기념논문집』, 논문간행위원회.
______(1996), 『최근 국어과 교육의 이론과 현장의 조명』, 한샘.
______(1997), 『국어과 교육 논총』 1~3, 한국국어과교육개발연구소.
______(1997), 『국어교육전사』 중·하, 대한교과서주식회사.
______(2003), 『침략기의 교과서』, 국어교육연구.
박수자(1991), 「국어과 교육에 대한 체계적 접근의 시론」, 『국어교육학연구』 제1집, 국어교육학회.
박영목(2001), 『창의적 학습능력 신장을 위한 효과적인 독서지도 모형 개발을 위한 연구』, 홍익대학교 창의적 학습능력 신장을 위한 효과적인 독서지도 모형 개발 연구위원회.
박영목 외(1996), 『국어교육학 원론』, 박이정.
박영섭(1993), 「개화기 교과서에 나타난 어휘 연구」, 『논문집』 24, 강남대학교.
______(1994), 『개화기 국어 어휘 자료집(1): 독립신문편』, 박이정.
______(1995), 『개화기 국어 어휘 자료집(2): 신소설편』, 박이정.
______(1996), 『개화기 국어 어휘 자료집(3): 교과서편』, 박이정.
______(1996), 『개화기 국어 어휘 자료집(4): 잡지편』, 박이정.
______(1997), 『개화기 국어 어휘 자료집(5): 외래어편』, 박이정.
______(2001), 『대화분석론』, 역락.
박인기(1992), 「국어과 교재론 기술의 이론화 방향」, 『봉죽헌 박붕배 선생 정년기념논총』, 교학사.
______외(1999), 『국어과 수행 평가』, 삼지원.
______외(2000), 『국어과 교육과 미디어 텍스트』, 삼지원.

______외(2011), 『교과는 진화하는가』, 지식과교양.

박인학(1999), 『교과교재 연구 및 지도법』, 대왕사.

박종호(2001), 「국정 공모제의 전말과 교과서 권력의 변화」, 『함께여는 국어 교육』, 2001 봄호, 전국국어교사모임.

박형익(2004), 『한국의 사전과 사전학』, 월인.

______(2007), 『언문쥬히 보통 문ᄌᆞ집』, 박이정.

방인태 외(2000), 『제7차교육과정을 위한 초등국어과 교육』, 박이정.

________(2000), 『초등 국어과 교육론』, 박이정.

________(2000), 『초등국어과 교육』, 박이정.

배상만(1983), 『개화기 국어 교과서에 대한 고찰』, 고려대학교 교육대학원 석사논문.

변영계 외(2001), 『교육 방법 및 교육 공학』, 학지사.

서상규·한영균(2000), 『국어정보학입문』, 태학사.

손영애(1994), 「국어 교과서 구성 방안」, 『국어교육연구』 제7집, 인하대학교 국어교육과.

______(1994), 「국어과 교육의 목표와 내용」, 『국어교육학연구』 제4집, 국어교육학회.

______(2004), 『국어과 교육의 이론과 실제』, 박이정.

손인수(1980), 『한국 개화기교육 연구』, 일지사.

송인자(2007), 「개화기 남녀 수신 교과서의 지향점 분석」, 『한국문화연구』 13집, 이대 한국문화연구원.

송철의 외(2005), 『한국 근대 초기의 언어와 문학』, 서울대학교출판부.

________(2008), 『한국 근대 초기의 어휘』, 서울대학교출판부.

신용하(1974), 「우리나라 최초의 근대 학교」, 『문학과 지성』 제5권 제1호, 문학과지성사.

신헌재 외(2005), 『초등 국어과 교수·학습 방법』, 박이정.

심태진(1947), 「학습지도법의 근본문제(일)」, 『조선교육』 창간호, 조선교육연구회.

오천석(1964), 『한국교육사』, 현대교육학총서출판사.

원진숙(2000), 「제7차 국어과 교육과정의 평가」, 『한국초등국어교육』 제16집, 한국초등국어교육학회.

유장규(1993), 『개화기 국어 교과서 표기법 연구』, 성균관대학교 교육대학원 석사논문.

윤여탁 외(2005), 『국어교육 100년사』, 서울대학교출판부.

윤재천(1948), 「학습지도는 이렇게 전개된다」 『교육』 창간호, 서울시교육회.

윤정석(1947), 「현금 초등학교에 가장 적절한 교수의 근본 원리」, 『조선교육』 창간호, 조선교육연구회.

______(1948), 「대한중앙교육연구소 실험 국민학교에서 실시하고 있는 새 교수법의 일단」, 『새교육』 제3호(1-3), 대한교육연합회.

윤정일 외(1991), 『한국의 교육정책』, 교육과학사.

윤치부(2004), 『국어교육 논저목록』 1·2, 박이정.

윤태영(1948), 「국어교육 실천의 근본적 노력점」, 『새교육』 제3호, 대한교육연합회.

이강로(1969), 『국어 교육의 바른 길』, 배영사.

이경옥(2003), 「중학교 국어 수업 연간 계획 세우기」, 『함께여는 국어교육』 통권55호, 전국국어교사모임.

이경우(1994), 「갑오경장기의 문법」, 『새국어생활』 제4권 제4호, 국립국어연구원.

이관규(2004), 「문법 교과서 변천」, 『문법교육』 제1호, 한국문법교육학회.

______(2004), 『학교 문법론』, 월인.

이기동(1994), 「갑오경장이 어문 생활에 끼친 영향」, 『새국어생활』 제4권 4호, 국립국어연구원.

______(1994), 「개화기 교과서의 표기와 음운 현상」, 『한국학연구』 6, 고려대학교 한국학연구소.

이기문(1973), 『개화기 국어연구』, 탑출판사.

______(1992), 「국어사전의 어원 표시에 대하여」, 『새국어생활』 제2권 제4호, 국립

국어연구원.
이돈희(1986),「새로운 교과서의 개념」,『2000년대 한국교과서의 미래상』 2, 종교과서협회.
이병규(1949),「민주주의 민족교육에 입각한 학생 훈육론」,『새교육』 제4호(2권2호), 대한교육연합회.
이병근(1992),「사전 정의의 유형과 원칙」,『새국어생활』 제2권 제1호, 국립국어연구원.
______(2000),『한국어사전의 역사와 방향』, 태학사.
이삼형(1992),「중학교 교과서 체제 변화에 대하여」,『국어교육학연구』 제2집, 국어교육학회.
______(1999),「국어교육 평가의 관점」,『국어교육학 연구』 제9집, 국어교육학회.
이삼형 외(2000),『국어교육학』, 삼지원.
이상태(1978),『국어교육의 기본 개념』, 한신문화사.
이석우(1964),『국민학교 국어교육 상담』, 영민사.
이석주(1979),「개화기 국어 표기 연구」,『논문집』 3, 한성대학교.
이성규(1994),「동양의 학문 체계와 이념」, 소광희 외,『현대의 학문 체계』, 민음사.
이성영(1992),「국어과 교재의 특성」,『국어 교육학연구』 제2집, 국어교육학회.
______(1995),『국어 교육의 내용 연구』, 서울대학교출판부.
______(2005),「작문 교육 변천사」, 한국국어교육학회 편찬위원회 편,『국어교육론』 2, 한국문화사.
이수남(1965),『학습 지도의 이론과 실제』, 태백출판사.
이연숙, 고영진·임경화 역(2006),『국어라는 사상』, 소명출판.
이영덕(1990),『교육의 과정』, 배영사.
이영덕 외(1985),『교과서 체계 개선 연구』, 한국교육개발원.
이용주(1993),「국어교육학의 하위 영역 설정 방향」,『국어교육학연구』 제3집, 국어교육학회.

______(1995), 『국어교육의 반성과 개혁』, 서울대학교출판부.
이용주 외(1993), 「국어교육학 연구와 교육의 구조」, 『사대논총』 제46집, 서울대학교 사범대학교.
이응백(1963), 「국어교육의 목표, 교육과정」, 『국어교육』(현대교육학총서 1), 현대교육학총서출판사.
______(1975), 『국어교육사연구』. 신구문화사.
이재승(2005), 「작문 교육 연구사」, 한국국어교육학회 편찬위원회 편, 『국어교육론』 2, 한국문화사.
이정용 외(1971), 『교수·학습의 이론과 실제』, 교육과학사.
이정용·고정희(1971), 『새로운 교수·학습의 이론과 실제』, 교육과학사.
이종국(1991), 『한국의 교과서: 근대 교과용 도서의 성립과 발전』, 대한교과서주식회사.
______(2001), 『한국의 교과서 출판 변천 연구』, 일진사.
______(2005), 「국어 교과서에서의 이념 지향과 출판 정책」, 『돈암어문학』 제18집, 돈암어문학회.
이주섭·임천택(2001), 「국어과 멀티미디어 교수·학습 자료의 개발 방향」, 『독서연구』 제6호, 한국독서학회.
이진석(1986), 『1906~1910년 수신서 내용분석: 시민교육과의 연관을 중심으로』, 서울대학교 대학원 석사논문.
이해명(1991), 『개화기 교육개혁 연구』, 을유문화사.
이호성(1946), 「민주주의 교육의 실천」, 『조선교육』 제1회(민주교육연구 강습회 속기록), 조선교육연구회.
______(1947), 『민주주의 국어교수법 강화』, 문교사.
이희복(1963), 「국민학교, 중학교 학습지도」, 『국어교육』(현대교육학총서 1), 현대교육학총서출판사.
______(1963), 『국어교육의 앞길』, 어문각.

이희승(1946), 「국어란 무엇인가」, 『신천지』 1~3호, 서울타임스.
______(1946), 「언어와 민족」, 『신천지』 창간호, 서울타임스.
______(1947), 「국어교육의 당면 문제」, 『조선교육』 창간호, 조선교육연구회.
임두학(1983), 『개화기 국어 교과서 연구』, 중앙대학교 교육대학원 석사논문.
임한영 외(1967), 『한국교육의 당면과제』, 왕문사.
장상호(1982), 『개화기 국어 교과서 연구』, 조선대학교 석사논문.
전광용(1954), 「신소설 소양정 고 (부) 신찬일선작문법」, 『국어국문학』 제10집.
정길남(1988), 「개화기 국어 교과서의 인칭대명사에 관하여」, 『김원경 박사 회갑 기념 논문집』(1997 재수록).
______(1990), 「개화기 국어 교과서의 어휘와 표기에 관하여」, 『서울교대논문집』 23, 서울교육대학교(1997 재수록).
______(1997), 『개화기 교과서의 우리말 연구』, 박이정.
정범모(1956), 『교육과정』, 풍국학원.
______(1968), 『교육과 교육학』, 배영사.
정재도(1999), 『국어사전 바로잡기』, 한글학회 한글재단.
정준섭(1995), 『국어과 교육과정의 변천』, 대한교과서주식회사.
정진석(1999), 『문자보급운동교재』, LG상남언론재단.
정태수(1992), 『미군정기 한국교육사 자료집』 상·하, 홍지원.
정혜승(2002), 『국어과 교육과정 실행 연구』, 박이정.
______(2003), 「국어교과서 연구의 현황과 반성」, 『국어교육학연구』 제16집, 국어교육학회.
조문제(1963), 「중등학교 국어과 학습 지도와 자료」, 『국어교육』, 현대교육총서출판사.
______(1979), 『개화기의 국어 교육 연구』, 건국대학교 석사논문.
______(1984), 『개화기 국어과 교육 연구』, 한양대학교 박사논문.
조재수(1984), 『국어사전 편찬론: 붙임 자료편』, 과학사.

주세형(2005), 『통합적 문법교육 내용 설계의 원리와 실제 연구』, 서울대학교 대학원 국어교육과 박사논문.

중앙교육연구소(1954), 『아동과 교육과정(상)』, 대한교육연합회.

중앙대학교 부설 한국교육문제연구소(1974), 『문교사』, 중앙대학교출판국.

최근학(1949), 「국어교육의 교재 연구」, 『조선교육』 제2권 제7호, 조선교육연구회.

최미숙(1998), 「국어교육에서의 평가」, 『국어교육연구』 제5집, 서울대학교 국어교육연구소.

최성호(1985), 『새로운 국어과 교수법』, 문현각.

최영환(1991), 「국어교육학 정립의 방향」, 『국어교육학연구』 제1집, 국어교육학회.

______(1995), 「언어능력 신장의 관점에서 본 언어지식 영역의 지도 내용」, 『국어교육연구』 제2집, 서울대학교 국어교육연구소.

______(2003), 「효율적인 국어과 교재 구성 방안」, 『국어교육학연구』 제16집, 국어교육학회.

최지현(2003), 사이버 공동체와 국어교육, 『국어교육학연구』 제18집, 국어교육학회.

최창렬(1978), 『국어 교수법』, 개문사.

최현섭 외(1995), 『국어교육학 개론』, 삼지원.

________(1995), 『국어교육학의 이론화 탐색』, 일지사.

하동호 편(1977), 『국문론 논설 집성』, 탑출판사.

학부 편집국(1910), 『보통교육학(普通教育學)』, 學部(구한국시대).

한국경제사학회(1977), 『한국사 시대구분론』, 을유문화사.

한국교과서연구소(1998), 『한국교과서 목록 작성 및 그 수집 방안에 관한 연구』, 한국교과서연구소.

한국교과서연구재단(1998), 『교과서의 수집 정리 방안』, 한국교과서연구재단.

________________(2001), 『교과서 심의·채택 제도 국제 비교 연구』, 한국교과서연구재단.

________________(2001), 『한말 및 일제강점기의 교과서 목록 수집 조사』, 한국

교과서연구재단.
__________________(2002), 『한국의 검인정 교과서 변천에 관한 연구』, 한국교과서연구재단.
한국교육10년사 간행위원회(1958), 『한국교육 10년사』, 풍문사.
한국교육과정평가원(2005), 『국어과 교육과정 개정 시안 공청회』, 한국교육과정평가원.
한글학회(1970), 『한글학회 70년사』, 한글학회.
함종규(1964), 『학습지도』, 왕문사.
함종현(1975), 「대한제국 시대의 교과서에 관한 연구」, 고려대학교 교육대학원 석사논문.
행정신문출판부(1956), 『한국교육개관』, 행정신문사.
허만길(1994), 『한국 현대 국어정책 연구』, 국학자료원.
허재영(2001), 『교양인과 글쓰기 기술』, 박이정.
______(2001), 『국어과 교육의 탐색』, 박이정.
______(2002), 「근대계몽기의 어문정책」, 『국어교육연구』 제10호, 서울대학교 국어교육연구소.
______(2003), 「근대계몽기의 어문문제와 어문운동의 흐름」, 『국어교육연구』 제11호, 서울대학교 국어교육연구소.
______(2003), 「통감시대의 어문정책」, 『한국어교육』 제18호, 한국어문교육학회.
______(2003ㄱ), 「근대계몽기의 어문문제와 어문운동의 흐름」, 『국어교육연구』 제11호, 서울대학교 국어교육연구소.
______(2003ㄴ), 「통감시대의 어문정책」, 『한국어교육』 제18호, 한국어문교육학회.
______(2004), 「문법 교육과정 변천」, 『문법교육』 제1호, 한국문법교육학회.
______(2004), 「일제강점기 일본인을 대상으로 한 조선어교육」, 『한말연구』 제14집, 한말연구학회.
______(2004), 「일제강점기 조선인을 대상으로 한 일본어 보급정책 연구」, 『일제

강점기 일본어 보급 정책 자료』, 역락.
______(2004ㄱ), 「문법 교육과정 변천」, 『문법교육』 제1호, 한국문법교육학회.
______(2004ㄱ), 「일제강점기 일본인을 대상으로 한 조선어교육」, 『한말연구』 제14집, 한말연구학회.
______(2004ㄴ), 「일제강점기 일본어 보급 정책 연구」, 『한말연구』 제16집, 한말연구학회.
______(2005), 「건국기의 중등 국어교과서 연구」, 『어문연구』 제127호, 한국어문교육연구회.
______(2005ㄱ), 「국어과에서의 쓰기 교육 변천 연구」, 『어문론총』 제42호, 한국문학언어학회.
______(2005ㄴ), 「국어 교육 정책과 대학의 국어과 교육」, 『2005년 가을 한글학회 전국학술대회 발표 자료집』, 한글학회.
______(2005ㄷ), 「건국기의 중등 국어교과서」, 『어문연구』 제127호, 한국어문교육연구회.
______(2006), 『국어과 교육의 이해와 탐색』, 박이정.
______(2009), 『일제강점기 교과서 정책과 조선어과 교과서』, 도서출판 경진.
______(2010), 『국어교육론』, 역락.
______(2010), 『통감시대 어문교육과 교과서 침탈의 역사』, 도서출판 경진.
______(2011), 『통감시대 교과서 자료집』 1~8, 도서출판 경진.
______ 엮음(2012), 『근대 계몽기의 교육학 연구와 교과서』, 지식과교양.
허재영 외(2005), 『교양 작문의 이론과 실제』, 박이정.
홍웅선(1949), 「민주주의 민족교육과 국어교육」, 『새교육』 제4호(2권2호), 대한교육연합회.
______(1963), 「한글첫걸음 시대, 교과서, 교육과정」, 『국어교육』(현대교육학총서 1), 현대교육학총서출판사.
홍윤표(1995), 『근대국어연구』 1, 태학사.

홍윤표 외(2002), 『한국어와 정보화』, 태학사.

홍종선(1994), 「개화기 교과서의 문장과 종결어미」, 『한국학연구』 6, 고려대학교 한국학연구소.

帝國地方行政學會(1923), 『綜合教育學教科書』, 朝鮮印刷株式會社.

學部編輯局(1910), 『普通教育學』, 學部(구한국시대).

木河竹次 外(1939), 『尋一合科教育の教育』, 小學館.

乙竹岩造(1938), 『日本教育學教授法摘要』, 培風館.

Buehl, 노명완·정혜승 역(2002), 『협동적 학습을 위한 45가지 교실 수업 전략』, 박이정.

(이밖에 교과서 연구에 대한 종합 목록으로 이종국(1991)을 참고할 수 있으며, 근대 계몽기 국어사적 연구 성과 목록으로 국립국어원(1999)을 참고할 수 있음)

찾아보기

[ㅌ]

[ㅍ]

[ㅎ]